老子與哲學

夏海 著

中華書局

□責任編輯：熊玉霜　付家祺
□裝幀設計：高　林
□排　　版：沈崇熙
□印　　務：林佳年

老子與哲學

□
著者
夏海

□
出版
中華書局（香港）有限公司
香港北角英皇道 499 號北角工業大廈一樓 B
電話：(852) 2137 2338　傳真：(852) 2713 8202
電子郵件：info@chunghwabook.com.hk
網址：http://www.chunghwabook.com.hk

□
發行
香港聯合書刊物流有限公司
香港新界大埔汀麗路 36 號
中華商務印刷大廈 3 字樓
電話：(852) 2150 2100　傳真：(852) 2407 3062
電子郵件：info@suplogistics.com.hk

□
印刷
美雅印刷製本有限公司
香港觀塘榮業街 6 號海濱工業大廈 4 樓 A 室

□
版次
2018 年 1 月初版

□
規格
16 開（238 mm × 168 mm）

□
ISBN：978-988-8489-83-1

本書繁體字版由三聯書店（北京）有限公司授權出版

目錄

本體哲學

政治哲學

人生哲學

附錄

自序

春秋戰國時期，中華文明的天空群星燦爛，其中最亮的兩顆星是老子與孔子。老子是智慧大師，他以道為最高思想範疇，創立了道家學派；孔子是道德大師，他以仁為最高倫理範疇，創立了儒家學派。老子與孔子，道家與儒家，共同塑造了中華民族的人格，引導着中華文明的發展和演進。每當中華民族面臨振興崛起的關鍵時刻或生死存亡的危急關頭，人們總是會回過頭去請教老子與孔子，或問道或問仁，進而從他們那裏獲取精神食糧、智慧清泉和前進動力。

老子，生卒年難以詳考，楚國苦縣厲鄉曲仁里人，大約生活於春秋末期，距今二千五百多年的時間，曾擔任過周王朝的史官。老子圍繞着道的範疇，構築起宏偉的道家思想體系，涵蓋本體哲學、政治哲學和人生哲學。一般認為，道家與諸家的關係是體與用的關係，諸家皆明一節之用，而道家則總攬其全，實為諸家之綱領。在中國思想發展史上，老子是革命家，他消解了「上帝」、「天命」等宗教和迷信觀念，實現了古代思想史上的革命。老子是哲學家，他創立了道的學說，建構起中華民族抽象思維和理性思辨的整體框架。老子是政治思想家，他提出「無為而治」的政治主張，更深刻地反映了政治統治和社會管理的規律。老子是道教始祖，他創立的道家學說成為道教理論最為重要的淵源。老子思想主要集中在《老子》一書，《老子》一書又名《道德經》，只有五千餘言，卻是人類最偉大的經典之一。據聯合國教科文組織統計，除《聖經》外，

《老子》一書是被譯成外國文字最多的文化經典。

十年之前，在寫作《論語與人生》時，我就萌發了寫作《老子與哲學》的願望。老子與孔子是中華文明長河中的兩位思想巨人，研讀孔子，怎麼可能不研讀老子呢?!況且，在大學期間，我學的是哲學，研讀《老子》甚於《論語》。然而，研讀《老子》的難度超出想像，哲學思維的玄妙深奧，既令人着迷，又讓人如墜五里雲霧之中，這使得研讀老子經常處於停步不前的狀態，更談不上寫作《老子與哲學》。無奈之餘，我把業餘時間更多地放在閱讀《古文觀止》上，仍然在傳統文化的海洋裏流連忘返，不意寫成了《品讀國學經典》，於二〇一四年交由三聯書店（北京）有限公司出版。同時，重新燃起了研讀《老子》的願望，經過多年辛勤醞釀、一年奮筆疾書，終於完成了《老子與哲學》的寫作，實現了多年前的夙願。擱筆之餘，收獲的喜悦替代了寫作的艱辛，真是人生之快事。

寫作《老子與哲學》的難度，實質是學習研究哲學的難度。哲學是什麼，至今沒有一個統一的定義。為什麼要學哲學，至今也沒有一個令人滿意的答案。而哲學卻無時無刻不在我們的生活之中，無時無刻不在圍繞着人類，探尋着生命的終極價值。人是肉體與心靈的統一體，其意義在於精神維度的社會性存在。每個人來到這個世界是被動的，在這個世界裏生活，碰到什麼人、遇到什麼事，都有偶然性，但有一個是必然的，就是任何人都不可避免地走向人生的終點。生命的有限性與精神的無限性常常使人產生困惑和虛無感，法國印象派大師高更最著名的一幅畫的題目，就是《我們從哪裏來？我們是誰？我們往哪裏去？》。哲學關注的正是這些問題，用純粹的人類理性去應對任何挑戰，在不可捉摸的世界裏尋找安身立命的價值；哲學拷問的是人類的命運，牽引着人們超越現實，尊崇智慧、探索真理、追尋美好，讓人們克服對自身渺小的恐懼和對未來無知的迷茫；哲學是人的精神故鄉，追尋意義的世界和人類存在的家，從而讓人詩意地棲居在大地上。哲學的抽象、思辨和縹緲，這是我寫作《老子與哲學》的難度，也是我堅持寫作的動力源泉。

清朝桐城學派做學問主張考據、義理和辭章的統一。考據是指校勘、考證、釋義等語言文獻研究方法；義理是指文本內涵的解讀、分析和概括提煉；辭章是指邏輯框架、論證說理和文辭表達。《老子與哲學》重在義理和辭章，在義理方面，力圖在全面、系統地理解老子思想的基礎上，對老子思想既進行分析又進行綜合，正確地給予認識，客觀地加以解讀；在辭章方面，搭建起哲學、政治和人生的思維架構，以老子之思想範疇、概念為主體，展開論證和分析。《老子與哲學》沒有在考據方面花費更多精力，只是對不同的考證和釋義做出必要選擇。

從《論語與人生》寫作開始，作者一以貫之的研究方法是解構、建構和以文注文、以人注人。《老子與哲學》更加圓融、成熟地運用這一研究方法。首先是解構，即在反覆研讀《老子》一書的基礎上，在宏觀把握老子思想的前提下，對老子思想進行條分縷析的梳理和分門別類的歸納，進而分解為既有聯繫又有區別的不同部分。爾後是建構，根據作者的學術視野和理論功底，對解構後的老子思想做出排列組合，從本體論、政治學和人生觀三個方面進行重構和解讀，以便於讀者更好地從整體與部分的結合上認識把握老子的思想。在解構和建構過程中，作者秉持嚴謹的學術態度，堅持以老子注解老子，即以《老子》書中的概念、判斷和觀念以及歷史上記載的老子言行和事例，來詮釋老子的每一個思想觀點，儘量避免個人的隨意發揮和任意議論。

《老子與哲學》的邏輯結構分為四個部分，第一部分是「老子其人」，重點介紹老子在中國思想史中的地位和作用：既是哲學家，又是政治思想家，還是道教始祖。第二部分是「本體哲學」，着重闡述老子的道法自然、有無相生、玄覽靜觀的哲學思想。第三部分是「政治哲學」，着重闡述老子的無為而治、南面之術和小國寡民的政治思想。第四部分是「人生哲學」，着重闡述老子的聖人人格、見素抱樸和卑弱自持的思想。全書共有三十六篇文章，每篇文章與全書的邏輯體系既有聯繫又有區別，聯繫在於全書是一個有機整體，每篇文章之間互有照應，可以幫助讀者全面把握老子的思想體系；區別在於每篇文章相對獨立，本身就是一個整體，可以幫助讀者充分認識老子思想的某一側面或觀點。無論是閱讀全書，還是閱讀其中的文章，但願都能對讀者有所啟迪、有所體悟、有所幫助。

德國哲學家尼采認為，《老子》「像一個永不枯竭的井泉，滿載寶藏，放下汲桶，唾手可得」。一個外國哲人如此看重老子思想，作為中國人，更應該認真研讀《老子》，從中汲取精神力量，既改造主觀世界又改造客觀世界，在改造世界的過程中享受智慧的樂趣、生活的美好和思辨的空靈。

作者謹記於乙未年冬月

老子其人

哲學家、政治思想家、道教始祖

老子其人：神龍見首不見尾

老子是我國古代偉大的思想家，也是世界文化名人。《老子》一書，亦名《道德經》，是道家思想的奠基之作，同《易經》、《論語》一起被認為是對中國人影響最為重大而又深遠的思想巨著。然而，千百年來對於老子其人其書卻是爭議不斷、眾說紛紜。歷史上是否確有老子其人，至今仍是一宗懸案，煙霧繚繞，可謂神龍見首不見尾。

研讀老子其人，繞不開司馬遷。一定意義上說，老子其人其生平成於司馬遷亦疑於司馬遷。司馬遷提供了最早、最為準確的有關老子其人信息，同時又為爭論老子其人埋下了伏筆。司馬遷在《史記．老子韓非列傳》中這樣記載：

> 老子者，楚苦縣厲鄉曲仁里人也，姓李氏，名耳，字聃，周守藏室之史也。
>
> 孔子適周，將問禮於老子。老子曰：「子所言者，其人與骨皆已朽矣，獨其言在耳。且君子得其時則駕，不得其時則蓬累而行。吾聞之，良賈深藏若虛，君子盛德容貌若愚。去子之驕氣與多欲、態色與淫志，是皆無益於子之身。吾所以告子，若是而已。」孔子去，謂弟子曰：「鳥，吾知其能飛；魚，吾知其能游；獸，吾知其能走。走者可以為罔，游者可以為綸，飛者可以為矰。至於

龍，吾不能知，其乘風雲而上天。吾今日見老子，其猶龍邪！」

老子修道德，其學以自隱無名為務。居周久之，見周之衰，乃遂去。至關，關令尹喜曰：「子將隱矣，強為我著書。」於是老子乃著書上下篇，言道德之意五千餘言而去，莫知其所終。

或曰：老萊子亦楚人也，著書十五篇，言道家之用，與孔子同時云。

蓋老子百有六十餘歲，或言二百餘歲，以其修道而養壽也。

自孔子死之後百二十九年，而史記周太史儋見秦獻公曰：「始秦與周合，合五百歲而離，離七十歲而霸王者出焉。」或曰儋即老子，或曰非也，世莫知其然否。老子，隱君子也。

老子之子名宗，宗為魏將，封於段干。宗子注，注子宮，宮玄孫假，假仕於漢孝文帝。而假之子解為膠西王卬太傅，因家於齊焉。

世之學老子者則絀儒學，儒學亦絀老子。「道不同不相為謀」，豈謂是邪？李耳無為自化，清靜自正。

後人關於老子其人的爭論，主要集中在司馬遷所記載的老子、老萊子和太史儋三人及其生活年代。應該說，在清代以前，對於老子的爭論並不大，一般認為老子生活的年代與孔子同時且稍早於孔子。一九二二年，近代學者梁啟超在評論胡適的《中國哲學史大綱》時，撰文對老子其人提出質疑，在二十世紀二三十年代引發了一場熱烈爭論，大致可分為三種觀點：一種認為老子生活於春秋末期，年長於孔子；另一種認為老子生活於戰國中後期，在孔子、墨子之後；還有一種認為歷史上不存在老子其人。這場爭論的文章後來彙集在《古史辨》第四冊和第六冊中，洋洋灑灑數十萬言。胡適、錢穆、馮友蘭、顧頡剛等一批頂級學者都捲入了爭論，甚至有了意氣之爭。胡適與錢穆就老子生活年代的問題通過幾封信，胡適主張老子生活的年代為春秋晚期，略早於孔子。錢穆則認定老子為戰國時人，晚於孔子。據說，兩人一次相遇，錢穆說：「胡先生，《老子》年代晚出，證據確鑿，你不要再堅持了。」胡適回敬道：「錢先生，你所舉的證據還不能使我心服，如果能使我心服，我連我的老子也不要了。」[1]

追根溯源，關於老子其人爭論的源頭還在於司馬遷的《史記》。歷史上記載老子其人的書籍很多，大多帶有神話或傳說成分，唯有《史記》比較嚴謹，具有較高的史料價值。從《史記》記載分析，司馬遷明確表達了以下幾層意思，這就是春秋時期有老子其人，姓李，名耳，字聃，為周守藏室之史；老子曾著書上下篇，言道德之意五千餘言；老子崇尚無為自化，清靜自正；孔子曾問禮於老子；漢初道家與儒家已形成不同學派，相互排斥。關於老子和老萊子，應為兩人是無疑的，卻同是春秋時期人，同為孔子的老師。老子長期擔任周守藏室之史，著書《道德經》，而老萊子是位隱者，終身不仕，著書十五篇。所以，《史記·仲尼弟子列傳》寫道：「孔子之所嚴事：於周則老子；於衛，蘧伯玉；於齊，晏平仲；於楚，老萊子；於鄭，子產；於魯，孟公綽。」關於老子與太史儋，由於兩人都是周朝史官，且名「聃」與「儋」的古音相同而字義相通，容易引起混淆。但是，老子與太史儋應為兩個人，也是無疑。太史儋見秦獻公的時間是公元前三七四年，此時老子仍在世的話應有兩百餘歲，這是不可能的。而且，兩人的處世原則和理念截然不同，老子雖為史官，關心政治，卻不願直接為官從政，最後西出函谷關，不知所終；太史儋則志在入仕，積極為秦獻公獻計謀策。因而司馬遷在記載兩人時持謹慎態度，用了「或曰」、「蓋」等存疑之詞。關於老子生活的年代，老子的年齡大於孔子，應為春秋末期，這可以從兩方面得到證明：一方面，孔子問禮於老子，這不僅在《史

1 張中行：《不合時宜》，江蘇文藝出版社二〇一二年版，第十一頁。

記》中多有記載，而且在《莊子》、《禮記》、《左傳》等戰國時期的史料中也有記載；另一方面，一九九三年湖北郭店竹簡本的發現，據碳—十四測定，竹簡本形成的時間大約在公元前三〇〇年之前，說明在戰國時期《老子》一書已存在並流傳，那麼，作為著者的老子就應生活在更早的年代。老子所著《道德經》及其創立的道家學派，在中國思想史上具有特別重要的地位，誠如著名史學家呂思勉所言：「道家之學，實為諸家之綱領。諸家皆專明一節之用，道家則總攬其全。諸家皆其用，而道家則其體。」[1]

那麼，在中國歷史上，老子到底是一個什麼樣的人呢？

老子是革命家，他消解了「上帝」、「天命」等宗教和迷信觀念，實現了古代思想史上的革命。在古代社會，統治者為了證明統治的合法性和權威性，需要借助宗教和超自然的力量，這就是天命觀。天命觀的本質是神祕主義，認為宇宙間有個至高無上的神；主要內容是相信神靈經常關心並干預包括自然界和人類社會在內的各種事務，相信神靈具有必要的智慧，知道通過什麼樣的方式來顯示他的意願，相信神靈具有實現其意圖的權能和超自然力量。不過，古代殷商王朝和周王朝的天命觀有明顯差異。殷商時期的天命觀帶着濃厚的原始社會巫術傳統，核心概念是「帝」或上帝。殷商的帝與祖先合二而一，它是殷商族群專有的守護神，而不是所有族群的守護神，更不是普適的裁判者。從甲骨文分析可知，「帝」字是花蒂的象形，預示着殷商種族的綿延不絕，也是宇宙間一切事物的最高主宰。所以，殷墟甲骨卜辭有「甲辰，帝其令雨」，「帝其令風」。意思是，甲辰那天，上帝要命令下雨，上帝要命令颳風。還有「帝其降堇（饉）」，「帝降食受又

1　呂思勉：《先秦學術概論》，嶽麓書社二〇一二年版，第二十七頁。

（祐）」。意思是，上帝要降給饑饉，上帝賜給我們吃的，保祐我們。還有「伐邛方，帝受我又（祐）」？意思是，征伐邛國，上帝會保祐我們嗎？還有「王封邑，帝若（諾）」。意思是，君王要建築城邑，上帝答應了。還有「我其巳賓，乍帝降若；我勿巳賓，乍帝降不若」。[1]意思是，我免占卜官的職務，上帝是應允的；我不免占卜官的職務，上帝是不允許的。這些都説明自然界的風雨變化、人世間的年成好壞、戰爭勝負、築城、任官都是由上帝的意志和命令決定的。「周雖舊邦，其命維新。」周王朝天命觀的核心概念是「天」，比起殷商的「帝」説有了明顯進步，主要表現在周朝的天是所有族群的保護神，具有普遍性、公正性和人文性。同時，周朝為了説明周朝取代商朝的合理性，提出了「天命靡常」觀念，認為「非我小國敢弋殷命，惟天不畀」。意思是，不是我們周朝敢違背殷商王朝的命令，是天不保祐商朝。周朝還把天與祖先分離為二，賦予天以倫理意義和道德內容，提出「以德配天」觀念，認為君王只有敬德保民，才能實現天人合一，得到上天的保祐。儘管周朝的天命觀有了進步，但春秋末世的戰亂、苛政、重賦、酷刑，不僅意味着社會混亂和價值失序，而且意味着「天命搖墜」和精神世界的危機。老子對當時的社會生存狀況進行了哲學反思，對統治者的天命觀進行了思想批判，提出以道的觀念取代「帝」和「天」的概念，以哲學取代宗教。在老子看來，道是「有物混成，先天地生」，「吾不知其誰之子，象帝之先」。[2]這實質是中國古代思想史上的一場深刻革命，怎麼評價都不為過。十八世紀，德國哲學家康德撰寫了《純粹理性批判》、《實踐理性批判》和《判斷力批判》，給西方思想界帶來了一場革命。德國詩人海涅稱讚：羅伯斯庇爾砍了路易十六的頭，康德砍了上

---

1 任繼愈：《中國哲學史簡論》，人民出版社一九七三年版，第三十八頁。

2 引自附錄《老子》全文。本書有關老子的言論均引自附錄《老子》全文，以後不再注明。

帝的頭。[1]老子卻在二千五百年前就砍了上帝和天命的頭，從而為中華民族減少宗教色彩、增進理性光芒開闢了道路。

老子是哲學家，他創立了道的學說，建構了中華民族抽象思維和理性思辨的整體框架。黑格爾在《哲學史講演錄》一書中，對老子的思辨哲學做出較高評價，對孔子卻頗有微詞。他認為，孔子「只是一個實際的世間智者」，其著作不過是「道德的教訓」，「在他那裏思辨的哲學是一點也沒有的」。[2]對於黑格爾的評價，似可從《呂氏春秋．孟春紀．貴公》的一則故事中得到理解。「荊人有遺弓者，而不肯索，曰：『荊人遺之，荊人得之，又何索焉？』孔子聞之曰：『去其荊而可矣。』老聃聞之曰：『去其人而可矣。』故老聃則至公矣。」這則故事說明荊人能超出個人之得失而不忘國別之界限；孔子能超出國別之界限而不能忘世人之藩籬；老子則超越私己、國界和人世，在宇宙大道的背景下來看「遺弓」事件，無所謂得、無所謂失，故可謂「至公」矣。通過這則故事，既可以體會到中西哲學的差別，又可以感悟儒道學說的差異。西方哲學以古希臘為代表，以自然為出發點，以實驗為主要方法，着力研究人與自然的關係，而中國哲學以先秦為代表，以社會為出發點，着力研究人與社會的關係，比較關注政治和人生問題，且局限於社會領域探討人生和政治問題，帶有濃重的倫理道德色彩。總體而言，倫理道德是中國哲學的主流。但是，孔子創立的儒家學說與老子創立的道家學說還是有着明顯差別，孔子學說只有倫理內容，老子學說卻具有思辨色彩。孔子學說的主題是人，是人生而不是人的存在。孔子提倡人道有為，關注的是人倫秩序而不是人存在的形而上根據和意義，他努力

1 參見〔德〕亨利希．海涅：《論德國宗教和哲學的歷史》，商務印書館一九七四年版，第一百零一至一百零三頁。

2 〔德〕黑格爾著，賀麟、王太慶譯：《哲學史講演錄》（第一卷），商務印書館二〇一一年版，第一百三十頁。

從宗教制度和血緣紐帶裏探尋政治統治和道德生活的普適原則，這就是仁者愛人的倫理學說，「克己復禮為仁」；「夫仁者，己欲立而立人，己欲達則達人。能近取譬，可謂仁之方也已」。這就是德政與禮治的政治主張，「為政以德，譬如北辰，居其所而眾星共之」，而禮治在國家層面，是「君使臣以禮，臣事君以忠」；在家庭層面，是「生，事之以禮。死，葬之以禮，祭之以禮」。這就是家國情懷的道德修養，即「修身齊家治國平天下」。老子學說的主題也是人，卻是人的生存而不僅僅是人生。所謂生存，相當於西方哲學的「存在」範疇，並非簡單地指「生命的存活」，而是指「生成着的存在」。老子提倡天道無為，關注的是人存在的根據及其終極價值，這就是人作為有生命的存在根據何在，其生命的根源在哪裏，人應當如何生存、怎樣生存才符合人之存在的本性等高度抽象的問題。老子通過批判反思和抽象思辨，最後概括昇華為道這一哲學範疇。康德指出，哲學是關於可能性的科學的某種純粹觀念，並不以某種具體的方式存在。老子之道正是康德所說的某種純粹觀念，這是老子作為哲學家的重要標誌。道是天下萬事萬物的根源，「道生一，一生二，二生三，三生萬物」。道是事物運動變化的規律，「反者，道之動；弱者，道之用」。道是老子思想的理論基礎和邏輯前提。老子以道為核心範疇，注釋拓展，創建了道家的哲學體系，構築起古代中華學術的宏偉大廈，從而對天下萬事萬物的存在、生長和歸宿做出了本原性思考，為人的生存和社會的發展提供了形而上根據。

老子是政治思想家，他提出的「無為而治」政治主張，更深刻地反映了政治統治和社會管理的規律。老子生活的春秋末期，是分封制向郡縣制過渡的時期，整個社會經受着嚴重的政治、經濟和精神危機。從社會政治制度分析，周王朝東遷之後，共主衰微、王命不行，舊的貴族等級制度「禮崩樂壞」，於是諸侯兼併、戰爭頻仍。春秋初期是一百四十多個諸侯國紛爭，末期則為十四國爭霸。從經濟層面分析，統治者橫徵暴斂、恣意妄為，極大地破壞了社會的正常生活。《左傳》記載，昭公三年，在齊國是「民三其力，二入於公，而衣食其一。公聚朽蠹，而三老凍餒。國之諸市，屨賤踴貴」。踴是指受刖刑的人所着的假肢，由此可見刑罰嚴苛和受刑之人眾多。在晉國是「庶民罷敝，而公室滋侈；道殣相望，而女富溢尤」。無怪乎，老子尖銳地批評：「民之饑，以其上食稅之多，是以饑。民之難治，以其上之有為，是以難治。民之輕死，以其求生之厚，是以輕死。」在人民生活困苦的同時，統治者卻窮奢極侈、招搖過市，「朝甚除，田甚蕪，倉甚虛。服文彩，帶利劍，厭飲食，財貨有餘，是謂盜夸。非道也哉！」意思是，朝廷很敗壞，田地很荒蕪，倉廩很空虛，統治者卻穿着華麗的衣服，帶着鋒利的寶劍，饜足了飲食，家裏有多餘的財貨，這種行為就叫大盜。這真是無道啊！從精神世界分析，由於「天命搖墜」，舊的關於人與天、人與鬼神、人與自然、人與人之間的價值準則和行為規範，普遍受到懷疑，精神信仰和社會倫理道德出現嚴重滑坡。面對如此深重的社會政治經濟思想危機，先秦思想家提出了各自匡正時弊和政治統治的方案。比較而言，老子的高明之處在於他從哲學的高度提出了政治思想，也就是從抽象思辨和終極追問的角度提出了道家的政治主張。在這個過程中，老子運用「正言若反」的表達方式闡述深奧的道理，這也是老子高於其他思想家的地方。「正言若反」，是對事物更深刻的認識和更正確的把握，不僅提醒人們要從反面的關係中來觀看正面，以顯出正面的豐富內涵，而且提示人們要重視對立面的作用，甚至於對立面所產生的作用更勝於正面所顯示的作用。因此，老子提出了「無為而治」的主張，並把無為而治作為其政治思想的核心。無為而治不是無所事事、沒有作為，而是為了實現更好的政治統治。《老子》第五十七章比較完整地闡述了無為而治的思想，首先是「以正治國，以奇用兵，以無事取天下」。然後指出無為而治的反面是統治者過多的干預，弊害甚多，「吾何以知其然哉？以此，天下多忌諱，而民彌貧；民多利器，國家滋昏；人多伎巧，奇物滋起；法令滋彰，盜賊多有」。意思是，我怎麼知道無為而治的好處呢？因為天下禁忌越多，人們就越陷於貧困；人們先進的器具越多，國家就越混亂；人們的巧智越多，歪邪的事情就更加興盛；法令越是詳明，盜賊出現得越多。最後以聖人的口吻指出，無為是手段，治理才是目的，「故聖人云，我無為而民自化，我好靜而民自正，我無事而民自富，我無欲而民自樸」。

老子是道教始祖，他創立的道家學說成為道教理論最為重要的淵源，道家哲學乃是道教至為重要的理論基礎。老子否定了宗教，否定了上帝和天命，而老子本人卻被尊為道教教主，這真是「天命靡常」和絕妙的諷刺！在中國歷史上，「道教」一詞曾被賦予廣泛的含義，最初的意思是指以「道」來教化眾生的各種理論學說和實踐，先秦思想家都以「道」來指稱自己的理論和方法，並自命或被認作是「道教」。作為宗教的道教，是指在古代宗教信仰的基礎上，沿襲方仙道、黃老道的某些宗教觀念和修持方法，逐漸形成了以「道」為最高信仰，相信人通過某種實踐，經過一定修煉有可能長生不死、成為神仙的中國本土的傳統宗教。道家與道教具有根本區別，道家是以老子和莊子為代表的哲學派別，而道教乃是在東漢中後期形成的宗教。但是，道教在創立初期，就把老子奉為教主，尊《老子》為主要經典，是教徒們必須習誦的功課；後來又把《莊子》奉為經典，稱為《南華經》。這表明道家哲學確實是道教的思想淵源，《魏書．釋老志》在談到道教的本源和宗旨時指出：「道家之原，出於老子。其自言也，先天地生，以資萬類。上處玉京，為神王之宗；下在紫微，為飛仙之主。千變萬化，有德不德，隨感應物，厥跡無常。」從這段議論可知，老子之道與道教之道有着密切聯繫。老子之道深邃幽遠，是不可捉摸而又確實的存在，即「道之為物，惟恍惟惚。惚兮恍兮，其中有象；恍兮惚兮，其中有物。窈兮冥兮，其中有精；其精甚真，其中有信」。同時，道是「視之不見名曰夷，聽之不聞名曰希，搏之不得名曰微。此三者不可致詰，故混而為一」。老子把道作為天地萬事萬物的根源，且是看不見、聽不到、摸不着的超越時空的存在，具有濃厚的神祕色彩，這就接近了宗教思想，為道教從宗教角度進行解釋提供了基礎。從這個意義上說，老子之道被道教所吸收運用，有其內在邏輯必然性。當然，道教不是原封不動地搬用老子之道，而是做出了創新性改造，給予了宗教性闡述。在道教看來，道是「神祕之物，靈而有信」，「為一切之祖首，萬物之父母」。因此，我們既要看到老子哲學與道教的聯繫，更要看到它們之間的本質區別，絕不能混為一談，否則，就是對老子的褻瀆。

撥開歷史的迷霧，穿越時空的隧道，我們仿佛看到函谷關的上空仍然盤旋着紫氣，仿佛看到一位老人騎着青牛孤獨前行。這就是老子，姓李，名耳，字聃，生活在春秋末期，約在公元前五七一年至公元前四七一年之間。在中華歷史的天空中，他是最亮的智慧之星。在人類文明的天空中，他可以和其他任何民族的星宿媲美。

老子其書：雲霓明滅或可睹

《老子》是中國最早的哲學著作之一，在人類文明發展史上，也是最偉大的經典之一。自古著書以經名者，唯道家有之。《老子》之稱經，自漢景帝始，以「老子義體尤深，改子為經，始立道學，敕令朝野悉諷誦焉」[1]。而《老子》演變為《道德經》，約萌發於漢末三國的邊韶、葛玄，形成於魏晉之際的王弼、皇甫謐。《老子》涵蓋哲學、宗教、人文、政治學、倫理學、軍事學等諸多學科，後人尊為治國理身的寶典，對中國文化產生了廣氾而深遠的影響。據不完全統計，清朝以前《老子》版本一百多種，中文校訂本三千餘種，具有代表性的一千餘種，這充分說明《老子》的巨大影響。最早解讀《老子》的是先秦思想家和法家代表人物韓非子，著有《解老》、《喻老》篇。漢初史學家司馬談高度評論道家思想，似可看作是對《老子》一書的評價，「道家使人精神專一，動合無形，贍足萬物。其為術也，因陰陽之大順，采儒墨之善，撮名法之要，與時遷移，應物變化，立俗施事，無所不宜，指約而易操，事少而功多」。[2]意思是，道家使人精神集中，行動合乎無形之「道」，使萬物豐足。道家之術依據陰陽家關於四時運行順序的學說，吸收儒墨兩家之長，撮取名法兩家之精要，隨着時勢的發展而發展，順應事物的變化而變化，樹立良好風尚，應用於人事，無不適

1 〔清〕紀昀等撰：《四庫全書．子部．釋家類》（第一千零五十冊），上海古籍出版社一九八七年版，第一百三十八頁。
2 司馬遷：《史記》卷一百三十，中華書局一九五九年版，第三千二百八十九頁。

宜，意旨簡約而容易掌握，用力少而功效多。對於先秦思想界而言，《老子》既是引領者又是集大成者，厚植起中華學術大樹堅實的根底。英國學者李約瑟認為，中國如果沒有道家，就像大樹沒有根一樣。

《老子》一書對人類文明也產生了重大影響，最早由唐朝玄奘譯成梵文走向世界，十六世紀後陸續被譯成拉丁文、法文、德文、英文、日文。據聯合國教科文組織統計，截至二〇一四年，可查到的各種外文版《老子》已有一千多種，是除《聖經》之外，被譯成外國文字最多的文化經典。有一則消息報道，《老子》已先後被一百零四人譯成德文；每四戶德國家庭就有一本《老子》。德國思想家雅斯貝爾斯評價《老子》一書，「它那樣佯謬的語句所具有的說服力，它的謹嚴認真態度以及它那似乎不見底的思想深度，使其成為了一部不可多得的哲學著作」。[1] 比利時學者、耗散結構創始人普利高津指出：「道家的思想，在探究宇宙和諧的奧祕、尋找社會的公正與和平、追求心靈的自由和道德完滿三個層面上，對我們這個時代都有新啟蒙思想的性質。道家在兩千多年前發現的問題，隨着歷史的發展，越來越清楚地展現在人類的面前。」[2] 美國學者蒲克明認為：「當人類隔閡泯除、四海成為一家時，《老子》將是一本家傳戶誦的書。」[3]

儘管《老子》其書聲名遠播、歷久傳誦，卻像老子其人一樣，也是爭議不斷、認識不一，主要問題是作者是誰和成書時間。關於作者是誰，大體有三種觀點，基本的觀點認為歷史上確有老子其人，《老子》一書應為老子所作；另一種認為，「《老子》，戰國好事者，剽竊莊周書作也」；還有一種認為，「《老子》一書實

---

1 〔德〕夏瑞春編，陳愛政等譯：《德國思想家論中國》，江蘇人民出版社一九九五年版，第二百一十七頁。
2 中國科學院中國現代研究中心編：《二十一世紀現代化的特徵與前途》，科學出版社二〇一二年版，第三百四十七頁。
3 李世東等：《老子文化與現代文明》，中國社會出版社二〇〇八年版，第二百四十九頁。

非一人所能作，今傳本《老子》如果把他看作是絕對完整的一人而言，則矛盾百出，若認為是纂輯成書，則《老子》作者顯然不止一人」。關於成書時間，也有三種觀點，基本的觀點認為老子早於孔子，《老子》成書於春秋末期；另一種認為，《老子》成書於戰國時期；還有一種認為，《老子》成書於秦漢之際或漢文帝時。無論如何，《老子》的作者及成書時間，或許是「煙濤微茫信難求」，而《老子》一書卻是歷史上真實的存在，「雲霓明滅或可睹」。本文認同《老子》作者及其成書時間的基本觀點，並將其作為研讀的邏輯前提，進而着力探討《老子》的義理和辭章。《老子》言簡而意豐，疏朗而渾融，雋永而透達，邏輯而系統，是一本專著而不是纂輯；《老子》一書前後理論一貫，層層推論演進，自成一家之言，似這樣嚴謹而連貫的著作，一般應出於一人的手筆，即可認為是老子自著。

千百年來，無論是九五之尊的帝王還是王侯將相，無論是文人墨客還是山野村夫，都爭相研讀《老子》，形成一道亮麗的文化風景線。在封建帝王中，就有四人注釋過《老子》。第一人為唐玄宗李隆基，他兩度注疏並詔頒天下，即《道德經注》和《道德經義疏》。注疏的宗旨是「取之於真，不崇其教，理國之要，可不然乎」，很少玄理的探討，更少宗教性詞語，立足統治實踐，着重闡述老子治國理身理論。第二人為宋徽宗趙佶，他親自注疏《道德經》並頒佈全國；兩次下詔「搜訪道教逸書」，整理刊行，成為我國第一部《道藏》；還下令編纂《道史》，成為第一部道教歷史著作。遺憾的是，趙佶尊崇的不是老子的治國理身之要，而是利用道教來神話自己，最後卻成了金人的階下囚。第三人為明太祖朱元璋，他給《道德經》的定位是「萬物之至根，王者之上師，臣民之極寶，非金丹之術也」。這就把《老子》從宗教迷信中解脫出來，確是朱元璋慧眼所在。他在登基八年後親自注解《道德經》並作序，在序言中詳細記述了自己讀《道德經》的過程。第四人為清世祖愛新覺羅·福臨，他的《御注道德經》是原文句下加以簡注，每章之後詳加論說，自成一體，中心思想是講解「治心治國之道」。除宋徽宗外，其餘三位注釋並踐行《老子》思想的帝王，都產生了積極影響，有着不俗的統治政績。[1]

自先秦以來，歷代研老注老的著作層出不窮。戰國中晚期及至西漢前期，老子之學昌盛於稷下，形成「齊學」，流佈於楚地及三晉。漢初多家傳老子之説，尤其是開國名臣曹參，從齊地把老子之學帶到朝廷，演變為國家的意識形態。至劉向乃「定著二篇八十一章，上經三十四章，下經四十七章」[2]。漢武帝「罷黜百家，表彰六經」，使儒家思想在國家意識形態上佔據統治地位，老子之學則轉入民間，成為士大夫尤其是「處江湖之遠」的士大夫的精神家園。漢代老子之學的主要特徵是黃老神仙長生思想，借用老子之「道」作為理論依據。比較著名的注本有河上公的《老子章句》、嚴遵的《老子指歸》和張陵的《老君道德經想爾注》。魏晉南北朝時期，老莊之學佔據了知識界的核心，發展為思辨性很強的玄學體系，不僅描繪宇宙萬物的化生過程，而且探究宇宙萬物之所以產生、存在和變化的總根據。這時的老學已經改變了它在西漢初期的文化品格，不再充當「君人南面之術」，而是尋求精神自由和個性解放，寬袍緩帶地清談玄理。最為著名的注本是王弼的《老子注》和《老子道德經注》。唐朝是我國歷史上尊老奉道的王朝，李唐皇帝視老子為自己的先祖，封為「太上玄元皇帝」，要求士庶人家均藏《道德經》，因而注解《老子》成為時尚。至唐末，詮疏箋注《老子》者約六十餘家。唐代老學援《莊》入老、援佛入老，使老子之學的學理更加嚴密，疏證變得豐厚，有了神祕色彩。代表性注本及論著有成玄英《道德經開題序訣義疏》、李榮《老子注》和杜光庭《道德真經廣聖

1 參見李世東等：《老子文化與現代文明》，中國社會出版社二〇〇八年版，第四十三至四十七頁。

2 曾棗莊、劉琳主編：《全宋文》卷七千九百八十八，《道德真經集解．序說》，上海辭書出版社二〇〇六年版，第三四六冊，一百〇一頁。

義》。宋元老學更是發達，以至元代道士張與材稱：「《道德》八十一章，注者三千餘家。」[1]由宋而元，士人解讀《老子》，潛入日常生活的心理層面，比較注重心性詮釋。代表性注本及論著有王安石《老子注》、司馬光《道德真經論》、蘇轍《老子解》、范應元《老子道德經古本集注》、吳澄《道德真經注》和白玉蟾《蟾仙解老》。明清老學進入了古典學術和古代典籍的集成時代。明正統《道藏》五千餘卷，萬曆《續道藏》百餘卷，把《道德經》尊為太上教典；清代引入考據學，使《老子》章句考讀提升到新的高度。至於清末學術，解讀《老子》已有西學東漸的韻味。明清時期代表性注本及論著有薛蕙《老子集解》、釋德清《老子道德經解》、李贄《老子解》和王夫之《老子衍》、傅山《老子解》、紀昀《老子道德經校訂》和魏源《老子本義》。

《老子》的傳世版本甚多，王重民一九二七年刊行《老子考》，版本存目四百五十種；台灣嚴靈峰一九六五年刊行《無求備齋老子集成》初編、續編、補編影印本，共計三百五十六種。在眾多的《老子》版本中，有的用講道理、引述故事的方式來進行解說；有的是列舉老子的一段言論，便根據自己的理解自由發揮和論述；有的是經、傳分開，以章句形式進行注解。最為著名的是河上公本、嚴遵本、王弼本以及帛書本和竹簡本。

河上公本一般被認為是最早的注本，又名《河上公章句》或《道德經章句》，其內容合乎老子大義，與漢初的黃老政治相協調，和「文景之治」的休養生息政策相一致。河上公本也有謎團，主要是對河上公其人存在爭議。《史記．樂毅列傳》中提到河上丈人，「樂臣公學黃帝、老子，其本師號曰河上丈人，不知其所

1 《道藏》第十二冊，文物出版社、上海書店、天津古籍出版社一九八八年版，第七百二十五頁。

出」。據此記載，河上公應為戰國時期人，這與河上公本的內容不盡一致。另一記載，是三國時期葛玄所作的《河上公章句序》，稱河上公為漢初人士，曾大顯神跡，賜書和指教漢文帝，其中的神仙化描寫手法，不免使人懷疑其真實性。如果歷史上確有河上公其人，那他應是黃老哲學的集大成者和方仙道的開山祖師。河上公本的存世及其產生於漢代，則是毫無疑問的。河上公本屬民間系統，注釋文字古樸，多古字雜俚俗，其流派為景龍碑本、遂州碑本和敦煌寫本。河上公本以疏解原文為主要特點，不太關注道的理論問題，首先從宗教角度闡述《老子》，具有厚重的養生成仙思想；重點則是闡述如何修身與治國。河上公認為：「用道治國則國安民昌，治身則壽命延長」；「治身者神不勞，治國者民不擾。」[1] 在河上公看來，治身是治國的基礎，治身就要關注精氣神。就人而言，精氣是天地之氣在人身體內的純淨氣息，神明是天地之間的神妙在人五髒六腑中的顯現。河上公告誡人們，不要放縱情欲，消損精氣，破壞神明，更告誡君王要注重治身，「君開一源，下生百端。百端之變，無不動亂」。所以君王要清靜無為，堅持治身去情欲、治國勿煩擾。

嚴遵本是指西漢晚期蜀中隱士嚴君平所著的《老子指歸》。嚴遵是著名學者揚雄的老師，不求仕進，每天占卜為生。《漢書．王貢兩龔鮑傳》記載：嚴遵修身自保，「卜筮於成都市，以為『卜筮者賤業，而可以惠眾人。有邪惡非正之問，則依蓍龜為言利害。與人子言依於孝，與人弟言依於順，與人臣言依於忠，各因勢導之以善，從吾言者已過半矣。』裁日閱數人，得百錢足自養，則閉肆下簾而授《老子》」。嚴遵本是老學

1　本書所引河上公、嚴遵言論均出自〔漢〕河上公注、〔三國〕王弼注、〔漢〕嚴遵指歸、劉思禾校點：《老子》，上海古籍出版社二〇一三年版。以下不再注明出處。

研究史上的重要專著，是西漢道家思想的代表作，它不同於注釋類作品體裁，不是那種注重詞語考證和解釋的注本，而是先引用老子觀點的原文，然後進行指歸分析，加以發揮和論述。嚴遵本條理清晰，內容深邃博大，實際上是《老子》的再創作。嚴遵以韻文形式對《老子》進行理論闡發，辭句古奧，文筆優美，句式相駢。他沿着《老子》的思路，採納了《淮南子》的部分內容，用道、德、神明、太和四個層次演進來論說天地萬物的化生問題，構造了一個以虛無為源、以氣化為流的宇宙演化體系。他本着依天道論人事的模式，闡述老子的「無為而治」思想，認為「有為亂之首也，無為治之元也」。同時，吸收了《黃帝四經》的思想，強調無為不是無所作為，是「君無為而臣有為」，即「尊天敬地，不敢亡先；修身正法，去己任人；審實定名，順物和神；參伍左右，前後相連；隨時循理，曲因其當；萬物並作，歸之自然；此治國之無為也」。他闡述的老子道論和哲學思想，包含着本體論和辯證法，使老子學說更加系統化和條理化，為後來的王弼所繼承，成為魏晉玄學提出的「貴無」、「自然為本」本體論的萌芽。嚴遵本還有豐富的養生思想，這反映了西漢、東漢之際隱士階層苟全性命於亂世的心態。養生思想的主題是「全其性命」，即「自古及今，飛鳥走獸含氣有類之屬，未有不欲得而全其性命者也」；原則是「無欲無取」，即「無欲則靜，靜則虛，虛則實，實則神」；方法是「保精養神」，從而做到「筋骨便利，耳目聰明，肌膚潤澤，面理有光」。

王弼本是流傳最廣、影響最大、學術價值最高的《老子》版本。對於王弼其人其書，史學界沒有任何爭議。王弼，三國時魏人，與何晏、夏侯玄等同倡玄學清談，英年早逝，病故時只有二十四歲。這是個天才型的人物，在老學史上是第一流人物，在中國思想史上也是第一流人物。著作有解讀《老子》的《老子注》、《老子道德經注》和解讀《周易》的《周易注》、《周易略例》。當時的玄學首領何晏極為賞識王弼，認為「仲尼稱後生可畏，若斯人者，可與言天人之際乎！」[1]所謂天人之際，就是人們對天道、自然與人的關係這一重大哲學問題的思考。王弼對老學發展做出了傑出貢獻，王弼本能夠應對時代挑戰，是老子思想最具創造力的解釋者。由於《老子》原文逸散已久，王弼本曾是《老子》的唯一傳世本。與河上公本風格不同，王弼本屬於文人系統，文筆流暢，其流派為蘇轍、陸希聲、吳澄諸本，這些文人善做文章並摻入自己的見解。王弼本注重對《老子》哲理的闡述，它運用本與末、體與用的分析方式，把老子之道中的「無」突顯出來，提出了「以無為本」的本體論，建立了體系完備、思辨抽象的玄學哲學體系。王弼認為，「《老子》之書，其幾乎可一言而蔽之。噫！崇本息末而已矣。觀其所由，尋其所歸，言不遠宗，事不失主」。[2]在王弼看來，世界的本體是「無」，世界各種各樣的具體事物為「有」，無是本，有是末，即「天下之物，皆以有為生。有之所始，以無為本。將欲全有，必反於無也」。至於政治主張，王弼延續了河上公本的思路，重在無心無欲無為，反對巧智奸詐，強調「以道治國，崇本以息末；以正治國，立辟以攻末」。辟意指法律。

帛書本是指一九七三年湖南長沙馬王堆漢墓出土的《老子》抄本，因在一種致密而輕薄的絲織品上抄寫而稱帛書。帛書《老子》有甲、乙兩本，均有部分殘缺，甲本五千四百四十字，掩損一千三百六十九字；乙本五千四百六十七字，掩損七百零二字。甲本字體介於篆、隸之間，不避漢高祖劉邦名諱，說明甲本完成於漢朝建立之前；乙本用隸書抄寫，避劉邦名諱而不避漢文帝劉恆名諱，說明乙本成書於劉邦在位時期。比較而言，甲本抄寫粗率，錯訛屢見，乙本抄錄精緻，對《老子》原意理解較深，一些關鍵詞和重要思想抄錄

1 嚴可均輯：《全晉文》，商務印書館一九九九年版，第一百六十三頁。
2 本書所引王弼言論均出自〔魏〕王弼注、樓宇烈校釋：《老子道德經注》，中華書局二〇一一年版。以下不再注明出處。

得較為準確。對照傳世的河上公本和王弼本，帛書本在內容、文字上並無根本不同，最大的差別在於結構不同，帛書本不分章，只分上、下篇，而且「德經」在前「道經」在後，從傳世本的第三十八章開始。在具體篇章排列方面，「德經」中相當於傳世本之四十 四十一章倒置，八十、八十一章移至六十七章之前；「道經」中二十四章移至二十二章之前。某種意義上可以說，帛書本與傳世本不屬於一個體系。帛書本的發現，說明早在漢朝之前，《老子》已經成書，這為確定《老子》的成書時間提供了可靠的考古資料。對於漢代文化研究而言，帛書本揭示了漢初社會文化思潮的演進過程，即由漢高祖時期的黃老之學與儒家思想兼雜、黃老之學尚未佔據國家意識形態的主導地位，演變為文景時期確定黃老之學為國家意識形態的正宗。

竹簡本是指一九九三年湖北荊門郭店楚墓中出土的《老子》抄本，因刻錄在竹簡上被稱為竹簡本，又稱楚簡《老子》。郭店墓葬時間約為公元前三〇〇年左右，墓葬主人先後分組抄錄《老子》，一同陪葬。竹簡本文字純正古樸，分為甲、乙、丙三組，除去一段與《老子》內容關聯不大的「太一生水」篇外，共有一千七百餘字，約為傳世本的三分之一，其內容分別見於傳世本《老子》八十一章中的三十一章。竹簡本內容基本上互不重複，每組都有自己的主題，抄錄者似乎以分門別類摘錄為目的，而不是為了抄寫《老子》全書。竹簡本三組的內容較為系統完整，既各有側重又相互聯繫。甲組論述聖人之道，似可名為聖人篇，大致可區分出兩個主題，一部分主題與丙組類似，主要討論治國方法；另一部分主題與乙組類似，主要討論修身方法。乙組論述修身之道，似可名為修身篇，主要討論長生久視的養生法，無為而無不為的處世術，以及絕學無憂、寵辱不驚、大方無隅、大器晚成、大巧若拙等辯證思想。丙組論述治國之道，似可名為治國篇，着重討論成事遂功，百姓曰我自然；大道廢，安有仁義；用兵戰勝，以喪禮居之；為者敗之，執者失之；聖人無為故無敗，無執故無失。竹簡本的發現，說明《老子》一書在戰國時期已經流傳；最重要的意義在於證實老子是春秋末期的智者，《老子》是作於春秋末期最早的中國私家著作。此外，二〇〇九年北京大學收藏了一批漢武帝前期的竹簡，其中有比較完整的《老子》竹簡本，從抄本避劉邦諱而不避惠帝劉盈諱分析，它與帛書本抄寫時間大致相同。北京大學竹簡本保存良好，有完整和接近完整的竹簡二百二十一枚，殘簡十枚；竹簡本分上、下兩篇，共七十七章，也是「德經」在前「道經」在後，全書正文五千三百餘字，殘缺僅為六十餘字。這是從地下出土的四種竹簡和帛書古本中，保存最為完整的《老子》版本；首次發現在兩枚竹簡背面寫有「老子上經」和「老子下經」的篇題，印證了有關《老子》稱「經」的文獻記載。

世界各民族思想的發展都是以不斷地對民族文化經典進行重新詮釋的方式展開的；即使思想的創新發展，也是以研讀悟透民族文化經典為基礎的。在中國傳統文化中，持續不斷地對《老子》進行詮釋，是中華民族思想發展，尤其是哲學思想和抽象思辨能力發展的重要途徑。對於《老子》的詮釋，基本沿着思想聚焦、語言趨同和文本改善的方向前進。所謂思想聚焦，是指由古本到傳世本的發展過程中強化了《老子》思想觀點和重要概念的過程，進而上升為哲學範疇。任何哲學範疇，都是一個普遍抽象的觀念，具有相對確定的含義，遵循一定的使用規則，反映某個思想派別的立場。中國哲學不太重視概念範疇，通常用隱喻、類比、寓言和格言來講述道理，因而思想聚焦既是思想發展的重要標誌，又是詮釋《老子》價值所在。「無為」是老子哲學的重要概念，帛書本出現七次見於六章之中，而在河上公本和王弼本則出現十二次見於十章之中，比帛書本多出三分之一，這就突出了「無為」在老子思想體系中的地位和作用。所謂語言趨同，是指《老子》各個版本在分別加工原文時表現出的對某種共同語言特點的重複和強化。語言趨同與思想聚焦既有聯繫又有區別，聯繫在於當語言趨同涉及哲學範疇時，也就產生了思想聚焦；區別在於語言趨同還涉及一般概念和詞語，而思想聚焦只涉及重要概念範疇。語言趨同的主要形式有句式整齊化、排比句式強化以及某些概念、判斷在章節之間重複。所謂文本改善，是指《老子》先後版本在思想聚焦和語言趨同過程中必然產生的良好效果。不同版本相互參校的結果造成了不同版本的語言風格和文字內容漸趨一致。河上公本與王弼本的文字比較接近，就是兩個版本長期分別流傳、相互參校的結果。研讀《老子》其書，使我們對思想的發展規律有了新的認識和感悟，這真是意外的驚喜，有心種花，花已開放；無意插柳，柳也成行。

老子之思想：博大精深

德國思想家雅斯貝爾斯在《歷史的起源與目標》一書中指出，在公元前五〇〇年左右，或者說公元前八〇〇年到公元前二〇〇年期間，「在中國，孔子和老子非常活躍，中國所有的哲學流派，包括墨子、莊子、列子等諸子百家都出現了。像中國一樣，印度出現了《奧義書》和佛陀，探究了一直到懷疑主義、唯物主義、詭辯派和虛無主義的全部範圍的哲學可能性……希臘賢哲如雲，其中有荷馬，哲學家巴門尼德、赫拉克利特和柏拉圖，許多悲劇作者，以及修昔底德和阿基米德。在這數世紀內，這些名字所包含的一切，幾乎同時在中國、印度和西方這三個互不知曉的地區發展起來」。[1] 雅斯貝爾斯稱之為「軸心時代」，「人類一直靠軸心時代所產生的思考和創造的一切而生存」。雅斯貝爾斯提出「軸心時代」理論之後，又在《大哲學家》一書中將老子列入「原創性形而上學家」。雅斯貝爾斯是從人類文明和思想發展的高度，評論「軸心時代」和老子的價值。老子是思想家，對人類文明發展做出了重大貢獻。循着雅斯貝爾斯的思路，深入梳理和探究老子之思想，具有重要的認識價值和現實意義。

法國思想家帕斯卡爾認為：「人的全部尊嚴就在於思想。」他說：「我很能想像一個人沒有手、沒有腳、

---

1 〔德〕卡爾．雅斯貝爾斯著，魏楚雄、俞新天譯：《歷史的起源與目標》，華夏出版社一九八九年版，第八頁。

沒有頭（因為只是經驗才教導我們説，頭比腳更為必要）。然而，我不能想像人沒有思想，那就成了一塊頑石或者一頭畜牲了。」[1] 這段話深刻闡明了思想對於個體和人類的極端重要性。所謂思想，從哲學角度分析，是指人腦對客觀存在感性或理性的反映，是一系列信息輸入人腦後再形成的一種可以用以指導人言行的意識。對於個體而言，思想表現為觀念、想法，觀念可以是外來接受，想法可以是自己形成，進而影響着人們的日常行為；對於人類社會而言，思想表現為理論體系和思維方法，影響着歷史前進的腳步。真正的思想是指理論體系和思維方法。人類社會的每一次進步，首先是思想的進步、理論體系和思維方法的創新。思想是世界上最寶貴的財富，它的魅力在於穿越時空，照徹世俗。任何不朽思想都是時代的強音，對於一個民族品格的塑造、社會歷史的發展、科學圖景的改觀和世界形勢的變化，必定會產生重要而深遠的影響，甚至會改變一個時代。在人類歷史上，能夠影響世界進程的思想不是燦若群星，而是寥若晨星，老子思想是晨星中耀眼的一顆。

梳理和探究老子之思想，前提是要認識老子思想的特點，掌握開啟老子思想之門的鑰匙。老子思想的最大特點是玄而又玄的思維。中國哲學一般關心社會而不關心自然領域，具有濃重的倫理道德色彩，以致學界有人認為中國沒有哲學，先秦時代沒有像古希臘那樣的哲學。老子是個異數，他雖然從政治和人生問題出發進行研究，卻沒有局限於社會領域，而是拓展到宇宙範圍研究社會問題，從而把先秦思想提升到形而上高度，抽象昇華為道的範疇。這是老子對中華文明最大的貢獻，也是老子被稱為中國哲學之父的主要根據。道是老子思想的理論基礎和邏輯前提，是渾全之樸、眾妙之門，創生天地萬物而又內在於萬物之中。道不能

1 〔法〕帕斯卡爾：《思想錄》（上），吉林大學出版社二〇〇五年版，第一百七十三頁。

被感覺知覺，只能通過玄而又玄的思維方式把握，「道可道，非常道；名可名，非常名。無，名天地之始；有，名萬物之母」。老子思想的主要特點是批判反省的思維。面對春秋末年周文疲敝和禮崩樂壞的形勢，老子對文明基本持一種批判的態度，古來今往許多思想家批判過文明，但只有老子把整個文明都拿來批判，即「大道廢，有仁義；慧智出，有大偽；六親不和，有孝慈；國家昏亂，有忠臣」。在老子看來，當時倡導和力圖恢復的仁義禮教，都是統治者積極有為的結果，不僅不是解決問題的手段，而且是造成問題的根源。仁義是一套宣傳説辭，讓人變得虛偽無恥；禮教成了一套乾癟僵硬的桎梏，似乎在強制地拉着人們前行；知識和巧智造就了更多麻煩，似乎變成了互相之間的算計關係。為此，老子明確提出了「無為」和「自然」的主張。批判性思維並不是否定一切，而是對已有的各種觀點接受之前必須進行的審查和質疑，這是人類應具備的健康的思維能力。老子思想的重要特點是正言若反的思維。錢鍾書認為：「夫『正言若反』，乃老子立言之方，《五千言》中觸處彌望。」[1]《老子》第四十五章指出：「大成若缺，其用不弊。大盈若沖，其用不窮。大直若屈，大巧若拙，大辯若訥。躁勝寒，靜勝熱。清靜為天下正。」意思是，大完滿好像有欠缺，而它的作用卻不會衰竭。大充實好像空虛，而它的作用卻不會窮盡。大直好像彎曲，大巧好像笨拙，大辯好像木訥。運動能抵禦寒冷，安靜能制伏炎熱。只有清靜才是天下萬事萬物的準則。老子的正言若反，既是一種思維方式，體現否定之否定的辯證精神，又是一種語言風格和修辭手法，將一些對立的概念組織在一起，以説明相互聯繫、區別、轉化和流動。這不僅增添了老子思想的內涵，而且加強了表達效果，使品讀《老子》更加耐人尋味。正言若反與批判性思維密切關聯，批判性思維是正言若反的本質內容，正言若反是批判性思維

1 錢鍾書：《管錐編》（二），生活·讀書·新知三聯書店二〇〇一年版，第七百一十七頁。

的最好表達方式。老子思想另一特點是善用比喻的思維。中國哲學不善於定義概念和範疇，卻善於運用故事或比喻來闡述深奧的道理。思想家的比喻，總是建立在想像的基礎上，產生出某種感覺效果，使抽象化的思辨獲得形象生動的間接表達。老子是比喻高手，所用喻體卓然不群、個性鮮明，老子思想最主要的喻體是水、女性和嬰兒。以水喻道，是生命源泉的形象追索；以女性喻道，是生命原始力量的深情回憶；以嬰兒喻道，是生命原初狀態的天真體驗。在第六十四章中，老子一連用了三個比喻，說明事物從微小發展而至於壯大以及防患於未然、治之於未亂的道理，「合抱之木，生於毫末；九層之台，起於累土；千里之行，始於足下」。

老子之思想博大精深，涵蓋自然界、人類社會和個體生命各個領域，包括哲學、宗教、科學、政治、人文、倫理、軍事等諸多學科，集中反映了古代中國人的世界觀、方法論和人生價值。老子所關心的是如何消解人類社會的紛爭、如何使人們生活幸福安寧。從這些基本問題出發，老子構築了以形而上的道為根本依據，以相反相成為主要動力，以道法自然為宗旨，以自然無為為綱紀，以修身無欲為中介，以聖人之治為目標的理論大廈。德國哲學家尼采認為，老子思想「像一個永不枯竭的井泉，滿載寶藏，放下汲桶，唾手可得」[1]。那麼，我們就懷着崇高敬意和虔誠心情去探尋老子思想的寶藏。

道的本體論，這是老子思想最貴重的寶藏。對於哲學思想體系來說，本體論的建構之所以重要，因為它是全部問題的形而上依據。老子是中國歷史上第一個自覺研究本體論的思想家，他把道作為自己學說的最高

1 李世東等：《老子文化與現代文明》，中國社會出版社二〇〇八年版，第二百七十四頁。

範疇，看作天下萬事萬物的本原和起源。老子認為，道是形而上的存在，天地萬物則是具體的存在。形而上的道相對於天地萬物而言，它是無形無象、無名無狀，即「視之不見名曰夷，聽之不聞名曰希，搏之不得名曰微。此三者不可致詰，故混而為一。其上不皦，其下不昧，繩繩不可名，復歸於無物。是謂無狀之狀、無物之象。是謂惚恍。迎之不見其首，隨之不見其後」。在老子看來，道是宇宙的本原，無形無象的道創生了有形有象的天地萬物，「有物混成，先天地生。寂兮寥兮，獨立不改，周行而不殆，可以為天下母。吾不知其名，字之曰道，強為之名曰大。大曰逝，逝曰遠，遠曰反」。意思是，有物渾然一體，先於天地生成。無聲而又無形，獨立長存從不改變，循環運行永不停息，可以說是天地之本根。我不知它的本名，給它取名叫道，勉強取名叫大。大到無邊又無所不至，無所不至而又運行遙遠，運行遙遠又回歸本原。老子把道比喻為「大容器」，裝着無窮無盡的東西，卻總是裝不滿，「道沖而用之或不盈，淵兮似萬物之宗」。沖通盅，《說文》注：「盅，器虛也。」老子把道比喻為「谷神」、「玄牝」，它們創生萬事萬物，其生殖力量卻不會衰減窮竭，「谷神不死，是謂玄牝，玄牝之門，是謂天地根。緜緜若存，用之不勤」。意思是，道是那樣神妙而永恆，它就像空無一物的山谷和深妙莫測的母體。深妙莫測的母體，它就是天地的本根。綿密不絕而又川流不息，它的功用無窮無盡。老子把道比喻為「大風箱」，愈是推拉它，就愈是多排風，「天地之間，其猶橐籥乎？虛而不屈，動而愈出」。張松如注云：「橐籥，猶今風箱，古冶鑄所用噓風熾火之器，為函以周罩於外者橐也，為鞴以鼓扇於內者籥也。」[1] 容器、谷神、玄牝和風箱有一個共同特徵，就是中間空虛而作用無限。老子用這些喻體說明道之體與用的關係，即道體沖虛，其用無窮。

---

1 張松如：《老子說解》，齊魯書社一九八七年版，第四十四頁。

有與無的辯證法，這是老子思想最閃亮的寶藏。老子是樸素辯證法大師，老子思想中有着豐富而深刻的辯證法內容。在短短五千言中，老子約舉出了八十餘對相反相成的概念，其中最重要的思想是「反者，道之動；弱者，道之用」，這不僅解釋了天地萬事萬物運動變化的原因和動力，而且指出了事物運動的規律性，即事物的運動是循環往復，總要回到原初的狀態；最主要的一對概念是有與無，「天下萬物生於有，有生於無」。老子還用車輪、器皿和房屋作比喻，來闡述有與無的辯證關係，「三十輻共一轂，當其無，有車之用。埏埴以為器，當其無，有器之用。鑿戶牖以為室，當其無，有室之用。故有之以為利，無之以為用」。在辯證法的世界裏，老子揭示了對立統一規律，認為任何事物都有對立面，事物既因對立面而存在，又因對立面而運動，「天下皆知美之為美，斯惡已；皆知善之為善，斯不善已。故有無相生，難易相成，長短相較，高下相傾，音聲相和，前後相隨」。老子揭示了質量互變規律，「其安易持，其未兆易謀，其脆易泮，其微易散。為之於未有，治之於未亂」。意思是，事物發展處於穩定的狀態則易於掌握，事物發展尚未顯示徵兆的時候則易於處理，事物發展尚處於脆弱的時候則易於破滅，事物發展尚處於微弱的時候則易於散失。因而在事情尚未發生時就應該早做準備，在混亂尚未發生時就應該加以治理。老子揭示了否定之否定規律，這就是「反者，道之動」，「大曰逝，逝曰遠，遠曰反」。錢鍾書認為「『反』有兩義，一者、正反之反，違反也；二者、往反之反，回反也」，[1] 而往反之反就是否定之否定。老子揭示了矛盾對立面相互轉化的規律，「曲則全，枉則直，窪則盈，敝則新，少則得，多則惑」。其中最著名的論述是「禍兮福之所倚，福兮禍之所伏。孰知其極？其無正也？正復為奇，善復為妖」。意思是，禍啊，是福所依憑的東西；福啊，是禍所隱藏的地

1 錢鍾書：《管錐編》（一），生活．讀書．新知三聯書店二〇〇一年版，第六百九十頁。

方。誰知道它們變化的究竟？是沒有個定準嗎？正又變為邪，吉又變為凶。馮友蘭指出，在主宰事物變化的法則中，最根本的一條是「物極必反」。而這一思想恰恰源自於道家學說，老子說：「物壯則老」；「兵強則滅，木強則折」；「甚愛必大費，多藏必厚亡」。

理性直覺的認識論，這是老子思想重要的寶藏。老子的認識對象是道，圍繞道來探索人們的認識活動。由於道不可見、不可觸，無形無狀、無色無味，具有神祕性，老子的認識論也染上了神祕色彩。然而，老子的認識論不能被認為是神祕主義認識論，而是有着創新性和合理因素的認識論。老子提出道的範疇，本身就具有深刻的認識論意義，道不是人們對世界作感性認識的經驗折射的結果，而是人們對世界作理性思考的抽象積澱的結晶。因此，老子認為，道不是經驗所能把握的對象，「不出戶，知天下；不窺牖，見天道。其出彌遠，其知彌少。是以聖人不行而知，不見而名，不為而成」。同時，老子認為，道只能由理性直覺認識和把握，理性直覺是比理性認識更高的認識方法，是需要通過長期的思維訓練才能達到的認識境界。在老子的認識論中，玄覽是認識的必要前提，「滌除玄覽，能無疵乎？」高亨注覽為鑒，說「玄鑒者，內心之光明，為形而上之鏡，能照察事物，故謂之玄鑒」[1]。意思是，清除內心污垢，使之清澈如鏡，才能認識和把握客觀事物。老子之所以要清除內心污垢，是因為「五色令人目盲，五音令人耳聾，五味令人口爽，馳騁畋獵令人心發狂，難得之貨令人行妨」。靜觀是認識的重要方法，「致虛極，守靜篤，萬物並作，吾以觀復」。意思是，盡力達到心靈空明的極致，堅守清靜的最佳狀態。萬物都在蓬勃生長，我從中觀察它們的循環往復。老子認為，只有做到了靜觀，才能觀自身、觀家鄉、觀邦國和觀天下，「故以身觀身，以家觀家，以鄉觀鄉，

1 高亨：《老子正詁》，中國書店一九八八年版，第二十四頁。

以國觀國，以天下觀天下。吾何以知天下然哉？以此」。知常是認識的主要目的，「夫物芸芸，各復歸其根。歸根曰靜，是謂復命。復命曰常，知常曰明。不知常，妄作，凶」。意思是，萬物紛紛紜紜，各自返回它的本根。返回本根叫作靜，靜叫作回歸本原。回歸本原是永恆的規律，認識永恆的規律叫作明智。不認識永恆的規律，輕舉妄動就會遭遇凶險。王弼注云：「常之為物，不偏不彰，無皦昧之狀、溫涼之象，故曰『知常曰明』也。」

無為而治的政治觀，這是老子思想富集的寶藏。老子的思想首先是對春秋末年社會混亂局面的反映，出發點和歸宿都是政治和人生問題，因而歷來有人認為《老子》一書是政治書籍而不是哲學書籍。在先秦時期，老子的政治思想一枝獨秀。在中國思想史上，老子的政治思想自成一家，對於傳統政治觀念和政治實踐有着重要貢獻。道是老子政治思想的理論基礎，遵道而行、同於道者，是政治實踐的基本原則，「故道大，天大，地大，王亦大。域中有四大，而王居其一焉。人法地，地法天，天法道，道法自然」。王弼注云：「天地之性，人為貴，而王是人之主也」；河上公注云：「道性自然，無所法也。」在老子看來，「道常無為而無不為」。政治遵道而行，就是無為而治，這是老子之道在社會政治領域的必然要求，也是老子政治思想的核心。「侯王若能守之，萬物將自化。化而欲作，吾將鎮之以無名之樸。無名之樸，夫亦將無欲。不欲以靜，天下將自定。」意思是，侯王如能無為而治，萬物將自然化育成長。化育成長會產生貪欲，我將用道的真樸來鎮服它。這個道的無名真樸，就能根絕貪欲。根絕貪欲就能安靜，天下將會自然安定。老子把君王和統治好壞分為四個等次，「太上，不知有之。其次，親而譽之。其次，畏之。其次，侮之」。「太上，不知有之」是無為而治的目標，即最好的君王和統治，是老百姓不知道他的存在。無為而治要求統治者最大限度地減少干預和強制作為，充分尊重老百姓的權利和信任老百姓的能力。老子認為，無為而治的關鍵是守無。老子通過聖人的形象強調統治者應尊重民意、順應民心，「聖人無常心，以百姓心為心。善者，吾善之；不善者，吾亦善之，德善。信者，吾信之；不信者，吾亦信之，德信」。通過聖人的言行強調統治者守無的積極意義，讓老百姓自化、自正、自富和自樸，「故聖人云，我無為而民自化，我好靜而民自正，我無事而民自富，我無欲而民自樸」。無為而治的原則是公正。只要有社會存在，就會有不平等問題。對於社會不平等現象，老子指出，要學「天之道」，不要學「人之道」，即「天之道，其猶張弓與！高者抑之，下者舉之；有餘者損之，不足者補之。天之道，損有餘而補不足。人之道則不然，損不足以奉有餘。孰能有餘以奉天下？唯有道者」。無為而治的基礎是不爭。爭名逐利、貪功己有，可以說是人性的弱點，老子則告誡統治者，「天之道，利而不害。聖人之道，為而不爭」。不爭，就是要效仿道的「玄德」品質，化生萬物而不據為己有，「道生之，德畜之；長之育之，亭之毒之，養之覆之。生而不有，為而不恃，長而不宰，是謂玄德」。

見素抱樸的人生哲學，這是老子思想有益的寶藏。任何人都會有職業和人生，職業是人生的一部分，人生卻是人的全部。人生哲學包括修身之道和處世之道，不僅是對自己身體和生命的思考，而且是對人生價值、意義和目標的思考。老子從「道法自然」出發，把素樸看成是人的本質規定，即「見素抱樸，少私寡欲」。素是指未經染色的絲，樸是指未經雕飾的木頭。老子認為，人的本性是樸素自然的，不要矯揉造作，不要被名利所誘惑。他還用嬰兒來比喻人的素樸，「專氣致柔，能嬰兒乎？」意思是，結聚精氣而達到柔順，能純真得像嬰兒嗎？嬰兒天真無邪，在柔弱中充滿生機和活力，身心都處在積極正面的狀態，即「含德之厚，比於赤子」。即使長大成人，也要保持嬰兒的本真和態度，「知其雄，守其雌，為天下谿。為天下谿，常德不離，復歸於嬰兒」。意思是，深知雄強重要，卻甘居雌柔的地位，願做天下的溪流。願做天下的溪流，美德永不相離，復歸如純真嬰兒。在老子的人生哲學裏，首先要守柔。《呂氏春秋．不二》指出：「老聃貴柔，孔子貴仁，墨子貴兼。」這比較正確地反映了老子人生哲學的特徵。老子把柔弱看成素樸的表現和生命力的象徵。「人之生也柔弱，其死也堅強。草木之生也柔脆，其死也枯槁。故堅強者死之徒，柔弱者生之徒。是以兵強則滅，木強則折。強大處下，柔弱處上。」柔弱就是要像水那樣，善利萬物卻願意往低處流，安於卑下，不逞強好勝、不鋒芒畢露，「上善若水。水善利萬物而不爭，處眾人之所惡，故幾於道」。其次要知足。人生而有私有欲，這既是前進的動力，又是禍害的根源。老子並不否認私欲，而是主張少私寡欲、恬淡為上，把私欲控制在一定限度內，凡事都要適可而止，「名與身孰親？身與貨孰多？得與亡孰病？甚愛必大費，多藏必厚亡。故知足不辱，知止不殆，可以長久」。意思是，名聲和生命哪一個更重要？生命和財貨哪一個更貴重？得到名利和失去名利哪一個更有害？過分愛惜必有重大損耗，大量藏貨必有更多損失。知道滿足就不會遭受恥辱，知道適可而止就不會有危險，這樣就可以長久安定。再次是以德報怨。人生最主要的內容是處理人與人之間的關係，最大的困惑是如何對待與自己品性風格不同的人，尤其是傷害過自己的人，老子提出了以德報怨的主張，「為無為，事無事，味無味。大小多少，報怨以德」。這一主張充滿着智慧和寬容精神，是對世俗正義和道德價值的超越，有利於化解矛盾，平息紛爭，息事寧人。否則，以怨報怨、以牙還牙，只能使矛盾越來越大、怨仇越結越深，冤冤相報何時了。

生活腳步匆匆，世事萬象紛繁。在月明星稀的夜晚，伴隨溫暖如染的燈光，細細品讀《老子》一書，認真尋覓老子思想的寶藏，誠如同一位睿智的老人對話，真是一種無上的精神享受，讓人的心靈回歸寧靜和美好。品讀《老子》，似乎站在世人的肩膀，讓你從高處往下觀望，擦亮雙眼，超越世俗，則有心曠神怡，寵辱皆忘，把酒臨風，其喜洋洋者矣；思接千載，視通萬里，猶如神遊在思辨王國，自由自在地沐浴着思維的陽光。品讀《老子》，似乎在聆聽大師的教誨，世事滄桑，人生百態盡收眼底；悲歡離合，陰晴圓缺湧上心頭，在大師的點撥下一一化解、步步登高，逐漸進入化境的狀態。品讀《老子》，似乎在打開一幅歷史長卷，既有秦漢的冷月、唐宋的樂舞、明清的悲歌，又有孔子的儒雅、莊子的灑脱、陶淵明的隱逸、李白的豪邁、岳飛的壯懷。在長卷背後，好像看到老子在頻頻點頭頷首。品讀《老子》，似乎在擁抱整個宇宙，觀滄海、望星空，日月星辰、四季運行，黃山黃石、長江恆河，明月清風、杏花春雨，金戈鐵馬、大江東去，滄海橫流、桑田變動，暗香浮動、殘荷冷菊。面對浩瀚的宇宙、風雲的歷史、紛亂的社會和清冷的人生，彷彿聽到老子在輕聲地對我們說：這就是道！

老子之評析：高山仰止

按照詞典一般解釋，評析是評論分析，而評論是批評或議論。評析有理解和分析，可能比評論講更多的道理，在肯定與否定、讚譽與批評之間更能保持平衡。因此，選擇評析而不是評論來認識和對待老子的思想。評析老子思想是一件困難的事情。「千人注老」、「千年釋老」，古今中外許多名人和文人學者都對老子思想做出這樣或那樣的評論，新的評論很難超越已有評論的廣度、高度和深度。弄得不好，不是貽笑方家，就是畫蛇添足。同時，無論評析還是評論，都必然有批評批判的成分，否則，就不是評析評論。老子是一位生活在兩千五百多年前的古人，我們祖輩、祖輩的祖輩，怎麼能妄加評議呢？老子是一位偉大思想家，實際上我們只有「高山仰止、景行行止」的義務，不要說批評批判，就是讚譽和肯定，也因才疏學淺，是否有這個資格呢？西哲亞里士多德有句名言：「我愛我師，但我更愛真理。」正是在這一理念鼓勵下，我們不揣愚陋、不揣淺薄，冒冒失失踏上了評析老子思想之路。

在評析老子思想的過程中，我們將始終堅持「了解之同情」。所謂了解之同情，亦稱同情之了解，是著名史學家陳寅恪提出的論點。他認為這是真正了解古人學說的不二法門，「凡著中國古代哲學史者，其對於古人之學說，應具了解之同情，方可下筆……所謂真了解者，必神遊冥想，與立說之古人處於同一境界，而對於其持論所以不得不如是之苦心孤詣，表一種之同情，始能批評其學說之是非得失，而無隔閡膚廓之論」。[1] 我們所持的了解之同情，首先要比較全面地介紹古今中外對老子思想的正面評說；在批評時，要盡力回到春秋末期的混亂年代，站在老子的立場，在理解的基礎上探幽析微，通過分析去臧否老子思想。

老子是一位世界級的思想家，《老子》一書是中國歷史上最早的具有真正意義的哲學書籍，老子思想既回答了世界的本原問題，又描繪了世界的圖景，以及人與宇宙、自然、社會的關係，包含着本體論、辯證法、認識論、歷史觀、政治論、人生觀等豐富的哲學內容。古今中外名人和文人學者對老子思想的評論是「仁者見仁、智者見智」，各執一詞、莫衷一是。無論哪一種評論，即使是批評的意見、否定的評論，都肯定老子是哲學家，肯定老子思想特徵是抽象思維和理性思辨，肯定老子學說的主題是政治內容。綜觀思想史和學術界，對於這些評論，幾無疑義。當然，最經典的評論還是孔子。孔子與老子是中國歷史上兩位文化巨人，孔子小於老子，曾問禮於老子。據史料記載，孔子與老子可能有五次會晤，或發生在公元前五三五、前五二七、前五一五、前五〇一和前四八六年。在第二次會晤後，孔子對他的弟子說：「鳥，吾知其能飛；魚，吾知其能游；獸，吾知其能走。走者可以為罔，游者可以為綸，飛者可以為矰。至於龍，吾不能知，其乘風雲而上天。吾今日見老子，其猶龍邪！」意思是，我知道鳥能飛；我知道魚能游；我知道獸能跑。會跑的可以織網捕獲它，會游的可以製成絲線去釣它，會飛的可以用箭去射它。至於龍，我就不知道該怎麼辦了，它是駕着風雲而飛騰升天的。我今天見到的老子，大概就是龍吧！在這段話中，孔子認為他能夠知道鳥、魚、獸的習性，並能想辦法加以捕獲，而龍的習性，他根本不知道，更談不上捕獲。孔子是在讚歎老子，承認他的思想博大精深、玄妙難識，很不容易理解和把握。

1 陳寅恪：《金明館叢稿二編》，生活・讀書・新知三聯書店二〇〇一年版，第二百七十九頁。

封建帝王對老子思想的評論。保存下來的史籍中，主要有四位帝王為《老子》一書作注。唐玄宗李隆基兩次注疏《老子》，強調治國理身之道。他在《御製道德真經疏．釋題》中說：《老子》「其要在乎理身、理國。理國則絕矜尚華薄，以無為不言為教。理身則少私寡欲，以虛心實腹為務。此其大旨也。及乎窮理盡性，閉緣息想，處實行權，坐忘遺照，損之又損，玄之又玄，此殆不可得而言傳者矣」。宋徽宗趙佶重理論闡述而輕治國大道，注釋多有精妙見解。他在《御解道德真經》「道經」開篇指出：「道者人之所共由，德者心之所自得。道者亙萬世而無弊，德者充一性之常存。老君當周之末，道降而德衰，故著書九九篇，以明道德之常，而謂之經。其辭簡，其旨遠，學者當默識而深造之。」在「德經」開篇指出：「道無方體，德有成虧，合於道則無德之可名，別於德則有名之可辨。」比較而言，明太祖朱元璋文化程度不高，他是在讀到「民不畏死，奈何以死懼之」時，再也放不下《老子》這本書，並把讀書心得寫下來，為《老子》作注。朱元璋重實用而不重文字，在《御注道德經》中指出：「朕雖菲材，惟知斯經乃萬物之至根，王者之上師，臣民之極寶。」清世祖愛新覺羅．福臨作注《老子》時比較年輕，對漢文化理解尚淺，注釋雖不精緻，卻有真知灼見，強調「治心治國之道」。他在《御注道德經序》中指出：「老子道貫天人，德超品匯，著書五千餘言，明清靜無為之旨。然其切於身心，明於倫物，世固鮮能知之也。」除此之外，史料記載表明，還有四位皇帝御注《老子》，即梁武帝的《老子講疏》、《老子義疏理綱》，梁簡文帝的《老子義》、《老子私記》，梁元帝的《老子講疏》，魏孝文帝的《老子注》、《老子義疏》，可惜這些注本都已佚失。梁武帝與梁簡文帝、梁元帝是父子關係，他們對老子的熱愛可謂一代勝過一代。據說，梁元帝在西魏大軍兵臨江陵城下時，還在皇宮內親自對大臣們講解《老子》。魏孝文帝原名拓跋宏，鮮卑族，是一位有作為的皇帝，主要貢獻是促進了中華民族大家庭的融合。他遷都洛陽，推行漢化政策，實施均田制和改革鮮卑舊俗，自己帶頭把複姓拓跋改為漢姓元。

歷代文人學者對老子思想的評論。在「千人注老」中，大多數是文人學者，既有道家的評論又有其他學派的評論。道家學者中，莊子與老子齊名，一般稱老莊哲學。《史記．老子韓非列傳》記載，莊子「其學無所不窺，然其要本歸於老子之言，故其著書十萬餘言，大抵率寓言也」。《莊子．讓王篇》認為：「道之真以治身，其緒餘以為國家，其土苴以治天下。」意思是，大道的精華用以修身，它的餘緒用於治理國家，它的素樸用於教化天下。王弼注本《老子》詞氣啚舒，文理最勝，行世亦最廣，認為「《老子》之書，其幾乎可一言以蔽之。噫！崇本息末而已矣」。其他學派中，儒家代表人物之一荀子在《天論》中肯定了道化萬物的思想觀點，「萬物為道一偏，一物為萬物一偏。愚者為一物一偏，而自以為知道，無知也。慎子有見於後，無見於先。老子有見於詘，無見於信。墨子有見於齊，無見於畸。宋子有見於少，無見於多」。王先謙注云：老子「著五千言，其意多以屈為伸，以柔勝剛，故曰『見詘而不見信也』」[1]。法家代表人物韓非最早注解《老子》，在《解老》篇中指出：「道者，萬物之所然也，萬理之所稽也。理者，成物之文也；道者，萬物之所以成也。故曰：『道，理之者也。』」意思是，道是萬物生成的根本動力，是萬理構成形式的總匯。理是構成萬物的外在形式，道是生成萬物的根本原因。所以，道是根本性的東西。道教學家葛洪在《神仙傳》中指出：老子著五千言後，「尹喜行其道，亦得仙。漢竇太后信老子之言，孝文帝及外戚諸竇，皆不得不讀，讀之皆大得其益。故文景之世，天下謐然，而竇氏三世保其榮寵。太子太傅疏廣父子，深達其意，知功成身退之意，同日棄官而歸，散金佈惠，保其清貴。及諸隱士，其遵老子之術者，皆外損榮華，內養生壽，無有顛沛於險世。其洪源長流所潤，洋洋如此，豈非乾坤所定，萬世之師表哉。故莊周之徒，莫不以老

---

1 王先謙：《荀子集解》，中華書局二〇一二年版，第三百一十二頁。

子為宗也」。後世學者中，唐代司馬貞在《孝經老子注易傳議》中評論河上公和王弼的注本，「河上公蓋憑虛立號，漢史實無其人，然其注以養神為宗，以無為為體，其詞近，其理宏，小足以修身潔誠，大足以寧人安國。且河上公雖曰注書，即文立教，皆體指明近，用斯可謂知言矣。王輔嗣雅善玄談，頗深道要，窮神用乎橐籥，守靜默於玄牝，其理暢，其旨微，在於玄學，頗是所長」。宋代王安石在《老子》一文中指出：「道有本有末。本者，萬物之所以生也；末者，萬物之所以成也。本者出之自然，故不假乎人之力，而萬物以生也；末者涉乎形器，故待人力而後萬物以成也。夫其不假人之力而萬物以生，則是聖人可以無言也、無為也；至乎有待於人之力而萬物以生，則是聖人之所以不能無言也、無為也。」明代宋濂在《諸子辯》中指出：「聃書所言，大抵斂守退藏，不為物先，而壹返於自然。由其所該者甚廣，故後世多尊之行之。」清朝魏源在《老子本義》中指出，「老子之書，上之可以明道，中之可以治身，推之可以治人」，給予很高評價。

西人對老子思想的評論。《老子》一書自十六世紀傳入西歐，深受西方學者的喜愛。林語堂在《老子的智慧》中指出：「在孔子的名聲遠播西方之前，西方少數的批評家和學者，早已研究過老子，並對他推崇備至。」[1] 老子在西方的影響涵蓋哲學、政治、經濟、科技和人文各個領域。在哲學方面，推崇老子「道」的概念。德國哲學大師黑格爾在《歷史哲學》中指出：「道為天地之本、萬物之源，中國人把認識道的各種形式看作是最高的學術……老子的著作，尤其是他的《道德經》，最受世人崇仰。」存在主義哲學創始人海德格爾在《語言的本體論》中指出：「老子的『道』能解釋為一種深刻意義上的『道路』，即『開出新的道路』，它的含義要比西方人講的『理』、『精神』、『意義』等更原本，其中隱藏着『思想着的道說』或『語言』的

1 林語堂：《老子的智慧》，陝西師範大學出版社二〇〇六年版，第七頁。

全部祕密之所在。」法國哲學家德里達認為：「整個西方思想與民族精神，都是以邏各斯為中心概念。邏各斯是西方民族精神的最高概念，道是中華民族精神的最高概念，二者驚人的相似，可以說是邏各斯與道同在。」在政治方面，推崇老子的「為而不爭」，美國前總統里根援引「治大國若烹小鮮」的名言，以尋求其治國理念和方略。聯合國祕書長潘基文十分喜歡「天之道，利而不害。聖人之道，為而不爭」，努力把這一智慧應用到聯合國工作之中。德國古典社會學奠基人馬克斯．韋伯在《儒教與道教》中指出：「事實上，在中國歷史上，每當道家思想被認可的時期，經濟的發展是較好的，社會是豐衣足食的。道家重生，不僅體現在看重個體生命，也體現在看重社會整體的生計發展。」在經濟方面，推崇老子的「無為而治」，英國哲學家克拉克在《西方人的道——道家思想的西方化》中指出：「現代經濟自由市場的原理就是源自《老子》的無為而治。」奧地利經濟學家哈耶克認為，「我無為而民自化，我好靜而民自正」，就是其自發秩序理論的經典表述。在管理方面，美國學者阿博契特的《二十二種新管理工具》在引用了老子的「善用人者為之下。是謂不爭之德，是謂用人之力」時說：「這幾句話至今已有兩千年歷史，它代表見識不凡的管理者長久以來都在努力，但仍未有人能夠趨近這種道的境界。從某種意義來看，管理者的歷史，也就是試圖實踐這項基本觀念的歷史。」在科技方面，推崇老子「無」的概念，英國物理學家霍金受到「天下萬物生於有，有生於無」的啟示，提出了「宇宙創生於無」的理論。美國諾貝爾物理學獎得主卡普拉認為：「中國的哲學思想，提供了能夠適應現代物理學的新理論的一個哲學框架，中國哲學思想的『道』暗示着『場』的概念，『氣』的概念與量子『場』的概念也有驚人的類似。」在人文方面，推崇老子的「上善若水」，俄國文豪托爾斯泰在日記中指出：「做人應該像老子所說的如水一般，沒有障礙，它向前流去；遇到堤壩，就停下來；堤壩出現缺口，再向前流去。」英國歷史學家湯因比在《人類與大地母親》中指出：「在人類文明中心的任何地方，道家都是最早的一種哲學，它推斷人類在獲得文明的同時，已經打亂了自己與『終極實在』精神的和諧相處，從而損害了自己在宇宙中的地位。人類應該按照『終極實在』的精神生活、行為和存在。」[1]

今人對老子思想的評論。今人的評價大致可分為兩個階段，即以一九四九年為界，之前為一個階段，之後為一個階段。無論哪一個階段，對老子其人其書都存在着爭議，但對老子思想的評論基本都是肯定的。魯迅認為：不讀《道德經》一書，不知中國文化，不知人生真諦；不懂道教就不懂得中國歷史。一九四九年之前，主要集中在二十世紀二三十年代，由梁啟超評論胡適的《中國哲學史大綱》引發了關於老子其人其書的一場爭論。胡適在其著作中指出：「老子是中國哲學的鼻祖，是中國哲學史上第一位真正的哲學家」[2]；「老子的最大功勞，在於超出天地萬物之外，別假設一個『道』。這個道的性質，是無聲、無形；有單立不變的存在，又周行於天地萬物之中；生於天地萬物之先，又卻是天地萬物的本源。」[2] 梁啟超在《老子哲學》中指出：「老子說的是『天法道』，不說『道法天』，是他見解的最高處。」[3] 章太炎在《諸子略說》中指出：「余謂老子譬之大醫，醫方眾品並列，指事施用，都可療病。五千言所包亦廣矣，得其一術，即可以君人南面矣。」[4] 馮友蘭在《中國哲學簡史》中指出：「《老子》書中大部分論述是試圖顯示宇宙萬物變化的法則。在這些道家看來，事物雖然千變萬化，但在各種變化的底層，事物演變的法則並不改變。人如果懂得這些法則，按照這些法則來安排自己的行動，就可以使事物的演變對於自己有利。」[5] 一九四九年之後，在大陸

1 以上引文參見李世東等：《老子文化與現代文明》附錄「外國名人論老子」，中國社會出版社二〇〇八年版，第二百七十三至二百七十九頁。
2 胡適：《中國哲學史大綱》，北京大學出版社二〇一三年版，第四十八頁。
3 梁啟超：《梁啟超論諸子百家》，商務印書館二〇一二年版，第九頁。
4 章太炎：《章太炎談諸子》，華中師範大學出版社二〇一〇年版，第三十頁。
5 馮友蘭：《中國哲學簡史》，生活·讀書·新知三聯書店二〇一三年版，第八十六頁。

主要集中在老子是唯物主義還是唯心主義的討論。偉人毛澤東常讀《老子》，經常引用老子名言。據馬敍倫《老子校詁》記載：在毛澤東看來，「老子這部書乃是唯心主義的，但包含豐富的辯證法思想。它對春秋戰國時期社會大變革的一些現象，特別是戰爭規律作了概括和總結，所以它也是一部兵書」[1]。任繼愈在其主編的《中國哲學史》中指出：「老子從唯物主義觀點給世界的生成、變化找尋共同的物質總根源，他提出了『道』。老子高出於過去一切唯物主義流派的地方在於他否認了上帝的最高地位，提出了世界構成的普遍的物質性的總根源。」[2]范文瀾在《中國通史簡編》中指出：「老子是有極大智慧的古代哲學家。他觀察了自然方面天地以至萬物變化的情狀，他觀察了社會方面歷史的、政治的、人事的成與敗，存與亡，福與禍，古與今相互間的關係與因果，他發現並了解事物的矛盾性比任何一個古代哲學更廣汜、更深刻。他把這種矛盾性稱為道與德。」[3]台灣地區對老子思想的研究成績顯著，評論也比較中肯。南懷瑾在《老子他說》中指出：「細讀中國幾千年的歷史，會發現一個祕密。每一個朝代，在其鼎盛的時候，在政事的治理上，都有一個共同的祕訣，簡言之，就是『內用黃老，外示儒術』。自漢唐開始，接下來宋、元、明、清的創建時期，都是如此。」[4]陳鼓應在《老子今注今譯》中指出：「老子是個樸素的自然主義者，他所關心的如何消解人類社會的紛爭，如何使人們生活幸福安寧。他所期望的是：人的行為能取法於『道』的自然性與自發性；政治權力不干涉人民的生活；消除戰爭的禍害；揚棄奢侈的生活；在上者引導人民返回到真誠樸質的生活形態與心境。」[5]

---

1 盧志丹：《毛澤東品國學》，國際文化出版公司二〇一二年版，第九十一頁。
2 任繼愈主編：《中國哲學史》，人民出版社一九九六年版，第四十九頁。
3 范文瀾：《中國通史簡編》，人民出版社一九四九年版，第二百七十二頁。
4 南懷瑾著述：《南懷瑾選集》（第二卷），復旦大學出版社二〇一三年版，第七頁。
5 陳鼓應注譯：《老子今注今譯》，商務印書館二〇〇三年版，第十四頁。

拿破崙曾經說過：世界上有兩種東西最有力量，一是劍，二是思想，而思想比劍更有力量。梳理古今中外名人和文人學者對老子思想的評論，心中不時湧起激動的波濤，為中華民族有老子這樣的智者而感到自豪。自豪既在於老子其人，更在於老子思想。他提出的道的範疇、自然無為的理念、柔弱不爭的生存哲學，涵蓋了人與自然、人與社會、人與人、人與自身等重大關係的理論命題，不僅為華夏文明的繼承創新提供了重要依託，而且影響了人類文明的發展。對於華夏文明而言，老子是智慧大師，創立了道家學說，學老子、讀老子，會增加我們的智慧品性；孔子是道德大師，創立了儒家學說，學孔子、讀孔子，會提升我們的道德人格。老子重道、孔子貴仁，儒道互補、根脈相連，共同構築了中華民族的精神家園，讓我們的心靈有棲息之地；共同塑造了中華民族的人格品性，讓我們的面貌能夠與世界各國其他民族區別開來，進而平等地交流溝通；共同推動了中華民族的前進步伐，讓我們的文明能夠成為沒有中斷過的文明而永續發展。對於人類文明而言，老子是中國唯一一位能夠與古希臘哲學比肩的思想家，尤其是辯證法思想，對世界建立辯證思維體系有着重要影響。德國哲學家萊布尼茨指出：「中國人太偉大了，我要給太極陰陽八卦起一個西洋名字『辯證法』。」據說，在天才物理學家愛因斯坦家裏的書架上發現了一本已經被翻爛的德文版《老子》；至今仍有西方人指出：「從政治、經濟、文化、科教到經營管理各領域，《老子》在西方世界被視為至寶，成為除《聖經》之外世界銷量第二大書籍，是公認最智慧、最古老的學問。」以至英國哲學史家威爾·杜蘭認為：「除了《道德經》外，我們將要焚毀所有書籍，而在《道德經》中尋得智慧的摘要。」[1] 作為中國人，我們應當為老子感到驕傲，應當永遠感恩感謝老子！

1 〔美〕威爾·杜蘭：《世界文明史》第一卷，東方出版社一九九八年版，第四百五十九頁。

老子之評析：誠惶誠恐

根據辯證思維，毀譽相伴是正常現象，肯定的同時必然有否定，正面評論必然帶來負面評論。對於老子思想的評論也不例外，主要是歷代儒家為了維護孔子地位和儒學正統，總想否認孔子問禮於老子的史料記載，總想貶低老子思想及其歷史地位。即使今天，還有否定老子思想的觀點，認為老子不是中國歷史上的哲學創始人；老子也不是什麼「聖人」、「智者」；老子思想中有許多是離經叛道之説。但是，總體而言，無論是名人還是文人學者，對於老子思想是肯定居多。即使有批評，也是在肯定基礎上的批評和正面評論指導下的批評。這是對待老子及其思想的科學態度，也符合「了解之同情」原則。批評和負面評論集中在老子思想的神祕色彩、復古傾向、愚民意識、權術陰謀和消極因素。評析老子思想，確實會讓人產生誠惶誠恐的心理，尤其是批評和負面評論，更讓人感到誠惶誠恐。

關於老子思想的神祕色彩。學界一般認為，老子否定了上帝和天命的存在，是一次思想史上的革命；同時認為，老子思想具有神祕主義內容，因而成為道教的思想來源，這主要表現在老子之道的神祕莫測。一方面，道是玄而又玄，《老子》開篇就説：「道可道，非常道；名可名，非常名。無，名天地之始；有，名萬物之母。故常無，欲以觀其妙；常有，欲以觀其徼。此兩者同出而異名，同謂之玄。玄之又玄，眾妙之門。」意思是，可以用言辭表達的道，就不是常道；可以用文字表述的名，就不是常名。無，是形成天地的本始；

有，是創生萬物的根源。所以常從無中，去觀照道的奧妙；常從有中，去觀照道的端倪。無與有這兩者，同一來源而不同名稱，都可說是很幽深的。幽深而又幽深，是一切奧妙的門徑。另一方面，道很恍惚，似無非無、似有非有，「孔德之容，惟道是從。道之為物，惟恍惟惚。惚兮恍兮，其中有象；恍兮惚兮，其中有物。窈兮冥兮，其中有精；其精甚真，其中有信」。王弼注云：「窈、冥，深遠之歎」；「以無形始物，不系成物，萬物以始以成，而不知其所以然，故曰恍兮惚兮。」老子之道既玄妙又恍惚，不能不讓人產生神祕感覺。然而，老子思想的神祕感是可以理解的，因為老子探究的是自然界和人類社會的本原及終極目的，這就是哲學和形而上學。對於哲學，在英國哲學家維特根斯坦看來是神祕的、不可言說的，「對於不能談論的東西必須保持沉默」[1]。對於形而上學，馮友蘭認為：「真正底形上學，必須是一片空靈……空是空虛、靈是靈活。與空相對者是實，與靈相對者是死。歷史底命題，是實且死底……科學底命題，是靈而不空底。邏輯學、算中底命題，是空而不靈底。形上學底命題，是空而且靈底。」[2] 老子之道正由於空靈，所以神祕，因為人類在宇宙中處於極其渺小的地位。廣闊浩瀚的宇宙以其不可預測的時空無限性，呈現在人類面前，使得神祕感成為人類生命體驗的重要組成部分。即使像老子這樣的智者，也很難擺脫宇宙神祕性的困擾。況且，老子生活的年代是生產力和科技非常落後的春秋末期，那時候，人類從原始社會走出來的時間還不長，十分虛弱和蒙昧；那時候，人類剛會製作簡陋工具，面對風雨雷電、乾旱水災等自然力量，只會感到自己無能為力、無可奈何；那時候，人類對宇宙和自然界知之甚少，遇到各種各樣的自然現象，很難給予科學解釋，只

1 〔英〕維特根斯坦著，唐少傑等譯：《遊戲規則：維特根斯坦神祕之物沉默集》，天津人民出版社二〇〇七年版，第二百零七頁。
2 馮友蘭：《新知言》，生活·讀書·新知三聯書店二〇〇七年版，第十二至十三頁。

會想到超自然力量。在人類社會的早期，怎麼可能不產生神祕主義呢？老子在濃厚的神祕主義氛圍中仰望星空，抽象昇華道與德的範疇，怎麼可能不沾染上神祕主義色彩？當然，我們承認老子思想具有神祕色彩，絕不是等同於神祕主義，更不是等同於宗教神祕主義。

關於老子思想的復古傾向。毋庸諱言，老子有復古傾向，既反映在他對個體生命的理解，又體現在他對理想社會的追求。老子思想的基礎是道，而道的本質規定是自然，「人法地，地法天，天法道，道法自然」。從道出發，老子認為，個體生命最自然的形態是嬰兒。嬰兒的品格是素樸本真，他無知無欲、無牽無掛，猶如魚翔水底，逍遙自在；他一絲不掛、天真無邪，由內而外都毫無修飾，猶如一股山泉清流，纖塵不染、澄澈空明；他元氣柔和、元氣精純，體質柔軟而活潑好動，猶如茁壯成長的幼苗，充滿着旺盛生命力，「含德之厚，比於赤子。蜂蠆虺蛇不螫，猛獸不據，攫鳥不搏。骨弱筋柔而握固，未知牝牡之合而全作，精之至也。終日號而不嗄，和之至也」。嬰兒是可貴的，卻不能不長大成人，生命則因有限而具有悲劇色彩。突破生命的有限性，實現生命的超越，便是生命之夢。老子認為，生命超越之路，就是「復歸於嬰兒」，「知其雄，守其雌，為天下谿。為天下谿，常德不離，復歸於嬰兒。知其白，守其黑，為天下式。為天下式，常德不忒，復歸於無極。知其榮，守其辱，為天下谷。為天下谷，常德乃足，復歸於樸」。在這段話中，老子要求復歸不是人的肉體而是人的心靈，不是人的生理年齡而是人的心靈年齡。時間單向性決定了人的生理只能沿着兒童、少年、青年、中年、老年的軌跡前行，而心靈和精神的無限性，使人有了選擇的可能性，既可以選擇人之初的至真至樸，也可以選擇成人異化後的墮落，還可以選擇老年人的世故或通達。老子則倡導人們在心靈和精神上始終選擇嬰兒時的淳樸本真，而不要被貪欲和私利所污染。最令人難以理解的復古傾向，是老子「小國寡民」的理想社會。老子認為，人類社會最自然的形態是小國寡民，「使有什伯之器而不用，使民重死而不遠徙。雖有舟輿，無所乘之；雖有甲兵，無所陳之；使人復結繩而用之。甘其食，美其服，安其居，樂其俗。鄰國相望，雞犬之聲相聞，民至老死不相往來」。如果簡單地按文字理解，這段話確實表明老子有復古傾向，那就是國家規模很小，人口稀少；人們在原始狀態下生活，沒有知識和欲望；國與國、人與人之間沒有交往，過着封閉的生活。但是，不少學者認為，老子憧憬的並不是原始社會，而是一種精神境界。馮友蘭指出：小國寡民「並不是一個原始的社會，用《老子》的表達方式，應該說是知其文明，守其素樸。《老子》認為，對於一般所謂文明，它的理想社會並不是為之而不能，而是能之而不為。有人可以說，照這樣理解，《老子》第八十章所說的並不是一個社會，而是一種人的精神境界。是的，是一種人的精神境界，《老子》所要求的就是這種精神境界」。[1] 即使小國寡民有復古傾向，也不能否認其中的合理因素，「甘其食，美其服，安其居，樂其俗」，難道不是古今中外統治者夢寐以求的治國圖景嗎?!

關於老子思想的愚民意識。歷史上對老子詬病最多的是愚民意識，宋儒程頤將秦朝的暴政與老子的思想聯繫起來，認為老子之學「大意在愚其民而自智」。老子生逢亂世，看到當時社會智巧日生、詐偽百出，認為世亂的根源在於人們彼此之間鉤心鬥角、攻心鬥智，因而提出了所謂愚民的政治主張，「古之善為道者，非以明民，將以愚之。民之難治，以其智多。故以智治國，國之賊；不以智治國，國之福」。依據詞典的解釋，愚字一為笨、傻，頭腦遲鈍；二為玩弄，欺騙。愚民則是玩弄、欺騙的意思。單從字面理解，這段話的愚民意識是明白無誤的。然而，如果順着老子思想的內在邏輯來分析，這段話就有着不同的解讀。河上公注：「明，知巧詐也；愚，使樸質不詐偽也。」王弼注云：「『明』謂多見巧詐，蔽其樸也。『愚』謂無知守

1 馮友蘭：《中國哲學史新編》（上卷），人民出版社一九九八年版，第三百四十七頁。

真，順自然也。」這兩位老學的權威注解明是智巧、詐偽的意思，愚與明相對，是純真質樸的意思。顯然，老子之愚民意識與統治者的愚民政策有着本質的差別，老子主張人們放棄詐偽之心和投機取巧行為，保持純真的自然本性和養成淳樸的品格，卻不是要求人們成為頭腦簡單、四肢發達的愚笨冥頑之人；統治者只是要人民愚而自己不愚，以智術權謀來愚弄欺騙百姓，達到維護和鞏固統治地位的目的。老子最反對的恰恰是耍弄權術陰謀，因為這是對自然無為原則的背棄。更重要的是，老子睿智地看到，人類文明在給人們帶來益處的同時，也帶來了眾多弊端。就文明本身而言，文明雖然制定了規範，帶來了秩序，限制了混亂，增加了人的安全感，卻在某種程序上禁錮了人的自由。有時文明越多，則意味着禁忌越多、束縛越多；禁忌、束縛越多，則帶來了更多的矛盾和抗爭。就文明對人的影響而言，文明為人生提供了更多選擇，任何個體從生到死的過程是多樣化的，有人高貴、有人低俗，有人站着走、有人爬着走，有人昂首挺胸、有人卑躬屈膝。如果沒有文明，就不會有人生的選擇。就文明的負面效應而言，文明的發展可能會使人們原本善良、真誠、正直、熱情、實在、平和、有責任感、信仰堅定的品質，異化下降為惡毒、虛偽、狡黠、冷漠、功利、輕浮、不負責任和意志薄弱的習性，「故失道而後德，失德而後仁，失仁而後義，失義而後禮。夫禮者，忠信之薄而亂之首」。高明注云：「夫禮者，形之於外，飾非而行偽。故曰禮行德喪仁義失，則質殘文貴，本廢末興，詐偽日盛，邪慝爭生，因而謂為『亂之首』。」[1]為此，老子給統治者開出了「三去」和「三絕」的藥方。「三去」是對統治者自身行為的告誡：「是以聖人去甚，去奢，去泰。」河上公注云：「甚，謂貪淫聲色；奢，謂服飾飲食；泰，謂宮室台榭。去此三者，處中和，行無為，則天下自化。」「三絕」是對統治者統治

1 高明：《帛書老子校注》，中華書局一九九六年版，第六頁。

方式的提醒，即「絕聖棄智，民利百倍；絕仁棄義，民復孝慈；絕巧棄利，盜賊無有。此三者，以為文不足，故令有所屬，見素抱樸，少私寡欲」。在老子的思想邏輯裏，解決世風日下、人心不古、時局混亂的根本辦法，就是迷途知返、重歸大道，返璞歸真、回到自然。

關於老子思想的權術陰謀。這是老子思想常被詬病的另一個重要原因。有的學者甚至對「不爭」、「無為」等一些老子思想中的基本概念也給予批判，認為蘊含着權謀的內容。宋儒朱熹就說：「老子之心最毒，其所以不與人爭者，乃所以深爭之也。」[1]近代學者錢穆認為：「『無為而無不為』、『後其身而身先』……此乃完全在人事利害得失上着眼，完全在應對權謀上打算也。」[2]真正讓人批評的是《老子》第三十六章的內容：「將欲歙之，必固張之；將欲弱之，必固強之；將欲廢之，必固興之；將欲奪之，必固予之，是謂微明。柔弱勝剛強。魚不可脫於淵，國之利器不可以示人。」有人認為這是權術之論，把它看成是陰謀家的重要證據。高亨則注云：「此諸句言天道也。或據此斥老子為陰謀家，非也。老子戒人勿以張為可久，勿以強為可恃，勿以舉為可喜，勿以與為可貪耳。故下文曰『柔弱勝剛強』也。」[3]從老子之道分析，這段話不能理解為權術陰謀，而是充滿着辯證思維光芒。老子以排比句式提出歙與張、弱與強、廢與興、奪與予四對矛盾，觀察矛盾相互轉化的原因，說明「物極必反」、「反者道之動」的道理，進而與「柔弱勝剛強」的著名論斷聯繫起來。這是老子的高明之處，也是老子哲學的一大特點，就是採用以退為進的思維方式，在一般人想像不到的地方着力，深刻闡述道理，讓人大徹大悟。同時，老子這段話也是在揭示客觀事實和自然法則，

---

1 〔宋〕黎靖德編：《朱子語類》卷一百三十七，中華書局一九八六年版，第三千二百六十六頁。
2 錢穆：《莊老通辨》，生活．讀書．新知三聯書店二〇〇二年版，第一百二十二頁。
3 高亨著：《老子正詁》，中國書店一九八八年版，第八十一頁。

當花草樹木長得茂盛時，便是花落花謝的前奏；當人成長到壯年時，也是智力和身體機能衰退的開始。即使在物理世界，當我們要把一個物體拋落到目的地之前，必定要把它高高舉起、遠遠地拋擲出去，高舉遠拋的時候，就是物體墜落的序曲。當然，批評老子思想中有權術陰謀內容，也不是全無道理。老子之後的許多政客陽言道義、陰奉權謀，用於政治上的縱橫捭闔，不講人世間的信譽原則；歷朝歷代上演的政治權謀和宮廷陰謀，都可以看到老子思想的影響，以致一般人把權術陰謀的壞處歸到老子名下。事實上，老子思想中可能有權術因素，更多的卻是謀略內容。權術與謀略在概念上的區分是明顯的，權術是陰暗的，謀略是光明的，而在實踐中卻很難區分，有時權術中含有謀略，有時謀略中含有權術。與其把老子視為陰謀家，倒不如把老子看成是謀略家，這更符合本原意義上的老子。

關於老子思想的消極因素。北京大學哲學系所著的《中國哲學史》認為：「老子這種消極無為的政治態度，決定了他對人生的看法也是消極無為的。在老子心目中，聖人應該是一個表面上處處不與人爭，不為人先，處下守柔，少私寡欲，絕學棄智，渾渾噩噩，像初生的嬰兒那樣，完全處於自然狀態的人。他認為，只有這樣才能在這複雜的現實鬥爭中保全自己的生命，無憂無慮，達到精神上的最高境界。」[1] 由此可見，對於老子思想中的消極因素，既有政治思想方面的批判，又有人生價值方面的批判。政治上的批判大多指向老子提出的愚民、棄智和復古主張；人生上的批判則集中在自然、無為和柔弱等概念。自然是老子思想中可以與道並列甚至高於道的概念，即「道法自然」。在老子看來，既然萬物的本原是自然的道，道又不干擾萬物自然地生存，那麼，萬物的生存就應該是自然的，萬物自然地生存有道的形而上根據。自然並不是指具體存在

1　北京大學哲學系中國哲學教研室編：《中國哲學史》（第二版），北京大學出版社二〇〇三年版，第十八頁。

的東西，而是形容「自己如此」的一種狀態。劉笑敢認為：「老子的自然的核心意義在於人世。」[1]道的自然不僅是自然界的本質規定，更是人世間的價值準則。對於人的生存而言，無外乎外在環境與內在心境兩個要素。外在環境是由社會提供的，老子提出了無為主張，希望建立自然的社會政治秩序，為人的自然生存營造一個自由寬鬆的環境。老子之無為是對有為政治統治行為的批判。所謂有為，是指統治者強作妄為，肆意伸張自己的欲望和濫用自己的權力，給社會和老百姓造成嚴重危害。統治者政苛民煩，過度擴張自己的私欲，必然導致老百姓輕於犯死，「民之饑，以其上食稅之多，是以饑。民之難治，以其上之有為，是以難治。民之輕死，以其求生之厚，是以輕死」。統治者過多的干預和強制必然會導致政治專制，導致老百姓鋌而走險，「天下多忌諱，而民彌貧；民多利器，國家滋昏；人多伎巧，奇物滋起；法令滋彰，盜賊多有」。在老子看來，老百姓身上有着自我化育、自我長成的自然本性，只要統治者順應老百姓的自然本性而不加以干擾，就會形成良好的社會秩序，「我無為而民自化，我好靜而民自正，我無事而民自富，我無欲而民自樸」。無為主張容易被誤解為無所事事、無所作為，什麼事都不做，從而認為老子在政治領域具有消極傾向。內在心境是由個體修身造就的，老子提出了柔弱主張，希望推進個體生命的自然歷程，為人的自然生存鍛造一個素樸純真的內在心境。老子之柔弱是對逞強的個體價值行為的批判。所謂逞強，是指個體在人與人、人與社會以及人與自然的互相關係中過於爭強好勝，自以為是、剛愎自用，給社會造成紛爭，給自己帶來傷害。因此，老子以人生、草木、軍隊為例，說明逞強屬於死亡，沒有生命力；柔弱屬於生存，充滿活力與生機，「人之生也柔弱，其死也堅強。草木之生也柔脆，其死也枯槁。故堅強者死之徒，柔弱者生之徒。是以兵強

1 劉笑敢：《老子古今：五種對勘與析評引論》（上卷），中國社會科學出版社二〇〇六年版，第五百零九頁。

則滅，木強則折」。在老子看來，柔弱最好的喻體是水。世間沒有比水更柔弱的，在攻擊堅強的方面，卻沒有能勝過它的。屋簷下點點滴滴的雨水，由於它的持續性，長年累月就可以把一塊巨石穿破；洪水氾濫時，淹沒田舍、沖毀橋樑，任何堅固的東西都抵擋不住，「天下莫柔弱於水，而攻堅強者莫之能勝，以其無以易之。弱之勝強，柔之勝剛，天下莫不知，莫能行。」從這段話中，我們可以看出老子的憂慮，即「天下莫不知，莫能行」，意思是，天下沒有人不知道柔弱的道理，卻沒有人能實行。是啊，如果把柔弱理解為軟弱，理解為一味退讓，理解為永遠敗於剛強而不是勝過剛強，那人們怎麼會願意用柔弱來指導自己的人生，怎麼會不認為老子的人生哲學太消極呢？！

晚清名臣曾國藩詩云：「左列鐘銘右謗書，人間隨處有乘除。低頭一拜屠羊說，萬事浮雲過太虛。」意思是，功成名就之後，雖然左邊掛着朝廷的獎狀，右邊卻放着毀謗、謾罵的信件；人間的毀譽榮辱、禍福得失都沒有定數。應像先秦楚國的屠羊說那樣看淡名利、功成身退；什麼毀譽得失，都是過眼煙雲，留下的依然是藍天白雲。這說明無論什麼人什麼事尤其是成功的人和事，都會有毀有譽、有榮有辱，不必過於較真。人們對於老子思想的正面評論，一般比較好理解和接受，但如何看待負面的批評批判意見，卻需要理性和理智。老子生活在二千五百多年前，不管多麼睿智和聰慧，也擺脫不了時代的局限，其思想必定有不完善的地方和不成熟的內容。評析老子不完善、不成熟的思想，應是後人的職責所在，否則，思想就無法進步，社會就不能發展。《老子》一書只有五千餘言，涵蓋了自然界、人類社會、個體生命的本原和終極問題，雖能「天網恢恢、疏而不漏」，卻亦難免有疏漏、斷檔和空白。而且，老子善用比喻、對偶和排比，很少用概念、定義和判斷，這雖然強化了語言的生動性和感染力，有助於人們理解和把握，卻也容易引起歧義，從而為後人的批評批判提供了條件。任何批評批判，只要是理性的，而不是謾罵式的，都不必給予苛求。我們是冒冒失失踏進評析之路，又跌跌撞撞走出評析之路，無論路途是平坦還是曲折，我們都對老子及其思想永遠懷抱景仰之心。

老子之成語：思想結晶

品讀《老子》，不時遇到一些自己耳熟能詳或經常使用的成語，感到非常親切，進而激起對成語的關注和興趣。成語是漢語詞彙的重要組成部分，積澱着豐富而鮮活的民族文化內涵。所謂成語，是漢語詞彙中一部分定型的詞組或短句，具有固定的說法和結構形式，表示一定的意義，在語句中作為一個整體來使用。成語一般源自文化經典、歷史故事和人們的口頭傳說，在用詞方面不同於現代漢語，往往代表着一個故事或典故。一個成語從產生到定型，要走過漫長的歷史道路，經過語言史上多次篩選和錘煉。據統計，現有成語五萬多條。商務印書館二〇〇四年版《成語大詞典》（以下簡稱《詞典》），收錄一萬七千餘條成語，其中百分之九十六為四字格，也有三字、五字、六字、七字以上的成語。之所以四字格居多，是因為四字朗朗上口，符合漢文化中「以偶為佳」、「以四言為正」的審美要求。以偶為佳是古人崇尚成雙成對的美學觀，本質上也是認識世界的哲學觀。語言學家呂叔湘指出：「四音節好像一直都是漢語使用者非常愛好的語音段落，最早的詩集《詩經》裏的詩以四言為主，啟蒙課本《千字文》、《百家姓》、《李氏蒙求》、《龍文鞭影》等等都是四言，亭台樓閣常有四言的橫額……流傳最廣的成語也是四言為多。」[1] 成語與諺語、習用語相近，區別

1 呂叔湘：《呂叔湘全集》（第二卷），遼寧教育出版社二〇一二年版，第四百二十五頁。

在於成語幾乎都是約定俗成的四字結構，字面不能隨意改動，而諺語、習用語則比較靈活和鬆散，不限於四字格。成語凝練典雅、意境幽遠，簡短精闢、易記易用，是比詞的含義豐富而語法功能又相當於詞的語言單位，一般具有豐富的信息量、深刻的思想內涵和鮮明的感情色彩。

《老子》一書寥寥五千餘言，卻語言流暢、結構整齊，言辭精闢、內容豐富，形成了許多成語。老子之成語大多為四字格，也有六字格、八字格、十字格，甚至十二字格，即「雞犬之聲相聞，老死不相往來」。從語法分析，老子之成語結構包含了眾多關係，一是主謂關係，像「上善若水」這一類成語前面的成分是被說明、描寫、陳述的對象，後邊的成分是說明、描寫、陳述前面成分的，多數情況下主語和謂語關係都非常清晰；二是偏正關係，像「自知之明」這一類成語兩個成分之間是修飾限制與被修飾限制的關係，前者是偏，起修飾限制作用，後者是正，被修飾限制；三是並列關係，像「天長地久」這一類成語前後成分之間是平等、並列在一起的，前後兩節沒有先後、主次之分，多數情況下，顛倒成語先後順序不影響其意義；四是補充關係，像「功成不居」這一類成語成分之間是補充說明的關係，後一部分是對前一部分的補充，既有「主謂補」又有「謂賓補」；五是謂賓關係，像「如烹小鮮」這一類成語成分之間是謂語與賓語的關係，前一部分支配後一部分；六是連謂關係，像「取長補短」這一類成語內有兩個謂語成分，通常以動詞為主，兩者構成一先一後承接相連的關係；七是兼語關係，像「以德報怨」這一類成語內有的成分既充當前面成分的賓語，又充當後面成分的主語。當然，研讀老子之成語，重點不是成語的字數和語法結構，而是蘊含於成語之中的哲理含義。老子之成語本質是老子思想更凝練、更集中的反映，涵蓋了對自然界、人類社會和個體生命的感悟。通過研讀成語，不僅可以加深對老子思想的正確把握，而且可以提高運用老子成語的準確性。從思想內容分析，老子成語大致可分為哲學內涵、辯證思維、認識路徑、政治思想、聖人之道和人生啟迪。對照

《詞典》，擇要梳理分類研讀老子之成語，是一件令人興趣盎然的事情。

關於哲學內涵。老子是偉大的哲學家，《老子》一書處處閃爍着對自然界和人類社會本原及其終極目標的思考。這些思考濃縮在成語之中，作為闡述老子本體論和宇宙觀的重要載體。

玄之又玄。《詞典》解釋「玄」為奧妙，微妙，奧妙無比。在《老子》一書中，這是闡述道本體的一個重要成語，意指道幽昧深遠，微妙無形，不可測知；後來泛指事理非常奧妙而難以理解。出自開篇第一章：道之無是萬物之始、有是萬物之母，「此兩者同出而異名，同謂之玄。玄之又玄，眾妙之門」。意思是，道之無、有同一出處而名稱不同，都十分深遠玄妙，玄妙而又玄妙啊，這是解開所有奧妙的門徑。

尊道貴德。《詞典》沒有收入這一成語，卻是理解老子哲學思想的一把鑰匙。在《老子》一書中，道和德是核心概念，意指形而上之道創生天地萬物，落實到自然界，作用於社會人生，就變成了德。道是德之體，德是道之用，兩者合二而一。後來道教最崇敬的觀念是道和德，道教經書特別注重闡述道和德的內容及其關係。出自第五十一章：「道生之，德畜之，物形之，勢成之。是以萬物莫不尊道而貴德。」意思是，道化生萬物，德畜養萬物，物賦予萬物形體，勢使萬物完成自己。所以，萬物沒有不尊崇道而珍視德的。

無中生有。《詞典》解釋為在沒有中生出有來。在《老子》一書中，這是闡述道創生天地萬物的一個重要成語，具有本體論意義，意指創生天地萬物的本原是有與無；後來泛指毫無事實根據，憑空捏造，主要指人的品行和德性。出自第四十章：「天下萬物生於有，有生於無。」王弼注云：「有之所始，以無為本。將欲全有，必反於無也。」這段注解不僅闡明有與無的同一，而且闡明兩者之間的差異。從內涵上說，無是比有更重要的概念；從順序上說，無先於有，比有更具基礎性。

天長地久。《詞典》解釋為像天地一樣長久，指時間久遠。在《老子》一書中，表面上是指自然界的客觀現象，深層次是闡述天道自然、人道無為的哲理；後來氾指人與人之間情感十分鞏固。出自第七章：「天長地久。天地所以能長且久者，以其不自生，故能長生。是以聖人後其身而身先，外其身而身存。非以其無私邪？故能成其私。」意思是，天地的存在既長且久。天地之所以能夠長久存在，是因為它並不為自己而存在，所以它就能夠長生。因此，聖人把自己的利益置於眾人之後，他的所得反而先於眾人；他總是將自己置之度外，其自身反倒保全。這難道不是因為他的無私嗎？他因此而成就了偉業。

視而不見，聽之不聞，簡稱視而不見。《詞典》解釋為睜着眼睛看着，卻什麼也沒有看見。在《老子》一書中，這是一組具體描述道的形狀的成語，意指道無形無狀、不可感知；後來氾指不關心，不重視，不注意或假裝沒看見。老子在許多篇章中，總是想從形上到形下、從抽象概括到具體比喻，能夠說明道是什麼，以幫助人們理解把握道的內涵。儘管老子隱隱約約感知了道，努力把它形諸文字、記錄下來，然而還是讓人感到恍惚，老子自己也為之恍惚。出自第十四章：「視之不見名曰夷，聽之不聞名曰希，搏之不得名曰微。此三者不可致詰，故混而為一。其上不皦，其下不昧，繩繩不可名，復歸於無物。是謂無狀之狀、無物之象。是謂惚恍。」意思是，想看看不見叫作夷，想聽聽不到叫作希，想摸摸不着叫作微。這三者難以深究，它們原就合為一體。它的上部不明亮，它的下部不太昏暗，難以名狀，無邊無際，回歸於無物的境地。它是一種沒有形狀的形狀，沒有物體的形象，所以把它叫作惚恍。

關於辯證思維。老子是樸素辯證法大師，《老子》一書有着豐富而深刻的辯證法思想。這些關於天地萬物產生、發展、演變及其內在動力的思想濃縮在成語之中，作為闡述老子方法論和循環觀的有效保證。

有無相生。《詞典》沒有收入這一成語，卻是踏進老子辯證思維王國的重要路徑。在《老子》一書中，這是闡述對立統一規律的成語，意指客觀世界普遍存在着矛盾，兩者相輔相成，在對立中形成統一，在統一中分為對立，共同構成天地萬事萬物。出自第二章：「天下皆知美之為美，斯惡已；皆知善之為善，斯不善已。故有無相生，難易相成，長短相較，高下相傾，音聲相和，前後相隨。」這段話集中體現了對立統一的辯證思想，老子在深刻觀察世界的基礎上，總結出美醜、善惡、有無、難易、長短、高下、音聲、前後等一系列既對立又統一的概念，把它們抽象昇華為自然界和人類社會的一般規律。

千里之行，始於足下。《詞典》解釋為走千里遠的路，要從眼前的這第一步走起。在《老子》一書中，這是闡述質量互變規律的一個重要成語，對於政治統治和人生目標也有重要的指導價值，意指任何事情都是從小到大逐步發展起來的，尤其是負面因素，要防患於未然；後來比喻任何遠大的目標，都要從目前細微的小事情做起。出自第六十四章：「其安易持，其未兆易謀，其脆易泮，其微易散。為之於未有，治之於未亂。合抱之木，生於毫末；九層之台，起於累土；千里之行，始於足下。」意思是，事物發展處於穩定的狀態則易於掌握，事物發展尚未顯示徵兆的時候則易於處理，事物發展尚處於脆弱的時候則易於破滅，事物發展尚處於微小的時候則易於散失。在事情尚未發生時就應早做準備，在混亂尚未發生時就應該加以治理。合抱的大樹，生於細小的萌芽；九層的高台，起於最初的堆土；千里的遠行，就從腳下開始。

循環往復。《詞典》解釋循環為周而復始。往復，重複。指反覆地出現或進行，形容反覆不斷。《詞典》認為這一成語出自五代王定保《唐摭言．師友》，而其思想源頭則在於老子。在《老子》一書中，這是闡述否定之否定規律的一個重要成語，主要揭示道的運行規律，意指事物的運動既有朝着相反方面運行的規律，又有返本復初、循環運行的規律，即當事物朝着相反方面運行時，便踏上了復歸之路。這一成語既出自第四十章：「反者，道之動；弱者，道之用」；又出自第二十五章：「有物混成，先天地生。寂兮寥兮，獨立不改，周行而不殆，可以為天下母。吾不知其名，字之曰道，強為之名曰大。大曰逝，逝曰遠，遠曰反。」意思是，有物渾然一體，先於天地生成。無聲而又無形，獨立長存從不改變，循環運行永不停息，可以說是天地之本根。我不知道它的本名，給它取名叫道，勉強取名叫大。大到無邊又無所不至，無所不至而運行遙遠，運行遙遠又回歸本原。

禍兮福所倚，福兮禍所伏，亦稱禍福相倚。《詞典》解釋倚為靠着；伏為藏。禍伴隨着福，福隱藏着禍。在《老子》一書中，這是闡述事物矛盾互相轉化規律的一個重要成語，揭示物極必反的道理，意指禍福互相倚伏、正反互相轉化。出自第五十八章：「其政悶悶，其民淳淳；其政察察，其民缺缺。禍兮福之所倚，福兮禍之所伏。孰知其極？其無正也？正復為奇，善復為妖。」意思是，國家政治寬厚有容，人民就敦厚樸實；國家政治明察是非，人民就狡猾欺詐。禍啊，是福所依憑的東西；福啊，是禍所隱藏的地方。誰知道它們變化的究竟？是沒有個定準嗎？正又變為邪，吉又變為凶。「孰知其極？其無正也？」連續兩個問句，表達了老子對事物正反轉化之理的玄妙深奧而又難以把握的感歎。

欲取姑予。《詞典》解釋欲為想；姑為姑且、暫且；予為給予。要想得到什麼，就必定要先給別人一點什麼。在《老子》一書中，這是闡述事物矛盾互相轉化規律的另一個成語，更深刻地揭示了物極必反的道理，意指對待自己，要防止事物發展到極端向對立面轉化；對待敵人，則促使事物發展到極端向對立面轉化。正是這一成語，使得老子經常被誤解為陰謀權術家。出自第三十六章：「將欲歙之，必固張之；將欲弱之，必固強之；將欲廢之，必固興之；將欲奪之，必固予之，是謂微明。柔弱勝剛強。魚不可脱於淵，國之利器不可以示人。」意思是，要想讓它收縮，必先使它擴張；要想讓它削弱，必先使它加強；要想讓它廢棄，必先使它興舉；要想將它奪取，必先設法給予。從細微中發現變化，柔弱就能戰勝剛強。游魚不能脱離深淵，治國的法寶不能輕易出示於人。

關於認識路徑。老子是理性直覺的倡導者，《老子》一書不重視通常的感性認識和理性認識，以致人們認為老子的認識論是神祕主義。事實上，老子之道惟恍惟惚，老子強調從事物的反面去更深刻地認識事物，這些都不可能從感性路徑獲取，也不可能從感性到理性的途徑去昇華，只能從理性直覺中洞察和把握。這些理性直覺的思想濃縮在成語之中，作為闡述老子本體論和辯證法的重要途徑。

致虛守靜。《詞典》沒有收入這一成語，卻是學習老子認識論的關鍵環節。在《老子》一書中，虛和靜是兩個重要概念，既有本體哲學意義，又有政治和人生含義；對於認識世界而言，意指人的心靈要像明鏡一樣乾淨清楚，不為外物所干擾，才能認識事物的本質。在老子看來，要想真正了解道的運行和事物規律，那就必須保持心靈的虛寂和寧靜。出自第十六章：「致虛極，守靜篤，萬物並作，吾以觀復。」意思是，盡力達到心靈空明的極致，堅守清靜的最佳狀態。萬物都蓬勃生長，我從中觀察它們的循環往復。

其出彌遠，其知彌少。《詞典》沒有收入這一成語，卻是理解老子之認識論的重要成語。在《老子》一書中，始終沒有給感性認識留下空間，意指實踐經驗越多，了解具體事情越多，就越不可能認識道的本體。出自第四十七章：「不出戶，知天下；不窺牖，見天道。其出彌遠，其知彌少。是以聖人不行而知，不見而名，不為而成。」意思是，不出門就知道天下事，不看窗外就知道宇宙萬物之道。出門走得越遠，所知道就越少。所以聖人不用去做就能知道，不用去看就能明了，無所作為就有成就。

滌除玄覽。《詞典》沒有收入這一成語，卻和致虛守靜一起，是學習老子認識論的另一個關鍵環節。在《老子》一書中，經常倡導像嬰兒一樣無雜念的清純之質，意指清除內心的污垢，使之清明透亮，沒有一點瑕疵。出自第十章：「專氣致柔，能嬰兒乎？滌除玄覽，能無疵乎？」意思是，結聚精氣而達致柔順，能純真得像嬰兒嗎？清除內心污垢，使之清澈如鏡，能做到沒有瑕疵嗎?!馮友蘭認為：「『玄覽』即『覽玄』，『覽玄』即觀道。要觀道，就要先『滌除』。『滌除』就是把心中的一切欲望都去掉，這就是『日損』。『損之又損』以至於無為，這就可以見道了。見道就是對於道的體驗，對於道的體驗就是一種最高的精神境界。」[1]

欲益反損。《詞典》解釋益為補益；損為損失。原想有所得，結果卻反受其害。形容事與願違。《詞典》認為出自司馬遷《報任安書》，而其源頭卻在於老子。在《老子》一書中，「為學」與「為道」是相反的，為學是一般的求知活動，為道則不是求知行為，而是理性直覺活動；意指知識對於為學是有益的，但對於為道而言，反而有損失。只有減少知識，拋棄成見，才能達到清靜無為的體道悟道之境。出自第四十八章：「為學日益，為道日損。損之又損，以至於無為，無為而無不為。」意思是，治學是一天比一天增加知識，體道悟道是一天比一天減少知識。減少而又減少，一直到無為的地步。順其自然清靜無為，就沒有成不了的事。

1 馮友蘭：《中國哲學史新編》（上卷），人民出版社一九九八年版，第三百四十二頁。

最好的成語一定是思想的結晶，充滿着哲理。品讀老子之成語，似乎漫遊在思辨的夢境和理性的王國，我們的心靈沉浸在寧靜安逸的氛圍之中。儘管老子之成語關乎天地的本原、宇宙的起源和人類的終極意義，其思想博大精深、浩瀚無邊，我們仿佛仍能做到無牽無掛，做到心如止水。這真是遙望藍天，觀雲捲雲舒，去留無意；閑坐門前，看花開花落，寵辱不驚。在老子的成語中，我們體驗到了宇宙的起源。大約在一百四十億年前，宇宙發生了大爆炸，空間不斷膨脹，溫度逐步下降，隨後相繼出現了星系、恆星、行星乃至生命。在老子的成語中，我們體驗到了矛盾的生機。矛盾無處不在，無時不在，正是對立統一的矛盾，構成了現在的宇宙，推動天地萬事萬物演化變異出新的萬事萬物。在老子的成語中，我們體驗到了理性直覺的玄妙。如果只有經驗主義認識方法，那就永遠無法認識宇宙的奧祕；如果只有神祕主義認識方法，恐懼就將永遠陪伴人類。理性直覺，則幫助我們既避免經驗主義的局限，又擺脱神祕主義的恐懼。更重要的是，在老子的成語中，我們體驗到了宇宙的本原和人生的終極價值。只有終極價值，才能熨平生命有限性與精神無限性之間的衝突和緊張，人類就不會感到孤獨，人生就是美好和幸福。

老子之成語：人生智慧

中國古代許多成語出自先秦諸子。先秦諸子都是語言大師，他們的著作和思想經過長期傳播，影響着幾千年來中國社會生活的各個方面；其鮮活生動的詞句典故像閃閃發光的金子，逐漸積澱在語言長河的河底，強化了漢語的表現力，形成了相當數量的成語，特別是儒道兩家所產生的成語，數量多、範圍廣，對於塑造中華民族品格和推動中華文化發展，起到了重要作用。先秦諸子思想轉化為成語的方式，一是原文摘錄。「大器晚成」出自《老子》第四十一章：「大方無隅，大器晚成，大音希聲，大象無形。道隱無名」；二是詞句壓縮和改寫。「溫故知新」出自《論語．為政》第十一章：「子曰：溫故而知新，可以為師矣：」三是不同出處的詞句黏合。「獨夫民賊」出自《尚書．秦誓下》：「獨夫受，洪惟作威，乃汝世仇」和《孟子．告子下》：「今之所謂良臣，古之所謂民賊也」；四是寓言歸納。先秦諸子著作中有大量的寓言故事，大多以標題性或概括性的詞句轉化為典故式的成語。「朝三暮四」出自《莊子．齊物論》：「狙公賦芧，曰：『朝三而暮四。』眾狙皆怒。曰：『然則朝四而暮三。』眾狙皆悅。」據有關學者研究統計，《老子》產生了近七十條成語，《論語》約產生了三百八十條成語，《孟子》產生了二百多條成語，《荀子》產生了七十多條成語，《莊子》產生了一百七十多條成語，《韓非子》產生了近一百條成語。不同學者有着不同統計口徑和方法，對於出自《論語》的成語，有的認為只有一百七十三條；有的認為有三百八十四條，其中首見於《論語》的有一百五十八條，直接從經書引用的為十條，源於經書經過《論語》加工的有一百九十七條，源於《論語》經過後人加工的有十九條。《老子》亦然，有的認為有六十八條，有的認為只有四十一條。然而，一個不爭的事實是儒家產生的成語明顯多於道家等其他學派，其中的原因可能是政治性的，即漢武帝罷黜百家、表彰六經；東漢以後，《論語》被列為經書；宋代以後儒家典籍成為科舉考試的必讀書目，這使得儒家不僅在意識形態方面佔據了主導地位，而且也為產生更多成語以影響人們日常言行提供了有利條件。

在先秦諸子中，《論語》有一萬五千言，《孟子》有三萬言，《莊子》有十萬言，而《老子》五千言的內容卻是最豐富的，建構了樸素自然、飄逸豁達的宇宙觀、方法論、政治思想和人生哲學的宏大框架，從而為產生既有數量又有質量的成語奠定了堅實基礎。《老子》成語絕對數量不多，相對比例卻是較高的，即使按四十一條統計，那也是平均一百四十字左右就有一條成語。《老子》成語的產生方式，與其他諸子基本一致，有的是直接截取原句而產生的成語，「千里之行，始於足下」出自第六十四章；有的是把較長的句子壓縮精簡，「知雄守雌」出自第二十八章：「知其雄，守其雌」；有的是通過原文語句概括出來的成語，「無中生有」出自第四十章：「天下萬物生於有，有生於無。」《老子》成語的最大特點是含有較多的反義詞，這和老子的辯證法思想密切相關。在這些反義的成語中，有的是名詞對名詞，「禍福相倚」出自第五十八章；有的是動詞對動詞，「出生入死」出自第五十章；有的是形容詞對形容詞，「柔能克剛」出自第七十八章。老子之成語既是其宇宙觀和方法論的集中體現，更是其政治思想和人生哲學的凝練集聚。

關於政治思想。老子是政治思想大家，《老子》一書充滿着治國理政的智慧，以致許多學者認為《老子》

是言「君人南面之術」，宋代歐陽修指出：「老子為書，其言雖若虛無，而於治人之術至矣。」[1] 這些政治智慧濃縮在成語之中，作為闡述老子統治方式和政治謀略的有力支撐。

無為而治。《詞典》從儒家立場出發，解釋「為」是刑罰。古代儒家主張以德政治民，不用刑罰，叫「無為而治」。後多指寓治於教化之中。在先秦思想家中，老子與孔子都提出過無為而治的主張，但老子早於孔子，孔子曾問禮於老子。從這個意義上説，無為而治的發明權應屬於老子。更重要的是，孔子並沒有展開和論述無為而治，老子卻全面論述了無為而治的內容。無為這一概念散佈於《老子》全書，無為而治是老子政治思想的核心理念。《詞典》後一部分解釋則比較接近老子思想，即現指放任自流、不加約束的治理方法。出自第三章：「不尚賢，使民不爭；不貴難得之貨，使民不為盜；不見可欲，使民心不亂。是以聖人之治，虛其心，實其腹；弱其志，強其骨。常使民無知無欲，使夫智者不敢為也。為無為，則無不治。」這段話使老子飽受爭議，認為是在搞愚民政策。從老子的思想邏輯分析，老子認為人的本性是自然的，不應受到後天和外界污染，因而提出淨化民眾心靈，減少貪欲之心，保證他們過上溫飽的生活，使其體魄強健而成為健全的人。這一主張與統治者有意推行愚民政策，完全不可同日而語。

小國寡民。《詞典》解釋小國為小的國家；寡為少。國家小，百姓也少。在《老子》一書中，這是老子闡述心目中理想社會的一個重要成語，集中描繪了桃花源式的社會生活圖景，意指小國少民，自給自足，人民安居樂業，社會風俗淳厚，過着淳樸的生活，有着一種生存的滿足感；後來演變為自謙之詞。出自第八十

---

1 〔宋〕歐陽修著、李之亮箋注：《歐陽修集編年箋注》（七），巴蜀書社二〇〇七年版，第一百五十一頁。

章：「小國寡民，使有什伯之器而不用，使民重死而不遠徙。雖有舟輿，無所乘之；雖有甲兵，無所陳之；使人復結繩而用之。甘其食，美其服，安其居，樂其俗。鄰國相望，雞犬之聲相聞，民至老死不相往來。」什伯之器，意指各種器具。王弼注云：「言使民雖有什伯之器，而無所用，何患不足也。」《老子》一書共有八十一章，這一章產生的成語最多，除小國寡民外，還有結繩而治，安居樂業，雞犬之聲相聞、老死不相往來等成語，以至後人經常運用，產生了深刻影響。

絕聖棄智。《詞典》沒有收入這一成語，卻是理解老子政治統治方法的重要成語。在《老子》一書中，經常批判文明的弊端，認為聖智、仁義等都是統治者設立的用以愚弄民眾的工具，也是導致社會混亂的病根，意指只有放棄聖智、仁義，才能恢復沒有個人私欲和權謀欺詐的小國寡民社會。出自第十九章：「絕聖棄智，民利百倍；絕仁棄義，民復孝慈；絕巧棄利，盜賊無有。此三者，以為文不足，故令有所屬，見素抱樸，少私寡欲。絕學無憂。」意思是，拋棄聰明與智巧，民眾才能獲利百倍；拋棄仁與義的法則，民眾才能回到孝慈；拋棄機巧與貨利的誘惑，盜賊才能消失。以上三種巧飾之物，不足以治理天下，因此要讓民心有所歸屬：外表單純而內心淳樸，少有私心降低欲望。摒棄所謂的學問，就能無憂無慮。這段話容易使老子被誤解為推行愚民政策，但詹劍峰認為，上述聖智、仁義諸種觀念「其涵義絕不同於儒家所說或現代人頭腦中所有『聖』、『智』、『慧』、『學』等概念」，[1] 而是統治者愚弄民眾的宗教迷信、奸巧詐偽，以及卜筮、巫守、圖讖、堪輿等前識和術數之學。

---

1 詹劍峰：《老子其人其書及其道論》，華中師範大學出版社二〇〇六年版，第二百三十七頁。

天網恢恢，疏而不漏。《詞典》解釋天網為天道之網，指自然的懲罰；恢恢為寬廣的樣子；疏為稀，不密。在《老子》一書中，這是闡述天道無為的一個重要成語，意指天道無邊籠罩萬物，作用柔弱而又無所漏失；後來汎指壞人得到懲罰。出自第七十三章：「勇於敢則殺，勇於不敢則活。此兩者，或利或害。天之所惡，孰知其故？是以聖人猶難之。天之道，不爭而善勝，不言而善應，不召而自來，然而善謀。天網恢恢，疏而不失。」意思是，勇於堅強的就會死，勇於柔弱的就會活。這兩種勇或有利或有害，有時似乎並不易知。天有所厭惡，誰知道它的緣故？天之道，不爭鬥而善於取勝，不說話而善於回應，不召喚而使萬物自來歸附，坦蕩無私而善於謀劃。天網廣大無邊，稀疏卻無所漏失。

天道好還。《詞典》解釋道為道義。指作惡必然得到惡報。在《老子》一書中，這是闡述軍事和戰爭的一個重要成語，意指好戰者會得到報應。出自第三十章：「以道佐人主者，不以兵強天下，其事好還。師之所處，荊棘生焉。大軍之後，必有凶年。」意思是，以道輔佐國君的人，不靠兵力強行天下，發動戰爭很快就會遭到報應。軍隊駐紮的地方，就會荊棘叢生；打了大仗之後，必定有荒年。軍事和戰爭是政治的延續，老子目睹民眾遭受戰爭的苦難，鮮明地提出反對戰爭的主張。而且，《老子》一書有四章論及戰爭，但反對戰爭的態度卻是一以貫之，這充分體現了老子偉大的人道主義精神。

關於聖人之道。老子是理想主義者，在《老子》一書中，聖人概念出現了二十四次。老子追求的理想人格是聖人，老子之聖人既有政治思考又有人生思考。這些思考濃縮在成語之中，作為闡述老子理想人格的載體和無為政治的保證。

被褐懷玉。《詞典》沒有收入這一成語，許多研究者卻認為這是認識老子理想人格的重要成語。在《老子》一書中，聖人的品質是素樸純真，與社會和光同塵，意指人有才德而深藏不露，貧寒出身而有真才實學。出自第七十章：「吾言甚易知，甚易行，天下莫能知，莫能行。言有宗，事有君。夫唯無知，是以不我知。知我者希，則我者貴。是以聖人被褐懷玉。」意思是，我的言論很容易了解，很容易實行；可是天下沒有人能了解，沒有人能實行。言論有宗旨，行事有要領。正因為人們無知，所以不能了解我。了解我的人少了，那我就更加高貴了。所以聖人常常穿着粗布衣服而懷揣着寶玉。

輕諾寡信。《詞典》解釋諾為答應，許諾；寡為少。輕易許下諾言的，很少守信用。在《老子》一書中，強調聖人講信用，很重視誠信問題，意指輕易答應別人要求的，一定難以遵守信用和做到誠信。出自第六十三章：「夫輕諾必寡信，多易必多難，是以聖人猶難之。故終無難矣。」意思是，輕易許諾，一定會缺少誠信；把事情看得太容易，一定會遭受更多的困難。所以聖人都把事情看得很難，也不輕易許諾，這樣最終也就沒有什麼困難了，守住了誠信。

去甚去泰。《詞典》解釋甚、泰為過分。做事不能做得太過分。在《老子》一書中，反覆強調無為治國，堅決反對貪欲和胡作非為，意指治理國家要去除過度，去除奢靡，去除極端。出自第二十九章：「將欲取天下而為之，吾見其不得已。天下神器，不可為也。為者敗之，執者失之。故物或行或隨，或歔或吹，或強或羸，或挫或隳。是以聖人去甚，去奢，去泰。」意思是，想治理天下而任意作為，我斷定他達不到目的。天下是神聖的寶物，不能用強力去求取。任意作為必然失敗，想要把持必定失去。所以世間眾生，有的積極前行，有的消極尾隨；有的性情和緩，有的性格急躁；有的身強力壯，有的瘦弱不堪；有的小受挫折，有的全部毀傷。所以聖人不要亂加干涉，而要清靜自守。

功成不居。《詞典》沒有收入這一成語，卻是理解老子的聖人之道的重要成語。在《老子》一書中，聖人與治國理想密切相關，意指事成而不居功自傲，不去佔為己有；後來氾指立了功而不把功勞歸於自己。出自第二章：「是以聖人處無為之事，行不言之教，萬物作焉而不辭，生而不有，為而不恃，功成而弗居。夫唯弗居，是以不去。」意思是，所以聖人順應自然而不胡作非為，注重身教而不以言教，聽憑萬物興起而不加干預，滋養萬物而不據為己有，助其成長而不自恃其能，大功告成而不邀功自傲。正因為他不居功自傲，所以他的功業得到永存。

關於人生啟迪。老子無疑是一位人生導師，《老子》一書由宇宙觀伸展到人生論，再由人生論延伸到政治論，人生論是宇宙觀與政治論的中介和聯結點。老子思考的重點是人生論，這些思考濃縮在成語之中，作為闡述老子人生價值和生活意義的可靠平台。

赤子之心。《詞典》解釋赤子為初生的嬰兒。純潔、善良的心。《詞典》認為這一成語出自《孟子·離婁下》，實際是源自老子。嬰兒是老子常用的比喻，他希望成人在精神上永遠保持嬰兒心態，不被名利和私欲玷污。在《老子》一書中，這是闡述人的自然本性的一個重要成語，意指心地淳樸，天真無邪；後來氾指個人的忠誠之心。出自第五十五章：「含德之厚，比於赤子。蜂蠆虺蛇不螫，猛獸不據，攫鳥不搏。骨弱筋柔而握固，未知牝牡之合而全作，精之至也。終日號而不嗄，和之至也。」意思是，含德深厚的人，好比新生的嬰兒。蜂蠍毒蛇不會螫他，鷙鳥猛獸不會搏擊他，筋骨柔弱拳頭卻握得緊緊的，不知男女之事，男性性徵卻很突出，這是因為元氣精純之至的緣故；整天號哭卻不會嘶啞，這是因為元氣柔和之至的緣故。

虛懷若谷。《詞典》解釋虛為謙虛，谷為山谷。胸懷謙虛得像山谷一樣深廣。形容非常虛心。在《老子》

一書中，這是闡述人的品格的一個重要成語，意指得道之人的心胸就像山谷一樣空曠；後來氾指謙虛謹慎。出自第十五章：「古之善為士者，微妙玄通，深不可識。夫唯不可識，故強為之容：豫兮，若冬涉川；猶兮，若畏四鄰；儼兮，其若客；渙兮，若冰之將釋；敦兮，其若樸；曠兮，其若谷；混兮，其若濁。」意思是，古代明於治道之士，幽微精妙深奧通達，深邃得難以認識。正因為難以認識，只能勉強加以描述：遲疑不決啊，就像冬天赤腳蹚河；心懷畏懼啊，如同強敵在四鄰；恭敬嚴肅啊，仿佛出外去做客；順應潮流啊，恰似春來冰雪融化；敦厚誠實啊，就像木材未經雕琢；襟懷寬闊啊，就像空曠的山谷；深厚含蓄啊，就像濁流盈江河。

自知之明。《詞典》解釋自知為自己了解自己；明為看清事物的能力，對自己能做出正確的看法和評價的能力。在《老子》一書中，這是闡述自我修養的一個重要成語，意指要修養到自己知道自己的長處和短處、優點和缺點，做一個明白人。出自第三十三章：「知人者智，自知者明。勝人者有力，自勝者強。知足者富，強行者有志，不失其所者久，死而不亡者壽。」王弼對「知人者智，自知者明」注云：「知人者，智而已矣，未若自知者，超智之上也。」

慎終如始。《詞典》解釋慎為謹慎。謹慎到最後，也像開始時一樣。即始終如一謹慎從事。在《老子》一書中，這是闡述人對待工作、事業態度的一個重要成語，意指做人做事要謙虛謹慎，始終如一；後來氾指有始有終，以免功虧一簣。出自第六十四章：「民之從事，常於幾成而敗之。慎終如始，則無敗事。」意思是，人們做事，常常在快要成功的時候失敗了。慎重對待事情的終結，就像對待開始一樣，就不會有失敗之事。

大器晚成。《詞典》解釋是舊時用來比喻有才能的人或事物成就得要晚。後指有大才的人要經過長期的鍛煉，才能成大事，做出成就。在《老子》一書中，這是闡述人生勵志的一個重要成語，意指有才之人會經受很多磨難，才能百煉成鋼。出自第四十一章：「大方無隅，大器晚成，大音希聲，大象無形。道隱無名。」意思是，最方正的好似沒有棱角，貴重的器物總是最後完成，最大的樂聲反而聽來無音響，最大的形象反而看不見形跡，道幽隱而沒有名稱。

功成身退。《詞典》解釋身為自身、自己。功業建成後自己就引退了。在《老子》一書中，這是闡述人對待功名利祿態度的一個重要成語，意指急流勇退，避免居功自傲；後來泛指及時退出官場。出自第九章：「持而盈之，不如其已。揣而銳之，不可長保。金玉滿堂，莫之能守。富貴而驕，自遺其咎。功遂身退，天之道。」意思是，與其裝得過滿而溢出，不如及早停止灌注；器具捶打得過於尖利，不會長久得以保持。縱然金玉堆滿堂室，沒有誰能夠將它守住；身居富貴而不可一世，必然是自取災禍。功成名就抽身而退，這才符合天道。這段話對於任何成功人士而言，都是振聾發聵，不無警示提醒作用。

語言是文化的載體。美國語言學家薩丕爾指出：「語言的內容，不用說，是和文化有密切關係的。」[1] 品讀老子之成語，心情是愉悅的，仿佛翺翔在蔚藍的天空，享用着老子人生的智慧，沐浴着中華文化的陽光。在老子的成語中，我們體驗了漢文化對自然的崇拜。自然界眾多景觀成為老子的移情對象，天地的廣闊，使得老子想到了「天長地久」、「天網恢恢，疏而不漏」，告誡人們要尊天敬地、順應自然；山谷的博大，使得

1 〔美〕愛德華・薩丕爾：《語言論：言語研究導論》，商務印書館一九八五年版，第一百九十六頁。

老子想到了「虛懷若谷」，告誡人們要有山谷一樣的胸懷，謙虛謹慎、不驕不躁；水的柔弱，使得老子想到了「上善若水」，告誡人們要像水一樣立身處世、為官做人。在老子的成語中，我們體驗了漢文化對農耕文明的眷戀。詩情畫意的田園風光成為老子的精神寄託。嫋嫋炊煙的村落古居，親情融融的街坊鄉鄰，使老子想到了「小國寡民」，告誡人們要返璞歸真，那裏的生活寧靜平和，雞犬之聲相聞，鄰里和睦相處。在老子的成語中，我們體驗了漢文化對財富的態度。金子的貴重、玉石的圓潤成為老子的警惕對象。金子雖然光澤耀眼，玉石雖然圓潤無瑕，卻是財富、身份、權力的象徵，這些都使老子想到了「金玉滿堂」，告誡人們要見素抱樸、少私寡欲，不要為財富所累，不要成為財富的奴隸。在老子的成語中，我們體驗了漢文化均衡和諧的審美理念。天地萬事萬物的矛盾對立統一成為老子的思想源泉。任何事物既一分為二又合二而一，使得老子想到了「知足不辱、知止不殆」，喜用成語的四字格和對偶結構，告誡人們不僅要看到事物的正面，更要看到事物的反面。老子認為，與正面相比，反面更能體現事物的本質和規律。因此，我們在學習運用成語時，不要忘記蘊含其中的民族文化。浸潤在民族文化之中，品讀老子之成語，更是一種無上的精神享受。

老子與孔子：日月同輝

老子與孔子是中國歷史上的思想巨人，也是世界歷史上的思想偉人。對於中華文明而言，兩人猶如太陽和月亮，同時出現在歷史的天空，交相輝映、光焰萬丈、澤被華夏。老子是智慧大師，創立了道家學派，孔子是道德大師，創立了儒家學派，兩人之間的關係，是一個說不盡的話題。歷史上和學術界認為兩者是互補關係的大有人在，可以找到許多文獻；認為兩者是對立關係的也為數不少，並可以找到大量文獻。研究老子與孔子的關係，如果只在對立與互補的軌跡中運行，可能永遠走不出這個怪圈。黑格爾在論述思維與存在的關係時，天才地表達了這樣一個理念，即同一是有差異的同一，差異是有同一的差異。運用同一與差異的關係進行分析，似乎可以跳出對立與互補的怪圈。首先要承認差異是老子與孔子最基本的關係，否則，就不用道和儒兩個概念來分別命名他們的思想體系。同時，要看到老子與孔子思想的差異，既不是簡單的對立關係，又不是簡單的互補關係，而是差異中有同一、同一中有差異。

研究老子與孔子的關係，從本質上說是一個學術問題，應力求恢復歷史的本來面目。梁啟超曾經指出，歷史上的孔子與後人的孔子是不同的，隨着歷史的腳步，孔子漸漸變成了漢朝的董仲舒，魏晉南北朝的馬融、鄭玄，唐朝的韓愈，宋朝的程頤、朱熹、陸九淵，明朝的王陽明，清朝的顧炎武、戴震。同理，老子也漸漸變成了河上公、嚴遵，變成了王弼、李榮，變成了唐玄宗、成玄英、杜光庭，變成了宋徽宗，變成了明太祖、釋德清、李贄，變成了清世祖。後人不斷演繹老子與孔子，一方面說明道家與儒家思想具有普遍性意義、歷史性價值和經久不衰的生命力；另一方面則提醒人們，研究老子與孔子思想及其相互關係，不能把後人演繹的老子與孔子作為主要依據，這容易陷入誤區，還可能會謬以千里。因此，所謂恢復歷史的本來面目，就是要立足《老子》和《論語》原著，研究老子與孔子的關係，就是要回到春秋戰國時期，理解老子與孔子的關係。

研究老子與孔子的關係，要避免感情用事，尤其是思想立場之偏見。最大的問題是儒道兩家之間的互相排斥和批評，早在漢初就已出現這種情況，以至司馬遷在《史記．老子韓非列傳》中指出：「世之學老子者則絀儒學，儒學亦絀老子。『道不同不相與謀』，豈謂是耶？」這大抵符合漢初的歷史史實，「文景之治」時期崇尚老子，漢武帝之後則「罷黜百家，獨尊儒術」。回首歷史長河，儒家長期居廟堂之高，屬於官方思想，佔據主導地位；道家則久處江湖之遠，屬於民間哲學，處在邊緣地帶。廟堂與江湖邊界分明，按說可以相安無事，井水不犯河水。然而，中國傳統社會是官本位和權力本位的社會，任何一個思想流派一旦佔據統治地位，必欲以封殺其他思想流派為快事。總體而言，儒家排斥道家時間居多，尤其是宋儒理學，有的否認孔子問禮於老子的史實，譬如葉適，在《習學記言序目》評說：「言孔子讚其為龍，則是為讚其學者，借孔子以重其師之辭也」，這些「皆途引港授，非有明據」。有的批評老子甚至到了人身攻擊的程度，譬如朱熹，批評老子自私：「老子之術，須自家佔得十分穩便，方肯做；才有一毫於己不便，便不肯做。」批評老子懶惰：「老子之術，謙沖儉嗇，全不肯役精神。」批評老子不負責任：「老子之學，大抵以虛靜無為，沖退自守為事。故其為說，常以懦弱謙下為表，以空虛不毀萬物為實。其為治，雖曰『我無為而民自化』，然不化者亦不之問也。其為道每每如此。」批評老子無情冷血：「看得天下事變熟了，都於反處做起。且如人剛強咆哮跳躑之不已，其勢必有時而屈。故他只務為弱。人才弱時，卻蓄得那精剛完全；及其發也，自然不可當。故張文潛說老子惟靜故能知變，然其勢必至於忍心無情，視天下之人皆如土偶爾。其心都冷冰冰地了，便是殺人也不恤，故其流多入於變詐刑名。」批評老子陰謀權術：「只要退步柔伏，不與你爭」，「他這工夫極離。常見畫本老子便是這般氣象，笑嘻嘻地，便是個退步佔便宜底人。雖未必肖他，然亦是它氣象也。只是他放出無狀來，便不可當。」[1]引述朱熹批評老子的眾多言論，並不是否定朱熹的為人和思想貢獻，而是表明像朱熹這樣的大儒和宋明理學集大成者，有時也難免受門戶之鼓惑和蒙蔽。因此，研究老子與孔子的關係，可以互相批評，卻不能互相指責；可以理性批判，卻不能感情用事；可以堅持自己的觀點，卻不能陷入門戶之見。惟其如此，才能認識和把握老子與孔子的真實關係。

從思想淵源和演變分析，老子與孔子既有同一關係又有差異關係，但差異是主要的，從而形成了不同的思想體系，建構起各具特色的思想大廈。老子與孔子的差異是多方面的，在著作文本方面，《老子》一書應為老子自撰，是現存的私人著述中最早的著作，而孔子是「述而不作」，沒有留下親筆著作，《論語》是其弟子相與討論而編纂的。在思想風格方面，讀《老子》有一種清冷的感覺，好像秋風掃落葉，會震撼於他的冷靜無情，「致虛極，守靜篤，萬物並作，吾以觀復。夫物芸芸，各復歸其根。歸根曰靜，是謂復命。復命曰常，知常曰明。不知常，妄作，凶」。意思是，極力使心靈做到虛靜澄明，努力使心靈堅持清靜無為。萬物蓬勃生長，我就可以憑藉虛靜的本性看出萬物循環往復的道理。萬物紛紛紜紜，最終都要返回到它的本根。返回本根就叫作虛靜，虛靜就叫復歸本性。復歸本性就是萬物變化運動的規律，懂得了萬物變化的規律

1 黎靖德編：《朱子語類》，嶽麓書社一九九七年版，第二千七百零四頁。

就是明智，不懂得萬物變化規律而輕舉妄動就會有凶險、出亂子。而讀《論語》則有溫暖的感覺，似乎沐浴在春風之中，會感動於他的「溫良恭儉讓」。即使批評人，也帶着親近溫暖，「樊遲請學稼。子曰：『吾不如老農。』請學為圃。曰：『吾不如老圃。』樊遲出。子曰：『小人哉，樊須也！』」意思是，弟子樊遲請教怎樣學種莊稼。孔子說，我不如老農民。樊遲又請教怎樣學種菜。孔子說，我不如老菜農。樊遲出去後，孔子不滿地說，這個樊遲，真是一個小人啊！在思考範圍方面，《老子》五千言涵蓋了本體哲學、政治哲學和人生哲學，而《論語》一萬五千言則主要講述倫理哲學；老子建立了相當完備的形而上學體系，有着豐富的本體內容、系統的辯證思維和「靜觀」、「玄覽」的認識方法，而孔子思想中沒有本體論和宇宙觀的位置，辯證法思想亦付闕如，認識論則比較貧乏。當然，老子與孔子最大的差異不在於文本、風格和思考範圍，而在於思想內容，這是區別老子與孔子、道家與儒家的關鍵所在。

首先是道與仁的差異。任何思想體系的差異，都是基本概念和邏輯前提的差異。基本概念的差異，是不同的思想體系的主要標誌，而邏輯前提的差異，則推導演繹出不同的概念集群、價值判斷和理論框架。老子與孔子的差異在於基本概念不同，老子是道，由此形成了思辨哲學；孔子是仁，由此形成了倫理哲學。《老子》一書七十四次論及道的概念，老子從道出發，窮近自然界、人類社會和個體生命的本原及其終極目的，進而構築起道家思想體系。在老子那裏，道是天地萬物的本原，先於天地生成。「有物混成，先天地生。寂兮寥兮，獨立不改，周行而不殆，可以為天下母。吾不知其名，字之曰道，強為之名曰大。」道的本原是最原始、最質樸、最細小的東西，卻又是能夠支配一切的東西，即「道常無名，樸雖小，天下莫能臣也」。在老子那裏，道是天地萬物的起源，「道生一，一生二，二生三，三生萬物。萬物負陰而抱陽，沖氣以為和」。這是從宇宙觀的角度闡述道的作用。在老子那裏，道是天地萬物運行的動力和規律，「反者，道之動；

弱者，道之用。天下萬物生於有，有生於無」。具體表現為矛盾對立面統一規律，「天下皆知美之為美，斯惡已；皆知善之為善，斯不善已。故有無相生，難易相成，長短相較，高下相傾，音聲相和，前後相隨」。同時表現為循環運行規律，「大曰逝，逝曰遠，遠曰反」。意思是，大到天邊又無所不至，無所不至而又運行遙遠，運行遙遠而又回歸本原。作為形上本體之道，最大的特點是無形無象，似有非有，看不見、聽不到、摸不着，「視之不見名曰夷，聽之不聞名曰希，搏之不得名曰微。此三者不可致詰，故混而為一。其上不皦，其下不昧，繩繩不可名，復歸於無物。是謂無狀之狀、無物之象。是謂惚恍。迎之不見其首，隨之不見其後。」河上公注云：「無色曰夷，無聲曰希，無形曰微」；釋德清注「致詰」為「猶言思議」。《論語》一書一百零四次論及仁的概念，孔子從仁出發，深究人世間和社會中各種關係尤其是人與人關係的準則，進而構築起儒家思想體系。孔子既把仁看作人生的最高境界，以此作為人的道德規範和行為標準，來處理社會各種關係，又把仁看作儒家思想的最高範疇，統率其他範疇、概念和判斷、推理。在孔子那裏，愛人是仁的首要含義，「樊遲問仁。子曰：『愛人』」。愛人是從血緣親情出發的，「其為人也孝弟，而好犯上者，鮮矣；不好犯上，而好作亂者，未之有也。君子務本，本立而道生。孝弟也者，其為仁之本與？」古注云：「善事父母曰孝；善事兄長曰弟。」是啊！一個連自己父母兄弟都不愛的人，怎麼可能愛其他人呢？！一個孝順父母、敬愛兄長的人，怎麼可能犯上作亂呢？！孔子之仁真是充滿着親情溫暖和人性光輝。在孔子那裏，克己是仁的主要內容，「顏淵問仁。子曰：『克己復禮為仁』」。孔子從正反兩個方面闡述克己的內容，正的方面是幫助人、關愛人，「夫仁者，己欲立而立人，己欲達而達人。能近取譬，可謂仁之方也已」。意思是，仁者，自己想有所成就，便也幫助人有所成就。自己想通達，便也幫助他人通達，凡事能推己及人，這就是仁的方法了。反的方面是不強加意志於人，「子貢問曰：『有一言而可以終身行之者乎？』子曰：『其恕乎！己所不欲，勿施於人』。」意思是，子貢請教有沒有一個可以終身奉行的道理呢？孔子回答，那大概就是恕吧，自己所不想要的，不要強加給別人。在孔子那裏，復禮是仁的根本目的，「一日克己復禮，天下歸仁焉！」意思是，只要哪一天做到了克己復禮，天下的一切都歸於仁的境界。孔子所推崇的禮是西周的政治規則和社會秩序，「周監於二代，郁郁乎文哉，吾從周」。意思是，周朝的禮儀制度借鑒於夏、商兩代的文化，多麼富有文采啊！我是贊同周朝的。

其次是無為與有為的差異。老子與孔子生活在禮崩樂壞的春秋末期，兩人都關心時政，都在為匡正時弊尋找辦法，而開出的藥方卻大相徑庭，甚至到了尖銳對立的地步。孔子推尚「仁政」，倡導仁、義、禮、智、信。在社會治理上，孔子要求用禮樂教化百姓，使人人各安其位，各司其職，不越位，不僭禮；以禮義規定長幼、嫡庶、君臣關係，規範人與人之間的關係，使每個人都恪守各自的社會地位，履行社會職責。「道之以政，齊之以刑，民免而無恥。道之以德，齊之以禮，有恥且格。」意思是，用政紀來教導民眾，用刑罰來規範民眾，民眾往往會為了僥幸逃脫而不顧忌恥辱；用道德來教導民眾，用禮義來規範民眾，民眾就會有明確的是非之心而真心歸附。老子則明顯反對仁政主張，「大道廢，有仁義；慧智出，有大偽；六親不和，有孝慈；國家昏亂，有忠臣」；老子還說：「故失道而後德，失德而後仁，失仁而後義，失義而後禮。夫禮者，忠信之薄而亂之首。」當然，老子與孔子對待政治的態度，還是集中反映在無為與有為的差異。老子依據於「道法自然」原則，提出無為而治主張，表現出超凡脱俗的人生智慧，「故聖人云，我無為而民自化，我好靜而民自正，我無事而民自富，我無欲而民自樸」。孔子依據於「仁者愛人」的原則，提倡積極有為的人生態度，表現出高度的社會責任感，「士不可以不弘毅，任重而道遠。仁以為己任，不亦重乎？死而後已，不亦遠乎？」具體表現在治國圖景不同。老子與孔子都有明顯復古傾向，老子尊素樸，希望回到遠古社會，提出了「小國寡民」的圖景，「使有什伯之器而不用，使民重死而不遠徙。雖有舟輿，無所乘之；雖有甲兵，無所陳之；使人復結繩而用之。甘其食，美其服，安其居，樂其俗。鄰國相望，雞犬之聲相聞，民至老死不相往來」。孔子貴文飾，心目中的治國楷模是堯、舜、禹、湯、文、武、周公，希望回到堯舜時代和西周時期，「大哉！堯之為君也！巍巍乎！唯天為大，唯堯則之。蕩蕩乎！民無能名焉。巍巍乎！其有成功也。煥乎！其有文章！」意思是，堯這樣的君主偉大啊！只有天那麼高大，只有堯能效法天。廣大啊！百姓無法用語言稱讚他。他的功績真是崇高啊！他的禮樂法度真是光輝燦爛啊！統治路徑不同。老子尊自然，強調政治統治和社會治理要依據人和物自身的性質，讓其獨立自主、率性而為，自己成就自己，而不要受外在人為因素的無端干擾和任意審判，「是以聖人欲不欲，不貴難得之貨。學不學，復眾人之所過。以輔萬物之自然而不敢為」。意思是，所以聖人以不欲為欲，不看重難得的奇物；以不學為學，拋棄眾人的過失而復歸於根本，輔助萬物自然成長而不敢作為。孔子貴仁政，強調人為的作用，積極推行德治，「為政以德，譬如北辰。居其所而眾星共之」。同時要求建立禮制，形成等級分明的和諧秩序，「禮之用，和為貴」；形成統治者內部的和諧秩序，「君使臣以禮，臣事君以忠」；形成統治者與被統治者之間的和諧秩序，「上好禮，則民莫敢不敬」。個人志向不同。先秦諸子著書立說，目的都是服務政治，為統治者獻計獻策，即使老子也不例外。差別在於有的人僅僅是為了提供思想主張，有的人則還想為官從政、躬身踐行。老子尊自由，安於周守藏室之史職位，看到周王室衰敗時，則辭官西出函谷關隱居，因而反覆強調「功遂身退，天之道」。孔子貴入仕，甚至對自己的治國才能頗為自信，「苟有用我者，期月而已可也，三年有成」。意思是，如果有人任用我治理國家，一年便可以做出成績，三年就會成功。

再次是聖人與君子的差異。老子與孔子都有自己的人格理想，也是他們的道德主張。老子的人格理想是聖人，孔子的人格理想是君子，兩人人格理想的交集是應該由人格完善、精神高尚的人來治理國家。老子多次提到聖人之治的觀念，「是以聖人之治，虛其心，實其腹；弱其志，強其骨。常使民無知無欲，使夫智者不敢為也。為無為，則無不治」。意思是，所以有道的人治理國家，要使人的心靈開闊，生活安飽，意志柔韌，體魄強健。常使民眾沒有奸詐的心智，沒有爭盜的欲念，使一些自作聰明的人不敢妄為。依照無為的原則去處理政務，則能治理好國家。孔子則強調修身齊家治國平天下，「子路問君子。子曰：『修己以敬。』曰：『如斯而已乎？』曰：『修己以安人。』曰：『如斯而已乎？』曰：『修己以安百姓。修己以安百姓，堯舜其猶病諸！』」意思是，弟子子路問怎樣才算是君子。孔子回答，修養自己，以使自己看起來莊重、恭敬。子路又問，這樣就行嗎？孔子回答，修養自己，能使他人得到安寧和快樂。子路再問，這樣就行嗎？孔子回答，修養自己，使老百姓得到安寧和快樂。在這一點上即使堯、舜也難以做到。儘管如此，老子之聖人和孔子之君子有着很多差異，最大的差異在於聖人守道，「天之道，利而不害。聖人之道，為而不爭」；君子守仁，「君子去仁，惡乎成名？君子無終食之間違仁，造次必於是，顛沛必於是」。意思是，君子如果拋棄了仁，又怎麼能成就聲名呢。君子不會有哪怕一頓飯的時間離開仁，即使在倉促匆忙之間也必定與仁同在，即使在顛沛流離之時也必定與仁同在。具體而言，在立身處世方面，聖人願意處下，君子勇於爭先。老子認為，聖人治理天下，如江海之納百川，自甘於處下居後，故能蓄養萬民，而不給民眾造成損害。「江海所以能為百谷王者，以其善下之，故能為百谷王。是以欲上民，必以言下之；欲先民，必以身後之。是以聖人處上而民不重，處前而民不害，是以天下樂推而不厭。以其不爭，故天下莫能與之爭。」孔子則認為，君子為了崇高的理想，必須意志堅定、百折不撓，「三軍可奪帥也，匹夫不可奪志也」；願意付出重大犧牲，甚至獻出生命，「志士仁人，無求生以害仁，有殺身以成仁」。在學習方面，聖人憑直覺，君子靠好學。老子重視智慧而不重視知識，推崇理性直覺，「不出戶，知天下；不窺牖，見天道。其出彌遠，其知彌少。是以聖人不行而知，不見而名，不為而成」。意思是，不出門就知道天下事，不看窗外就知道宇宙萬物之道。出門走得越遠，所知道的就越少。所以聖人不用去做就能知道，不用去看就能明了，無所作為就能有所成就。孔子則重視知識，重視感性認識和經驗積累，《論語》開篇就說：「學而時習之，不亦說乎？」孔子不承認自己是君子、聖人或仁者，卻承認自己好學，「十室之邑，必有忠信如丘者焉，不如丘之好學也」。意思是，即使在只有十戶人家的小地方，也必定有像我一樣忠實而講信用的人，只是比不上我愛好學習罷了。在內在品質方面，聖人本真，君子優質。老子注重原始淳樸的人生品質，希望人們無論在什麼年齡段都要返璞歸真，保持嬰兒般心態，這就是「含德之厚，比於赤子」、「見素抱樸，少私寡欲」、「是以聖人被褐懷玉」。王弼注云：「被褐者，同其塵；懷玉者，寶其真也。聖人之所以難知，以其同塵而不殊，懷玉而不渝，故難知而為貴也。」孔子則強調人生品質的後天養成，最重要的品質是仁、知、勇，「君子道者三，我無能焉：仁者不憂，知者不惑，勇者不懼」。

鄭板橋詩云：「刪繁就簡三秋樹，領異標新二月花。」意指思想觀點要有新意，有別於他人的想法，就像春天裏百花爭豔，生機勃勃，而表達思想觀點的文章須簡潔明快，就像秋天裏的樹木，葉已落盡，很有骨感。研究老子與孔子關係，不能不重溫《老子》和《論語》，深深感到兩部經典的文字簡潔，似三秋樹般地乾淨；思想觀點各異，如二月花般地繁榮，這就是承載着不同的思想路徑和智慧形態，承載着中華文明對於美好生活的不同思想實驗。思想差異是創新的動力，更是進步的源泉。由於認識是一個主體與主體、主體與客體互動的過程，產生思想差異是必然的，不產生差異則有悖規律。就主體而言，每個人的生活背景、成長經歷、職業性質不同，不可能對客體達到完全一致的認識；就客體而言，人們只能接近真理和認識客體的真實面目，不可能窮盡對客體的認識。況且，客體處於永恆的運動變化過程，今天獲得的正確認識未必適應明天的客體情況。因此，對於文明進步和思想發展而言，百家爭鳴比定於一尊為好，百花齊放比一枝獨秀為好。如果沒有思想的差異，就不可能有思想的競爭；沒有思想的競爭，就不可能有思想的創新。人類文明的進步，歸根結底是思想的進步，是思想創新的結果，沒有思想的創新，就不可能有人類文明的進步。讓我們在包容思想差異的過程中，推動思想創新，贏得進步偉業。

老子與孔子：根脈相連

在中國，真正能夠塑造中華民族人格，影響社會政治經濟進程，具有宗教性質的思想流派，只有以老子為代表的道家思想和以孔子為代表的儒家思想。南北朝劉勰就曾指出：「道者玄化為本，儒者德教為宗，九流之中，二化為最。」[1]春秋戰國時期有「諸子百家」之說，這是對當時各種思想流派的總稱。據東漢班固《漢書．藝文志》統計，先秦時期數得上名字的計有一百八十九家，著作四千三百二十四篇。大浪淘沙，隨着歷史的前進和時光的流逝，那些生命力不強的思想家及其流派消失了，留下的是生命力比較強健的思想流派。還是這個班固，明確提出了「十家九流」的概念，「諸子十家，其可觀者九家而已」，即指儒家、道家、墨家、法家、名家、雜家、農家、陰陽家、縱橫家、小說家。由於小說家已沒有影響，這就有了「九家」或「九流」概念。歷史發展證明，道家、儒家生命力在九流中最為強健，其餘七家，要麼像墨家那樣消失了；要麼像法家那樣式微了。當今中國，只有道家、儒家思想仍在深刻影響着人們的思維方式、認知習慣和行為路徑。老子與孔子的思想既是深入到中國傳統文化骨髓的基因，又是左右着中國傳統文化發展的源頭活水。每當中華民族面臨振興崛起的關鍵時刻或生死存亡的危急關頭，無數志士仁人或讚歎或批判，或問道或問

1　劉勰：《劉子集校》，上海古籍出版社一九八五年版，第三百零三頁。

仁，回過頭去請教老子與孔子，希冀從他們那裏獲取精神食糧、智慧清泉和前進動力。

兩千多年來，人們一直在比較研究老子與孔子、道家與儒家的思想。這些比較究其異者多，求其同者少，普遍認為老子與孔子是兩個對立的人物，道家與儒家是兩個對立的思想體系。誠然，無論是基本概念還是思想範疇，無論是邏輯體系還是理論架構，老子與孔子、道家與儒家都是差異大於同一，差異是基本的。但是，差異並不否認同一，更不意味着涇渭分明的對立。一九九三年湖北郭店出土的戰國竹簡，計有七百三十枚，一萬三千多個文字，包含着十六種古籍，其中三種為道家著作，一種為儒道共同的著作，其餘為儒家著作。在三種道家著作中，有《老子》甲、乙、丙三組竹簡。《老子》與儒家經典一同出土，說明早期道家與儒家應該有着聯繫和交流，尤其是竹簡《老子》第十九章是「絕知棄辯」、「絕巧棄利」，而不是傳世本的「絕聖棄智」、「絕仁棄義」，更說明早期道家與儒家並沒有那麼嚴重的衝突。當然，對於思想史而言，郭店竹簡並沒有提供足夠資料，推翻差異是道家與儒家基本關係的論斷。這並不妨礙比較研究老子與孔子，發現其存在的同一性和共同特點，從而加深理解他們的思想觀點，辨析道家與儒家一些重要的價值取向和倫理標準。

據先秦史料記載，老子與孔子有過多次交往，《莊子》一書詳述了老子與孔子的四次交往，《莊子．田子方》記載「孔子見老聃，老聃新沐」，描述兩人討論「遊心於物」問題。《論語．述而篇》記載：「子曰：『述而不作，信而好古，竊比於我老彭。』」如果「老彭」指老子和彭祖，可見孔子與老子關係之密切。在老子與孔子交往中，兩人非但沒有互相貶斥，而是互相研習，相處十分融洽。《莊子．天運篇》可分為七個部分，其中三個部分都是關於老子與孔子的交往，第七部分記載：「孔子謂老聃曰：『丘治《詩》、《書》、

《禮》、《樂》、《易》、《春秋》六經，自以為久矣，孰知其故矣，以奸者七十二君，論先王之道而明周、召之跡，一君無所鉤用。甚矣！夫人之難說也？道之難明邪？』老子曰：『幸矣，子之不遇治世之君！夫六經，先王之陳跡也，豈其所以跡哉！今子之所言，猶跡也。夫跡，履之所出，而跡豈履哉！夫白之相視，眸子不運而風化；蟲，雄鳴於上風，雌應於下風而風化。類自為雌雄，故風化。性不可易，命不可變，時不可止，道不可壅。苟得於道，無自而不可；失焉者，無自而可。』孔子不出三月，復見，曰：『丘得之矣。烏鵲孺，魚傅沫，細要者化，有弟而兄啼。久矣，夫丘不與化為人！不與化為人，安能化人。』老子曰：『可。丘得之矣！』」從這一史料可知，老子與孔子似乎有一次長時間的相處和集中討論，老子之論深邃而飄逸，孔子所得欣然而竊喜。更重要的是，對於老子思想的傳播，孔子發揮了重要作用。《禮記．曾子問》有四處記載，都是孔子復述老子的思想觀點，即「吾聞諸老聃曰」。這一方面說明老子思想對孔子的影響很大，另一方面則起到了傳播老子思想的功能。《論語》一書也有類似情況，「或曰：『以德報怨，何如？』子曰：『何以報德？以直報怨，以德報德』」。孔子以另一種眼光看待老子「報怨以德」的觀點，客觀上也起到了傳播作用。當然，我們記述老子與孔子的交往交流，目的還是為了探究兩人的共同點和思想的同一性。

背景相同。這不是直接比較研究老子與孔子的思想內容，卻是研究兩人思想關係的重要前提。孔子生於公元前五五一年，老子約長孔子二十餘歲，他們生活在大動亂、大變革的春秋時代。由於生活年代相同，就有了可比性，也就構成了老子與孔子同一性的多種表現形式。面對同樣的歷史趨勢，這就是春秋的社會形態由奴隸制向封建制轉變，政治體制由君主、貴族等級分封制走向君主專制、中央集權和官僚體制，全國局勢由分裂趨於統一，華夏族與周邊族群以政治認同和文化認同為紐帶而日趨融合。身處同樣的生存環境，一言以蔽之就是亂。西周滅亡，都城東遷，周王室衰微而愈加潰敗，統治秩序日益敗壞；諸侯爭霸不已，征戰討伐、攻城略地，春秋初期一百四十多個諸侯國逐步演變為十四國，爾後相繼出現了所謂「春秋五霸」和「戰國七雄」，綱紀解紐，周王室與諸侯之間是「大宗」不尊和「小宗」叛亂，諸侯國內部是弒君殺父、內亂不止；禮崩樂壞，舊的價值觀念和行為準則失效了，舊的政治經濟秩序瓦解了，新生的思想觀念和體制機制還沒有建立起來，老百姓不僅朝不保夕，而且無所適從。這些亂象的集中表現就是戰爭，「春秋無義戰」。老子與孔子鮮明表達了相同的反對戰爭態度，老子指出：「以道佐人主者，不以兵強天下，其事好還。師之所處，荊棘生焉。大軍之後，必有凶年。」意思是，以道輔佐國君的人，不靠武力強行天下，發動戰爭就會遭到報應。軍隊駐紮的地方，就會荊棘叢生；打了大仗之後，必定有荒年。孔子則拒絕學習軍事和戰爭，「衛靈公問陳於孔子。孔子對曰：『俎豆之事，則嘗聞之矣，軍旅之事，未之學也。』明日遂行」。意思是，衛靈公向孔子詢問軍隊列陣之法。孔子回答，禮儀方面的事情，我曾聽說過；軍隊方面的事情，從來沒有學習過。第二天，孔子便離開了衛國。這一史料還說明，孔子儘管一生淒淒惶惶，卻仍然保持着「擇木而棲」的獨立人格，令人肅然起敬。遇到同樣的問題，一方面，統治者荒淫奢靡，《左傳．昭公二十年》描述道：「適遇淫君，外內頗邪，上下怨疾，動作辟違，從欲厭私。高台深池，撞鐘舞女，斬刈民力，輸掠其聚，以成其違，不恤後人。暴虐淫縱，肆行非度，無所還忌。」另一方面，老百姓民不聊生，老子指出：「民之饑，以其上食稅之多，是以饑」，孔子則大聲疾呼：「苛政猛於虎」。追尋同樣的夢想，面對春秋亂世，有識之士試圖從理論上探索戰亂的根源，尋求實現和平相處的社會方案；思想家進而探究人生的哲理，抒發自己的理想抱負，由此形成了百家爭鳴的格局。老子與孔子是出類拔萃的思想偉人，他們提出了不同的社會政治思想，卻懷抱着同一志向，生長在同一土壤。樹雖不同，根脈相連，真是剪不斷理還亂。

目標趨同。張舜徽指出，諸子百家都離不了為政治服務，「他們的目的不外想拿各人自己的一套議論主張，游說諸侯，乘機爬上統治地位，成為最高統治者周圍的顯赫人物。他們的任務不外想拿各人自己的一套議論主張，實行於當時，來鞏固統治者的權位，維護統治與服從的社會秩序」。[1]這一論斷基本符合諸子百家的思想實際，孔子倡導入世，自不待言，即使老子這樣的玄思者，也不能例外。他們著述立說的根本緣由，就是要消除社會動亂；他們共同的政治理想和目標，就是要安邦治國，實現天下太平，百姓安居樂業。老子與孔子都有入仕從政的經歷，這使他們熟知統治階級內部的各種關係，有着豐富的政治經驗，又使他們對周王朝及諸侯國的典章制度，有着廣博的歷史知識。老子生於楚苦縣厲鄉曲仁里，成年後任周之守藏史，因「見周之衰，乃遂去」，即辭官歸隱；孔子曾任魯國司空、大司寇，因不滿統治者聲色犬馬，毅然辭魯周遊列國。兩人集一生經驗和學問之大成，以批判的眼光審視現實，各自提出了雖有差異實為同一的政治主張。老子思想表面是無為，是柔弱虛靜、謙退避世，實質卻是入世的，這和孔子有異曲同工之妙。在老子看來，無為不是目的，只不過是實現目標的行為，「我無為而民自化，我好靜而民自正，我無事而民自富，我無欲而民自樸」。由此可見，無為不是無所作為，而是效法天道、順應自然，反對妄為和勉強，從而實現民化、民正、民富、民樸的治世目的。老子認為，治國是必須的，只不過治理大的國家和烹食小鮮是一個道理，不要經常去打擾它、攪動它，「治大國若烹小鮮」。老子認為，追求功名是正常的，只不過是功成之後不要居功自傲，「生而不有，為而不恃，功成而弗居」；功成之後不要戀位，不要貪圖權力，而要急流勇退，「功遂身退，天之道」。老子認為，君王想治理好國家無可非議，只不過要遵守無為之道和不爭之德，「江海所以能為百谷王者，以其善下之，故能為百谷王。是以欲上民，必以言下之；欲先民，必以身後之。是以聖人處

1　張舜徽：《周秦道論發微　史學三書平議》，華中師範大學出版社二〇〇五年版，第七頁。

上而民不重，處前而民不害，是以天下樂推而不厭。以其不爭，故天下莫能與之爭」。孔子則毫不掩飾自己的入世精神和為政欲望，「如有用我者，吾其為東周乎！」意思是，如果有人任用我，至少不會把它建設成像東周那樣的動亂社會。在孔子看來，社會之所以動亂無序，是因為亂了名分，所以要正名，「子路曰：『衛君待子而為政，子將奚先？』子曰：『必也正名乎！』」意思是，弟子子路問，假如衛國國君要你去治理國家，你先做什麼呢？孔子回答，首先一定是正名分。正名的內容是「君君、臣臣、父父、子子」，以建立具有等級、角色清晰的社會秩序。孔子認為，要修明政治，統治者必須做到身正，「政者，正也，子帥以正，孰敢不正」。統治者身不正，就不能正人，「苟正其身矣，於從政乎何有？不能正其身，如正人何？」意思是，如果自身正了，對於從政還有什麼困難呢？如果不能使自身端正，怎麼能使別人端正呢？孔子認為，要修明政治，必須推行德治，「道之以政，齊之以刑，民免而無恥。道之以德，齊之以禮，有恥且格」。孔子認為，要修明政治，必須重視民生和教育，「子適衛，冉有僕。子曰：『庶矣哉！』冉有曰：『既庶矣，又何加焉？』曰：『富之』。曰：『既富矣，又何加焉？』曰：『教之』」。意思是，孔子到衛國去，弟子冉有駕車。孔子說，衛國人口真多呀。冉有問，人口多了，還要做什麼呢？孔子回答，使他們富裕起來。冉有又問，富了以後還要做什麼呢？孔子回答，教育和教化他們。

異中有同。令人感興趣的是，在老子與孔子思想最大差異之處，往往隱藏着同一性。道是老子思想的最高範疇和邏輯基礎，也是區別老子與孔子思想的顯著標誌。然而，就在道這一範疇中，可以找到老子與孔子思想的交集。道是老子與孔子思想的主要概念，《老子》一書先後出現了七十四次，《論語》一書出現了八十九次。老子與孔子如此大量使用道的概念，存在同一性是必然的，集中表現在道的人文內容。老子之道不僅是形而上本體，而且是人世間的基本準則，「金玉滿堂，莫之能守。富貴而驕，自遺其咎。功遂身退，天之道」。孔子之道就是人道，兩人思想就有了同一。老子與孔子都把道看成是事物的本質和規律，在老子那裏，道是本體、本原和規律的統一體；孔子也把道看成是事物的本質，「朝聞道，夕死可矣！」孔子還說：「篤信好學，守死善道。」意思是，篤實地信仰道，好好地學習道，誓死守衛道。老子與孔子都要求人們尊道守道、順道而行，老子說：「孔德之容，惟道是從」；孔子則說：「君子謀道不謀食，君子憂道不憂貧。」老子與孔子政治之道都是推崇百姓安居樂業，老子依據於道提出的理想社會是「甘其食，美其服，安其居，樂其俗」；孔子是「志於道，據於德，依於仁，游於藝」，當弟子問孔子志向時，孔子回答：「老者安之，朋友信之，少者懷之。」無為是老子政治的核心概念，也是區別老子與孔子政治思想的主要標誌。老子的最大動機和目的就在於發揮無為思想，他全面而系統地論述了無為的政治主張，以致《老子》一書充滿着無為的氣味。孔子很少提及無為，也沒有太多的論述，但孔子並不反對無為，甚至認同無為的理念，這是老子與孔子差異之處的同一性表現。「子曰：『無為而治者，其舜也與？夫何為哉？恭己正南面而已。』」意思是，孔子說，能夠不必親政而使天下太平的人，大概只有舜吧？他做了些什麼呢？只是莊嚴端正地坐在朝廷的王位上罷了。聖人是老子的理想人格，也是區別老子與孔子倫理思想的重要標誌。但是，老子與孔子都推崇聖人人格，《老子》一書直接論及聖人有二十六章三十一處，《論語》一書有六次提到聖人、聖者和聖的概念。老子與孔子都把聖人作為至高、至真、至善的道德修養標準，老子認為：「是以聖人抱一為天下式。不自見故明，不自是故彰，不自伐故有功，不自矜故長。夫唯不爭，故天下莫能與之爭。」意思是，聖人守道，作為天下的範式。不自私表現，所以是非分明；不自以為是，所以聲名昭彰；不自我誇耀，所以能建立功勳；不自高自大，所以能領導眾人。正因為他不與人爭，所以天下沒人能和他競爭。孔子則認為，只有極少數人才能達到聖人的境界，只有堯、舜才能算是聖人，「何事於仁！必也聖乎，堯舜其猶病諸」。因為孔子把聖人看得太高大、太完美，所以他沒有在現實生活中倡導聖人人格，退而求其次，極力倡導君子人格，

「聖人吾不得而見之矣，得見君子者，斯可矣」。老子與孔子都不認為自己是聖人，老子多次論及聖人，卻沒有自比為聖人；孔子則明確表示自己不是聖人，「若聖與仁，則吾豈敢？抑為之不厭，誨人不倦，則可謂云爾已矣」。此外，老子與孔子奉習《周易》；《老子》和《論語》共同使用了一些詞彙，這就是道、德、慈、智、忠、信、禮、孝、勇、儉、聖人，除個別外，大部分詞彙的含義是相通的。中華文明在春秋時期已經相當成熟，老子與孔子生活在同樣的文化思潮，繼承同樣的文化傳統，汲取同樣的文化養分，怎麼可能沒有同一性呢？！

互補協同。林語堂指出：「道家及儒家是中國人靈魂的兩面。」[1] 老子是大哲學家，是智慧大師，他超凡脫俗、大智若愚、微妙玄通，具有隱士風度；學老子，讀《老子》，可以獲取智慧靈感。孔子是大教育家，是道德大師，他入世進取，學而不厭、誨人不倦，具有陽剛之氣；學孔子，讀《論語》，可以提升道德境界。智慧、道德，多麼美好的品質，誰人不希望兼修而得之呢?! 道家的基本特徵是返璞歸真，認為人的自然本性是淳樸的，社會原始狀態是和諧的，人的墮落和社會的動亂是因為社會進步及其文飾太多，所以只有返璞歸真、見素抱樸，人性才能純和，社會才會太平。儒家的基本特徵是人文化成，認為「人之初，性本善；性相近，習相遠」。所以要以人為中心、以倫常為基礎，重修身、重教育、重後天的人格塑造。老子與孔子、道家與儒家互補協同，鑄造了中華民族之魂，凝聚成國民品格，使得同一個中國人既表現出道家精神，崇尚自然、知足常樂、追求個性自由，又表現出儒家精神，重家庭、重倫理、重信義。老子與孔子思想的互補協同，首先表現在陰陽互補。中國哲學的主流是陰陽哲學，誠如《易經》所言：「一陰一陽之謂道。」老

1 林語堂：《我這一生——林語堂口述自傳》，萬卷出版公司二〇一三年版，第一百七十二頁。

子也說：「萬物負陰而抱陽，沖氣以為和。」然而，老子沒有發展陽剛思想，而是崇尚陰柔，稱頌水德，「上善若水。水善利萬物而不爭，處眾人之所惡，故幾於道」；讚美女性，「谷神不死，是謂玄牝，玄牝之門，是謂天地根。緜緜若存，用之不勤」。意思是，道是那樣神妙而永恆，它就是玄妙莫測的母體。玄妙莫測的母體，它就是天地的本根。綿密不斷而又川流不息，它的功用無窮無盡。孔子則不然，崇尚「天行健，君子以自強不息」，要求君子「可以託六尺之孤，可以寄百里之命，臨大節而不可奪也」；寄情自然界是「歲寒，然後知松柏之後凋也」。老子尚陰，孔子重陽，一陰一陽，剛柔相濟。同時表現在隱顯互補。中國傳統思想文化是儒顯道隱、外儒內道，道中有儒、儒中有道。道家是隱的，講逍遙，講道法自然，主張從容地生活，保留可進可退的靈活；儒家是顯的，講參與，講社會責任感，主張以天下為己任，治國平天下。道家崇尚自然無為，始終與社會現實保持着距離，在大部分歷史時期都處於在野的地位；儒家則聲名顯赫，幾乎都居於社會思想文化的正宗和主導地位，是政治、教育和道德領域的指導思想。范文瀾認為，儒家是一個明流，看得清楚；道家是一個暗流，不能小看，它的影響是巨大的，一顯一隱形成互補。[1] 此外表現在虛實互補。中國理性思辨和抽象思維最發達的是老子及道家思想。老子之道是超乎形象，具有無限生機的宇宙之源和價值本體，它把人的精神從世俗的日常生活解脫出來，甚至要超越社會道德，從形而上本體的高度看待自然、社會和個體生命。孔子則專注於「內聖外王」，着力闡述政治主張和倫理思想，對終極價值採取存而不論的態度，即「敬鬼神而遠之」，因而在抽象思辨方面十分貧乏。馮友蘭把老子與孔子的思想概括為「極高明而道中庸」，認為極高明即玄虛精神，主要來自道家，道中庸即入世精神，主要來自儒家，兩者的統一便是中國

1　范文瀾：《中國通史簡編》（修訂本第一編），人民出版社一九六四年版，第二百七十三至二百七十四頁。

哲學精神。[1] 此外，道家重個體、儒家重群體，道家重自由、儒家重規範，道家重人性復歸、儒家重人性進步，也都是互補協同關係，推動着中華文明的進步和人格的完善。

老子與孔子思想的同一互補，對於建構中華民族的人格模式起到了決定性的作用，尤其對傳統知識分子即士大夫階層，更是影響深沉，積澱為儒道互補的人格結構。傳統知識分子用道家逍遙、以儒家進取，把道的玄妙空靈與仁的積極入世密切結合起來，既能適應順境又能適應逆境，使生命富有彈性和保持張力。人生無常，世事難料。儒道互補的人格體現在人生的不同境遇，逆境時或處江湖之遠，以老子為依歸，淡泊名利、獨善其身、灑脱自在，不改變天真淳樸之性；順境時或居廟堂之高，則以孔子為向導，堅守良知、兼濟天下、勤勉敬業，爭做忠臣良將。人是身體與心靈的統一體，兩者既可一致又可分離。儒道互補的人格調節着身體與心靈的平衡，那些受到傳統文化嚴格訓練、深受老子與孔子思想熏陶的士大夫，即使為官從政、春風得意，也可在心靈上保留一片綠洲，與那些恩恩怨怨、是是非非拉開距離，在做生活主人的同時做生活的旁觀者，身不為形體所役，心不為外物所使，漫遊在精神的自由王國。即使人生遭遇挫折、身在山林，也可做到心存魏闕，促進身心的和諧。無論從政、經商還是做學問，最後都會成為平民。無論成功還是不成功，最後都會走向平淡。儒道互補的人格有助於人們物我兩忘，在平民中感悟生命真諦，在平淡中追求永恆無限。中國歷史上儒道思想同一互補的典範是蘇東坡，他的「定風波」一詞真是寫盡了傳統優秀知識分子人格的悠悠情韻，在此錄以共享：「莫聽穿林打葉聲，何妨吟嘯且徐行。竹杖芒鞋輕勝馬，誰怕？一蓑煙雨任平生。料峭春風吹酒醒，微冷，山頭斜照卻相迎。回首向來蕭瑟處，歸去，也無風雨也無晴。」

1 馮友蘭：《新原道》，生活．讀書．新知三聯書店二〇〇七年版，第三頁。

本體哲學

道法自然、有無相生、玄覽靜觀

老子之哲學：無用之大用

研究老子之哲學，首先遇到的問題是什麼是哲學。有多少人回答這一問題，就有多少種答案，迄今為止，哲學尚無普遍接受的定義。通常認為，哲學起源於古希臘，是歐洲一門古老的學問。亞里士多德認為：求知是所有人的本性，「最初人們通過『好奇—驚讚』來做哲學」。[1] 黑格爾認為：哲學「以絕對為對象，它是一種特殊的思維方式」[2]。羅素認為：「哲學乃是某種介乎神學與科學之間的東西，它和神學一樣，包含着人類對於那些迄今仍為科學知識所不能肯定之事物的思考；它又像科學一樣是訴之於人類的理性而不是訴之於權威的，不論是傳統的權威還是啟示的權威。」[3] 中國本土文化中有沒有像古希臘那樣的哲學，是個有爭議的話題，這卻不妨礙中國哲學家力圖做出自己的回答。胡適先生認為：哲學是「凡研究人生切要的問題，從根本上着想，要尋求一個根本的解決」的學問。[4] 馮友蘭認為：「哲學就是對人生的有系統的反思」；「反思，因為它把人生作為思考的對象。有關人生的學說、有關宇宙的學說以及有關知識的學說，都是由這樣的思考中

1 亞里士多德著，苗力田譯：《形而上學》，中國人民大學出版社二〇〇三年版，第五頁。
2 〔德〕黑格爾著，賀麟譯：《小邏輯》，商務印書館二〇〇九年版，第十頁。
3 〔英〕羅素著，何兆武、李約瑟譯：《西方哲學史》（上卷），商務印書館二〇一五年版，第七頁。
4 胡適：《中國哲學史大綱》，北京大學出版社二〇一三年版，第一頁。

產生的。」[1] 儘管對哲學定義存有爭議，但一般都認同哲學是一門學問，是人作為有限理智者在理性範圍內所能提出和探究的終極問題，反映了窮根究底、追根尋源的人類精神。所謂終極問題，不僅包括對自然界的追問，即世界是由什麼構成的，世界是由一種成分還是由多種成分構成的，世界是如何構成和如何運行的，等等；而且包括對人生的追問，即我們是誰，我們從哪裏來，我們往哪裏去，等等。概言之，哲學探究的是世界的本原、本質、共性或絕對等終極目標和形而上命題。人類之所以要探究終極問題，是因為不滿足於現實世界而追求超越現實世界。超越現實世界的存在，如果不到宗教那裏尋找，就只能在哲學中尋找，其他任何科學都不可能提供答案。

在先秦思想家中，只有老子自覺地追尋着人類的終極問題，並做出了自己比較系統的回答。在中國思想史上，老子是第一個構建形而上理論大廈的哲學家。那麼，老子之哲學有哪些特徵呢？古希臘人認為，哲學是愛智慧。智慧是老子哲學的最大特徵，具體表現在相反相成的辯證思維，「天下皆知美之為美，斯惡已；皆知善之為善，斯不善已」。在老子看來，事物是矛盾對立的統一體，不僅要從正面去把握，而且要從反面去把握，從反面的關係中能夠更深刻地把握事物的全部內容及其正面的積極意義。具體表現在以反求正的處世方法，「天長地久。天地所以能長且久者，以其不自生，故能長生。是以聖人後其身而身先，外其身而身存。非以其無私邪？故能成其私」。老子認為，要順應事物矛盾轉化規律，促進和等待事物從不利狀態轉變到有利狀態，從而達到以反保正、以反彰正的目的，這是人生的智慧和大徹大悟。具體表現在正言若反的語言表述，「大方無隅，大器晚成，大音希聲，大象無形」。《老子》一書常常顛覆合乎邏輯的表達方式，充

1 馮友蘭：《中國哲學簡史》，生活・讀書・新知三聯書店二〇一三年版，第二頁。

滿了正言若反的反邏輯方式，這既使書中所要表達的觀點更鮮明，給人的印象更深刻，又讓人們看到了事物肯定的背後往往有否定，而否定的背後，往往有肯定。當代德國哲學家赫伯特．曼紐什認為，《老子》是一部涉及範圍更廣汜的哲學懷疑論著作，其要旨是闡述人類理性的局限性，以及人類種種價值和道德的相對性。[1]因而批判性是老子哲學的另一個重要特徵。老子批判了天命觀和人格神，「以道蒞天下，其鬼不神。非其鬼不神，其神不傷人；非其神不傷人，聖人亦不傷人。夫兩不相傷，故德交歸焉」。意思是，用道治理天下，鬼怪起不了作用；不但鬼怪起不了作用，神祇也不侵犯人；不但神祇不侵犯人，聖人也不侵犯人。鬼怪和聖人都不會傷害人，所以功德都歸於聖人。老子批判了虛偽矯飾的文明，「大道廢，有仁義；慧智出，有大偽；六親不和，有孝慈；國家昏亂，有忠臣」。老子批判了科技和制度文明，「天下多忌諱，而民彌貧；民多利器，國家滋昏；人多伎巧，奇物滋起；法令滋彰，盜賊多有」。老子批判了統治者的貪婪，「民之饑，以其上食稅之多，是以饑。民之難治，以其上之有為，是以難治」。智慧和批判性是古今中外哲學的基本特徵，所以，老子之哲學是真正的哲學。

哲學作為一門學科，是古希臘哲人建立的，其他民族的哲學思考未能實現這一飛躍。這就產生了中國本土文化有沒有哲學的爭議，以及能不能用西方哲學的框架來格式化老子哲學的問題。有沒有哲學與有沒有哲學科學是兩個不同的問題，它們的聯繫是哲學科學的建立離不開哲學思想的產生，應是先有哲學思考後有哲學科學；差別在於哲學可以與哲學科學分離，有哲學可以沒有哲學科學。黑格爾從科學體系的角度認為中國古代哲學嚴格地說還不算是哲學，他卻不否認老子的思想是抽象思辨，具有哲學性。世界上任何民族都會有

1　見葛榮晉主編：《道家文化與現代文明》，中國人民大學出版社一九九六年版，第二百九十六頁。

自己的哲學，都不會放棄對終極問題的追問。西學東漸以來，曾經有人認為中國沒有哲學、邏輯學和科學思維，現在持這一觀點的人數已經很少；在理論界和學術界，這一觀點也失去了市場。但是，在全球化的大背景下，確有一個如何闡述講好老子哲學的問題。我們既不能妄自菲薄，照搬照抄西方哲學框架來分析老子哲學，又不能封閉僵化，僅僅按照老子哲學的概念、思維方式和邏輯推理來進行闡述。由於西方哲學研究比較深入，框架體系比較成熟，客觀上處於強勢地位，學習借鑒西方哲學的分析框架，運用西方哲學的一些概念範疇來比附和闡述老子哲學，是有積極意義的。譬如，西方哲學有一個實體概念，認為變化着的事物有一種永恆不變的基礎，這就是實體。有人用實體來比附老子之道。從道是萬物本原分析，與實體有相似之處，而道卻是真實的存在，內含於天地萬物之中，這就不同於實體的思想。又如，霍金提出「宇宙自足」理論，認為宇宙是無中生有。有人拿這一認識比附老子之無。老子確實提出了「天下萬物生於有，有生於無」的天才論斷，而老子卻沒有用這一論斷探討宇宙學或自然哲學，而是回到了政治和人生領域。再如，海德格爾認為：「從存在論的範疇的意義來了解，自然是可能處在世界之內的存在者的存在之極限狀況」[1]，以圖破除人與自然、主體與客體的對立。有人運用海德格爾的自然比附老子之自然。但老子之自然既是道之本然，也是人之本然，並不是外在於人的另一個存在。因此，運用西方哲學框架分析老子哲學，一定要符合老子思想的本來面目，既不要為了中國哲學聲譽而拔高老子，又不要為了適應西方哲學而在無意中貶低老子。

老子哲學具有本體論意義。對於老子哲學是否具有本體論意義，學術界存在着不同看法，有的學者認為

---

1 〔德〕馬丁·海德格爾著，陳嘉映、王慶節合譯：《存在與時間》，生活·讀書·新知三聯書店二〇一二年版，第六十六頁。

中國哲學探究本體論是從王弼開始的，老子哲學沒有本體論。所謂本體，是指一切存在的根本憑藉和內在依據，是多樣性世界所賴以存在的共同基礎，具有超越性、無限性和終極性；本體論就是關於一切存在最終本性的學說。根據這一定義分析，老子哲學就有着豐富的本體論思想。宇宙在時空上的無限性與宇宙內任一事物在時空上的有限性，決定了任何一個具體的事物都不能作為一切存在的本性和本原。老子創立了道這一最高哲學範疇，從道出發闡述了本體論思想。道是具有無限性意義的本體，自身卻不具有任何形質的規定性。從感性上分析，道看不見、聽不到、摸不着，「視之不見名曰夷，聽之不聞名曰希，搏之不得名曰微」；從本質上分析，道渾然一體，無物無象、無形無狀，「此三者不可致詰，故混而為一。其上不皦，其下不昧，繩繩不可名，復歸於無物。是謂無狀之狀、無物之象。是謂惚恍。迎之不見其首，隨之不見其後」。意思是，道的夷、希、微三者難以深究，它們原就是一體。上部不太明亮，下部也不太昏暗，難以名狀，無邊無際，回歸於無物的境地。它是一種沒有形狀的形狀，沒有物體的形象，所以把它叫作惚恍。迎着它卻看不見頭，尾隨它卻又看不清背後。道是具有無限性意義的本體，自身卻超越矛盾對抗關係，能夠自足自滿、循環運行，「有物混成，先天地生。寂兮寥兮，獨立不改，周行而不殆，可以為天下母。吾不知其名，字之曰道，強為之名曰大。大曰逝，逝曰遠，遠曰反」。這段話表明，在未有天地之前，道已經存在，並處於混樸狀態；道是不受其他任何東西干擾的客觀實在；道始終處於運動狀態。道是具有無限性意義的本體，自身卻不可指稱和無法命名，「道可道，非常道；名可名，非常名。無，名天地之始；有，名萬物之母。故常無，欲以觀其妙；常有，欲以觀其徼。此兩者同出而異名，同謂之玄。玄之又玄，眾妙之門」。意思是，可以用言辭表達的道，就不是常道；可以用文字表述的名，就不是常名。無，是形成天地的本始；有，是創生萬物的根源。所以常從無中，去觀照道的奧妙；常從有中，去觀照道的端倪。無和有這兩者，同一來源而不同名稱，都可說是很幽深的。幽深而又幽深，是一切奧妙的門徑。

老子哲學闡述了宇宙觀內容。老子之道既是本體論又是宇宙觀。一定意義上可以説，老子之道的宇宙觀內容多於本體論內容。在宇宙觀中，老子之道具有本根的意蘊，從而內聚着創生萬物的能力。張岱年曾經專門對本體與本根的關係進行研究，他認為先秦哲學中的基本概念「本」即本根，與西方哲學的本體既相似又有區別。西方哲學的本體，強調的是本體與現象的區別，以為現象是現而不實，本體是實而不現。先秦哲學的本根，強調的是本根與萬物的關係是根本與不根本的關係，而不是實在與不實在的關係。如果説在本體論中，道作為一種邏輯設定而不具有實存性，道與萬物的關係是共相與殊相的關係，而不體現為一種在時間上的先後關係，那麼在宇宙觀中，道就具有實存性，道與萬物的關係是本原與派生物的關係，即「道生一，一生二，二生三，三生萬物。萬物負陰而抱陽，沖氣以為和」。這段話表明道生萬物是一個從無到有、由簡而繁的過程，明確指出萬物都包含着陰和陽的矛盾對立，陰陽之氣交相作用而達於平衡統一，這就是萬物存在的主要狀態。在宇宙觀中，道創生萬物不僅表現為一個過程，由於道是萬物的終極來源，在萬物產生之前就已存在。「道沖而用之或不盈，淵兮似萬物之宗。挫其鋭，解其紛，和其光，同其塵。湛兮似或存。吾不知誰之子，象帝之先。」意思是，道體雖然空虛無形，它的作用卻無窮無盡。深邃而博大啊，猶如萬物的宗主。它不露鋒芒，消解紛爭，與日月齊光，與萬物同塵。它是那樣深不可測，仿佛是若存若亡。我不知它從何而來，似乎是天帝的祖先。在宇宙觀中，道與萬物的關係不是共相與殊相的關係，因而在萬物消散之後，道依然存在而不會消失。老子思想源於上古時期，甚至保留有原始社會母系氏族制度的一些思想觀念和風俗，所以老子經常用母體來比喻道，描寫道孕育萬物、生生不息的狀態，「谷神不死，是謂玄牝，玄牝之門，是謂天地根。緜緜若存，用之不勤」。

老子哲學充滿着辯證法思想。老子哲學最重要的價值是揭示了現實世界矛盾的普遍性及其辯證關係。

先秦思想家們都關注政治得失和國家存亡，並力求解釋「成敗、存亡、禍福、古今之道」。老子不同於其他思想家的地方在於，他沒有把政治的存亡得失看作一個具體問題和特殊案例，而是抽象昇華，概括為事物存在的基本特點和形式，這就是既對立又統一的矛盾。《老子》一書比較系統地列舉了事物的矛盾現象，即美醜、難易、長短、高下、前後、有無、損益、剛柔、強弱、禍福、榮辱、智愚、巧拙、大小、生死、勝敗、攻守、進退、靜躁、輕重，等等。老子認為，矛盾是普遍存在的；任何事物都是對立的統一，一方不存在，另一方也就不可能存在，「故有無相生，難易相成，長短相較，高下相傾，音聲相和，前後相隨」。老子不僅認為矛盾雙方產生的同時同地性，而且認為矛盾一方的發展是以另一方的發展為前提的。在老子看來，無論自然現象還是社會現象，事物都在向着它的相反方面運動變化，「禍兮福之所倚，福兮禍之所伏。孰知其極？其無正也？正復為奇，善復為妖」。王弼注云：「以正治國，則便復以奇用兵矣；立善以和萬物，則便復有妖之患也。」在現實生活中，就是要運用矛盾關係及其轉化規律，使對方不利，於自己有利，「將欲歙之，必固張之；將欲弱之，必固強之；將欲廢之，必固興之；將欲奪之，必固予之，是謂微明。柔弱勝剛強。魚不可脱於淵，國之利器不可以示人」。意思是，要想讓它收縮，必先使它擴張；要想讓它削弱，必先使它加強；要想讓它廢棄，必先使它興舉；要想將它奪取，必先設法給予。從細微處發現變化，柔弱就能戰勝剛強。游魚不能脱離深淵，治國的法寶不能輕易出示於別人。老子把矛盾看作事物運動變化的動力和根本原因，「反者，道之動；弱者，道之用」。這就使老子的哲學具有了勃勃生機和旺盛的生命力。更為重要的是，矛盾的觀點、辯證的思維，使得老子邏輯地推演出具有形而上意義的思想體系。一方面是因為承認事物矛盾的普遍性，則必然承認我們面對的宇宙世界的無限性；另一方面是因為承認矛盾對立的普遍性，則必然承認經驗世界範圍內任一事物的有限性，這一宇宙整體的無限性與任一具體事物的有限性矛盾，激發着老子去追尋世界存在與變化的終極根源。

老子哲學不乏認識論因素。在一般情況下，老子認為要以物觀物，根據事物的本來面目去認識事物，而不能有任何附加，「以身觀身，以家觀家，以鄉觀鄉，以國觀國，以天下觀天下」。老子明確說，我怎麼知道天下的實情，就是憑藉以物觀物的方法，「吾何以知天下然哉？以此」。但由於道不可名、不可狀，不可能通過感性認識去把握和理解，老子提出了以理性直覺為核心的認識論思想。老子的認識論基本否認了感性認識和感覺經驗的作用，「不出戶，知天下；不窺牖，見天道。其出彌遠，其知彌少。是以聖人不行而知，不見而名，不為而成」。同時否認了知識在識道悟道過程中的作用，「為學日益，為道日損。損之又損，以至於無為，無為而無不為」。這段話表明為學與為道是不同的，為學是以求得對各種事物的知識為目的，要通過學習逐漸積累，才能不斷豐富；而為道則要減少知識，拋棄成見，祛除心靈的遮蔽，以達到清靜無為的體道之境。對於事物本質的認識，既不能靠感性經驗，又不能靠知識積累，那靠什麼去認識呢？老子認為，靠玄覽去認識事物的本質，「滌除玄覽，能無疵乎？」玄覽指心靈深處，王弼注云：「玄，物之極也。言能滌除邪飾，至於極覽，能不以物介其明，疵其神乎？則終與玄同也。」意思是，清除內心污垢，使之清澈如鏡，能做到沒有瑕疵嗎？滌除玄覽的關鍵是虛和靜，「致虛極，守靜篤，萬物並作，吾以觀復」。在老子看來，只有袖手旁觀、置身局外，冷眼相待、靜坐思維，才能保持客觀，取得正確認識。

據說，古代一位哲學家渡河，問船夫懂不懂哲學。船夫說我不懂。哲學家聽後喟然長歎道，如果不懂哲學，生活的意義就失去了一半。突然間狂風大作，白浪滔天，船夫問哲學家會不會游泳。哲學家給予了否定的答覆。船夫聽後大呼，如果不會游泳，生命的意義就全部沒有了。這一故事大概是諷刺哲學家，說明哲學並無實際用處。那麼，哲學到底有沒有用處呢？馮友蘭認為：「哲學的用途乃無用之大用。」哲學的無用，是指哲學不同於具體知識和科學技術，不像科學技術那樣，與人們的實際需求有着密切聯繫，能夠幫助人們解決衣食住行等現實問題。從某種意義上說，一切科學技術都是以不同方式、在不同層次為人們的實際需求服務的，因而哲學在現實世界中是沒有實際用處的。哲學的大用，是指哲學在超越現實世界的存在中大有用處，對於主觀世界而言，哲學既能改造客觀世界，又能改造主觀世界。對於客觀世界而言，哲學可以幫助人們改變觀念。任何觀念的變化都會引起現實世界或快或慢的變化，改變觀念就是改變世界！可以幫助人們提高心靈境界，體驗高於道德的價值，乃至於幫助人們在精神方面解疑釋惑。譬如社會上充滿了「有德無福」或「缺德有福」的荒誕現象，這種德性與幸福的矛盾，在現實世界中是得不到合理解決的，卻能在哲學中得到合理解釋，在超越現實世界的存在中給出理性答案。人是肉體與心靈的統一體。肉體的滿足，與衣食住行有關，與物質需求有關，只要是物質的東西，就是有限的，也是容易滿足的。心靈的滿足，則與哲學思想、文學藝術、歷史傳統有關，這是精神的需求，具有無限性，尤其是哲學思想，為人的精神世界提供了無限的可能性。因此，我們要研究哲學，更要學習哲學。在哲學思維中，面對人生無常、世事難料的經驗世界，努力尋求心靈與肉體的和諧平衡，讓人有悲歡離合的生命帶着溫情和暖意，不那麼悲觀和痛苦。

老子之道：惟恍惟惚

道是老子學說的核心概念，《老子》一書幾乎每一章都是對道的闡述和論證。老子思想奠基於道，圍繞着道構築理論大廈，因而道是研讀把握《老子》的關鍵環節。學習理解了道，也就認識把握了老子學說。同時，道又是老子思想最深奧的概念，幽冥難識、深不可測。明代心學大師王陽明弟子劉觀時請教「道」的故事，生動而形象地詮釋了老子之道玄妙莫測。劉觀時「問於陽明子曰：『道有可見乎？』曰：『有，有而未嘗有也。』曰：『然則無可見乎？』曰：『無，無而未嘗無也。』曰：『然則何以為見乎？』曰：『見，見而未嘗見也。』觀時曰：『弟子之惑滋甚矣。夫子則明言以教我乎？』陽明子曰：『道不可言也，強為之言而益晦；道無可見也，妄為之見而益遠。夫有而未嘗有，是真有也；無而未嘗無，是真無也；見而未嘗見，是真見也』」。[1] 在王陽明看來，道似無非無、似有非有，道不可言說，越想說越說不清楚；道不可眼見，越想見越不可能見。這真是老子之道惟恍惟惚。

「道」字最早出現於西周早期的青銅器銘文中，本意是道路，為人行走。清段玉裁《說文解字注》釋道「從辵首。道，人所行也」。在漢字系統中，道字從行從首，行是道路，首是方向，即按照一定方向在道路

1 〔明〕王陽明：《王陽明全集》（一），線裝書局二〇一三年版，第三百五十六頁。

上行走邁進。先秦思想家們面對動亂不已的社會現實，苦苦尋覓匡正時弊的良方妙藥，不約而同地把目光投注於道，不斷地對道這一概念進行改造和抽象，使道逐步從道路的含義演化為事物的本原、規律、境界、方法和途徑，成為一個重要的思想範疇。《周易．繫辭上》說：「一陰一陽之謂道」，意指事物的基本規律；《管子．任法篇》說：「故法者，天下之至道也」，意指政治原則；《論語．述而篇》說：「志於道，據於德，依於仁、游於藝」，意指道德準則。有的先秦思想家還把道與天聯繫起來，稱之為「天之道」，意指日月星辰運行的法則；把道與人聯繫起來，稱之為「人之道」，意指社會運行和人事活動的法則。在先秦思想家中，唯有老子從哲學角度對道加以認識和改造，把道抽象昇華為形而上範疇，進而建立起完整而嚴密的理論體系，以闡述自然、人類社會和個體生命的終極意義。這是老子對中華民族理性思維的重大貢獻，對人類思想史的發展也有着重要意義。德國哲學家黑格爾在《哲學史講演錄》中對老子的哲學做出了較高評價，認為中國哲學中另有一個特異的宗派「是以思辨作為它的特性……這派的主要概念是『道』，這就是理性。這派哲學及與哲學密切聯繫的生活方式的發揮者是老子」[1]。

在中國思想史上，老子之道難解難釋，是人所共知的事實。歷來有着「千人注老」、「千年注老」的說法，先秦時期就有韓非子《喻老》、《解老》注本。元朝張與材在《道德玄經原旨．序》中說：「《道德》八十一章，注者三千餘家。」時至今日，老子熱仍在不斷升溫，《老子》一書注之、疑之、釋之、譯之者難以盡數。尤其是馬王堆帛書《老子》和郭店竹簡《老子》的出土，更是把老子研究推向新的高潮。無論古今，

1 〔德〕黑格爾著，賀麟、王太慶譯：《哲學史講演錄》（第一卷），商務印書館二〇一一年版，第一百三十六至一百三十七頁。

都對老子之道存在着不同理解。即使在當代，有的學者認為道是世界構成之實體、創造宇宙之動力，是促使萬物運動的規律、人類行為之準則，是一切存在之根源、自然界最初之發動者，具有無限的潛在力和創造力。有的學者說道是混沌未分之原始態，是自然運動之原動力，是最原始之材料，是超感官之特徵和事物發展之規律。有的學者則把道分為虛理之道、形上之道、同德之道、修德之道、生活之道和事物及心境人格狀態之道六種情況。西方思想界也不例外，自黑格爾以來的兩個多世紀裏，用西方的哲學觀念與方法解讀老子之道更是眾說紛紜，由此產生了老子之道是理性、超自然理性、現象與理性相融等不同的觀點。儘管如此，認為老子學說是真正的哲學，老子之道具有形而上意義，卻是一致的認識。

應當指出，道之惟恍惟惚，首先源於老子。在老子看來，道具有混沌性，無聲無息、無形無狀。《老子》第二十五章一開始就說：「有物混成，先天地生。寂兮寥兮。」王弼注云：「混然不可得而知，而萬物由之以成，故曰『混成』也」；河上公注云：「『寂』者，無聲音，『寥』者，空無形。」第十四章指出，道是不可見、不可聞、不可得，即「視之不見名曰夷，聽之不聞名曰希，搏之不得名曰微」。河上公注云：「無色曰夷，無聲曰希，無形曰微。」該章進一步指出：「此三者不可致詰，故混而為一。」意思是，這三者難以深究，它們原就合為一體。在老子看來，道具有不可言說的特徵。對於抽象思維而言，可以具體言說的事物，就不是永恆的存在，就不可能作為世界的本原。《老子》開篇就說：「道可道，非常道；名可名，非常名。」王弼注云：「可道之道，可名之名，指事造形，非其常也。故不可道，不可名也。」這段話的大意是，道如果能直接言說，就不是真正的道；道如果能夠直接給予確定的名稱，這個名稱就不能真正表達道的內涵。老子在第二十五章中承認，自己用道這個名稱是勉強的，有點無可奈何，「吾不知其名，字之曰道，強為之名曰大」。誠如法國直覺主義哲學家柏格森所言：「形而上學就是一門不用符號的科學。」[1] 在老子看來，道具有深刻的矛盾性，這大概是老子之道不可言說、難以理解的根本原因。第四十一章借用前人的言語對道的矛盾性作了全面闡述，強調「道隱無名」，「故建言有之：明道若昧，進道若退，夷道若纇。上德若谷，大白若辱，廣德若不足，建德若偷，質真若渝。大方無隅，大器晚成，大音希聲，大象無形。」意思是，所以從前有人說過，光明的道像是昏暗的，前進的道像是後退的，平坦的道像是曲折不平的，高尚的德性像是溪谷，極度的白像是受了玷污，廣大的德性像是有所不足，剛健的德性像是鬆弛懈怠，本質純真像是受到污染變質，最大的方形沒有邊角，最大的器具總是最後完成，最大的樂音沒有聲響，最大的形象卻不見蹤跡。

老子之道雖然混沌、矛盾以及不可道、不可名，並沒有妨礙老子竭盡全力地對道進行詮釋。確實，《老子》一書沒有定義道是什麼，而每一章都是從不同角度論證和描述道是什麼樣子的，其中最重要的方法是比喻。老子運用人們熟悉的事物和形象來描繪道、說明道、解釋道，從而讓人們能夠走近道、體悟道。在以喻證道過程中，老子首先想到了水，這是老子對生命源泉的形象追索。老子認為，道無水有，道不可感知，水卻是能夠感知的，「道沖而用之或不盈，淵兮似萬物之宗」。意思是，道體是虛空的，而它的作用像水一樣，不會窮竭；像水一樣，深厚廣大、無窮無盡，似乎是萬物的始祖。在老子看來，水是對道的品質最好觀照，「上善若水。水善利萬物而不爭，處眾人之所惡，故幾於道」。所謂「幾於道」，即接近於道。老子想到了女性，這是對生命原始力量的深情讚美。在先秦思想家中，唯有老子讚美女性，推崇陰柔之美。女性喻道極為恰當，一方面連着生命起源，另一方面連着天地萬物的起源。老子認為，道創生萬物就像女性孕育生命「谷

1 〔法〕柏格森著，劉放桐譯：《形而上學導言》，商務印書館一九六三年版，第四頁。

神不死，是謂玄牝，玄牝之門，是謂天地根。緜緜若存，用之不勤。谷象徵着道。意思是，道是那樣神妙永恆，它就像深妙莫測的母體。深妙莫測的母體，它就是天地的本根。綿密不斷啊川流不息，它的功用無窮無盡。在老子看來，道與天下萬物的關係就如母與子的關係，只有認識了母親，才能更好地認識孩子；只有認識了道，認識了萬物的根源，才能更好地認識和把握萬物的本性，即「天下有始，以為天下母。既得其母，以知其子；既知其子，復守其母，沒身不殆」。不殆，意為沒有危險。老子想到了嬰兒，這是生命原初狀態的本真體驗。老子認為，嬰兒是道具有強大生命力的最好形象，「含德之厚，比於赤子。蜂蠆虺蛇不螫，猛獸不據，攫鳥不搏。骨弱筋柔而握固，未知牝牡之合而全作，精之至也。終日號而不嗄，和之至也」。當然，嬰兒生命力的強大只能從哲學層面認識，而不能從物理、生物學的角度理解。在老子看來，嬰兒不僅具有生命力，而且本真樸實，這是道的重要品性，因而悟道用道，就要返璞歸真復歸於嬰兒。「知其雄，守其雌，為天下谿。為天下谿，常德不離，復歸於嬰兒。」老子通過水、女性和嬰兒的喻體，讓人們能夠具體而形象地感知道、理解道。那麼，作為老子思想最重要的範疇，道到底是什麼呢？

道是本體論。所謂本體論，是指探究天地萬物產生、存在、發展變化的根本原因和最終本性的學說。本體論概念來源於西方哲學，有着廣義與狹義之分。廣義本體論是與認識論相聯繫的，即研究一切事物最終本性的為本體論，研究如何認識最終本性的為認識論；狹義本體論是與宇宙論相聯繫的，即研究宇宙本原的為本體論，研究宇宙起源、發展和結構的為宇宙論。老子之道屬於狹義本體論範疇，既闡述了天下萬事萬物的本原問題，又闡述天下萬事萬物的起源發展問題。「大道氾兮，其可左右。萬物恃之而生而不辭，功成不名有，衣養萬物而不為主。常無欲，可名於小；萬物歸焉而不為主，可名為大。」這是一首對道的讚美詩，頌揚道創生養育萬物的美德，以擬人化的手法歌頌道無私的品格，即道是萬物產生的根源，但它卻不將萬物據為己有；它滋養了萬物，卻又不充當萬物的主宰；它自身沒有任何欲求，從而成就了道的偉大。在這段話中，老子明確指出，道不僅創生萬物，而且內附於萬物，以蓄養它們、培育它們。作為本體論，老子之道具有創生性，天下萬事萬物皆產生於道，生生不息、永不枯竭；老子之道具有普遍性，宇宙是一個有機整體，天地萬物在本性上都是與道相貫通的，道是天地萬物的本性，天地萬物是道的具體展示；老子之道具有有序性，道是自然、社會和人生最基本的規律，遵循道的法則，天地萬物就能自然地生長發展，人類社會就能和諧而協調地運行，否則，就會太陽從西邊升起，人類社會陷於動亂和毀滅。老子之道的精髓是「自然」，這不是自然界的自然，而是自然界、人類社會和個體生命自然而然的本性。「故道大，天大，地大，王亦大。域中有四大，而王居其一焉。人法地，地法天，天法道，道法自然。」這段話強調天地萬物的存在和運行不因外界意志和強力而改變，只依自然而然的本性而發展變化，人取法大地是生活勞作，繁衍生息；大地取法上天是寒來暑往，化育萬物；上天取法大道是排列時序，四季運行；大道則取法自身是自然而然，無為自化。從根本上説，悟道體道用道修道，就是要適應自然，遵守天地萬物的本性，順勢而為，水到渠成。切不可自作聰明，違反規律，忤逆潮流。

道是政治學。所謂政治學，以人類的政治行為和政治現象為研究對象，是研究社會中各種關係及其發展規律的科學。《老子》雖然被認為是哲學書籍，自漢朝以來，人們卻更願意把它看成是政治書籍，即「君人南面之術」。清人袁昶指出，「老子之道，常居陰而治陽，處靜而觀動，養晦而治明，體柔以御剛，與莊列之澡練神明飄搖出世者，指絕殊異。故曰人君南面之術也」。[1] 事實上，老子有着強烈的人文關懷和現實關

1 〔清〕魏源：《魏源全集》，《老子本義·跋》，嶽麓書社二〇〇四年版，第七百三十八頁。

注；老子之道的出發點和落腳點，都不是為本體論服務的，而是為政治學服務的。老子高度抽象和思辨的道，無非是為政治統治提供理論基礎，使道家的政治學說具有思想上的徹底性和邏輯上的嚴密性。在老子看來，道是宇宙萬物運行的自然法則，也是建立理想社會秩序的依據。「道常無名，樸雖小，天下莫能臣也。侯王若能守之，萬物將自賓。」樸為未加工的木材。意思是，道永遠是無名而處於樸質狀態的。雖然幽微不可見，天下卻沒有人能臣服它。侯王如果能守住它，萬物將會自然地歸化和服從。作為政治學，老子之道的精髓是「無為」。陳鼓應認為：「老子著書立說最大的動機和目的就在於發揮『無為』的思想。」[1] 老子堅決反對統治者的有為，「民之饑，以其上食税之多，是以饑。民之難治，以其上之有為，是以難治」。針對當時統治者的橫徵暴斂，老子的無為思想有着積極意義，能夠給老百姓帶來一個相對寬鬆、較為自由的生存環境。更重要的是，對於擁有政治權力和掌握着政治資源的統治者來說，無為比有為更難做到。無為表面是限制權力，實質是要求行使權力符合規律，反對濫用權力，使權力自覺接受監督和約束。這不僅需要統治者的明智和節制，而且需要統治者戰勝自我的勇氣和意志。所以，老子認為，真正的強者是能夠戰勝自我的人，「知人者智，自知者明。勝人者有力，自勝者強」。王注云：「勝人者，有力而已矣，未若自勝者，無物以損其力。用其智於人，未若用其智於己也；用其力於人，未若用其力於己也。明用於己，則物無避焉；力用於己，則物無改焉。」

道是人生哲學。所謂人生哲學，是人生觀的理論形式，是關於人生終極性追問的原理和智慧，主要探討人生的目的、價值和意義。老子之道的本質是形而上的，卻有着積極的形而下意義。形而上的道要影響現

1 陳鼓應注譯：《老子今注今譯》（修訂版），商務印書館二〇〇三年版，第五十二頁。

實、指導現實，落實到自然界，作用於人生，這便是德。在老子看來，道與德既有區別又有聯繫，區別在於道是無，意指純粹的自然狀態，而德是有，意指加入人為因素卻夠復歸自然的狀態；聯繫在於道是德之體，德是道之用，兩者合一以育萬物。混一的道，在創造天地萬物的活動中，內化於萬物，而成為萬物各自的屬性，從而產生了德。「道生之，德畜之，物形之，勢成之。是以萬物莫不尊道而貴德。道之尊，德之貴，夫莫之命而常自然。故道生之，德畜之；長之育之，亭之毒之，養之覆之。生而不有，為而不恃，長而不宰，是謂玄德。」意思是，道化生它，德蓄養它，物賦予它形體，器使它完成自己。所以萬物沒有不尊崇道而珍視德的。沒有人給道加封什麼頭銜，道的珍貴在於它的自然。道化生它們，蓄養它們，使它們成長，使它們發育，使它們成熟，使它們得到培養和保護。道化生萬物卻加佔有，有所作為卻不自恃有功，長養萬物卻不加主宰，這就叫作深奧的德。作為人生哲學，老子之道的精髓是「寡欲」，「此三者，以為文不足，故令有所屬，見素抱樸，少私寡欲」。此三者指聖智、仁義、巧利。意思是，聖智、仁義、巧利為巧飾之物，不足以治理天下，因此要讓民心有所歸屬，就須外表單純而內心淳樸，少有私心而減少欲望。欲望是哲學研究的重大人生問題，人生是心靈與肉體的統一體，不可能沒有欲望，老子也不否定人的欲望。問題在於，人的欲望必須控制在合理的範圍之內，要有底線和邊界，這就是老子要求的寡欲。否則，人生就會被欲望所迷惑和奴役，把人生看成是欲望不滿足而痛苦和滿足之後無意義的惡性循環，輕則個人承受無窮無盡的心靈痛苦，重則傷害他人、家庭和社會。如何做到寡欲呢？老子告訴我們，就是要像聖人那樣自我節制，「是以聖人去甚，去奢，去泰」。河上公注云：「甚，謂貪淫聲色；奢，謂服飾飲食；泰，謂宮台榭。去此三者，處中和，行無為，則天下自化。」

研讀老子之道，一番恍惚之後，想到了讀書的問題。當今社會，教育已經大眾化，讀書是個普遍現象，不言而喻、不證自明，似乎不應成為問題。但是，為什麼要讀書呢？書籍不過是把語言變成文字而已，我們與其説是讀書，不如説是學習語言。那麼，為什麼要學習語言呢？因為語言背後蘊藏着思想、哲理、觀點和方法。讀書説到底是讀思想、悟哲理和學方法。那麼，為什麼要領悟思想呢？因為精神性畢竟是人的本質規定，而思想則是精神皇冠上的明珠，可以幫助我們讀懂世界、明白事理，智慧地生活。然而，書籍所表達的思想觀點，有的容易理解和體悟，有的則不容易。像老子之道有着難以表達的玄妙深奧，語言説不清楚，文字寫不明白。遇到難以讀懂的書籍和思想，不能只用眼睛看書，而要用心靈讀書。眼睛所及是有限的，心靈感悟卻是無限的。只有心靈，才能真正讀懂書籍和思想，進而享受思想的樂趣和茅塞頓開的歡欣。由此可見，讀書不是目的，領悟書籍蘊含的思想才是目的；讀書不能只用眼睛，更要用心靈去體悟，用全部的人生去深思。研讀老子之道，不能停留在恍兮惚兮，而要「衣帶漸寬終不悔，為伊消得人憔悴」，漸入「眾裏尋他千百度，驀然回首，那人卻在燈火闌珊處」的佳境。

老子之道：天道

德國思想家雅斯貝爾斯在《大哲學家》一書中將老子列為「原創性形而上學家」。為什麼稱老子為形而上學家呢？這需要弄清楚哲學與形而上學兩個概念及其關係。「哲學」一詞源於古希臘，意為「熱愛智慧、追求真理」。十九世紀由日本學者翻譯傳入中國；「哲」在漢字中有「善於思辨、學問精深」的含義，因而哲學一詞既符合古希臘的原意，又有中國文化基礎，從而被廣泛接受和運用。但是，中國哲學傳統與西方哲學傳統有着明顯差異，中國哲學側重於探究人與人關係，以「有知探索未知」方式歸納提煉政治道理和倫理準則；西方哲學側重於探究人與物關係，以「有知驗證未知」方式提煉昇華為科學道理和自然法則。對於哲學的定義，古今中外一直存有爭議。英國哲學家羅素從哲學、科學與神學的關係中定義哲學，還是非常睿智的。他說：「一切確切的知識——我是這樣主張的——都屬於科學；一切涉及超乎確切知識之外的教條都屬於神學。但介乎神學與科學之間還有一片受到雙方攻擊的無人之域，這片無人之域就是哲學。」[1]

儘管人們對於哲學的內涵與外延有着不同認識，卻普遍認為哲學是研究整個世界一切事物、現象的共同本質和普遍規律；哲學研究的基本範圍還是由古希臘學者奠定的，主要是形而上學、知識論和倫理學。由此

---

1 〔英〕羅素：《西方哲學史》，商務印書館二〇一五年版，第七頁。

可見，哲學與形而上學的關係是主從關係，形而上學屬於哲學範疇，是哲學的重要組成部分。所謂形而上學，是指哲學中探究宇宙萬物根本原理的那一部分內容。在西方，形而上學又形成了本體論、宇宙論和生命科學。本體論，研究宇宙萬物之上、一切現象之外的終極實在；宇宙論，研究宇宙的生成、變化和時空結構；生命科學，研究生命的起源、進化和本質及其與宇宙、終極實在的關係。老子是中國哲學的鼻祖，在先秦思想家中，是唯一一個比較自覺地探索研究宇宙萬物的本原和起源問題的人。老子提煉昇華道這一概念，把道作為宇宙的根源和終極真理，建立起以道為最高範疇的哲學體系，較好地解釋了宇宙萬物的共同本質和基本規律。因此，雅斯貝爾斯把老子列為「原創性形而上學家」，是實至名歸、名實相符。研讀老子之道，必須先從哲學尤其是形而上學的角度切入，才能更好地體悟和把握道的真諦。老子之道首先是天道，闡述了人與自然的關係。

恩格斯指出：「全部哲學，特別是近代哲學的重大的基本問題，就是思維和存在的關係問題。」[1] 思維與存在的關係，也就是物質與精神的關係。恩格斯這一論斷為區分唯物主義與唯心主義的哲學思想提供了標準和尺度。馬克思主義哲學認為，凡是承認物質是第一性，精神是第二性；物質是不依賴意識的客觀實在，是世界的本質，就是唯物主義。否則，屬於唯心主義範圍。那麼，老子之道是唯物主義，還是唯心主義呢？學術界明顯存在着不同看法，有的學者認為老子之道是唯物主義。在這些學者看來，老子之道是自然界無限多樣性的統一體，是試圖從無限的、無形的物質中尋找天地萬物的本原。有的學者認為老子之道是唯心主義。在這些學者看來，老子之道先天地而生，視之不見、聽之不聞、搏之不得，只能理解為是一種超感性、非實

1 《馬克思恩格斯文集》（第四卷），人民出版社二〇〇九年版，第二百七十七頁。

有的精神性存在。有的學者認為老子之道既不是唯物主義也不是唯心主義。在這些學者看來，老子之道不是物質，因為不可道、不可名，也不是精神，因為其中「有物」、「有象」、「有精」。目前，這些不同看法，還很難統一認識。無論哪一種看法，都有其合理因素和正確論述，都能夠從老子關於道的論述中找到依據。《老子》一書多次論道，老子之道具有多含義、多表徵、多特點，原本就無法用一個簡單的定義來歸納概括其本質屬性。就理論體系建構而言，任何一門學說都需要有自己的基本概念作為思想的起點和論證的中心。換言之，任何一門學說都需要有自己的預設，即如德國學者布斯曼所言，是「關於表達或話語的含義的一種不言自明的設定」[1]。老子之道或許就是一個哲學預設和假定性存在，無法求證求實，卻可以作為老子哲學的邏輯前提，進而構築思想大廈，以解釋自然界和人類社會紛繁複雜的各種情況。

無論是唯物主義還是唯心主義，老子之道對於中國思想史的發展有里程碑意義，卻是毫無疑問的。首先，老子之道否定了天命和神的存在。任何民族的文化都是從宗教開始，都有天命和鬼神的觀念。在中國古代思想史上有一條不成文的規則，就是統治者都是以天命神授來詮釋皇朝、皇權的合法性；思想家都把天命作為解釋一切社會、政治和歷史現象的重要依據。春秋時期雖然是天命鬼神逐步衰落的時期，但當時的思想家大都保留着天命鬼神的觀念，即使像孔子這樣比較理性的思想家，仍然強調要「畏天命」；仍然認為「祭神，如神在」。唯有老子徹底拋棄了天命鬼神觀念，老子之道是「象帝之先」，老子之道是「道法自然」。同時，老子之道奠定了中國古代一元本體論哲學的理論基礎。先秦思想家在論及世界本原時，大都還是多元本體論者，他們認為世界的本質和起源是多元的，而不是一元的，「八卦」說、「五行」說以及「陰陽」說就

1 〔德〕布斯曼：《語言與語言學詞典》，外語教學與研究出版社二〇〇〇年版，第三百七十九頁。

是多元本體論的理論形式。唯有老子創造出以「道」為天地萬物本原和起源的本體論哲學，取代以往的多元本體論。此外，老子之道決定了中國古代兩種互相對立的哲學路線的發展方向。老子之後，一些哲學家把道解釋為無或無有，建構起精神本體論的哲學路線，宋明理學就是精神本體論的代表；另一些哲學家則把道解釋為精氣、元氣，建構起物質本體論的哲學路線，稷下道家的精氣說和黃老學者的元氣說就是物質本體論的代表。當然，老子之道的貢獻不僅在於思想發展史中的地位和作用，更在於其深刻的思想內涵和耀眼的智慧結晶。

老子之道是本體論。老子是中國以抽象思維方式探究回答世界本原問題的第一人。作為世界本原，老子之道超越了天地萬物的現象表徵，具有永恆性和普適性。所謂永恆性，是從時間維度思考的，只要人類社會存在，道都是對世界本原和起源的一種解釋；普適性則是從空間維度思考的，只要是人類能夠感覺感知的事物，大至宇宙深空，小至基本粒子，道都能夠給予說明和論證。老子之道不可能被感覺感知，只能通過理性直覺來把握。這是因為道無形無物，第十四章用了經驗世界的許多概念來描繪道，然後又否定這些概念的適當性。道的無形表現在「視之不見名曰夷，聽之不聞名曰希，搏之不得名曰微。此三者不可致詰，故混而為一」。有人注解「致詰，猶言思議」。道的無物表現在「其上不皦，其下不昧，繩繩不可名，復歸於無物。是謂無狀之狀、無物之象。是謂惚恍。迎之不見其首，隨之不見其後」。意思是，道的上面不顯得光亮，下面也不顯得陰暗。道綿綿不絕而不可名狀，一切的運動都會回到不見物體的狀態。這是沒有形狀的形狀，不見物體的形象，稱之為惚恍。迎着它，看不見它的前頭；隨着它，卻看不見它的後面。這是因為道不可名狀，《老子》開篇就指出：「道可道，非常道；名可名，非常名。」這是本體論的表述，思想非常深刻，意指那些可說可名的東西都不是永恆的，因而也不可能成為世界的本原。管子也說：「物固有形，形固有名。」

名隨形而定，既然道為無形，那就不可名了。有趣的是，老子還是命名了自己理解的世界本原叫作道。老子似乎感到了自我矛盾，他在第二十五章無奈地說：「吾不知其名，字之曰道。」這是因為道並非絕對和靜止的虛無。老子之道是實存而不是實有，實存就是空無所有。第二十一章指出：「道之為物，惟恍惟惚。惚兮恍兮，其中有象；恍兮惚兮，其中有物。窈兮冥兮，其中有精；其精甚真，其中有信。」意思是，道是恍恍惚惚的。那樣的惚惚恍恍，其中卻有跡象，那樣的恍恍惚惚，其中卻有實物；那樣的深遠暗昧，其中卻有物質；那樣的暗昧深遠，其中卻是可信驗的。有的學者根據這段話，將老子之道理解為似無實有、似有實無，這是不符合原意的。比較合理的解釋，老子之道應是似無非無、似有非有。

老子之道是宇宙論。哲學不僅要探究世界的本原，而且要探究宇宙萬物的起源和發展變化。作為宇宙論，老子之道是超越宇宙萬物的具體存在而又內在於萬物的形而上本體，具有無窮的創造力，蘊含着無限的可能性，「道沖而用之或不盈」。沖為盅，比喻道的空虛。意思是，道有着無窮無盡的空間，因而能夠無窮無盡地使用。宇宙萬物的蓬勃生長，都是道的創造力的具體表現。從萬物生生不息、欣欣向榮的過程中，可以體悟到道的勃勃生機和無窮活力。老子之道與宇宙萬物的關係，在時序上是先後關係。道不受時間和空間的限制，不會因宇宙萬物的生滅變化而有所影響，「有物混成，先天地生」。第四章也表達了類似的思想，「吾不知誰之子，象帝之先」。王安石注云：「『象』者，有形之始也；『帝』者，生物之祖也。故《繫辭》曰：『見乃謂之象』，『帝出乎震』。其道乃在天地之先。」[1] 在本質上是母與子的關係。道創生宇宙萬物類似於母親孕育生命。老子經常用母親來比喻道，既形象又傳神。第二十五章強調道如同母親，循環運行創生萬物，

1　王安石著，容肇祖輯：《王安石老子注輯本》，中華書局一九七九年版，第九頁。

「寂兮寥兮，獨立不改，周行而不殆，可以為天下母」。王弼注云：「寂寥，無形體也。」第五十二章更是明確用母與子的關係比喻道與萬物的關係，「天下有始，以為天下母。既得其母，以知其子；既知其子，復守其母，沒身不殆」。意思是，天下萬物有其本始，這個本始是天下萬物之母。得到了母親，就知道孩子；知道了孩子又能守住母親，那就終身無憂了。在演化上是有與無的關係。道創生宇宙萬物是個運動變化過程，而有與無就是道的運動方式，就是道由形而上轉入形而下、無形質落向有形質的活動過程。《老子》開篇就說：「無，名天地之始；有，名萬物之母。故常無，欲以觀其妙；常有，欲以觀其徼。此兩者同出而異名，同謂之玄。玄之又玄，眾妙之門。」意思是，無，是形成天地的本始；有，是創生萬物的根源。所以常從無中，去觀照道的奧妙；常從有中，去觀照道的端倪。無與有同一來源而不同名稱，都可說是很幽深的。幽深而又幽深，是一切奧妙的門徑。在老子看來，正是有與無的運動，從而使「道生一，一生二，二生三，三生萬物」。

老子之道是辯證法。這是老子哲學最顯著的特點，也是老子給中外思想史留下的最鮮明印記。老子是辯證法大師，《老子》有着無比豐富而深刻的辯證法思想。老子之道根本的生命力在於「反者道之動」，道運動的根源在於對立面的存在，在於矛盾。老子認為，相反相成是道運動的基本內容。天地萬物都有它的對立面，由於有對立面，才能形成天地萬物。第二章首先指出，人類社會關於美醜、善惡的價值是在對立面統一中形成的，「天下皆知美之為美，斯惡已；皆知善之為善，斯不善已」。進而指出天地萬物也是相反相成的，「故有無相生，難易相成，長短相較，高下相傾，音聲相和，前後相隨」。老子認為，物極必反是道運動的內在規律。任何事物都包含着否定性因素，事物的發展總是由肯定向否定方向運行；當否定性成為主導性因素，事物也就走向了自己反面。這就好比月盈則缺、花盛則衰。第五十八章指出：「禍兮福之所倚，福兮禍之所伏。孰知其極？其無正也？正復為奇，善復為妖。」奇為邪，妖為不善。意思是，禍啊，是福所依憑的東西；福啊，是禍所隱藏的地方。誰知道它們變化的究竟？是沒有個定準嗎？正又變為邪，吉又變為凶。老子認為，正像若反是道運動的重要標誌。任何事物的本質與現象既可能是統一的，也可能是矛盾的，第二十二章從六個方面闡明事物正像若反的道理，提醒人們要從反面關係中觀看正面，這比只看到正面更有積極意義，「曲則全，枉則直，窪則盈，敝則新，少則得，多則惑。是以聖人抱一為天下式」。第四十五章提醒人們重視相反對立面的作用，說明反面作用比正面作用更大，「大成若缺，其用不弊。大盈若沖，其用不窮。大直若屈，大巧若拙，大辯若訥」。意思是，最完滿的東西好像有欠缺一樣，但它的作用是不會衰竭的；最充盈的東西好像是空虛一樣，但它的作用是不會窮盡的。最正直的好像是歪曲一樣，最靈巧的東西好像是笨拙一樣，最卓越的辯才好像是口訥一樣。老子認為，循環運行是道運動的必然現象。任何事物運動都會復歸，回到原初狀態和原出發點。《老子》充滿了返本思想，認為道與歷史的運行，都是依照循環的方式。第二十五章指出：「大曰逝，逝曰遠，遠曰反。」王弼注云：「逝，行也。」張岱年認為：「大即道，是所以逝之理，由大而有逝，由逝而愈遠，宇宙乃是逝逝不已的無窮的歷程。」[1] 第十六章明確指出復歸返本是永恆規律，「夫物芸芸，各復歸其根。歸根曰靜，是謂復命。復命曰常，知常曰明。不知常，妄作，凶」。意思是，萬物紛紛紜紜，各自返回到它的本根。返回本根叫作靜，靜叫作回歸本原。回歸本原是永恆的規律。認識永恆的規律，叫作明智；不認識永恆的規律，輕舉妄動就會出亂子。

老子之道是認識論。所謂認識論，是指研究人類認識的本質及其發展過程的哲學理論。老子沒有更多地

1 張岱年：《中國哲學大綱》，中國社會科學出版社一九八二年版，第九十四頁。

探究人的認識問題；《老子》一書涉及認識論的篇章也不多，這並不表明老子哲學中沒有認識論因素。從老子談論常道與非常道、常名與非常名分析，老子在一定程度上意識到了思維與存在的差異性，認為道是不能言說的，能夠言說的就不是常道。這實質是說明人的認識不可能與客體完全同一，人們不能完全認識道，只能不斷地趨近於道。在老子看來，道不能靠感性經驗和理性思維去認識，而要靠理性直覺去體悟。老子認識論的最大特點是強調人的抽象思維和直覺思維，更加重視主體自我的心靈作用。由於重視心靈的體悟，老子特別強調理性直觀自省，第四十七章指出：「不出戶，知天下；不窺牖，見天道。其出彌遠，其知彌少。是以聖人不行而知，不見而名，不為而成。」意思是，不出門外，能夠推知天下的事理；不望窗外，能夠了解自然的法則。越向外奔逐，對道的認識就越少。所以聖人不出行卻能感知，不察看卻能明曉，無為而能成功。由於重視心靈的體悟，老子對學習知識和學道悟道作了區分，第四十八章說：「為學日益，為道日損。損之又損，以至於無為，無為而無不為。」為學指的是一般的求知活動，而知識要通過學習逐漸積累，才能不斷增加和豐富，所以是「日益」。為道指的是認識道、體悟道，這是一種反求諸己的精神修煉，與為學相反，要減少知識，拋棄成見，祛除心靈的遮蔽，以達到清靜無為的悟道之境。由於重視心靈的體悟，老子要求達到空明清靜的最佳心態，第十六章闡述了老子認識世界的方法，「致虛極，守靜篤，萬物並作，吾以觀復」。馮友蘭認為，老子所講的認識方法，主要是「觀」，「『觀』要照事物的本來面貌，不要受情感欲望的影響，所以說『致虛極，守靜篤』，這就是說，必須保持內心的安靜，才能認識事物的真相」[1]。

近讀英國神學教授麥格拉斯的《天堂簡史：天堂概念與西方文化之探究》，受益頗多，這對為什麼要研

1　馮友蘭：《三松堂全集》（第七卷），河南人民出版社二〇〇〇年版，第二百六十六頁。

究哲學、研究老子之道也很有啟示。人是心靈與肉體共存的統一體，肉體的有限性與心靈的無限性形成了巨大的矛盾，人們對肉體必將消失所引發心靈上的焦慮和恐懼，是人類必須解決的重大精神問題。從根本上說，解決人的心靈與肉體的矛盾主要有兩個途徑。一個途徑是宗教，天堂是宗教解決人的心靈與肉體矛盾的一種方法。麥格拉斯認為，天堂這一概念源自於人類的想像，既是人類對歷史發端的一種迷蒙的記憶，又是對遙遠盼望的一個許諾。人類想像出來的天堂可以激發人的興趣，撫慰那些在憂愁和痛苦重壓下的心靈，滿足人們超越今生的渴望。另一個途徑是哲學，主要靠智慧和理性思辨來解決人的心靈與肉體的矛盾。哲學通過對世界本原的追問和人生終極目標的探尋，試圖為解決人的心靈與肉體的矛盾提供答案。面對春秋亂世和人們心靈的困惑，老子提供了道的概念和藥方。這個道從「自然」出發，在天地萬物與人類社會之間架設了「無為」的橋樑，希望人們不要失掉自我，消弭爭鬥，回歸淳樸狀態，從容平靜地生活。從這個意義分析，宗教和哲學就在我們身邊，就是我們的人生。不管我們個人離人生的終點還有多遠，只要一想到有天堂在等着我們，有終極目標在激勵我們，我們就會感到極大的安慰，就會使自己的心靈永遠安寧平靜。與宗教的遙遠虛幻相比，哲學解決人的心靈與肉體的矛盾更具理性和實踐性，這就是研究哲學和老子之道的價值所在。

老子之道：治道

南懷瑾在講解《老子》之前，作過一個意味深長的比喻：「儒家像糧食店，絕不能打。否則，打倒了儒家，我們就沒有飯吃——沒有精神食糧；佛家是百貨店，像大都市的百貨公司，各式各樣的日用品具備，隨時可以去逛逛，有錢就選購一些回來，沒有錢則觀光一番，無人阻攔，但裏面所有，都是人生必需的東西，也是不可缺少的；道家則是藥店，如果不生病，一生也可以不必去理會它，要是一生病，就非自動找上門去不可。」[1] 人吃五穀雜糧，哪有不得病的道理，在社會生活中，藥店是絕對不可缺少的。當然，南懷瑾所說的「生病」，主要不是指人的身體生病，而是指人的心靈生病；主要不是指個體生病，而是指社會生病，指統治者治理國家出了問題，造成了社會動亂。因此，老子開的藥店是政治藥店；老子之道的本質是治道。所謂治道，就是政治，就是闡述人與人、人與社會之間的關係。老子的政治思考既有天道的理論構想，又有治道的實踐模式。《老子》是一本政治書籍，裏面包含着統治術。無怪乎，品讀《老子》，就會感到有一種指點帝王、激揚文字的氣勢。

作為治道，老子之道的提出有着深刻的時代背景。老子所處的春秋戰國，「禮崩樂壞、瓦釜雷鳴」，是

---

1 南懷瑾著述：《南懷瑾選集》（第二卷），復旦大學出版社二〇一三年版，第六頁。

一個大動亂、大分化、大變革的年代，是由奴隸制向封建社會轉型的時期。春秋戰國始於公元前七七〇年，當時周王室開始衰微，諸侯爭霸，群雄並起，春秋有五霸，即齊桓公、宋襄公、晉文公、秦穆公和楚莊王；戰國有七雄，即齊國、楚國、燕國、韓國、趙國、魏國和秦國。公元前二二一年，秦始皇掃滅諸侯群雄，用郡縣制代替分封制，建立統一的中央集權國家。在長達五百五十年的春秋戰國時期，統治者朝不保夕，即如司馬遷在《史記．太史公自序》中所言：「弒君三十六，亡國五十二，諸侯奔走，不得保其社稷者甚眾。」兼併不斷、戰亂不止，周王朝解體之初，有一百四十多個諸侯，逐步併為五霸七雄；據有關史料統計，只有一百二十七年沒有戰爭，且是「春秋無義戰」。民不聊生，老百姓處於水深火熱的痛苦之中。面對如此亂局，人民渴望過上安定的生活，社會渴望把諸侯混戰轉化為全國的大一統來結束戰爭災難，先秦思想家們渴望拿出自己匡時救弊的學說主張，為當時的政治服務，以拯救亂世，維護統治與服從的社會秩序。儒家提出了仁的學說，主張「君君、臣臣、父父、子子」的等級秩序；墨家倡導「兼愛」，主張節用和尚賢；法家堅持法術勢相結合，主張「不別親疏，不殊貴賤，一斷於法」；道家提出了道的範疇，主張道法自然和無為而治。所以，司馬遷在《史記．孟子荀卿列傳》中評論：「各著書言治亂之事以干世主。」意指諸子百家的興起不外一個「干」字，都期望影響政治和統治者，為結束春秋戰國亂世貢獻思想和智慧。

與先秦其他思想家相比，老子之道具有更強烈的批判性。老子經常站在老百姓和弱勢群體的立場，揭露社會制度的弊端，抨擊統治階級的腐朽。面對統治者的剝削和厚斂重稅，老子批判：「民之饑，以其上食稅之多，是以饑。民之難治，以其上之有為，是以難治。民之輕死，以其求生之厚，是以輕死。夫唯無以生為者，是賢於貴生。」意思是，人民所以飢餓，就是由於統治者吞吃稅賦太多，因此陷於飢餓。人民所以難治，就是由於統治者強作妄為，因此難以管治。人民所以輕死，就是由於統治者奉養奢厚，因此輕於犯死。

只有清靜恬淡的人，勝於奉養奢厚的人。面對統治者的嚴刑峻法，第七十四章開篇就對濫刑殺人提出抗議：「民不畏死，奈何以死懼之！」語出反詰，振聾發聵。接着指出：「若使民常畏死，而為奇者吾得執而殺之，孰敢？」王弼注云：「詭異亂群，謂之奇也。」最後指出：「常有司殺者殺，夫代司殺者殺，是謂代大匠斫。夫代大匠斫者，希有不傷其手矣。」司殺者、大匠，意指天道，即警告統治者不要代替天道去殺人，不要越權殺人，這就如同代替木匠去砍木頭一樣。那些代替木匠砍木頭的人，很少有不砍傷自己手的。面對統治者的不公和貧富差距，第七十七章將自然規律與社會運行規則進行對比說明，開篇就強調天道的公平，「天之道，其猶張弓與！高者抑之，下者舉之；有餘者損之，不足者補之」。然後激烈批判人道的不公平，「天之道，損有餘而補不足。人之道則不然，損不足以奉有餘」。老子批判社會現實最精彩的部分是強烈地反對戰爭，這在先秦思想家是不多見的。老子反對戰爭實質是尊重生命，防止濫殺民眾，充滿着人性光輝和人道主義溫情。第三十章開篇就指出統治者不能靠軍力和戰爭逞強天下，「以道佐人主者，不以兵強天下，其事好還」。意思是，用道輔助君主的人，不靠軍事逞強於天下。用兵這件事會遭到報應。接着指出戰爭的殘酷，「師之所處，荊棘生焉。大軍之後，必有凶年」。進而指出明智的統治者是如何用兵的，「善有果而已，不敢以取強。果而勿矜，果而勿伐，果而勿驕，果而不得已，果而勿強」。意思是，善用兵者達到目的就行，不敢用兵力來逞強。戰勝了不要自滿，戰勝了不要自誇，戰勝了不要驕傲，戰勝了也是出於不得已，戰勝了千萬不能逞強。

老子在批判春秋亂世和統治無道的過程中，建構起道家的政治學說，後人一般稱之為「君人南面之術」。這是有道理的，因為老子之治道主要說給統治者聽的，是對統治者提出要求，概言之就是統治術。但是，老子之治道是政治原理而不是具體的官僚技術；老子之治道的理論基礎是天道，天道是形而上的，闡述道與天地萬物的關係，形而下入政治共同體後，就是治道，重點是君王與百姓的關係。天道效法自然，治道效法天道，就是奉行無為之治，「道常無為而無不為，侯王若能守之，萬物將自化」。無為是對統治者的基本要求，是治道的根本原則。圍繞無為，老子提出了系統完整的政治構想。

「小國寡民」，是老子之道對統治者治國圖景的理想要求。任何思想家都要設計理想的政治圖景和治理目的，這既為統治者提供奮鬥目標，又為統治者注入行動動力。第八十章集中描述了老子的政治理想圖景，這就是「小國寡民」。在這樣的社會生活中，先進的器械以及交通工具，甚至連文字都可以棄而不用，更沒有戰爭和殺戮，「使有什伯之器而不用，使民重死而不遠徙。雖有舟輿，無所乘之；雖有甲兵，無所陳之；使人復結繩而用之」。什伯之器，意指十倍百倍於人力的器械。在這樣的社會生活中，自給自足，人民過着淳樸自然的古代村社生活，「鄰國相望，雞犬之聲相聞，民至老死不相往來」。在這樣的社會生活中，人民安居樂業，生活幸福，即「甘其食，美其服，安其居，樂其俗」。如果說，小國寡民帶有桃花源的虛幻和小農經濟的濃厚色彩，那麼，這四句話、十二字則是老子理想社會的價值所在，具有時空超越性。古今中外，只要是正常的統治者，都會追求「四句話、十二字」的政治圖景。對於小國寡民社會，老子還強調絕聖棄智和絕仁棄義。我們知道，老子思維注重正言若反。一般人觀察分析事物，往往注意正面形象而忽視反面作用，而老子用心和關注更多的是事物的反面作用和負面影響。老子認為，智慧和仁義都有着反面作用，即「大道廢，有仁義；慧智出，有大偽；六親不和，有孝慈；國家昏亂，有忠臣」。在智慧方面，老子並不是指知識，而是指心智，指虛偽狡詐。老子既看到了智慧與大偽的區別，又看到兩者之間的聯繫。智慧的出現和不斷發展，一方面增加人們認識和改造世界的能力，另一方面隨之也出現了陰謀詭計和狡詐虛偽，這正是智慧的反面作用，是智慧給人類社會帶來的負面影響。第六十五章明確反對以智治國，一開篇就讚頌古代優秀治國者，「古之善為道者，非以明民，將以愚之」。河上公注云：「明，知巧詐也」；愚為「使樸質不詐偽也」。接着猛烈抨擊以智治國的禍害，「民之難治，以其智多。故以智治國，國之賊；不以智治國，國之福」。最後指出，「知此兩者，亦稽式。常知稽式，是謂玄德。玄德深矣，遠矣，與物反矣，然後乃至大順」。稽為法則。意思是，認識以智治國和不以智治國的差別，這就是治國的法則。常守住這個法則，就是玄德。玄德深啊遠啊，與萬物復歸於大道，然後就達到太平之治。在仁義方面，老子不僅看到了大道之廢與仁義興起之間的聯繫，提倡仁義往往是因為社會上存在着大量的不仁不義行為，兩者總是相反相成、互相依存的，而且看到了仁義的負面作用。仁義既可用來提高人們的道德水平，維持社會秩序，也可以成為野心家和陰謀家文飾自己、沽名釣譽的手段以及攻擊他人的武器。第三十八章明確指出：「故失道而後德，失德而後仁，失仁而後義，失義而後禮。夫禮者，忠信之薄而亂之首」。因此，老子憧憬的小國寡民社會是「絕聖棄智，民利百倍；絕仁棄義，民復孝慈；絕巧棄利，盜賊無有。此三者，以為文不足，故令有所屬，見素抱樸，少私寡欲。絕學無憂」。意思是，拋棄聰明與智巧，民眾才能獲利百倍；拋棄仁與義的法則，民眾才能回歸孝慈；拋棄機巧與貨利的誘惑，盜賊才能消失。以上三種巧飾之物，不足以治理天下，因此要讓民心有所歸屬，必須外表單純而內心淳樸，少有私心，降低欲望。摒棄所謂的學問，就能無憂無慮。

「不知有之」，是老子之道對統治者治國水平的理想要求。《老子》一書包含帝王之學，主要是教導帝王治國安邦。按照自然無為原則，老子將統治者的治國水平分為四個等次，核心是要誠實、誠信地對待民眾百姓。第十七章指出：「太上，不知有之。其次，親而譽之。其次，畏之。其次，侮之。信不足，焉有不信焉。」意思是，最好的國君，百姓都不知道他的存在。次一等的國君，有百姓親近他讚揚他。再次一等的國君，百姓都畏懼他。最下等的國君，百姓敢於蔑視侮辱他。所以，缺乏誠信的統治者，也就得不到百姓的信任。王弼對「太上」注云：「太上，謂大人也。大人在上，故曰太上。大人在上，居無為之事，行不言之教，萬物作焉而不為始，故下知有之而已，言從上也。」林語堂對最下等的國君做出解釋：「最末等的國君，以權術愚弄人民，以詭詐欺騙人民，法令不行，人民輕侮他。這是什麼緣故呢？因為這種國君本身誠信不足，人民當然不相信他。」[1] 對於「太上，不知有之」，有的版本作「下知有之」，意義大體相同，即指老百姓僅僅知道國君的存在。由此可知，在老子看來，統治者治國的最高境界是「不知有之」或「下知有之」。那麼，統治者如何做到「不知有之」呢？這涉及君王與臣屬的關係。君王治理天下一般是通過臣屬的行為間接實現的。君王要達到「不知有之」的目的，首先要效法天道的「不自生」，真正做到「無私」，即「天長地久。天地所以能長且久者，以其不自生，故能長生。是以聖人後其身而身先，外其身而身存。非以其無私邪？故能成其私」。這是君王駕馭臣屬的前提和贏得臣屬信任的基礎。關鍵是秉要執本，清虛以自守，卑弱以自持。具體來說，君無為而臣有為，莊子在《天道篇》做了全面闡述，即上有為與下無為，不是君臣的正常關係，「上無為也，下亦無為也，是下與上同德；下與上同德，則不臣。下有為也，上亦有為，是上與下同道；上與下同道，則不主。上必無為而用天下，下必有為為天下用，此不易之道也」。君要愚而臣要智，「我愚人之心也哉！沌沌兮！俗人昭昭，我獨昏昏；俗人察察，我獨悶悶。澹兮其若海，飂兮若無止。眾人皆有以，而我獨頑似鄙。我獨異於人，而貴食母」，如果從君王與臣屬的關係理解，意思是，君王真是愚人的心胸啊，終日混混沌沌。臣屬都自我炫耀，君王卻糊裏糊塗。臣屬都工於算計，君王獨茫然無知。心是那樣遼闊，就像大海無邊無緣；思緒像疾風勁吹，飄揚萬里沒有盡頭。臣屬都各有所用，君王獨顯得鄙劣無

1 林語堂：《老子的智慧》，陝西師範大學出版社二〇〇六年版，第八十六頁。

能。君王是這樣的與臣屬不同，君王尋求道的滋養。君要靜而臣要動，「致虛極，守靜篤，萬物並作，吾以觀復」。老子認為，君王治理國家要做到虛靜，在處理事情時，自己不動聲色，讓臣屬紛紛議論；自己不直接動手，讓臣屬去動手處置。即使君王要有所作為，也要儘量減少動作，「治大國若烹小鮮」。意思是，治理國家就像煎小魚，不能老是翻動，否則，小魚就煎爛了。法家汲取了老子這一思想，認為君王不動聲色，可以使群臣不知道君王喜好，從而更有利於駕馭臣屬。老子的政治學說容易被誤解為陰謀權術，這大概是重要原因，卻不符合老子治道無為的本意。

「聖人之治」，是老子之道對統治者治國品格的理想要求。聖人是老子為世俗統治者樹立的執政和治國安邦榜樣，也是實現老子政治理想的組織保證。任何事都是人做的，沒有人什麼事也做不成；沒有合適的人什麼事也做不好，這是最基本的道理。就政治而言，好的政治需要好的統治者。在老子看來，他的小國寡民圖景和無為而治原則，只有具備聖人品格的統治者才能擔當和組織實施。這是因為聖人能夠忍辱負重，「是以聖人云：『受國之垢，是謂社稷主；受國不祥，是為天下王。』正言若反」。社稷是古代帝王祭祀的土神和穀神，後指稱國家。意思是，所以聖人說，能夠承受一國的恥辱，就可以成為國家的君王；能夠承受一國的災禍，就可以成為天下的君王。這正話聽起來好像是反話。這是因為聖人能夠守道不爭。世人都喜歡追逐事物的顯相和正面現象，喜歡求全求盈求多，這就容易引起紛爭。第二十二章運用辯證思維，開篇就強調不爭的意義，「曲則全，枉則直，窪則盈，敝則新，少則得，多則惑」。曲、枉、窪、敝、少等概念都具有不爭的內涵。接着以聖人為例闡述不爭之道理，「是以聖人抱一為天下式。不自見故明，不自是故彰，不自伐故有功，不自矜故長」。意思是，因此聖人守道，作為天下事理的範式，不自我表揚，所以是非分明；不自以為是，所以聲名昭彰；不自我誇耀，所以能建立功勳；不自高自大，所以能領導眾人。最後指明不爭的效果，「夫唯不爭，故天下莫能與之爭。古之所謂曲則全者，豈虛言哉！誠全而歸之」。這是因為聖人能夠尊重百姓，第四十九章闡明聖人之治，能夠摒棄主觀意志和欲望，不以自我成見作為判斷是非好惡的標準，寬容待人、和光同塵，以百姓意願為意願，「聖人無常心，以百姓心為心。善者，吾善之；不善者，吾亦善之，德善。信者，吾信之；不信者，吾亦信之，德信」。同時指出聖人之治是渾厚真樸，「聖人在天下，歙歙焉，為天下渾其心。百姓皆注其耳目，聖人皆孩之」。意思是，聖人治理天下，顯得安詳和合，讓天下人的心歸於渾樸。百姓都運用自己的聰明，耳目各有所關注，聖人卻孩童般地看待他們。這是因為聖人能夠無為而無不為，第五十七章指出無為不是無所作為，而是統治者減少強制性的作為，充分尊重老百姓的權利和能力，達到治理好老百姓的目的，「故聖人云，我無為而民自化，我好靜而民自正，我無事而民自富，我無欲而民自樸」。統治者的無為、好靜、無事、無欲，歸根結底是無為，無為而治的目的是有作為，即讓老百姓自化、自正、自富和自樸。這是多麼美好的治理圖景以及統治者與老百姓的良好關係。

莊子在《至樂篇》中講了一個故事，對於我們研讀老子之治道很有啟示意義。「昔者海鳥止於魯郊，魯侯御而觴之於廟，奏九韶以為樂，具太牢以為膳。鳥乃眩視憂悲，不敢食一臠，不敢飲一杯，三日而死。」大意是，從前有一隻海鳥飛落在魯國的城郊，魯侯把它迎進太廟，用酒宴招待，演奏九韶之樂，設太牢之宴為膳食。而鳥卻頭暈目眩憂心悲苦，不敢吃一塊肉，不敢飲一杯酒，三天就死了。孔子評價說：「此以己養養鳥也，非以鳥養養鳥也。」這說明養鳥有兩種方式，一種是順應鳥的本性養鳥，即「鳥養養鳥」；另一種是強加人的意志養鳥，即「己養養鳥」，不同的方式導致鳥或活或死的不同結局。可悲的是，魯侯的動機是好的，內心是善良的，他希望把海鳥養活養好，結果卻帶來了三天後死亡的悲劇。以此類比統治者，也可以有兩種政治方式，一種是順應民意，按照事物本身發展規律實施統治，另一種是拂逆民意，按照統治者個人好惡和主觀意志管理社會。政治與養鳥有着相通的道理，但是結局卻不可同日而語，「己養養鳥」的錯誤方式充其量只能禍害一隻或幾隻鳥的生死，而錯誤政治方式卻會禍害整個社會，甚至殃及千百萬人的生命。對於政治家而言，選擇什麼樣的政治方式至關重要。老子倡導無為而治和聖人之治，正是「鳥養養鳥」的政治方式，充滿了智慧光芒和深奧哲理，至今仍然有着重要的借鑒意義和積極的現實意義。

老子之道：人道

希臘德爾斐神廟的門楣上刻着一句名言，叫作「認識你自己」。古希臘哲學家蘇格拉底將這一名言作為哲學的基本原則，與青年尤蘇戴莫斯就道德與非道德話題進行了機智的談話。尤蘇戴莫斯把欺騙、虛偽、奴役、偷竊等列入非道德範疇，蘇格拉底則用相反的事例加以誘導：「作戰時，潛入敵方軍營，偷竊其作戰地圖，是非道德行為嗎？為防絕望中的朋友自殺，把他藏在枕頭下的刀偷走，難道不應該嗎？生病時兒子不肯吃藥，父親欺騙他，把藥當作飯給他吃，很快就治好了病，這種行為是非道德的嗎？」[1] 蘇格拉底認為，趨善避惡是人的本性，關鍵取決於他的知識。每個人在他有知識的事情上是善的，沒有知識的事情上則是惡的。道德也是如此，即不知道道德，就不能做到道德；知道了道德，才能做到道德。當尤蘇戴莫斯接受這些看法時，蘇格拉底進而指出，對於人而言，什麼樣的知識最為重要呢？這就是「認識你自己」。在蘇格拉底看來，善是萬物的內在原因和目的，具體到人身上則表現為德性，是指人的本性。「認識你自己」，就是認識德性，認識人的本性。偉大智者的心靈總是相通的。作為「軸心時代」同等重要的思想家，老子與蘇格拉底遠隔千山萬水，卻是「心有靈犀一點通」，提出了同樣的哲學命題，這就是「知人者智，自知者明」。有趣

1　陳志堅編著：《哲學簡史》（歐洲卷），線裝書局二〇〇六年版，第三十六頁。

的是，老子和蘇格拉底雖然用了道和善兩個不同概念論述世界的本原，但對於道和善在人身上的具體表現，卻不約而同地使用了德這一概念。

作為哲學原則和命題，「認識你自己」反映了古希臘思想家對人自身的思考和關注，在人類思想史的發展中具有深遠影響。首先標誌着哲學的主題實現了由神到人的轉變。在古代社會，人對自我的認識總是從神話開始的，像斯芬克斯之謎和那喀索斯傳說，都表明人對自我的認識還受到神的擺佈和奴役。而「認識你自己」，則說明人開始認識到自身是社會活動的主體，意味着人對自己認識的一次飛躍。同時標誌着哲學研究實現了由客體向主體的轉變。哲學源於人們對身邊事物以及日月星辰等外界事物的驚異和思考，這就產生了形而上學。當蘇格拉底把「認識你自己」納入哲學範疇時，說明人開始對自身發生了興趣和思考，意味着人的思維發展進入了新的階段。更重要的是，在蘇格拉底之後，「認識你自己」成為貫穿西方哲學發展的主題。在近代哲學中，理性主義佔據着主導地位。笛卡爾通過「我思故我在」，打破了經院哲學的禁錮，確認人的主體地位；黑格爾的《精神現象學》把精神哲學發展分為「主觀精神」、「客觀精神」和「絕對精神」三個階段，認為在絕對精神中，自己與對象、主體與客體是同一的，進而說明人是一切事物的內在本質。在現代哲學中，由於經濟社會和科學技術的發展，在擴大人的生存空間的同時，也發生了人的自我異化，人們開始懷疑和批判理性主義原則。存在主義哲學家海德格爾指出，在日常生活中，人自己不能獨立自主地存在，總是處在他人的號令之下，受他人的擺佈。這時，人便不再是本真的自我，失去了獨立的個性和自由。因此，「認識你自己」仍然是當今哲學的基本問題。尋求新的人類精神家園，認識真實的自我，始終在激發着哲學家們的探索欲望，從不同角度去思考人的內在本質。從這個意義上說，蘇格拉底「認識你自己」的任務還沒有完成，老子「自知者明」的命題還需要繼續探索。

中國哲學與西方哲學不同，一向不為知識而求知識，而是為人生而求做人，道德色彩比較濃厚，倫理思想比較豐富。先秦思想家們雖然都以拯救亂世、匡正時弊為宗旨，但其出發點和落腳點仍在於人生。他們都在思考生命的意義和價值等終極問題，都在着力建立與其基本理論相符合的理想人格理論。馮友蘭指出：「由於哲學的主題是『內聖外王』之道，所以學哲學不單是要獲得這種知識，而且是要養成這種人格。」[1]先秦思想家都有自己的理想人格，但其哲學底蘊和思想內涵卻有着很大差異。孔子貴仁，「仁者愛人」，依據於仁建立了君子的理想人格。君子主要是一個倫理範疇，寄託着孔子太多的人生理想，核心是智、仁、勇的統一，目的是品德和功業，即不僅要品德高尚，而且要建功立業，不僅要自己的道德高尚，而且要推己及人、惠及百姓。《論語》中記載了一段孔子與其弟子子路的對話，較好地反映了孔子關於君子品格的思想。「子路問君子。子曰：『修己以敬』，曰：『如斯而已乎？』曰：『修己以安人。』曰：『如斯而已乎？』曰：『修己以安百姓。修己以安百姓，堯舜其猶病諸！』」墨家貴賢，倡導「兼相愛，交相利」，在此基礎上建立了賢人的理想人格。先秦時期，賢人是輔佐君主統一天下的有才能和有德行的人。墨家最推崇賢人，認為賢人是政治的根本，「國有賢良之士眾，則國家之治厚；賢良之士寡，則國家之治薄」。法家貴法，力主法治，其理想人格是尊主卑臣，「信賞必罰，以輔禮制」；「不別親疏，不殊貴賤，一斷於法，則親親尊尊之恩絕矣」。老子貴柔，主張無為，建構起聖人的理想人格。圍繞聖人，提出了柔、愚、嗇、樸、慈、儉、靜、弱等人格規範，形成了理想人格的思想體系。

老子的理想人格，迥異於孔子、墨家、法家的理想人格，最大的差異是理論基礎不同。老子思想的最高

1 馮友蘭：《三松堂全集》（第六卷），河南人民出版社二〇〇〇年版，第十二頁。

範疇是道，道與其說是一個倫理範疇，倒不如說是一個哲學範疇。老子依據於道建構的理想人格，具有本體論意義，因而思想更深刻，邏輯更徹底。其他先秦思想家的理想人格只有倫理學意義。研究先秦思想家的理論人格，不能不涉及道德範疇，先秦思想家一般是在倫理學意義上使用道德範疇的，而且道與德是合併使用的。在老子哲學中，道與德是分開使用的，道更多地表達本體論的內容，德更多地表達價值論的內容。《老子》一書分為上、下篇，上篇一章至三十七章為「道經」，主要闡述道的本旨；下篇三十八章至八十一章為「德經」，主要說明道的作用，全書渾然一體，貫穿着尊道貴德的思想。所謂德，王弼注云：「德者，得也，常得而無喪，利而無害，故以德為名焉。何以得德？由乎道也。」道與德的關係是道為體、德為用，德是道與天地萬物的聯繫和轉化機制，道通過德落實於天地萬物，內化到每一個個體的事物中，成為每一個個體事物的本質和特性。「道生之，德畜之，物形之，勢成之。是以萬物莫不尊道而貴德。道之尊，德之貴，夫莫之命而常自然。」意思是，道化生萬物，德蓄養萬物，物賦予形體，勢促使完成。所以萬物沒有不尊崇道而珍視德的。沒有給道和德加封，道和德的尊貴在於自然。對於人生而言，德既是道的實現，也是道的主體化。道實際上是生命的源泉和根本，是一種潛能或潛在性存在，德則是主體實現的原則，是一個價值範疇，由修德而復道，這說明道也是一個價值本體。

老子之道形而下到人生層面，其所顯現的特性而為人類所體驗、所效法者都屬於德的活動範圍，這就是人道。人道思考的是人與自身的關係，研究人的德性問題。老子之人道既是道德哲學，又是德性之學。在人道那裏，德雖然源自於道，但不再是本體論範疇，而是一個主體的實現原則，變成了人生修養或修身的問題。修身的本質是處理人與道的關係。修身的水平不同，導致了人與道的不同關係。有的人修身好，與道就接近，甚至能夠合一。有的人修身不夠，則與道不合一，甚至遠離。老子把他們區分上德與下德、有德與無德之人。《老子》下篇開篇就說：「上德不德，是以有德；下德不失德，是以無德。上德無為而無以為，下德為之而有以為。上仁為之而無以為，上義為之而有以為，上禮為之而莫之應，則攘臂而扔之。」老子所謂的上德，是無為之德，不自知有德，不自居有德，卻成就德的最高境界；下德是有為之德，以德自居，孜孜以求，最後終歸於無德。老子之人道推崇的是上德，上德之人就是聖人，就是有道之士，就是具有高尚道德修養的人。人是精神與身體、心靈與肉體的統一體。精神的無限性與肉體的有限性始終存在着矛盾。如何通過修身，克服精神與肉體的矛盾，達到上德境界，老子之人道提供了思路和方法。

復歸嬰兒，保持精神上的純真，這是老子之人道的內修本領。嬰兒是生命的象徵，無知無欲、自然天真、純潔樸實，但是，嬰兒有着無限發展的潛力和可能。老子從嬰兒身上看到了人生心靈修養的本質和途徑，運用嬰兒的比喻，具體闡述了主體內在的道德和性情修養。老子認為，上德之人必然如嬰兒般的純潔天真，「含德之厚，比於赤子」。在老子看來，嬰兒的心靈與肉體是統一的，具有旺盛的生命力。這種生命力不僅表現在人生都是從嬰兒開始的，逐步走向少年、青年、中年和老年；更表現在嬰兒尚處在本能狀態，沒有是非心，沒有苦樂感，無所畏懼，十分強壯，「蜂蠆虺蛇不螫，猛獸不據，攫鳥不搏。骨弱筋柔而握固，未知牝牡之合而全作，精之至也。終日號而不嗄，和之至也」。意思是，蜂蠍毒蛇不會螫他，鷙鳥猛獸不會搏擊他。筋骨柔弱，拳頭卻握得緊緊的。還不知男女之事，男性性徵卻很有力量，這是精氣充足的緣故。整日號哭，喉嚨卻不會沙啞，這是元氣淳和的緣故。當然，嬰兒強壯不是身體的強壯，而是精神的強壯。嬰兒在天真無邪中充滿着生機和活力，整個身體都處在積極的正面狀態。在老子看來，人生離開嬰兒之後，心靈與肉體逐步分化，就難以在精神上保持嬰兒狀態和心靈上保持本真品質。隨着年齡的增長，人生逐步遠離嬰兒狀態，不可避免地產生欲望和知性。有了欲望，必然出現各種技巧，以滿足欲望；有了知性，必然需要認識客觀事物，以求獲得知識。人的欲望和知性過分膨脹，就會失掉人的本真，導致人的異化，即人創造的物質和精神產品不為人所駕馭，反過來奴役和支配人的身心和言行。老子認為，保持本真就是明白道理，貪圖欲望就會加速衰老和死亡，「知和曰常，知常曰明，益生曰祥，心使氣曰強。物壯則老，謂之不道，不道早已」。意思是，認識元氣淳和的道理叫作常，認識常叫作明。貪生縱欲就會有災殃，心機主使和氣就是逞強。過分的強壯就趨於衰老，這叫作不合於道。不合於道，很快就會死亡。在老子看來，人的一生如要保持心靈與肉體的統一，實現人與道的合一，就要不斷地修身，具體路徑是復歸於嬰兒。修身不是為學而是為道，為學是增進知識，主要通過求知活動逐漸積累和不斷增多。老子並不反對知識，而是反對功利性的求知活動。為道是提升道德品質，主要通過內省，減少心計、拋棄成見。為學屬於知識論，為道屬於修身範疇，兩者有着不同功能，不能互相代替。「為學日益，為道日損。損之又損，以至於無為。」復歸於嬰兒，並不是人的肉體回歸到嬰兒時期。時間的單向性決定了人離開嬰兒之後，只能走向老年和死亡，不可能回到生機勃勃的嬰兒狀態。肉體不能回歸，心靈卻能回歸，精神卻能永遠保持嬰兒般的淳樸和本真。老子正是從心靈和精神角度，闡述人生復歸於嬰兒的道理，「知其雄，守其雌，為天下谿。為天下谿，常德不離，復歸於嬰兒。知其白，守其黑，為天下式。為天下式，常德不忒，復歸於無極。知其榮，守其辱，為天下谷。為天下谷，常德乃足，復歸於樸」。「復歸」都是一個意思，指人的德性復歸，如嬰兒般地純真，摒棄一切雜念，遵從道的運行和規律。

向水學習，堅守行為上的柔弱，這是老子之人道的處世方法。如果說復歸嬰兒是人生修養對內的心靈指導，那麼，向水學習則是人生修養對外的行為指導。人的對內修養是主體內在的道德與性情修養，對外修養則是應對社會和人際關係的方法總和，二者圓融自洽地形成了老子之人道的全部實踐內容。《呂氏春秋》

云：「老聃貴柔」，這在一種程度上較為正確地反映了老子思想的特性。老子是從形而上的角度認識柔弱的，柔弱是道的重要組成部分，與反一起促成了道的運動。「反者，道之動；弱者，道之用。天下萬物生於有，有生於無。」老子認為，天地萬物中最能體現柔弱品格的就是水，世上沒有比水更柔弱的事物了，「天下莫柔弱於水，而攻堅強者莫之能勝，以其無以易之」。然而，老子感歎：「天下莫不知，莫能行。」意思是，天下都知道水的好處和柔弱的作用，卻沒有人能實行。老子之人道希望人們向水學習，以柔弱的態度和方法為人處世。在老子看來，水的柔弱表現在不爭。我們知道，無論動物還是植物，一切生命形式都離不開水。但是，水流向低處，安居低窪，不爭高於天下，不爭寵於自然。老子對水這一看似簡單而平常的自然現象，做出了全新的人文解釋，這是一種與世無爭的高貴品質，不僅反映了精神上的謙卑，而且體現了為人處世的低調態度。老子不禁讚歎，水就是道啊！「上善若水。水善利萬物而不爭，處眾人之所惡，故幾於道。」河上公注云：「上善之人，如水之性」；王弼注云：「道無水有，故曰『幾』也。」老子認為，不爭就是水滋養萬物而不居功自傲，不佔有和主宰它們，這是最高的道德，「道生之，德畜之；長之育之，亭之毒之，養之覆之。生而不有，為而不恃，長而不宰，是謂玄德」。在老子看來，水的柔弱表現在處下。處下實際上也是不爭的一種表現，更是謙卑精神的具體展示。謙卑處下的本質是包容寬容，胸懷博大，能夠隨物賦形。水沒有固定的形狀，也不刻意塑造某種形狀，而是自然給予什麼形狀，水就成為什麼形狀。謙卑處下能夠隨遇而安，水遇到高山，就繞道而行；遇到低窪，就安居積蓄，不計較、不逞強，不自傲、不邀寵。更重要的是，無論在高處還是在低窪，水都不擇細流，不計清濁，不避污泥髒水，有容乃大、無私奉獻。老子讚美水的謙卑處下，「江海所以能為百谷王者，以其善下之，故能為百谷王」。在老子看來，水的柔弱還表現在以柔克剛。水看似柔弱卻有着異乎尋常的力量。水滴石穿，既可以潤物無聲、滋潤心靈，又可以毀滅利劍、穿透頑石。老子從中會意到了一種人文力量，那就是頑強的韌性和堅定的意志；辯證地看到了柔弱與剛強的關係，那就是柔弱勝剛強。「天下之至柔，馳騁天下之至堅，無有入無間，吾是以知無為之有益。」意思是，天下最柔弱的水，縱橫出入於天下最堅硬的東西，無形的力量穿透沒有間隙的東西。我因此知道無為是有益的。不過，老子緊接着就感歎：「不言之教，無為之益，天下希及之。」這說明人生向水學習，修身養性，並不是一件容易的事情。

聖人標準，超越自我完善人生，這是老子之人道的理想目標。無論內修心靈，還是外修立身，都需要有一個目標指引，這不僅可以明確修身的努力方向，而且可以為修身提供前進的動力。老子之人道設定的修身目標就是聖人，聖人是老子理想人格的具體化形象。有趣的是，老子作為「周守藏室之史」，應該熟悉先秦及以前的歷史和歷史人物，而翻遍《老子》全書，卻沒有提到一個歷史上的人物，更沒有拿任何一個歷史人物來比附聖人。好在《老子》一書多處議論聖人，使得聖人形象呼之欲出，臻於完美。在老子看來，聖人是與道合一的人。聖人是道的完美化身，不僅在本體論上得到道的全部內容，而且通過致虛靜的內省方法，在認識論的意義上也把握了蘊含在他們自身中的道的全部內容。老子之人道，某種意義上可說是聖人之道。這是因為普通人常常為貪欲所誘惑，失去了道的本性，唯有聖人，才能尊天道、法自然和明人事。《老子》一書經常將天之道與聖人之道對應起來加以闡述，譬如，第八十一章說：「天之道，利而不害。聖人之道，為而不爭。」又如，第七十三章說：「天之道，不爭而善勝」；第六十六章則說：聖人「以其不爭，故天下莫能與之爭」。再如，第七十三章說：天之道「不言而善應，不召而自來」；第二章則說：「是以聖人處無為之事，行不言之教。」在老子看來，聖人在政治上是自然無為，「為者敗之，執者失之。是以聖人無為，故無敗；無執，故無失。民之從事，常於幾成而敗之。慎終如始，則無敗事。是以聖人欲不欲，不貴難得之貨。學不學，復眾人之所過。以輔萬物之自然而不敢為」。意思是，有所作為就會失敗，有所把持就會失去。所以聖人無所作為就不會有失敗，無所把持就不會失去。人們做事，常常在快要成功的時候失敗了。慎重對待事情的終結，就像對待開始一樣，就不會有失敗之事。所以聖人以不欲為欲，不看重難得的奇物；以不學為學，拋棄眾人的過失而復歸於根本，輔助萬物自然成長而不敢作為。在老子看來，聖人在立身上是無知無欲。老子認為，貪婪、驕奢淫逸、縱情聲色犬馬，必然導致人的心靈與肉體的矛盾，使得精神發狂，「五色令人目盲，五音令人耳聾，五味令人口爽，馳騁畋獵令人心發狂，難得之貨令人行妨」。畋獵指打獵，難得之貨為稀世珍品。聖人守住內心的平靜，不貪圖物質享樂和感官享受，「是以聖人為腹不為目，故去彼取此」。王弼注云：「為腹者以物養己，為目者以物役己，故聖人不為目也。」在老子看來，聖人在處世上是樂於助人，「聖人不積，既以為人，己愈有；既以與人，己愈多」。意思是，聖人不私自積藏財貨，他儘量幫助別人，自己反而更充足；他儘量給予別人，自己反而更豐富。

研讀老子之人道，不禁想到隱士問題。中國的隱士文化相當豐富，最著名的代表人物是晉朝的陶淵明，留下了《歸去來兮辭》的隱士宣言和千古名篇。人們一般認為，老子哲學為隱士文化提供了理論依據；老子自己西出函谷關，不知所終，也是做了隱士。《辭海》對隱士的解釋是「隱居不仕的人」，意指能做官而不做官的人，或做過官主動退下來不做官的人。這是從精神與身體結合上談論隱士問題，即精神歸隱的同時，身體也要回歸到田園林泉。老子之人道給我們的啟示是，在歸隱問題上，精神與身體可以分離，兩者並不必然產生矛盾。事實也是如此，千百年來有的人身在田園林泉，精神卻在向往功名利祿；有的人身在官場，精神上卻可以達到歸隱境界。在一定的條件下，精神上的自然無為卻可以促進官場上的更有作為。南懷瑾認為：「在中國歷史文化上，有一個不易的法則，每當時代變亂到極點，無可救藥時，出來『撥亂反正』的人物，都是道家人物。」[1] 即使在和平時期，如果官員能夠在精神上保持嬰兒般的本真，堅守水一般的柔弱，那麼，官場上就會多一些團結和諧，少一些爾虞我詐；多一些溝通協調，少一些爭名奪權、爭強好勝，這就能促進官員更好地造福百姓、服務社會。所以，真正的隱士是精神的歸隱，既積極入世又與世無爭，保持心靈的自由，尋求詩意地棲居，即所謂的「小隱隱於野、中隱隱於市、大隱隱於朝」。

1 南懷瑾著述：《南懷瑾選集》（第二卷），復旦大學出版社二〇一三年版，第九頁。

老子之無：天籟之音

無，是老子哲學的一個重要範疇。據有關研究，《老子》八十一章，約有四十章提到「無」。當然，在《老子》一書中，大多數「無」並非是一個概念，而是一個副詞或動詞。只有少數幾個「無」，可以稱之為理論概念和思想範疇。正是思想範疇的「無」，為老子學說增添了思辨色彩，在中華民族的思想蒼穹裏，猶如天籟之音，對以後的道家、黃老之學、魏晉玄學、外來佛學和宋明理學產生了深遠的影響。

在研讀老子之無的時候，先講講伯牙與鍾子期的故事，或許有助於我們更好地理解和體悟老子之無。《呂氏春秋．本味》記載：「伯牙鼓琴，鍾子期聽之，方鼓琴而志在高山，鍾子期曰：『善哉乎鼓琴！巍巍乎若泰山。』少選之間，而志在流水，鍾子期又曰：『善哉乎鼓琴！湯湯乎若流水。』鍾子期死，伯牙破琴絕弦，終身不復鼓琴，以為世無足復鼓琴者。」這是人們熟悉的高山流水、知音難逢的故事，而人們很少知道伯牙學琴的前傳——「以無為師」的故事。《琴操》記載，伯牙跟著名藝術家成連學琴三年，雖然學到了技藝，卻沒有學到琴的真諦和精髓「移人情」，即將天地自然的情懷轉移為琴音。於是，成連編了一個故事，便帶着伯牙到東海找所謂自己的老師方子春學琴，以幫助伯牙提升境界。伯牙到了東海某個孤島，並未見到方子春，而成連卻「刺船而去，旬日不返」。伯牙獨居荒島，困窘寂寞，只見無邊的海水、洶湧的波濤、深深的山林和悲鳴的鶩鳥。有一天，伯牙忽然頓悟：「先生亦以無師矣，蓋將移我情乎。」終於，伯牙以無為師，學會了將天地自然的情懷移至於琴的本領，彈出了不朽名曲《水仙操》。伯牙「以無為師」的故事很好地解讀了無的玄妙幽冥。對於頓悟之前的伯牙，無是絕對的虛無、靜止的空無，沒有任何內容，沒有任何聯繫，也沒有任何意義，只有孤單、恐懼和落寞。對於頓悟之後的伯牙，無是那麼空曠傳神，含義豐富、意義深遠，既是老師，可以教給你許多道理和知識，尤其是書本上沒有的道理和知識；又是琴聲、曲調，可以演奏美妙動聽的音樂；更是天地自然與琴聯繫的中介，可以把海水、波濤、山林、飛鳥轉移為琴音，創造出新的曲譜和音調。老子之無正是從哲理上闡述了伯牙頓悟後的無的意義和價值。

學術界對老子之無的內涵和意義，歷來有着不同看法。首先是本體論與宇宙論的差異。本體論側重思考天下萬物的本原問題，宇宙論側重思考天下萬物的起源問題。《老子》第四十章，通行本為「天下萬物生於有，有生於無」；郭店竹簡本則少一個「有」字，為「天下萬物生於有，生於無」。如果按照通行本，則為本體論，即無在有之前，無是世界的本原；按照竹簡本，則為宇宙論，即萬物起源於「有」與「無」。有的學者據竹簡本認為：「所謂的『無』就不在『有』之先，而是與『有』共同作為萬物存在的起源。」因而是虛無與實有的差異。任繼愈曾把老子之無看作是絕對靜止的虛無，他認為沒有「有」，則「無」不能產生，天下萬物生於「有」，「有」生於「無」的觀點是唯心主義的，因為科學實踐證明無中不能生有。另一種觀點則認為，老子之無不是絕對的無，而是名無實有，有的學者說「無是最原始、最微妙的物質」，進而認為老子並非貴無，而是崇有，是一種唯物主義；有的學者說「無並不是虛無或純無，而是無名之物」，「無」不僅是一種形式的「有」，還是「有」的自動要素。老子之無的筆墨官司說明，老子思想至今仍然在影響着人們的思維方式，老子哲學仍然充滿着勃勃生機和活力。

那麼，怎樣理解老子之無呢？在老子哲學中，作為形而上的無，是唯一能與道並列同質的範疇。差別在於「正言若反」，道是肯定意義上的形而上學，無是否定意義上的形而上學，兩者從不同角度探尋世界的本原和人生的終極價值。哲學觀照世界，需要在認識上把形形色色的個體事物納入到普遍化的觀念系統之中，以便認識和把握世界，考察不同事物之間的聯繫和區別。老子之無就是這樣一個普遍化的觀念系統，意味着從消亡的含義中又引申出了潛在的意蘊。它否定一切具體的、有限的、經驗的規定性，因而具有普遍性、包容性和超越性，能夠把天下萬事萬物囊入其中。同時，由於無沒有任何具體的規定性，所以能夠打破「有」的堅硬外殼對事物發展的束縛，化解實存、生育萬物，由此而成為世界的本原和起源。老子之無遠離感性知覺的範圍，其玄妙底蘊只能通過理性直觀來把握。它不是現實的「有」的缺失，也不是空間意義上的「無」，而是表達一種與經驗世界完全不同的異質存在。無不是事實判斷的「無」，而是存在論意義上的「無」，是價值判斷中意義的虛無。老子之無有着一種深刻的生命意義，昭示着把人們從痛苦中拯救出的自我解放道路。它雖然對本體世界與現實世界進行了區隔，說明人不可能在現實世界中找到可靠的行動指引，只能通過反省自己的生存環境，改變以往的生存方式，才能走出現實世界的困境。但是，無並非是故弄玄虛，而是溝通聯繫主體自我與客體世界的橋樑和紐帶，使主體自我進入一種寬闊、開放的精神空間，去思考自然、社會和人生的終極目標。因此，老子之無是主體自我與客體世界親密無間的接觸，是一塵不染的主體自我與客體世界冥合而洞察到的宇宙真諦。這一範疇既延續了通過否定方式肯定終極存在的態度，又以生命體驗的沉默自我給客體世界賦予空靈蘊藉的意味，從而奠定了中國哲學悠久綿長的詩性傳統。

無是道，這是老子之無最基本的內容。道是老子哲學的最高範疇。在老子那裏，道是天下萬物的根本憑藉和最終依據，天下萬物需要道的依託而道卻不需要依託於天下萬物，因而道是超越一切具體有形的存在，是具有高度抽象意義的存在本體。同時，在老子那裏，作為思想範疇，唯有無能夠與道等量齊觀，無與道是相通的。第二十五章是對道的闡述，強調了道體本無，「有物混成，先天地生。寂兮寥兮，獨立不改，周行而不殆，可以為天下母。吾不知其名，字之曰道，強為之名曰大。大曰逝，逝曰遠，遠曰反」。意思是，有物渾然一體，先於天地生成。無聲而又無形，獨立長存從不改變，循環運行永不停，可以說是天地之本根。我不知它的本名，給它取號叫「道」，勉強取名叫「大」。大到無邊又無所不至，無所不至而運行遙遠，運行遙遠又回歸本原。有時，老子把無與道看作同一的概念，無就是道，道就是無，表達着相同的內容。在本體論方面，第四章說道是世界的本原、萬物的主宰、天帝的祖先，「道沖而用之或不盈，淵兮似萬物之宗。挫其銳，解其紛，和其光，同其塵。湛兮似或存。吾不知誰之子，象帝之先」。第一章認為，無也是世界的本原，「無，名天地之始；有，名萬物之母」。王弼注云：「凡有，皆始於無。故『未形』、『無名』之時，則為萬物之始，及其『有形』、『有名』之時，則長之育之，亭之毒之，為其母也。言道以無形無名始成萬物，以始以成而不知其所以，玄之又玄也。」在宇宙論方面，第四十二章說道是天下萬物的起源，「道生一，一生二，二生三，三生萬物。萬物負陰而抱陽，沖氣以為和」。第四十章認為，無也是天下萬物的起源，「天下萬物生於有，有生於無」。有時，老子在描述道，實際上也是在描述無。第二十一章先是闡述道是無形的，人不能感性知覺，「道之為物，惟恍惟惚」。次是闡述道並非絕對靜止的虛無，「惚兮恍兮，其中有象；恍兮惚兮，其中有物。窈兮冥兮，其中有精；其精甚真，其中有信」。意思是，道雖然迷離恍惚，其中卻有形象；雖然縹緲迷離，其中卻有實物；雖然幽深昏暗，其中卻有精氣。這精氣清晰可知，真實而可信。後是闡述道具有認識和把握世界的功能，「自古及今，其名不去，以閱眾甫。吾何以知眾甫之狀哉？以此」。王弼注云：「眾甫，物之始也。」意思是，從古到今，道的名字永遠不能消去，人們依靠它來認識萬物的本原。我怎能知曉萬物本原的狀態？就是依據於道。這一章描述了道的特徵，也是無的特徵。無也恍惚，人的感官不能察覺；無，不能理解為絕對的虛無，其中有象、有物、有精；無也是認識和把握世界最高的抽象性範疇。有時，老子用無來闡述道，這說明道還是比無更重要的哲學範疇。第十四章一開始就用看不見、聽不到、摸不着等無的意象來描寫道的狀態，「視之不見名曰夷，聽之不聞名曰希，搏之不得名曰微。此三者不可致詰，故混而為一」。致詰意為思考、追問。接着説明道之為物似無而實在，「其上不皦，其下不昧，繩繩不可名，復歸於無物。是謂無狀之狀、無物之象。是謂惚恍。迎之不見其首，隨之不見其後」。意思是，道的上面不顯得光亮，下面也不顯得陰暗，它綿綿不絕而不可名狀，一切的運動都會回到不見物體的狀態。這是沒有形狀的形狀，不見物體的形象，它就叫惚恍。迎着它，看不見它的前頭；隨着它，看不見它的後面。最後強調要把握道的規律，「執古之道，以御今之有。能知古始，是謂道紀」。意思是，秉承這亘古已有的道，就可以駕馭現存的萬物。能夠知曉宇宙的本始，這就叫道的規律。

無是矛盾，這是老子之無最鮮明的特徵。在中國思想史上，老子最傑出的貢獻是辯證法。自古以來，對於老子其人和《老子》其書一直爭議不斷，而老子思想中具有深刻的辯證法內容，則為大家所公認。老子辯證法思想中的主要內容是矛盾學説，他從自然界和社會現象的觀察中發現了對立統一規律，第一次系統地論述事物對立面相反相成的道理。其中，無是老子矛盾學説的重要組成部分。通過無這一範疇，老子揭示了事物對立面之間相互聯繫、相互依存、相互作用和相互補充的矛盾關係。第二章比較完美地論述了對立統一規律，「天下皆知美之為美，斯惡已；皆知善之為善，斯不善已。故有無相生，難易相成，長短相較，高下相傾，音聲相和，前後相隨」。由於個人認知不具有完全的有效性，這段話則以「天下皆知」，作為分辨美醜善惡的標準；用「難易相成」，使認識與實踐相統一，把實踐納入人的主觀能動性中加以思考；用「長短相較」等不同側面，對「有無相生」命題中一方的存在以對立的另一方的存在為條件的內涵進行了補充，從而使有與無的關係成為解釋事物運動變化的根本原理。通過無這一範疇，老子演示了矛盾運動變化而衍生萬物的過程。第一章認為道在無與有的相互作用中創生宇宙和天地萬物，是天下萬事萬物的根源和始基；無與有是認識把握道的兩個重要環節，認識道就是一個從無到有的過程。「道可道，非常道；名可名，非常名。無，名天地之始；有，名萬物之母。故常無，欲以觀其妙；常有，欲以觀其徼。此兩者同出而異名，同謂之玄。玄之又玄，眾妙之門。」意思是，可以用言辭表達的道，就不是常道；可以用文字表述的名，就不是常名。無，是形成天地的本原；有，是創生萬物的根源。所以常從無中去觀照道的奧妙；常從有中去觀照道的端倪。無和有同一來源而不同名稱，都可説是很幽深。幽深又幽深，是一切奧妙的門徑。通過無這一範疇，老子闡述矛盾雙方在事物發展中的不同地位和作用。第十一章較好地詮釋了無與有的不同功能，「三十輻共一轂，當其無，有車之用。埏埴以為器，當其無，有器之用。鑿戶牖以為室，當其無，有室之用。故有之以為利，無之以為用」。輻為車輪上的輻條，轂為車輪中間的圓木；埏為揉，埴為黏土；鑿為開鑿窯洞，戶牖為門和窗。意思是，三十根輻條共同支撐着車轂，有了車轂中空的地方，才有了車的功用。揉搓黏土製成器具，有了器皿中空的地方，才有器的功用。開門窗、鑿窯洞為居室，有了門窗四壁中空的地方，才有了居室的功用。因此，有給人提供便利，無才是物體功用之所在。車輪、陶器和居室的事例都説明無比有更具本原性，是無使有的實在之物具有利的功能。由於無具有空間的含義，老子認為，天地因為有空間，道才能發揮出這一無限的創生可能。第五章指出：「天地之間，其猶橐籥乎？虛而不屈，動而愈出。」橐籥意指風箱。老子以風箱比喻天地，説明正是天地在陰陽矛盾中不斷運動，從而創生了天下萬事萬物。所謂「虛而不屈」，意思是虛空但不會窮竭，是指道的無限性；「動而愈出」，意思是運動起來而生生不息，形象地表現了由道的運動而產生萬物的過程。

無是人生，這是老子之無最重要的價值。後人普遍認為，老子思想最為寶貴的內容是抽象思維和哲理思辨，而老子本人可能不會這麼認為，老子寫作的目的不是為了探索自然，也不是為知識而知識，而是為了給社會和人生指點迷津。即使提出道這一高度抽象的思想範疇，出發點和落腳點也不是為了探索天道，而是為了尋求人道。因此，老子之無與其說是哲學範疇，倒不如說是政治倫理範疇，實質是要求人們「去甚，去奢，去泰」。河上公注云：「甚，謂貪淫聲色；奢，謂服飾飲食；泰，謂宮室台榭。去此三者，處中和，行無為，則天下自化。」老子之無，對於立身而言，要求個人不能有欲。春秋末期是個動亂不已的社會。老子認為，動亂的根源在於個人尤其是統治者有私心和私欲，其中名和利是人之大欲。第四十四章指出了貪名求利的弊害，「名與身孰親？身與貨孰多？得與亡孰病？甚愛必大費，多藏必厚亡。故知足不辱，知止不殆，可以長久」。意思是，名聲和生命哪一個更重要？生命和財貨哪一個更貴重？得到名利和喪失生命，哪一個更有害？過分愛惜必有重大損耗，大量藏貨必有更多的損失。知道滿足就不會遭受恥辱，知道適可而止就不會遇到危險，這樣可以長久安定。第九章則告誡人們要戒驕、戒盈、戒滿、戒鋒芒畢露，強調「功成身退」的品格，「持而盈之，不如其已。揣而銳之，不可長保。金玉滿堂，莫之能守。富貴而驕，自遺其咎。功遂身退，天之道」。老子之無，對於處世而言，要求個人不能有智。《老子》一書使用的智，一般不屬於知識論，不是指智慧、知識，而是指修身論，意指虛偽奸詐、投機取巧、陰謀詭計。從修身的角度看待智，老子多次強調「絕聖棄智」，明確「以智治國，國之賊；不以智治國，國之福」。第二十章形象描述了老子與世人對待智的不同態度和行為，總的說來是「我獨異於人，而貴食母」。意思是，我是這樣的與眾不同，看重尋求道的滋養。具體表現在眾人享受，我獨淡泊，「眾人熙熙，如享太牢，如春登台。我獨泊兮其未兆，如嬰兒之未孩。儽儽兮若無所歸」。意思是，眾人都興高采烈，就像參加盛大宴席，又如春日登台眺望，心曠神怡。我卻獨個兒淡泊寧靜，沒有形跡，好像不知嬉笑的嬰兒；落落不群，好像無家可歸。表現在眾人聰明，我獨愚笨，「眾人皆有餘，而我獨若遺。我愚人之心也哉！沌沌兮！俗人昭昭，我獨昏昏；俗人察察，我獨悶悶」。王弼注云：昭昭「耀其光也」；「察察，精於算計」。意思是，眾人都有多餘，唯獨我好像不足的樣子。我真是「愚人」的心腸啊！混混沌沌啊！世人都光耀自炫，唯獨我暗暗昧昧的樣子。世人都精明靈巧，唯獨我無所識別的樣子。表現在眾人實用，我獨無能，「眾人皆有以，而我獨頑似鄙」。意思是，眾人都各有所用，我獨顯得鄙劣無能。老子之無，對於從政而言，要求個人不能有為。老子從道法自然出發，認為統治者管理國家要遵循客觀規律，自然而為，不要憑藉個人意志，強行妄為；要讓老百姓休養生息，不要過多干預和過分剝削壓迫，這就是無為。在老子看來，無為是治理國家最重要的原則。第五十七章先是指出有為的政治導致社會混亂，「天下多忌諱，而民彌貧；民多利器，國家滋昏；人多伎巧，奇物滋起；法令滋彰，盜賊多有」。然後以聖人的口吻，指出無為才是治本之策，「故聖人云，我無為而民自化，我好靜而民自正，我無事而民自富，我無欲而民自樸」。

蘇東坡詩云：「人生到處知何似，應似飛鴻踏雪泥。泥上偶然留指爪，鴻飛那復計東西。」這首詩似有似無、似真似幻，彌漫着空靈之美，似乎生動形象地詮釋了老子之無。老子之無的空靈之美不是實體，而是實在，不是虛無一物，而是將無窮之意隱置其間。老子之無猶如寫意山水，在層巒疊嶂中現出一種透明的含蓄，雖然不可言傳，卻可意會；雖然不能感性知覺，卻能用心體悟。老子之無用以修養，可以溝通入仕與歸隱的聯繫，在達則兼濟天下與窮則獨善其身之間保持必要張力，無論居廟堂之高，還是處江湖之遠，心在天遊、物我兩忘，都能做到「不以物喜，不以己悲」。老子之無用以學業，可以架設實有與虛無的橋樑，在有字之書與無字之書之間保持內在平衡，讀有字之書是為了傳承，充分汲取前人的積累和成果；讀無字之書是為了創造，超越前人，看得更遠、思慮更深，取得新的思想成果，推動文明進步。老子之無用以實踐，可以建構主體與客體的紐帶，在主觀自我與客觀世界之間保持心靈自由，不拘泥於個體的想像，不留戀於以往的知識和經驗的積累，瓦解由於主體與客體的疏離對立而造成的心靈失衡，使主觀自我對客觀世界的認識從必然王國進入自由王國，真正感悟到了宇宙萬物真相的智慧明覺，並且在實踐中圓滿自覺地融入生命活動。

老子之自然：自然而然

自然是老子哲學的一個重要概念。《詩經》、《左傳》、《論語》等先秦典籍都沒有使用過這一概念，老子是第一個使用自然概念並引入哲學範疇的思想家。所謂自然，由自與然兩個字組成，「自」常用作反身代詞，指稱「自身」；《說文解字》甚至將其原義追尋到「鼻子」的鼻字，以至有的外國研究者認為，中國人往往用手指着鼻子來指稱自己，而不是像西方人那樣指着心口。「然」，《玉篇》注釋為「許也，如是也」；《唐韻》注為「如也」，即表示如此的狀態。自與然合成一詞，應為「自然而然」、「自如其然」的意思。從古文字分析，自然是自己如此、從來如此、通常如此、勢必如此和自己成就自己。在老子哲學中，自然是與人為相對立的概念，是一種不同於人為而又高於人為的狀態，是事物按照自身的本質規定和運行規則而自生、自長、自成、自衰、自滅的過程。老子之自然，不是指自然界，卻表達了對自然界秩序的向往；不單單指人類社會，卻表達了對人與自然、人與人生之間和諧關係的憧憬。在老子的理想世界中，道與萬物各自然，聖人與百姓各自然，道順任萬物的自然本性而不強制主宰，聖人順遂百姓的自然本性而不擾亂破壞，從而構築起自然界、人類社會和個體生命的和諧秩序。

雖然自然一詞在老子哲學中有着重要地位和作用，但在《老子》一書中僅出現過五次。因此，我們既要重視對自然概念的研究，又不要拔高自然概念在老子哲學中的位置，而要採取客觀理性的態度，給予恰如其分的評價。

第十七章：悠兮其貴言。功成事遂，百姓皆謂我自然。

第二十三章：希言自然。故飄風不終朝，驟雨不終日。

第二十五章：故道大，天大，地大，王亦大。域中有四大，而王居其一焉。人法地，地法天，天法道，道法自然。

第五十一章：道之尊，德之貴，夫莫之命而常自然。

第六十四章：是以聖人欲不欲，不貴難得之貨。學不學，復眾人之所過。以輔萬物之自然而不敢為。

對於老子之自然，學術界存在着不同理解。有的把自然理解為自然界或大自然，認為老子哲學首先是關於自然界和宇宙秩序的思想體系。老子哲學確實追問了自然界的終極根源，但重點仍然是人世間和個體生命。《老子》一書提到的自然中，只有一處可以理解為自然界的自然，其餘四處皆包含着明顯的人文因素。況且，《老子》一書大部分是政治和人生經驗的概括提升，只有少部分源於自然經驗。有的把自然詮釋為人文自然，認為這是從本質上揭示和強調老子之自然的基本精神，可以避免各種誤解，同時為老子哲學在現代社會的應用和發展開闢一條可能的途徑。老子哲學的出發點和歸宿都是人世間和政治領域，這是毫無疑問的。但是，老子思想的本質仍然是形而上學，最大特徵是抽象思辨。在老子思想中，自然一詞主要還是從形而上的角度去概述和規定的，不宜限制在人文領域。有的把自然與道並列，認為老子哲學的最高概念是自然和道，彼此可以互相替代；甚至認為自然是高於道的概念，道來源於自然。老子哲學確實很重視自然這一概念，也是老子最早把自然概念引入了哲學範疇，但道是老子哲學的最高範疇和邏輯基礎，卻是思想史和學術界公認的觀點。《老子》一書道出現了七十四次，而自然只提到過五次，這也從一個側面説明自然不能與道並列，更不能高於道。還是張岱年説得好：「在古代漢語中，尤其是在先秦的典籍中，自然就是自然而然的意思。」[1]

儘管老子之自然不是指自然界，也不是指自然現象，但自然界作為老子生活世界的重要組成部分，給予老子學術研究和思想創新以源源不竭的靈感，自然界和自然現象成為老子構建道家思想體系的主要來源和重要基礎。《老子》一書大量使用了天、地、萬物等自然現象的名詞，這些自然現象一般用作比喻，來闡述深奧的思想。有時，老子用自然現象來比喻道，以便人們識道悟道體道，「上善若水。水善利萬物而不爭，處眾人之所惡，故幾於道」，這是以水喻道。有時，老子用自然現象來比喻得道之人，「古之善為士者，微妙玄通，深不可識。夫唯不可識，故強為之容：豫兮，若冬涉川；猶兮，若畏四鄰；儼兮，其若客；渙兮，若冰之將釋；敦兮，其若樸；曠兮，其若谷；混兮，其若濁」。意思是，古時善於行道之士，精妙通達，深刻而難以認識。正因為難以認識，所以勉強來形容他：小心審慎啊，像冬天涉足江河；警覺戒惕啊，像提防四周的圍攻；拘謹嚴肅啊，像做賓客；融和可親啊，像冰柱消融；淳厚樸質啊，像未經雕琢的木材；寬廣開闊啊，像深山的幽谷；渾樸純厚啊，像濁水一樣。有時，老子用自然現象説明道理，譬如，以風雨為喻，告誡為政者不要過度干擾社會生活，「飄風不終朝，驟雨不終日。孰為此者？天地。天地尚不能久，而況於人

1　張岱年：《中國古典哲學概念範疇要論》，中國社會科學出版社一九八九年，第八十一頁。

乎？」又如，以魚為喻，說明為政者須穩重低調，不可大權旁落，「魚不可脫於淵，國之利器不可以示人」。再如，以天地為喻，呼籲為政者要順應自然管理國家，「天地不仁，以萬物為芻狗；聖人不仁，以百姓為芻狗」。有時，老子細察自然現象，從中提煉昇華為重要的思想觀點。「柔弱勝剛強」，就是老子從水和草木等自然現象中歸納概括的一個論斷，「天下莫柔弱於水，而攻堅強者莫之能勝」；「草木之生也柔脆，其死也枯槁。故堅強者死之徒，柔弱者生之徒」。老子之自然不是自然界和自然現象，自然界和自然現象卻成了老子形成自然概念的源頭活水。是啊！如果沒有人為因素和人的作用，那麼，自然界和自然現象才是真正的「自然而然」和「自如其然」。

道法自然。這是老子關於自然及其與道關係最重要的論斷，也是爭議最多的一個觀點。「故道大，天大，地大，王亦大。域中有四大，而王居其一焉。人法地，地法天，天法道，道法自然。」有的版本將「王亦大」改作「人亦大」；王弼注云：「天地之性，人為貴，而王是人之主也」，兩者並無本質差別。對於這段話，主要爭議在後四句，特別是「道法自然」。有的是逐層遞進的理解，即在人—地—天—道—自然的系列中，地、天、道、自然依次作為法的賓語，這一理解容易產生道與自然並列或自然高於道的誤讀。有的以人為全文的主語，句讀為「人法地地，法天天，法道道，法自然」。唐朝李約解釋：「其義云『法地地』，如地之無私載。『法天天』，如天之無私載。『法道道』，如道之無私生而已矣。」這一句讀只是句義重複，前後沒有遞進關係；只是強調了「無私」二字，並沒有增加更多的內容和信息量，所以很少有人贊同。比較正確的解讀應為遞進式的理解，對於「道法自然」，不要把自然當作賓語，而是當作狀語和形容詞。馮友蘭明確指出：「『自然』只是形容道生萬物的無目的、無意識的程序。『自然』是一個形容詞，並不是另外一種東西。」[1]至於道與自然的關係，道統攝和內含着自然；自然是道的本性和本質規定，而不是道之外的東西。河上公、王弼都作如是解讀，河上公注云：「道性自然，無所法也」；王弼則作了長段注釋：「法，謂法則也。人不違地，乃得全安，法地也。地不違天，乃得全載，法天也。天不違道，乃得全覆，法道也。道不違自然，乃得其性，道自然也。法自然者，在方而法方，在圓而法圓，於自然無所違也。自然者，無稱之言，窮極之辭也。」因此，道法自然，意味着道的初始混沌狀態是自然的，「有物混成，先天地生。寂兮寥兮，獨立不改，周行而不殆，可以為天下母。吾不知其名，字之曰道，強為之名曰大。大曰逝，逝曰遠，遠曰反」。意思是，有物渾然一體，先於天地生成。無聲而又無形，獨立長存從不改變，循環運行永不停息，可以說是天地之本根。我不知它的本名，給它取名叫道，勉強取名叫大。大到無邊又無所不至，無所不至而運行遙遠，運行遙遠又回歸本原。道法自然，意味着道創生萬物的過程是自然的，「道生之，德畜之，物形之，勢成之。是以萬物莫不尊道而貴德。道之尊，德之貴，夫莫之命而常自然。故道生之，德畜之；長之育之，亭之毒之，養之覆之。生而不有，為而不恃，長而不宰，是謂玄德」。這段話的含義豐富，一方面指明道是萬物存在的根源和依據，具有化生、養育萬物的功能，卻又不佔有萬物，不主宰萬物，不自恃有功，這便是道的德性和功能，也是道德的高貴之處。另一方面是強調道的自然本性，道在創生、養育萬物過程中，完全是因任自然，無為而為，放任萬物自生自為。道法自然，意味着道的矛盾運動和循環運行是自然的。老子提出了「常」的概念，與自然概念有相似之處，可謂相得益彰，「夫物芸芸，各復歸其根。歸根曰靜，是謂復命。復命曰常，知常曰明。不知常，妄作，凶」。意思是，萬物儘管紛繁眾多，最終都要回歸其本根。

---

1 馮友蘭：《三松堂全集》（第七卷），河南人民出版社二〇〇〇年版，第二百五十四頁。

回歸本根就稱為清靜，清靜中孕育着新的生命。孕育新生命是正常的自然法則，懂得這一法則便心靈澄明。不懂得自然的法則，胡作非為必然遭遇凶險。張岱年指出：「中國哲人都認為變化是一根本的事實，然不止如此，更都認為變化是有條理的。變化不是紊亂的，而有其不易之則。變化的不易之則，即所謂常。常即變中之不變之義，而變自身也是一常。常的觀念，初發自老子。」[1]

自然無為。自然與無為既是兩個概念，又是聯繫最為密切的概念。自然是自然而然，順應自然而然之為，實質上就是無為，自然與無為就是這樣緊密聯繫在一起。車載甚至認為：「《老子》書提出『自然』一辭，在各方面加以運用，從來沒有把它看着是客觀存在的自然界，而是運用自然一語，說明莫知其然而然的不加人為任其自然的狀態，僅為《老子》全書中心思想『無為』一語的寫狀而已。」[2] 無論自然還是無為，都是道的本質規定，共同彰顯着道的深奧與玄妙。如果說道法自然的自然更多地具有形而上意義，主要是針對天地的運行狀態而言的，那麼，自然無為的自然則具有明顯的政治意義，主要是對人的活動而言的。「是以聖人欲不欲，不貴難得之貨。學不學，復眾人之所過。以輔萬物之自然而不敢為。」意思是，所以聖人以不欲為欲，不看重難得的奇物；以不學為學，拋棄眾人的過失而復歸於根本，輔助萬物自然成長而不敢作為。在老子看來，自然是萬物生存的最終狀態，自然地生存最符合萬物的本性；無為不是無所作為，而是「道常無為而無不為」。因此，對於自然而言，無為自身有着兩方面含義，既是否定又是肯定。從否定方面分析，無為是對自我意欲的限制和約束，對強為妄為和干擾自然之行為的排斥，「企者不立，跨者不行，自

1　張岱年：《中國哲學大綱》，中國社會科學出版社一九八二年版，第九十八頁。
2　車載：《論老子》（第二版），上海人民出版社一九六二年版，第三頁。

見者不明，自是者不彰，自伐者無功，自矜者不長。其在道也，曰餘食贅行。物或惡之，故有道者不處」。意思是，踮起腳跟站不穩，超常邁步走不成，表現自我的不高明，自以為是的喪失名聲，大吹大擂的難有功勳，抬高自我的服不了眾人。按照道的觀點，他們就像殘羹和贅瘤，人人都深感厭煩惡心，所以有道的人不做這種事情。在這段話中，企、跨、自見、自是、自伐、自矜，都不是自然的行為，因而是需要否定的。從肯定方面分析，無為要順其自然而為，助其自然而成，就像道那樣，它是萬物產生的根源，卻不將萬物據為己有；它滋養了萬物，卻沒有任何欲求，也不充當萬物的主宰，「大道氾兮，其可左右。萬物恃之而生而不辭，功成不名有，衣養萬物而不為主」。同時，對於自然而言，無為還有外部關係，是對有為的批判。先秦時期的科學技術和社會生產力落後，所謂有為，主要不是對自然界的干擾，而是對社會生活和政治領域的干擾，即干擾、破壞甚至戕害人之生存的自然狀態。老子堅決反對有為和人為地干擾自然，「希言自然。故飄風不終朝，驟雨不終日」。希言自然，從字面理解，是讓人少說話，以符合自然的法則，而老子的本意卻是要求統治者應當少發號施令。自然界雖然也有飄風、驟雨這樣的自然現象，但時間極短、難以持久，大多數時間還是處於平靜狀態。因而統治者也不要總是在那裏發號施令，應當讓社會保持平靜的狀態，讓老百姓順其自然地生活。

聖人與自然。聖人既是老子的理想人格，又是老子認為在現實社會中唯一能夠認識道和運用道的人；自然既是老子理想的生存狀態和社會環境，又是老子推崇和倡導的價值取向，聖人與自然有着內在的聯繫。在老子看來，自然是表徵宇宙萬物的本性和本然狀態的範疇，只有聖人能夠依據人與物自身的性質和規律，不給予外在的無端干預和任意宰割，從而促進人與物獨立自主、率性而為，自己成就自己。在《老子》一書中，聖人與自然的關係，最經典的表述在第五十七章。先是提出治國理政的基本原則，強調無為而治，「以正治國，以奇用兵，以無事取天下」。次是對統治者過多干涉和無端宰割的反自然行為進行批評，「天下多忌諱，而民彌貧；民多利器，國家滋昏；人多伎巧，奇物滋起；法令滋彰，盜賊多有」。由此可知，老子倡導無為，並非無的放矢，而是針對春秋末期社會動亂、統治者權力橫暴提出的抗議。後是以聖人的口吻提出要順應人的生命本真狀態和合理的生存狀態，讓老百姓自生、自長、自化、自成。「故聖人云，我無為而民自化，我好靜而民自正，我無事而民自富，我無欲而民自樸。」這段話中的自化、自正、自富、自樸，都是自然而然的不同表達。意思是，所以聖人認為，我無為，人民就自我化育；我好靜，人民就自然走上軌道；我不攪擾，人民就自然富足；我沒有貪欲，人民就自然樸實。聖人與自然的關係，最為明白的表述在第六十四章，前後兩段似不相連。前一段指明凡事從小而大、由近至遠，因而要注重小事，尤其是禍亂更要防患於未然，「其安易持，其未兆易謀，其脆易泮，其微易散。為之於未有，治之於未亂。合抱之木，生於毫末；九層之台，起於累土；千里之行，始於足下」。後一段則強調自然無為，反對有所作為，「為者敗之，執者失之。是以聖人無為，故無敗；無執，故無失。民之從事，常於幾成而敗之。慎終如始，則無敗事。是以聖人欲不欲，不貴難得之貨。學不學，復眾人之所過。以輔萬物之自然而不敢為」。在這一段話中，老子直接把聖人與自然、無為聯繫在一起，認為聖人的無為是方法而不是目的，聖人最終的目的是成就自然的狀態，達成自然的目的。聖人與自然的關係，最有意思的表述在第十七章。先是將古往今來的治國狀況分為四種情況，指出應當誠實、誠信地對待老百姓，「太上，不知有之。其次，親而譽之。其次，畏之。其次，侮之。信不足，焉有不信焉」。意思是，最好的國君，百姓都不知道他的存在。次一等的國君，有百姓親近他、讚揚他。再次一等的國君，百姓都畏懼他。最下等的國君，百姓敢於蔑視、侮辱他。所以缺乏誠信的統治者，也就得不到百姓的信任。後是指出好的統治者輕易不發號施令，在無為而治的狀態下，讓社會得到治理，讓百姓感到自然而然，即「悠兮其貴言。功成事遂，百姓皆謂我自然」。對於太上，王弼注云：「太上，謂大人也。大人在上，故曰太上。大人在上，居無為之事，行不言之教，萬物作焉而不為始，故下知有之而已，言從上也。」聯想到第二章，「是以聖人處無為之事，行不言之教，萬物作焉而不辭，生而不有，為而不恃，功成而弗居」，可知太上就是指聖人。老子把聖人與自然、無為緊緊聯繫起來，進一步說明聖人是無為的，更是自然的。

李白詩云「清水出芙蓉，天然去雕飾」，形象而深刻地描述了老子之自然的美麗和飄逸。老子之自然不僅要美在文學藝術領域，更要美在人生領域，這也是研讀老子之自然的意義所在。任何人的人生不管有多麼不同，概括起來無非是做人與做事兩個方面。在做人方面，老子之自然要求我們的心靈不要陷於名利泥潭而不能自拔，也不要被私欲蒙蔽而不能清醒，而要始終保持嬰兒般純真和樸實，即「復歸於嬰兒」、「復歸於樸」。同時要求我們按照自己的個性去生活，只要不妨礙公共生活和公共空間，就可以不受自我或他人過多約束，你是性格開朗的，那就放聲歌唱；你是性格內斂的，那就沉思默想。千萬不要為周圍環境和人言所累，勉強追求改變自己的個性。個性是天成的，想改亦難，否則就會給人造成不自然的感覺。在做事方面，老子之自然要求我們遵守職業道德，因為做事總是和職業相聯繫的，而職業道德體現了職業的本性和規律。你是教師，就要燃燒自己，照亮別人；你是醫生，就要醫者仁心，懸壺濟世。同時要求我們在辦理每件事的過程中，都要順應事情的內在本質，自然而然地辦好事情、成就事業。做人是做事的基礎，做事是做人的延伸。做人自然，才能自然做事。讓我們首先做一個自然而然的人，在自然中享受生命、成就事功。

道是中國思想文化的一個重要概念，千百年來，幾乎每一個思想家都使用過道的概念。道的原意為道路，後引申為事物的本質、規律、原則和方法。先秦思想家已廣氾使用道的概念，但大多沒有作為自己學說的基本概念和邏輯前提。有的單獨使用道的概念，《易傳》說：「一陰一陽之謂道」；孔子曰：「朝聞道，夕死可矣。」有的和理的概念聯繫起來思考，《管子．君臣上》認為：「是故別交正分之謂理，順理而不失之謂道。」聯繫上下文，意思是，區分上下關係，規範君臣職責，稱之為理；順理而行，沒有錯誤，稱之為道。《韓非子．解老》比較全面地闡述了道與理的關係，「道者，萬物之所然也，萬理之所稽也。理者，成物之文也；道者，萬物之所以成也。故曰：『道，理之者也。』物有理，不可以相薄，故理為物之制。萬物各異理，而道盡稽萬物之理，故不得不化」。意思是，道是萬物生成的根本動力，是萬理構成形式的總匯。理是構成萬物的外在形式，道是生成萬物的根本原因。所以說，道是根本性的東西。萬物各有其理，彼此不會相侵，所以理成為萬物的制約力量。萬物之理各不相同，而道完全集中了萬物之理，所以道不能不隨着具體事物發生變化。韓非子明確將道與理合一使用，意指事物的規律，「夫緣道理以從事者，無不能成。無不能成者，大能成天子之勢尊，而小易得卿相將軍之賞祿」。有的和德的概念聯繫起來思考，這就是道德，意指人們共同生活及其行為的準則和規範。在先秦思想家那裏，理和德都是由道衍生的；道是天下萬物之源，理可以指天下萬物的規律，德則主要指人與人相互關係的規律。從這個意義上說，德是理的一部分。但是，在老子那裏，沒有理的概念，只有德的概念，德類似於其他思想家提出的理與德兩個概念的集合，「是以萬物莫不尊道而貴德」。

在先秦思想家中，唯有老子，把道作為自己哲學的最高範疇、基礎概念和邏輯前提；唯有老子，從抽象思維和理性思辨的高度去認識道，提煉道，昇華道，使道成為形而上本體；唯有老子，在道的基礎上展開天道、治道、人道的論證，構築起宏偉理論大廈。老子提出道的範疇，否定了天和神的意志，奠定了一元本體論的哲學基礎，給中華文明抹上了思辨色彩，這不僅是對中國哲學史的重大貢獻，而且是對人類思想史的重要貢獻。然而，人們對道的理解是仁者見仁、智者見智，眾說紛紜、莫衷一是。即使同一個哲學家，在不同時期也會有不同的看法。試以當代中國哲學研究權威為例說明問題，任繼愈先是認為老子之道是原初物質，隨後修改為絕對精神，最後提出老子自己沒有講清楚道是物質還是精神。馮友蘭二十世紀三十年代認為老子之道為物之所以創生的總原理，似乎屬於客觀唯心主義範圍；六十年代認為老子之道「與阿那克西曼德所說的『無限』是一類的，都是未分化的物質」，[1]似乎屬於唯物主義範圍；八十年代則認為老子之道沒有說明相當於客觀世界中的什麼東西，似乎是一種主觀虛構，因而是一種主觀唯心主義。張岱年早年認為老子之道是「理」，似乎是唯心主義；中年認為是「混然一氣」，似乎是唯物主義；晚年又回歸早年的觀點。

老子之道恍兮惚兮，似乎離我們很遠，似乎又在身邊無時無刻地感覺到存在。好在老子留下了韻散交錯

1 馮友蘭：《三松堂全集》（第七卷）河南人民出版社二〇〇〇年版，第二百五十四頁。

的五千餘言哲學詩。在《老子》一書，道字先後出現了七十四次。研讀和認識老子之道，最好的辦法是讀原著、悟原義，加強文本解讀。老子之道是一個渾無際涯、貫穿於形而上和形而下、涵蓋自然界和人類社會的範疇，既不能簡單地歸入某個研究領域，又和任何一個研究領域都有聯繫，在不同的語境下，有着不同的意義和內容。首先要從形而上的角度解讀老子之道，這是老子思想的結晶。

本體論意義的道。本體論概念由十七世紀的德國學者郭克蘭紐首先使用，是研究一切存在本質的學問。老子認為，道是一切存在的根源和依據，是天地萬物的本原，天地萬物都由道化生，「道沖而用之或不盈，淵兮似萬物之宗。挫其銳，解其紛，和其光，同其塵。湛兮似或存。吾不知誰之子，象帝之先」。意思是，道體是虛空的，然而它的作用卻不窮竭，淵深啊，它好像是萬物的宗主。它不露鋒芒，消解紛爭，與日月齊光，與萬物同塵。幽隱啊，似無而又實存，我不知道它是從哪裏產生的，好像是天帝的祖先。作為本體論的道，一是不可道不可名。第一章就強調：「道可道，非常道；名可名，非常名。」第一個道和第三個道是本體論的道，第二個道是言說的意思。因為可道、可名的存在，人類可以通過感性、知性和理性加以認識描述；不可道、不可名的存在，則超越了人類的有限生命和感知能力。第三十二章也表達了道不可名的觀點，「道常無名，樸雖小，天下莫能臣也」。這個道屬本體論。意思是，道永遠是無名而處於樸質狀態的。雖然幽微不可見，天下卻沒有人能讓它臣服。二是不得不名，勉強命名。第二十五章先是描述道的特徵為混沌、永恆、運動和創生萬物，即「有物混成，先天地生。寂兮寥兮，獨立不改，周行而不殆，可以為天下母」。接着指出：「吾不知其名，字之曰道，強為之名曰大。大曰逝，逝曰遠，遠曰反。」意思是，我不知道它的名字，勉強命名為道，再勉強給起個名字叫作大。它廣大無邊而周流不息，周流不息而伸展遙遠，伸展遙遠而又返回本原。最後指出道之大，其範圍是無所不包，天地、宇宙和人類社會都囊括其中；道的本性就是自然，「故道大，天大，地大，王亦大。域中有四大，而王居其一焉。人法地，地法天，天法道，道法自然」。該章所論之道均屬本體論範疇。三是無形無狀。第十四章先是指出道無形狀，強調道不可名，「視之不見名曰夷，聽之不聞名曰希，搏之不得名曰微。此三者不可致詰，故混而為一。其上不皦，其下不昧，繩繩不可名，復歸於無物。是謂無狀之狀、無物之象。是謂惚恍。迎之不見其首，隨之不見其後」。王弼注云：「無形無名者，萬物之宗也。」後是強調識道悟道的重要性，「執古之道，以御今之有。能知古始，是謂道紀」。這兩個道都屬於本體論。意思是，秉承這亙古已有的道，就可以駕馭現存的事物；能夠知曉宇宙的規律，這可說是道的規律。第三十五章表達了類似意思，「道之出口，淡乎其無味，視之不足見，聽之不足聞，用之不足既」。這個道為本體論。不足既，意指不可窮盡。四是似無非無，似有非有。因為道屬形而上本體，是實存而非實有，所以不能說似無實有，似有實無。第二十一章先是指明道與德的關係，闡述兩者是主從關係而不是平行關係，「孔德之容，惟道是從」。接着描述道的無與有狀態，「道之為物，惟恍惟惚。惚兮恍兮，其中有象；恍兮惚兮，其中有物。窈兮冥兮，其中有精；其精甚真，其中有信」。後是闡述道的功能和作用，「自古及今，其名不去，以閱眾甫。吾何以知眾甫之狀哉？以此」。王弼注云：「眾甫，物之始也。」意思是，從古到今，道的功用不變，依靠它來認識萬物的本始。我怎能知曉萬物本始的狀態？就是依據於道。該章所論之道均為本體之道。

宇宙論意義的道。宇宙論概念是由十七世紀德國學者沃爾夫首先使用，在他看來，相對於神學和心理學而言，宇宙論是研究作為一個整體的宇宙起源和結構問題。宇宙論與本體論既有聯繫又有區別。聯繫在於，宇宙論與本體論屬於同一序列範疇，有時可以互相使用；廣義的本體論則包含着宇宙論的內容。區別在於，作為同一序列的概念，宇宙論探究這個世界什麼是真實的，而本體論則探究對天地萬物都有效的關係和原則。老子認為，道不僅是天地萬物的根源，而且是宇宙生成變化的始源。道是宇宙運行的最初發動者，具有無窮的潛在力和創造力，「道生一，一生二，二生三，三生萬物。萬物負陰而抱陽，沖氣以為和」。作為宇宙論的道，首先，道既創生萬物又蓄養萬物，既超越萬物又內存於萬物。第五十一章闡述了天地萬物的成長過程。先是指出萬物由道而生，闡述道與德的作用，「道生之，德畜之，物形之，勢成之。是以萬物莫不尊道而貴德」。接着指明道與德尊貴的原因，「道之尊，德之貴，夫莫之命而常自然」。意思是，道所以受尊崇，德所以被珍視，就在於它們不干涉萬物的成長活動，而是順應萬物的自我化育、自我完成。最後指出道創生萬物既沒有意識性又沒有目的性，「故道生之，德畜之；長之育之，亭之毒之，養之覆之。生而不有，為而不恃，長而不宰，是謂玄德」。該章所論之道均屬宇宙論範疇；第三個道則超出了宇宙論範圍，指出了道的德性特點，這就是化生萬物而不佔有萬物，不主宰萬物，不自恃有功。第三十四章也肯定了道的德性，「大道氾兮，其可左右。萬物恃之而生而不辭，功成不名有，衣養萬物而不為主」。意思是，大道像江河氾濫，洶湧澎湃無邊無際。萬物依它而生，它從不推辭；大功告成，卻不求取美名；護養着萬物，卻不充當它們的主人。同時，道創生萬物運動的源泉是「反」和「弱」。第四十章指出：「反者，道之動；弱者，道之用。天下萬物生於有，有生於無。」這兩個道均為宇宙論。天地萬物是由道創生的，有和無似可理解為道，意指道是在有與無的矛盾運動中創生萬物。在老子那裏，反是一個重要概念，錢鍾書釋「反有兩義，一者正反之反，違反也；二者往反之反，回反也」[1]。反的實質是對立面的矛盾運動。弱則是指矛盾對立面中比較弱小的一方，老子認為，柔弱更有生命力，「天下莫柔弱於水，而攻堅強者莫之能勝，以其無以易之。弱之勝

1 錢鍾書：《管錐編》（二），生活·讀書·新知三聯書店二〇〇一年版，第六百九十一頁。

強，柔之勝剛」。

辯證法意義的道。辯證法一詞起源於古希臘，意為辯論中揭露對方言談中的矛盾並克服這些矛盾的方法。德國古典哲學從唯心主義角度把辯證法提升到世界觀和方法論範疇；馬克思主義則從唯物主義角度提煉昇華辯證法。現在一般認為，辯證法是關於事物普遍聯繫和矛盾運動、發展、變化規律的學說。老子之道充滿了辯證智慧，「天下皆知美之為美，斯惡已；皆知善之為善，斯不善已。故有無相生，難易相成，長短相較，高下相傾，音聲相和，前後相隨」。作為辯證法的道，《老子》一書直接論述道的辯證法內容似乎不多；即使論述，主要是通過無與有兩個概念加以闡明。在老子哲學中，無與有是兩個重要概念，無不是絕對靜止的空無，有不是指具體事物，而是與無相聯繫的有。無與有似對立而又互相聯繫，是道由形而上本體轉化為天下萬事萬物的關鍵環節。第一章從無與有的對立面統一中論述了道的運動，「道可道，非常道；名可名，非常名。無，名天地之始；有，名萬物之母。故常無，欲以觀其妙；常有，欲以觀其徼。此兩者同出而異名，同謂之玄。玄之又玄，眾妙之門」。這裏的無與有結合起來，就是道的別名。第四十章則從無與有的先後關係闡述道的運動，強調形而上意義的無，與有不是並列關係，「反者，道之動；弱者，道之用。天下萬物生於有，有生於無」。馮友蘭認為：「道是無名，是『無』，是萬物之所從生者。所以在是『有』之前必須是『無』，由『無』生『有』。這裏所說的屬於本體論。」[1] 第十一章沒有直接提及道的名稱，卻從有與無的不同功用，闡述辯證法內容。先是舉車輪、陶器、居室三個例子說明有與無的不同功用，「三十輻共一轂，當其無，有車之用。埏埴以為器，當其無，有器之用。鑿戶牖以為室，當其無，有室之用」。後得出結論，

1 馮友蘭：《三松堂全集》（第六卷），河南人民出版社二〇〇〇年版，第八十七頁。

「故有之以為利，無之以為用」。由此可見，在不同層面，無與有的關係是不同的，在形而上層面，是先無後有，創生萬物；在形而下方面，是先有後無，才能共同發揮作用。儘管《老子》一書直接從本體之道出發，論述辯證法的內容不多，但間接論述卻比比皆是，第二十四章按照道的觀點，從正反兩個方面闡述人生哲學：「企者不立，跨者不行，自見者不明，自是者不彰，自伐者無功，自矜者不長。其在道也，曰餘食贅行。物或惡之，故有道者不處。」這兩個道可理解為德。意思是，踮起腳跟站不穩，超常邁步走不成，表現自我的不高明，自以為是的喪失名聲，大吹大擂的難有功勳，抬高自我的服不了眾人。從道的觀點看來，他們就像殘羹和贅瘤，人人都深感厭煩惡心，所以有道的人不做這種事情。

認識論意義的道。認識論是哲學的組成部分，係指研究知識的本質、原則與知識的來源，以及存在與思維、主觀與客觀的關係問題。認識論有不同學派，理性主義認為知識起源於理性，而理性是先天的心靈能力；經驗主義認為知識來源於經驗，而經驗是後天的積累；批判主義則認為知識的起源既與理性有關，也與經驗有關；辯證唯物主義認識論認為，物質世界是認識的對象和源泉，認識是主體對客體的反映，是客觀物質世界的主觀印象。《老子》一書似乎沒有主動、自覺地闡述和論證認識問題，這並不表明老子哲學沒有認識論的內容。總體而言，老子的認識論比較重視內心自省和理性直覺，主張保持內心的清靜和澄明，不夠重視實踐的作用和經驗的積累，「故常無，欲以觀其妙；常有，欲以觀其徼」。王安石注云：「道之本出於無，故常無，所以自觀其妙。道之用常歸於有，故常有，得以自觀其徼。」[1]這說明對於認識論而言，內心的清空比內心的經驗更具根本意義。第十六章先是論述識道悟道的關鍵是內心的虛空和澄明，而且要虛、靜到極

1 王安石著，容肇祖輯：《王安石老子注輯本》，中華書局一九七九年，第二頁。

致，「致虛極，守靜篤，萬物並作，吾以觀復」。接着闡述道的本體特徵和政治人生意義，「夫物芸芸，各復歸其根。歸根曰靜，是謂復命。復命曰常，知常曰明。不知常，妄作，凶」。意思是，萬物儘管紛繁眾多，最終都回歸其本根。回歸本根就叫作靜，靜叫作回歸本原，回歸本原是正常的自然法則。懂得自然法則便是心靈澄明；不懂得自然法則，胡作非為必然遭遇凶險。最後直接提出道的概念，強調要遵道而行，「知常容，容乃公，公乃王，王乃天，天乃道，道乃久。沒身不殆」。王弼注云：公為「蕩然公平」；天乃道，意指「與天合德，體道大通，則乃至於極虛無也」。這兩個道應為天道、治道、人道的集合體。第四十七章先是強調內在直觀自省，「不出戶，知天下；不窺牖，見天道」。這個道是形而上之道。意思是，不出門外，能夠推知天下的事理；不望窗外，能夠了解自然的法則。接着指明具體感知和經驗積累不利於識道悟道，「其出彌遠，其知彌少」。在老子看來，過分重視感性知識和實踐經驗，必然導致心靈焦躁不安，精神紛雜散亂，因而就不可能有清醒的認識，就不可能認識和把握道的奧妙。最後指出聖人不行、不見、不為而能認識道，「是以聖人不行而知，不見而名，不為而成」。

湯用彤認為，中國哲學至魏晉方將兩漢以生成論與構成論為主流的宇宙論轉到本體論方向，這就是王弼提出的「以無為本」的本體論。王弼的研究源於注釋《老子》。從這個意義上說，在中國哲學史上，本體的研究不是始於王弼，而是始於老子，老子之道就是形而上本體。本體論研究比宇宙論研究更具基礎意義，因為本體的研究是追問天地萬物及社會人生的終極存在和意義，這既是形而上的存在本體，又是形而上的價值本體，具有無限性、永恆性、超越性。本體是建構哲學體系和人生信仰的基礎。任何哲學體系都需要本體，這就是思想的出發點、歸宿點和一以貫之的邏輯中心。本體是哲學的靈魂，建構在本體基礎上的形而上思維，就能超越經驗事實和實踐理性，心靈澄明地仰視天地宇宙，高屋建瓴地俯察社會人生。與其他生物相比，人類的高貴之處在於能夠思想。面對思維與存在、精神與物質、有限與無限的矛盾，思想既是幸福的又是痛苦的。有了思想，就會產生對於死亡的恐懼和人為什麼活着的終極追問，從而尋求合理的解釋和指明未來出路的精神力量，以緩解痛苦，激發人生熱情。這種精神力量就是信仰。信仰，對於個人來說，是人生方向和價值追求；對於集體而言，則是共同理想和奮鬥的思想基礎。而信仰的根基就是形而上的價值本體；沒有價值本體，就沒有堅定的信仰。有了信仰，人生就有意義，生活就充滿陽光，社會就如春風化雨、潤澤無聲。沒有本體建構的哲學，就像一座沒有神像的寺廟，沒有本體支撐的信仰，就像一座建立在沙灘上的高樓。因此，人們需要學習和研究本體論，學習和研讀老子之道。

老子之道：概念辨析

老子之道既有形而上的思辨模式，又有形而下的實踐模式。思辨模式由本體論、宇宙論、辯證法和認識論組成；實踐模式則與人的主體活動密切相關，是形而上之道在形而下範圍內的展開及其在社會實踐和人生活動中運用的範式。老子之道的思辨與實踐關係好比原始森林中的高大樹木，形而上之道是高大樹木藉以出生和生成的種子，高大樹木的全部基因和信息都蘊含在種子之中。

陳鼓應認為：「老子哲學，形而上學的色彩固然濃厚，但他所關心的仍是人生和政治問題」；[1] 甚至認為《老子》一書直接論述道的各章，「多就人生方面而立說的」。這是很有道理的見解。後人解讀老子儘管眾說紛紜，但還是形而上的少，形而下的多，主流是政治哲學和處世之道，以至唐玄宗評論：《老子》「其要在乎理身、理國。理國則絕矜尚華薄，以無為不言為教。理身則少私寡欲，以虛心實腹為務」[2]。因此，文本解讀不僅要研究形而上之道，更要研究形而下之道。老子之道形而下範圍展開後，浸潤於政治、作用於人生，有着無比豐富的內涵。從概念辨析，是社會人生取之不竭、用之不盡的智慧寶庫。

1　陳鼓應注譯：《老子今注今譯》（修訂版），商務印書館二〇〇三年版，第四十八頁。
2　周紹良主編：《全唐文新編》第一部第一冊，吉林文史出版社二〇〇〇年版，第五百一十九頁。

政治學意義的道。政治是以政治權力為核心展開的各種社會活動和社會關係的總和；政治學就是關於政治的研究和思想。先秦思想家已經使用政治這一概念，《尚書》提出「道洽政治、澤潤生民」的觀點。但是，中國古代政治與西方政治、現代政治有着很大差異，大多把政與治分開使用，政主要指國家的權力、制度、秩序和法令；治主要指管理和教化人民。老子思想充滿了哲學意蘊，其實質卻是一套政治主張和學說，是教導統治者如何維護和鞏固權位的。《老子》一書沒有使用政治概念，卻使用過治的概念，「是以聖人之治，虛其心，實其腹；弱其志，強其骨。常使民無知無欲」。第六十五章則從道的角度談了類似的看法，「古之善為道者，非以明民，將以愚之」。作為政治學意義的道，最基本的規範是「天道無親，常與善人」。這並不是說有一個人格化的天道去幫助善人，而是指善人之所以得道多助，乃是他自然而為的結果。具體來說，首先是無為，這是老子政治學說的核心概念。第三十七章指出：「道常無為而無不為，侯王若能守之，萬物將自化。」這個道既有本體意義，更有政治意義。王弼注云：無為「順自然也」；無不為是「萬物無不由為，以治以成也」。第二十三章強調為政自然無為，社會就能平平安安，先是提出「希言自然」，表面理解是讓人少說話，實質是要求統治者少發號施令。接着指出，統治者用狂暴的政治手段壓迫人民就不會長久，「故飄風不終朝，驟雨不終日。孰為此者？天地。天地尚不能久，而況於人乎？」進而強調統治者要遵道而行、合德而動，「故從事於道者，道者同於道，德者同於德，失者同於失。同於道者，道亦樂得之；同於德者，德亦樂得之；同於失者，失亦樂得之」。意思是，所以從事於道的人，就合於道；從事於德的人，就合於德，表現失道失德的人，就會喪失所有。同於德的行為，道會得到他；行為失德的人，道也會拋棄他。最後指明誠信治國的重要性，「信不足，焉有不信焉」。該章所論五個道均屬政治範圍，強調無為的意義。第六十章先是以烹調為喻，闡述治國應以清靜為主，更要謹慎從事，「治大國若烹小鮮」這一警句對於中國傳統政治產生了重要而深遠影響。接着說明以道治天下的好處，排除鬼神的作用，「以道蒞天下，其鬼不神。非其鬼不神，其神不傷人；非其神不傷人，聖人亦不傷人。夫兩不相傷，故德交歸焉」。這個道是政治之道。意思是，用道治理天下，鬼怪起不了作用；不但鬼怪起不了作用，神祇也不侵犯人；不但神祇不侵犯人，聖人也不侵犯人。鬼神和有道的人都不侵犯人，所以自然的德性就都歸到他們的身上。同時是公正。第七十七章把天之道與人之道進行對比，強調人要順應天道。先是以張弓為喻，指出天之道的特點，「天之道，其猶張弓與！高者抑之，下者舉之；有餘者損之，不足者補之」。這個道為本體之道。進而得出天道公平公正、人道弱肉強食的結論，「天之道，損有餘而補不足。人之道則不然，損不足以奉有餘」。第一個道為本體之道，第二個道為人間的做法。最後指出能夠順應天道，唯有聖人和有道的統治者，「孰能有餘以奉天下？唯有道者。是以聖人為而不恃，功成而不處，其不欲見賢」。這個道為政治含義，意指理想的統治者。意思是，誰能拿出有餘的東西來供奉天下不足的人呢？只有有道之人。所以聖人有所作為卻不自恃己能，有所成就卻不自居有功，他是不想表現自己的賢能。

老子主張無為，是與反對有為密切聯繫的。面對「禮崩樂壞」的春秋亂世，孔子等思想家主張統治者積極有為，恢復周禮，宣傳仁義學說，老子則反對統治者的有為和仁義主張。第十八章明確指出：「大道廢，有仁義；慧智出，有大偽；六親不和，有孝慈；國家昏亂，有忠臣。」這裏的大道為政治含義，意指自然無為。第三十八章表達了相同的看法，先是表明對上德與下德的不同態度，即崇尚上德，反對下德。因為上德是最高的德，體現了天道自然無為的精神；下德是有為之德，具體表現為仁、義、禮，「上德不德，是以有德；下德不失德，是以無德。上德無為而無以為，下德為之而有以為。上仁為之而無以為，上義為之而有以為，上禮為之而莫之應，則攘臂而扔之」。意思是，上德不自居有德，所以有德；下德故意求德，所以沒有達到德的境界。上德自然無為而又無心作為，下德求而得之，為而成之。上仁有所施為而出於無心，上義有所施為而出於有意，上禮有所施為而得不到回應，於是奮臂出袖，加以牽引，強迫人就範。進而明確批判了仁、義、禮，尤其是禮的負面作用，「故失道而後德，失德而後仁，失仁而後義，失義而後禮。夫禮者，忠信之薄而亂之首」。這個道為政治之道，意指無為而治。最後指出人們應該遠離禮義、親近道德，「前識者，道之華而愚之始。是以大丈夫處其厚，不居其薄；處其實，不居其華。故去彼取此」。這個道同於前一個道。意思是，禮義之類的觀念是道的皮毛，是愚昧的開始。因此，大丈夫立身處世，應當自處於厚實的道與德的境地，遠離淺薄與虛華。所以，捨棄淺薄與虛華就是敦厚與樸實。

戰爭論意義的道。德國軍事學家克勞塞維茨認為，戰爭是「政治交往的繼續，是政治交往通過另一種手段的實現」[1]。按照這一觀點，戰爭意義的道也是政治意義的道。戰爭幾乎與人類文明相伴同行，歷史上有資料記載的戰爭就達一萬四千多次。戰爭是任何思想家都迴避不了的話題。在先秦思想家中，老子對待戰爭的態度可謂獨樹一幟，在他的小國寡民中，是沒有戰爭的地位的，即「雖有甲兵，無所陳之」。作為戰爭論意義的道，一是反對戰爭並不反對一切戰爭。第三十章先是表明反對戰爭的態度，「以道佐人主者，不以兵強天下，其事好還。師之所處，荊棘生焉。大軍之後，必有凶年」。這個道屬於政治範圍，意指無為。「其事好還」的告誡，令人警醒，振聾發聵，林希逸注云：「我以害人，人亦將以害我，故曰其事好還。」[2]進而指出有時戰爭不可避免，應有正確的態度和邊界，「善有果而已，不敢以取強。果而勿矜，果而勿伐，果而勿驕，果而不得已，果而勿強」。意思是，善於用兵者達到目的就行，不敢用兵力來逞強。戰勝了不要自滿，

1 〔德〕克勞塞維茨著，李傳訓編譯：《戰爭論》，北京出版社二〇一二年版，第六頁。
2 〔宋〕林希逸：《老子鬳齋口義》，華東師範大學出版社二〇一二年版，第三十三頁。

戰勝了不要自誇，戰勝了不要驕傲，戰勝了也是出於不得已，戰勝了千萬不能逞強。最後指出不要逞強的意義，「物壯則老，是謂不道，不道早已」。這兩個道都是政治性的，意指道德。意思是，凡是氣勢壯盛的就會趨於衰敗，因為它不合於道。不合於道，就會加速死亡。二是恬淡為上，儘量少傷害人。第三十一章先是重申反對戰爭的基本觀點，「夫佳兵者，不祥之器。物或惡之，故有道者不處」。這個道具有政治含義，意指道德。接着提出不得已而用兵時的價值要求，「君子居則貴左，用兵則貴右。兵者，不祥之器，非君子之器。不得已而用之，恬淡為上，勝而不美。而美之者，是樂殺人。夫樂殺人者，則不可以得志於天下矣」。意思是，君子平時以左方為貴，用兵時以右方為貴。戰爭是不祥的東西，不是君子使用的東西。萬不得已而使用它，最好要淡然處之。勝利了也不要得意揚揚，如果得意揚揚，就是表明喜歡殺人。喜歡殺人的，就不能在天下得到成功。後是強調即使戰勝了，也要以悲哀泣之、以喪禮處之，表現出鮮明的人道主義傾向，「吉事尚左，凶事尚右。偏將軍居左，上將軍居右，言以喪禮處之。殺人之眾，以哀悲泣之。戰勝，以喪禮處之」。意思是，吉慶的事情以左方為上，凶喪的事情以右方為上。偏將軍在左邊，上將軍在右邊，這是說出兵打仗用喪禮的儀式來處理。殺人眾多，帶着哀痛的心情去對待，打了勝戰要用喪禮的儀式去處理。三是戰爭與政治密切相關。第四十六章指出：「天下有道，卻走馬以糞；天下無道，戎馬生於郊。」這兩個道均屬於政治，有道意指無為，無道意指有為。意思是，國家政治清明，無為而治，把運載的戰馬還給農夫來耕種；國家政治昏暗，統治者過分有為，便大興戎馬於郊野而發動征戰。進而告誡統治者要知足，既要對勝利知足又要對人生知足，「禍莫大於不知足，咎莫大於欲得，故知足之足，常足矣」。

人生觀意義的道。人生觀是人對人生價值、意義和立身處世方法的看法。有什麼樣的人生觀，就有什麼樣的立身態度和處世方式，對於人的一生影響至關重要。老子認為，道是萬物的主宰、人間的法寶，人生就是要遵道而行，「道者萬物之奧，善人之寶，不善人之所保」，意思是，道是萬物的庇護所，是善人的珍寶，是不善的人所賴以自保的東西。老子又說：「古之所以貴此道者何？不曰以求得，有罪以免邪？故為天下貴。」意思是，古人之所以重視道，是因為有求則必有所得，有罪也可以免除災禍嗎？所以道為天下人所貴重。作為人生觀意義的道，一是圓融通達。第十五章展示了有道之人的風貌和心境，即慎重、警戒、威儀、融和、敦樸、曠達、虛懷、深遠，「古之善為士者，微妙玄通，深不可識。夫唯不可識，故強為之容：豫兮，若冬涉川；猶兮，若畏四鄰；儼兮，其若客；渙兮，若冰之將釋；敦兮，其若樸；曠兮，其若谷；混兮，其若濁。孰能濁以靜之徐清？孰能安以久動之徐生？保此道者不欲盈，夫唯不盈，故能蔽不新成」。這個道是人生之道，蔣錫昌注釋：「此章言有道之人君，亦應無形無名，無為無執，此乃以道用之於治身治國也。」[1] 二是謙卑不爭。第九章從反面警告人們要戒驕、戒盈、戒滿、戒鋒芒畢露，然後提出「功遂身退」的正面品德，「持而盈之，不如其已。揣而鋭之，不可長保。金玉滿堂，莫之能守。富貴而驕，自遺其咎。功遂身退，天之道」。這是以「天之道」喻人之道。第三十二章說：「譬道之在天下，猶川谷之於江海。」這個道為人生之道，王弼注云：「川谷之與江海，非江海召之，不召不求而自歸者也。行道於天下者，不令而自均，不求而自得，故曰：『猶川之與江海』也。」第五十五章提出：「知和曰常，知常曰明，益生曰祥，心使氣曰強。物壯則老，謂之不道，不道早已。」和，意指心靈和諧；益生，指縱欲貪生。這兩個道更多地屬於人生範圍，強調不要逞強，實質也是不爭。第八十一章從道的高度指明不爭的意義，「天之道，利而不害。聖人之道，為而不爭」。三是節約儉樸。老子十分重視節儉對於人生的重要意義，要求「聖人去甚、去

1 蔣錫昌：《老子校詁》，成都古籍書店一九八八年版，第九十九頁。

奢、去泰」。有時直接用「儉」來表達，第六十七章指出：「我有三寶，持而保之：一曰慈，二曰儉，三曰不敢為天下先。慈，故能勇；儉，故能廣；不敢為天下先，故能成器長。」有時用「嗇」來表達節儉的內容。老子的節儉不僅是物質的節約，而且是精神的清爽。第五十九章明確提出「治人事天莫若嗇」。《韓非子·解老》注云：「少費謂之嗇」；又云：「嗇之者，愛其精神，嗇其智識也。」接着指出嗇的意義和作用，「夫唯嗇，是謂早服。早服謂之重積德，重積德則無不克，無不克則莫知其極，莫知其極，可以有國。有國之母，可以長久。是謂深根固柢，長生久視之道」。這個道似乎不是老子哲學的專有名詞，而是意指道理、方法。意思是，正因為儉嗇，所以能夠早早地服從自然道理；早早服從自然道理就叫作增加積德；增加積德就能攻無不克；攻無不克就深不可測，沒有人能知道它的終極；沒有人能知道它的終極，就可以保有國家；保有國家的根本，就可以長治久安。這也就是根深蒂固、長生不老的道理。

人生觀不僅要對人生的價值目標進行追問，而且要指明實現價值目標的路徑方法。一方面，老子對為學與為道進行區分，第四十八章指出：「為學日益，為道日損。損之又損，以至於無為，無為而無不為。」這個道為人生之道，意指修身養性，目的是識道悟道。馮友蘭認為：「『為學』就是求對於外物的知識。知識要積累，越多越好，所以要『日益』。『為道』是求對於道的體會。道是不可說、不可名的，所以對於道的體會要減少知識，『見素抱樸，少私寡欲』，所以要『日損』。」[1] 第五十三章指出統治者如果不修身養性，就會走上邪路，變成強盜，「使我介然有知，行於大道，唯施是畏。大道甚夷，而民好徑。朝甚除，田甚蕪，倉甚虛。服文彩，帶利劍，厭飲食，財貨有餘，是謂盜夸。非道也哉！」道為正途，施為邪路，徑為

1 馮友蘭：《三松堂全集》（第八卷），河南人民出版社二〇〇〇年版，第二百九十四頁。

小路。這三個道均屬於人生範疇。前兩個道為正途，喻指正確的人生觀，第三個道為人生之道。意思是，假如我稍微有些認識，在大道上行走，擔心唯恐走入了邪路。大道很平坦，但是統治者卻愛走小路。朝政腐敗極了，弄得農田非常荒蕪，倉庫十分空虛，還穿着錦繡的衣服，佩帶鋒利的寶劍，飽足精美的飲食，搜刮過多的財貨。這就叫作強盜頭子，多麼的無道呀！另一方面，老子對不同的人對待道的不同態度進行區分，第四十一章先是提出「上士聞道，勤而行之；中士聞道，若存若亡；下士聞道，大笑之，不笑不足以為道」。這四個道屬人生範圍，意指道德。進而形容道德深藏不露的特徵，甚至表現出相反的特徵，「故建言有之：明道若昧，進道若退，夷道若纇。上德若谷，大白若辱，廣德若不足，建德若偷，質真若渝。大方無隅，大器晚成，大音希聲，大象無形」。這三個道屬人生範圍，意指道德。意思是，所以從前有人說過：光明的道像是昏暗的，前進的道像是後退的，平坦的道像是曲折不平的，高尚的德性像是溪谷，極度的白像是受了玷污，廣大的德性像是有所不足，剛健的德性像是鬆弛懈怠，本質純真像是受污染變質，最大的方形沒有邊角，最大的器具無所合成，最大的樂音沒有聲響，最大的形象卻不見蹤跡。最後指出形而上本體之道，認為只有道，善於輔助萬物使它完成，「道隱無名，夫唯道善貸且成」。

在對老子之道的文本解讀和概念辨析過程中，腦海裏不時湧現出經典一詞。在古代，經與典是兩個字，經是「恆久之至道，不刊之鴻教」，意為永恆的真理；典從字形分析，上是「冊」，下是「大」，意為大本大冊之書。經與典合在一起，就是關於永恆道理的書籍，就是關於真、善、美的學問。阿根廷著名作家博爾赫斯認為：「經典是一個民族或幾個民族長期以來決定閱讀的書籍，是世世代代的人出於不同的理由，以先期的熱情和神祕的忠誠閱讀的書。」[1]《老子》一書就是經典。閱讀《老子》，學習感悟其中的精神、思想、學識和智慧，特別是自然無為的理念，可以幫助我們更好地認識天道，運用治道，實踐人道，進而不斷塑造良好的人格，追求卓越、實現超越。閱讀《老子》，要堅持讀原著，而不要簡單地讀那些注釋解讀的書，因為任何一本討論另一本的書，其精神意蘊和深刻內涵永遠比不上被討論的書。《老子》玄妙深奧，又是古文，難讀難懂，這就需要不畏艱難，反覆閱讀，才能理解和把握老子思想的真諦。更重要的是，對於《老子》，年輕時閱讀和年紀大時閱讀是不一樣的，年輕時可能只是字面的理解，而年紀大時的理解，則帶着歲月的風霜和人生的歷練。「好書不厭百回讀，個中滋味只自知。」我們要堅持閱讀《老子》，在閱讀過程中感受思想的震撼，享受智慧的樂趣，品味人生的意義。

1 〔阿根廷〕博爾赫斯著，王永年等譯：《博爾赫斯散文》，浙江文藝出版社二〇〇一年版，第七十七頁。

政治哲學

無為而治、南面之術、小國寡民

老子之政治：君人南面之術

老子在哲學方面的成就，在先秦思想家中是最高的，在中國思想史上也是一個無法逾越的高峰；《老子》一書蘊集着深刻的哲學思想，德國思想家雅斯貝爾斯認為：「它那些佯謬的語句所具有的說服力，它的謹嚴認真態度以及它那似乎不見底的思想深度，使其成為了一部不可多得的哲學著作。」[1]然而，吊詭的是，老子著書立說的初衷和目的不在於探索宇宙奧妙，而在於拯救時世，為政治和統治者服務。老子思想的本質是政治哲學，其哲學思想主要是為闡述政治主張作鋪墊的，出發點和歸宿都是為了教導統治者如何治理國家，即「君人南面之術」。所謂南面之術，係指古代房屋建築都是坐北朝南，以利於冬天避風、夏天消暑，尊長一般坐在正中，面向南方，位卑年幼者坐在兩側，面向北方。對於這一傳統習慣，漢朝董仲舒等封建思想家為了幫助君王鞏固統治地位，將其曲解為「當陽者，君父是也。故人主南面，以陽為位也。陽貴而陰賤，天之制也」。[2]因而研究君王如何駕馭臣屬、統治百姓的理論，就叫作君王南面之術。

研究老子之政治，有必要對政治這一概念進行梳理。政治包含着兩層含義，政是方向、主體和領導，治

1 〔德〕夏瑞春編，陳愛政等譯：《德國思想家論中國》，江蘇人民出版一九九五年版，第二百一十七頁。

2 董仲舒：《春秋繁露》，中華書局一九七五年版，第四一三年。

是手段、方法和管理。一般認為，政治是上層建築領域中各種權力主體維護自身利益的特定行為以及由此構成的特定關係，是人類歷史發展到一定時期產生的重要社會現象。政治與國家密切相關，一定意義上説，政治就是國家，國家就是政治。恩格斯指出：「國家是社會在一定發展階段上的產物；國家是承認：這個社會陷入了不可解決的自我矛盾，分裂為不可調和的對立面而又無力擺脱這些對立面。而為了使這些對立面，這些經濟利益互相衝突的階級，不致在無謂的鬥爭中把自己和社會消滅，就需要有一種表面上凌駕於社會之上的力量，這種力量應當緩和衝突，把衝突保持在『秩序』的範圍以內；這種從社會中產生但又自居於社會之上並且日益同社會相異化的力量，就是國家。」[1] 西方政治產生於古希臘的城邦，一開始是指城邦中的公民參與統治、管理等公共生活行為的總和。古希臘人認為，人是具有德性的，人生活的意義在於實踐自己的德性；人是天生的政治動物，因而人也是天生的有德性動物。現代政治是從近現代國家發展起來的，源於市民社會的興起，強調公民權利、民主政治和權力制衡。中國對政治的理解，與西方有着很大差異。中國古代雖然出現了政治一詞，《尚書．畢命》有「道洽政治，澤潤生民」之論，但古代思想家並不重視政治一詞，亦沒有展開論述，更沒有形成一門學科。中國古代思想家雖然關注社會治亂和政治問題，但一般都把政治看成是符合禮儀的道德行為，以及統治者如何管理和教化人民的行為。直至近代，孫中山對政治做出闡述，才和西方政治觀念有了相近相似之處。孫中山指出：「政治兩字的意思，淺而言之，政就是眾人的事，治就是管理，管理眾人的事便是政治。」[2] 通過政治概念的梳理和比較，我們就能理解老子之政治為什麼是君人南面之術的緣由。

1 《馬克思恩格斯選集》（第四卷），人民出版社一九九五年版，第一百七十頁。
2 《孫中山選集》（下），人民出版社二〇一一年版，第七百一十九頁。

老子思想名哲學而實政治，這與老子所生活的時代背景有着密切聯繫。春秋戰國時期，正值社會由奴隸制向封建制轉型之際，是一個大變革、大動亂的年代。這是一個戰亂的年代，諸侯兼併、弱肉強食，「師之所處，荊棘生焉。大軍之後，必有凶年」。王弼注云：「言師，凶害之物也。無有所濟，必有所傷。賊害人民，殘荒田畝。故曰『荊棘生也』。」這是一個暴政的年代，統治者橫徵暴斂，老百姓民不聊生，「民之饑，以其上食稅之多，是以饑。民之難治，以其上之有為，是以難治。民之輕死，以其求生之厚，是以輕死」。這是一個不公的年代，富者越富，貧者越貧，貧富差距懸殊，社會矛盾尖銳，「天之道，損有餘而補不足。人之道則不然，損不足以奉有餘」。意思是，天道運行的法則，是減損有餘來補給不足；人間的規矩卻不是這樣，是減損不足來供奉有餘。這是一個禮崩樂壞的年代，整個社會經濟、政治、文化制度遭到空前破壞，人們的價值觀念、心理狀態和行為模式發生劇烈變化，「大道廢，有仁義；慧智出，有大偽；六親不和，有孝慈；國家昏亂，有忠臣」。面對動亂變革局面，如何進行統治管理，如何建立新的社會秩序，如何找回生命的安頓之地，成為先秦諸子百家迫切需要回答的問題。因此，關心政治，是時代對諸子百家提出的任務；服務政治，是諸子百家對時代需求的回應。這是先秦時期政治思想和倫理道德發達而抽象思辨和科學技術薄弱的根本原因。司馬遷認為，當時諸子百家「各著書言治亂之事以干世主」。漢初學者司馬談在《論六家要旨》中對諸子百家進行分析後指出：「天下一致而百慮，同歸而殊途。夫陰陽、儒、墨、名、法、道德，此務為治也，直所從言之異路，有省不省耳。」[1]「以干世主」、「務為治也」，換言之，就是為統治者獻計獻策，是先秦思想家的共同特徵。老子雖然淡泊超脫，也不能例外。胡適就說：「在中國的一方面，最初的哲學思

1 〔漢〕司馬遷：《史記》卷一百三十，中華書局一九五九年版，第三千二百八十八至三千二百八十九頁。

想，全是當時社會政治的現狀所喚起的反動……當時的有心人，目睹這種現狀，要想尋一個補救的方法，於是有老子的政治思想。老子觀察政治社會的狀態，從根本上着想，要求一個根本的解決，遂為中國哲學的始祖。」[1]比較而言，在先秦思想家中，老子之政治思想是最為深邃的，這是因為老子把其政治思想奠基於道，為其政治思想找到了形而上本體；同時，從反向思維出發，以反求正，得出無為而治的主張。更重要的是，老子為君王統治着想，提出了一套完整的南面之術，從而形成了「內用黃老、外示儒術」政治傳統。

道論是老子之政治的理論基礎。老子創立的學派之所以稱為道家，就在於他提出了一個以道為最高範疇的思想體系。道不僅是支配宇宙和自然界運動變化的規律，而且也是人類社會必須遵循的法則。道的本質規定決定了老子之政治的價值取向和行為模式。在老子看來，道最重要的本質規定是自然，「故道大，天大，地大，王亦大。域中有四大，而王居其一焉。人法地，地法天，天法道，道法自然」。這段話明確了宇宙間有四大要素，即道、天、地、人，四大要素之間是遞進的從屬關係，進而確定了人從屬於天地、從屬於大道的地位。自然是道性與道境的最高體現，道法自然也就是人法自然。自然不是指自然界，而是自然而然、自如其然的意思，由此必然導出無為的主張。老子之政治以自然為價值取向，構築無為的行為模式，認為政治要順應自然，無為而治，不要擾民，不要過多干預，「是以聖人欲不欲，不貴難得之貨。學不學，復眾人之所過。以輔萬物之自然而不敢為」。意思是，所以聖人以不欲為欲，不看重難得的奇物；以不學為學，拋棄眾人的過失而復歸於根本，輔助萬物自然成長而不敢作為。在老子看來，道的本質規定是柔弱，「反者，道之動；弱者，道之用」。老子經常以水喻道，認為水最接近於道，「上善若水。水善利萬物而不爭，處眾人

1　胡適：《中國哲學史大綱》，北京大學出版社二〇一三年版，第四十七頁。

之所惡，故幾於道」。而水的主要品質是柔弱，「天下莫柔弱於水，而攻堅強者莫之能勝，以其無以易之。弱之勝強，柔之勝剛，天下莫不知，莫能行」。柔弱既是自然也是不爭，正因為道之柔弱不爭，萬物才能自生自長，而不會感到外界的壓力。老子之政治以柔弱為價值取向，構築了不爭的行為模式，認為政治要堅持柔弱不爭的原則，反對剛愎自用、自以為是，「是以聖人抱一為天下式。不自見故明，不自是故彰，不自伐故有功，不自矜故長。夫唯不爭，故天下莫能與之爭」。在老子看來，道的另一個本質規定是模糊，「孔德之容，惟道是從。道之為物，惟恍惟惚。惚兮恍兮，其中有象；恍兮惚兮，其中有物。窈兮冥兮，其中有精；其精甚真，其中有信」。道的模糊性，讓人看不清楚，也說不清楚，這就成了道的神祕性。老子之政治以模糊為價值取向，構築了神祕的行為模式，認為政治要像道那樣具有模糊性和神祕性。尤其是君王駕馭臣屬、統治百姓，更要有神祕感，其所作所為，人皆感到高深莫測；深居簡出，人皆不見其體，以為神也。這是老子之政治經常被誤解為權謀術的重要原因。「古之善為士者，微妙玄通，深不可識。夫唯不可識，故強為之容：豫兮，若冬涉川；猶兮，若畏四鄰；儼兮，其若客；渙兮，若冰之將釋；敦兮，其若樸；曠兮，其若谷；混兮，其若濁。」意思是，古代明於治道之士，幽微精妙，深奧通達，深邃得難以認識。正因為他難以認識，只能勉強加以描述：遲疑慎重啊，就像寒冬赤腳渡河；心懷畏懼啊，如同強敵在四鄰；恭敬嚴肅啊，仿佛外出去做客；順應潮流啊，恰似春來冰融釋；敦厚誠實啊，就像木材未經雕琢；襟懷寬闊啊，就像空曠的山谷；渾厚含蓄啊，就像濁流盈江河。

無為而治是老子之政治的核心內容。先秦思想家已經明確區分天道與人道兩個不同概念，老子強調天道自然，必然推出人道無為的結論，在政治領域就是主張無為而治，「愛民治國，能無為乎？」在老子看來，無為而治具有充分的哲學依據，這既是「道常無為而無不為，侯王若能守之，萬物將自化」，又是「功成事遂，百姓皆謂我自然」。老子認為，無為而治的理想是「不知有之」。老子把國家治理分為四種狀態，最佳狀態是君王順應自然，把國家治理好了，老百姓卻不知道他的存在。「太上，不知有之。其次，親而譽之。其次，畏之。其次，侮之。信不足，焉有不信焉。」老子認為，無為而治的途徑是無知無欲。在春秋時代，名利的爭逐，財貨的貪圖，偽詐的心智活動，成了社會動亂的根源，使得整個社會混亂無序，因而老子提出了無知無欲的觀點，期盼消除人的貪欲，返璞歸真。無知不是不要知識，而是不要奸詐的巧智。王弼理解為「守其真也」。「不尚賢，使民不爭；不貴難得之貨，使民不為盜；不見可欲，使民心不亂。是以聖人之治，虛其心，實其腹；弱其志，強其骨。常使民無知無欲，使夫智者不敢為也。為無為，則無不治。」老子認為，無為而治的原則是柔弱。柔弱是道的本質規定，也是水的基本特點，治國理政效法道，也就是效法柔弱原則。「天下之至柔，馳騁天下之至堅，無有入無間，吾是以知無為之有益。不言之教，無為之益，天下希及之。」在這段話中，至柔與無有本質相通，都是道的顯現。意思是，天下最柔弱的東西，縱橫出入於天下最堅硬的東西，無形的力量穿透沒有間隙的東西，我因此知道無為是有益的。不言的教化，無為的益處，天下很少有人能夠達到。老子認為，無為而治的關鍵是吝惜，「治人事天莫若嗇。夫唯嗇，是謂早服。早服謂之重積德，重積德則無不克，無不克則莫知其極，莫知其極，可以有國。有國之母，可以長久。是謂深根固柢，長生久視之道」。嗇的本義是吝惜財物，這裏引申為收斂、節制的處事原則。老子認為，無為而治的目的是無不為。無為容易被理解為無所事事、沒有作為，實則不然。老子之無為只是不強為、不妄為，目的仍然是治和無不為。與有為之政相比，無為而治消解了工具化和形式化的擾民措施，倡導更理想的社會和諧秩序，「故聖人云，我無為而民自化，我好靜而民自正，我無事而民自富，我無欲而民自樸」。

南面之術是老子之政治的根本目的。《漢書》指出：「道家者流，蓋出於史官，歷記成敗存亡禍福古今之道，然後知秉要執本，清虛以自守，卑弱以自持，此君人南面之術也。」[1]這一論斷大致反映了道家學說的總體功用，也適用於對老子之政治的評價。從本質上分析，老子之政治是為君王謀劃的，是為統治者服務的。對於統治者而言，老子之政治的要義，就是清虛和卑弱兩個主題詞。張舜徽指出：「我們可以借用俗說『裝糊塗』一語，來揭發南面術核心部分的神祕。我們必須懂得古代專替統治者着想的學者們，考慮到人主才力智慧有限，敵不住臣下和群眾的才力智慧，如果親自動手做事或多發議論，不但不能藏拙，且容易顯露破綻，招致臣下和群眾的輕視，甚至引起權位莫保的危險。所以南面術中最核心的東西，便是要人主不說話，不做事。」[2]張舜徽的看法雖然有些尖酸刻薄，倒也符合老子的一些觀點，「是以聖人處無為之事，行不言之教，萬物作焉而不辭，生而不有，為而不恃，功成而弗居。夫唯弗居，是以不去」。在老子看來，統治者要致虛守靜，「致虛極，守靜篤，萬物並作，吾以觀復。夫物芸芸，各復歸其根。歸根曰靜，是謂復命。復命曰常，知常曰明」。王弼注云：「歸根則靜，故曰靜。靜則復命，故曰復命也。復命則得性命之常，故曰常也。」虛靜是統治者穩重的表現，可以做到臨危不懼、鎮靜自若；虛靜能使統治者保持清醒頭腦，榮辱不驚，在靜中洞察事物變化，把握運動規律；虛靜還是統治者獲勝的保證，即靜觀其變，以靜制動。在老子看來，統治者要深藏不露，「魚不可脱於淵，國之利器不可以示人」。薛蕙注云：「利器者，喻國之威武權勢之屬。示，觀也，猶《春秋傳》所云觀兵黷武也。」[3]這段話指明統治者不可暴露實力，不可鋒芒畢露。鋒芒太露，是剛強的表現，易招禍端，也不會持久，「持而盈之，不如其已。揣而鋭之，不可長保」。意思是，

1 〔漢〕班固：《漢書》卷三十，中華書局一九六二年版，第一千七百三十二頁。
2 張舜徽：《周秦道論發微　史學三書平議》，中華書局一九八二年版，第十五頁。
3 薛蕙：《老子集解》，中華書局一九八五年版，第二十二頁。

與其裝得過滿而溢出，不如及早停止灌注；器具捶得過於尖利，不會長久得以保持。因而統治者要把鋒芒藏起來，不讓人知道自己的實力和底細，以使對手疏於防範，最終抓住時機，攻其不備，克敵制勝。在老子看來，統治者要居上謙下，「江海所以能為百谷王者，以其善下之，故能為百谷王。是以欲上民，必以言下之；欲先民，必以身後之。是以聖人處上而民不重，處前而民不害」。這段話強調欲上先下、欲前反後，容易給人產生權謀的感覺。由於統治者權勢在握，確實會給臣屬造成壓力。在這種情況下，如果統治者不是要弄權威權術，而是能夠謙虛謹慎，願意處下退讓，即「善用人者為之下」，那麼，臣屬就可以成為統治者居上的穩固基礎，從而發揮以下安上的作用。在老子看來，統治者要委曲求全，「曲則全，枉則直，窪則盈，敝則新，少則得，多則惑。是以聖人抱一為天下式」。意思是，委屈反能保全，彎曲反能伸直，低窪容易充盈，陳舊反能更新，欠缺就能獲得，貪多反而迷惑。因此聖人守道，作為天下的範式。在這段話中，老子以自己的智慧和豐富的人生經驗告誡統治者，事物的正面與反面不是截然對立的，而是相互依存和可以轉化的，因而不應過分追求全、盈、得，而要處在曲、窪、少的地位，承受委屈的痛苦，把握轉化機遇和條件，以求實現政治的目標。在老子看來，統治者要見微知著，「其安易持，其未兆易謀，其脆易泮，其微易散。為之於未有，治之於未亂」。意思是，事物發展處於穩定的狀態，則易於掌握；事物發展尚未顯示徵兆的時候，則易於處理；事物發展尚處於脆弱的時候，則易於破滅；事物發展尚處於微弱的時候，則易於散失。在事情尚未發生時就應早做準備，在混亂尚未發生時就應加以治理。這段話告誡統治者，當事物變化尤其禍亂已十分明顯、一般人都能感覺到時，再採取措施，往往為時已晚，因而要把可能引起禍患的事物扼殺在萌芽狀態。在老子看來，統治者要欲取先予，「將欲歙之，必固張之；將欲弱之，必固強之；將欲廢之，必固興之；將欲奪之，必固予之，是謂微明。柔弱勝剛強」。王弼注云：「因物之性，令其自戮，不假刑為大，以除將物也，故曰『微明』也。」這段話充滿了辯證思想，告誡統治者物極必反的道理，要創造條件，促進事物變化，讓對方由強變弱，己方由弱變強，最後實現「柔弱勝剛強」。

意大利學者馬基雅維利認為，人類具有以自我為中心和競爭的本性，因此，權力成為人類關係中最重要的特徵。權力是政治的核心，政治總是和權力聯繫在一起。現代政治學認為，權力是根據自己的目的去影響他人行為的能力；政治運用權力，一般具有強制性。老子之政治雖然容易被理解為權謀之術，但從整體分析，老子還是希望通過倡導無為主張，去節制和約束統治者的權力。節制和約束權力，已經成為現代社會的共識，這也充分證明了老子的智慧和遠見卓識。節制和約束，就是要求統治者公正使用權力。政治說到底是對社會公共事務的管理，運用的是公共權力，服務的是公共利益，因而公正公平是政治的本質規定。只有公正公平地使用權力，才能保護公民的權利，維護社會公眾的利益。節制和約束，就是要求統治者不可任性使用權力。權力天生具有擴張性，要自覺地把權力控制在法律範圍內，確實做到法無授權不可為；權力天生具有自大性，要避免驕傲自大，防止完全按照掌權者個人的意志去行事；權力天生具有侵犯性，要尊重權利，以權利為基礎行使權力，更好地平衡權力與權利的關係。否則，權力就會像脫韁的野馬，既傷害權力主體又傷害權力客體。節制和約束，就是要求統治者不要讓權力產生腐敗。沒有權力就沒有腐敗，腐敗是權力的伴生物。防止權力腐敗和以權謀私，不僅需要制度規範，而且需要修身養性，自律與他律相結合，共同約束權力，以維護政治的誠信和公權力的權威。

老子之女性：萬物之母

《老子》一書善用比喻，通過比喻，將深刻的哲理通俗化，將玄妙的沉思形象化。譬如，「天地不仁，以萬物為芻狗；聖人不仁，以百姓為芻狗」。這是以祭祀場合的草狗為喻，説明天地和聖人一樣，都是隨任自然，沒有特別的仁心和偏愛。又如，「三十輻共一轂，當其無，有車之用。埏埴以為器，當其無，有器之用。鑿戶牖以為室，當其無，有室之用。故有之以為利，無之以為用」。輻為車輪上的輻條，轂為車輪中間有孔的圓木，共同組成車輪；埴為黏土，埏為加工黏土，作為陶器材料。這是以車軸套、陶器和居室門窗等日常器物為喻，説明有與無的辯證關係。再如，「天之道，其猶張弓與！高者抑之，下者舉之；有餘者損之，不足者補之」。這是以弓箭為喻，説明統治者為官施政要濟困扶貧，促進公平正義。由此可見，老子的比喻浸透到他對宇宙、社會、人生思考的各個領域，涉及生活、生產、戰爭各種用具，在喻體與喻義之間閃爍着異彩紛呈的直覺、聯想和玄思。在老子的所有比喻中，最重要的喻體有三個，這就是水、女性和嬰兒。

女性似乎是老子偏愛的意象，經常用來闡述道的思想。《紅樓夢》説：「女人是水做的骨肉。」在中國傳統中，把女性與水聯繫在一起，已成為一種文化意向和美的象徵。《周易》中陰爻的圖案就是水紋之狀，女性的美麗如芙蓉出水，女性的溫柔如春江之水，女性的眼睛如一泓秋水。文學作品讚美女人如水，就是讚美晶瑩光亮的形、冰清玉潔的魂、溫婉柔曼的情。與文學形象和感性認識相比，老子更為智慧，他把女性和水一起昇華為哲學喻象和人格理想。清人魏源指出：「老子主柔賓剛，而取牝取雌取母，取水之善下，其體用皆出於陰。」[1] 因而有的研究認為，老子哲學是女性之學和陰柔之學。

哲學與女性是個一言難盡的話題。中國傳統社會男尊女卑、重男輕女，很少有思想家把哲學與女性聯繫起來，更不會從哲學高度讚美女性。即使比較尊重女性的西方社會，雖在文學作品中不吝對女性的讚美，歌德《浮士德》結尾的詩句是「永恆的女性引領我們上升」，但在思辨領域，兩千多年的傳統都是哲學讓女性走開。孤獨沉思者的形象總是一個手支着頭顱的男性，似乎形而上學、認識論和政治哲學都是男性的領地。哲學中很少有女性形象，哲學對女性始終保持着冷淡和緘默。在古希臘哲學中，沒有女性形象和女性哲學家；在文藝復興哲學中，也沒有女性形象和女性哲學家；在歐洲古典哲學中，笛卡爾的「我思故我在」、康德的「純粹理性」、黑格爾的「絕對精神」，還是沒有觀照和反映女性。只是到了二十世紀，胡塞爾的現象學提出了交互主體性的範疇，哲學才開始從兩性關係的視角審視女性的主體性問題。但是，在老子那裏，不僅沒有忽視女性，而是高度重視女性，大量地汲取女性智慧，概括並發揮女性的特徵、認識方法和處世經驗，構築起宏偉的思想大廈。可以說，老子是世界上最早重視和歌頌女性的思想家；《老子》是一部「運用女性之德的經典之作」。

說到哲學不重視女性，不能不涉及男性與女性的差異。這既有生理原因，又有社會原因。現代科學研究表明，男女之間除相貌與形體上的差別之外，主要表現在生理上的差別。就大腦而言，成年男性的大腦約

---

1 魏源：《老子本義》，嶽麓書社二〇一一年版，第十一至十二頁。

一千五百克，而女性的大腦約一千三百克。男性左腦發達，女性右腦發達；男性的大腦分化明顯，左右半球苦樂不均，多數男性左半球辛苦而右半球閑置，女性兩半球連接的胼胝體呈球狀，左腦與右腦聯繫緊密，能使用兩半球同時工作並可一心兩用。男性大腦中的白色物質多於女性，白色物質負責腦細胞與神經的聯絡，女性大腦中灰色物質比男性多百分之十五，灰色物質負責思維和語言表達功能。男性與女性大腦的差異，使得男女各有所長，男性長於邏輯思維和解決數學、物理學問題，女性長於記憶、語言表達和人際關係。當然，男女大腦的差異不能成為哲學讓女性走開的理由。更重要的是社會原因，人類文明的進步，曾經是以犧牲男女兩性之間的平等為高昂代價的。母系社會的瓦解，意味着原始公有制讓位於私有制，意味着父權制對母權制的勝利。恩格斯指出：「母權制被推翻，乃是女性的具有世界歷史意義的失敗。」[1]自此以後，西蒙·德·波伏娃不無哀怨地說，女性和男性「這兩種不同性別的人類，從來沒有平等共享過這個世界」。[2]在社會充滿男女兩性對立的背景下，無論中西方文化，對待女性的態度都出現了截然相反的分野，一種態度是崇尚男性，另一種態度是尊重女性。春秋時期，就主流意識而言，女性是被輕視的，已經處於社會從屬地位，而《老子》卻能反其道而行之，「全書之義，女權皆優於男權」，[3]確實難能可貴。與鄙視、歧視女性的態度相比，老子似乎更具人文精神，更能代表人類文明的精華。

《老子》讚美女性，推崇陰柔之美，源於老子對母系氏族社會的留戀。原始崇拜是人類社會普遍的歷史現象。中國傳統文化具有濃郁的「崇古」情緒，孔子崇拜西周的社會制度，墨子提倡原始公社的民主精神，

1 《馬克思恩格斯文集》（第四卷），人民出版社二〇〇九年版，第六十八頁。
2 〔法〕西蒙·德·波伏娃：《第二性》，湖南文藝出版社一九八六年版，第九頁。
3 呂思勉：《先秦學術概論》，嶽麓書社二〇一〇年版，第二百二十八頁。

老子則回歸母系氏族社會。老子哲學的最高範疇是「道」，「道生之，德畜之，物形之，勢成之」。道是萬物之宗，蓄養萬物，具有無窮的創造力和潛在力量。但是，「道之為物，惟恍惟惚」，玄妙難識，這就需要有意象和喻體來形象化地說明道。老子從母系社會汲取哲思的靈感和源泉，以女性為喻闡述其玄思妙想。《老子》通篇充滿了母性主題和女性特點，無論是母、雌、谷、陰、牝、玄牝等表現女性性別的詞語，還是水、靜、柔、弱、韌等表現女性特徵的詞語，都能形象化地說明老子的思想。老子的哲思與女性特質有着高度契合，「我有三寶，持而保之：一曰慈，二曰儉，三曰不敢為天下先。慈，故能勇；儉，故能廣；不敢為天下先，故能成器長」。在這段話中，我們仿佛看到了一位母系氏族女首領的生動形象和具有的全部美德。所謂「慈」，是氏族女首領贏得人們愛戴的基本美德，既有母性的愛護備至、細緻入微的柔情，又有女性忍辱負重、無私曲成的寬容。慈愛並非軟弱，故慈能勇。「儉」是女性重要的美德，也是氏族女首領善於持家、管理氏族經濟社會生活的基本手段。母系社會生產力低下，沒有節儉就沒有原始人類的生存；只有節儉，才能用得更多、用得長久，維繫人類的生存。千百年來，女性總是節儉持家，節儉是女性的象徵。節儉並非吝嗇，故儉能廣。「不敢為天下先」，意指女性陰柔之美，表現出氏族女首領寬容謙和、溫良忍讓的高尚品德。謙卑並非軟弱，「故能成器長」。成器，指的是成就器具，造就萬物。意思是，所以能成為造就萬物的母體。這說明《老子》一書重陰、尚柔、守雌、好靜、謙下的特徵，都是對女性特有道德品格的哲學抽象，表現了女性崇高的氣質和獨特的智慧。

母性是老子最看重的女性品質。魯迅說過，女人只有女兒性和母性。女兒性是女人與生俱來的特性，母性則是深藏於女人骨子裏的天性。所謂母性，是生育和愛護子女的本能。老子重視的正是女人的母性，因為母性具有創造和養育生命的能力，道亦具有創造並保有萬物的能力，兩者本質上是一致的。因此，老子在描述道的內容時，使用了文化意義上的母親形象，認為道具有母性的品質。老子以母性喻道，和遠古時期人類社會的女始祖崇拜和女性崇拜有着密切關係。所謂女始祖崇拜，是指人類早期只知其母不知其父，以為自己的部族是由女始祖感應神物而來。這就有了伏羲之母華胥氏踏雷澤大人之跡而生伏羲、黃帝之母附寶見大電光而生黃帝、女登感神龍而生炎帝等等神話傳說。這些神話都是原始母系社會女始祖崇拜的遺跡，他們相信一個部族的開創和興盛都與女始祖感應神物有關。女性崇拜，則與氏族繁衍緊密聯繫。在遠古社會，人類生存條件極差，適應自然能力很低，人口死亡率尤其是兒童死亡率很高，人的平均壽命和自然增長率都很低，因而人口的生殖和增加關係到氏族的存亡。在人口增殖的迫切要求下，自然而然導致了女性崇拜。女性被認為是締造生命的神靈，是繁衍人類的母體。在老子那裏，母性的形式是豐富多彩的，但都是為了闡述道的內容。有時，老子用母體形式來描述道生長並保有萬物的特點，「有物混成，先天地生。寂兮寥兮，獨立不改，周行而不殆，可以為天下母。吾不知其名，字之曰道，強為之名曰大」。意思是，有物渾然一體，先於天地生成。無聲而又無形，獨立長存從不改變，循環運行永不停止，可以說是天地之母體和本根。我不知它的本名，給它取名叫道，勉強取名叫大。在這段話中，老子不僅用母性喻道，而且把母性與道等同起來。有時，老子用生殖特點來描述道綿延不絕的創造力。「谷神不死，是謂玄牝，玄牝之門，是謂天地根。緜緜若存，用之不勤。」王弼從字形出發，認為谷似山谷之谷，意為虛無，谷神是指道；牝是指女性之重要性徵。老子連續用谷神、玄牝、玄牝之門和天地之根來描述宇宙和萬物的起源及其根據。這段話的意思是，道是那樣神妙而永恆，它就是深妙莫測的母體。深妙莫測的母體，它就是天地的本根。母體綿密不斷而又川流不息，它的功用無窮無盡。有時，老子用母與子的關係來描述道與萬物的密切關係。「天下有始，以為天下母。既得其母，以知其子；既知其子，復守其母，沒身不殆。」老子認為，只有認識了道，認識萬物之根源，才能認識萬物。同時，對具體事物的認識又必須返本探源，「復守其母」，不能脫離對道體的基本認識，這樣才能終身無憂。《老子》一書喜歡用母性比喻宇宙萬物的根源，使得老子之道具有溫情色彩和偉岸形象，這就是善於化育生成而又柔弱溫和的德性。

陰柔是老子最讚美的女性品質。在中國思想史上，陰與陽具有重要地位，是古人認識和把握世界的兩個重要範疇。古人認為，世間萬事萬物都是由陰與陽組成的，天為陽、地為陰，日為陽、月為陰，火為陽、水為陰，男為陽、女為陰，白天為陽、黑夜為陰，等等。陰與陽之間的互相作用及其不斷運動變化，進而產生世間萬事萬物。《老子》一書散發着濃郁的陰柔氣息。有趣的是，《老子》僅有一處提到陰與陽，即「道生一，一生二，二生三，三生萬物。萬物負陰而抱陽，沖氣以為和」。但是，這一段話對於解讀老子的思想很重要，不僅完整表達了老子的宇宙觀，而且展示了老子思想中的陰柔傾向。雖然老子認為陰與陽、女性與男性都是世界的重要組成部分，但老子不認為陽在陰之上，沒有把女性置於男性的附庸地位。老子甚至認為，陰柔比陽剛有用，女性比男性重要。在老子看來，陰柔是生命力的源泉。「無，名天地之始，有，名萬物之母。」王弼注云：「凡有，皆始於無，故『未形』、『無名』之時，則為萬物之始，及其『有形』、『有名』之時，則長之育之，亭之毒之，為其母也。」馮友蘭認為，老子把「道」比為女性，天地萬物都是從其中出來。在老子看來，陰柔比陽剛更有優勢。老子推崇雌柔、虛靜、謙下、無為的品格，《老子》一書多次闡述他守柔的思想。「知其雄，守其雌，為天下谿。為天下谿，常德不離，復歸於嬰兒。知其白，守其黑，為天下式。為天下式，常德不忒，復歸於無極。知其榮，守其辱，為天下谷。為天下谷，常德乃足，復歸於樸。」這段話沒有一個字寫到「柔」，但通篇是守「柔」的思想。一般研究者願意在「雌」字後加上「柔」字，稱為「雌柔」。意思是，雖然雄強重要、光明顯赫、榮耀尊重，但都要甘居雌柔、幽暗、卑下的位置，無私無欲、簡單淳樸，從而才能保住美德，否則，就會喪失美德。在老子看來，陰柔比陽剛更有生命力，「人之生也柔弱，其死也堅強。草木之生也柔脆，其死也枯槁。故堅強者死之徒，柔弱者生之徒」。意思是，人活着的時候，身體是柔軟的，人死了身體就變得堅硬；草木成長的時候是柔軟的，死了就變得乾枯。所以說堅強是沒有生命力的表現，或生命力開始走下坡路，柔弱就是有生命力，正是生機勃發的時期。老子之所以崇尚女性，是因為向往女性柔弱不爭的品格中所蘊含的頑強生命力。在老子看來，陰柔勝剛強，「天下莫柔弱於水，而攻堅強者莫之能勝，以其無以易之。弱之勝強，柔之勝剛」。女性和水一樣，都是通過以柔克剛、以弱勝強來顯示其無窮的力量。水柔弱，卻可滴水石穿，恰似女性的溫柔寬厚，融化一顆顆男性堅硬的心；水善利，總是滋養萬物，哺育生命，恰似女性的無私大愛，撫育子女而不求圖報；水不爭，而能不拒細流、容納百川，恰似女性的包容、厚德和涵養，具有無窮的、勃勃堅韌的生命力。

虛靜是老子最欣賞的女性品質。虛與靜是既有聯繫又有區別的兩個概念。在老子那裏，虛總是與無、空聯結。無論虛無、虛空，都是說明道創生萬物的能力。老子經常用谷神、溪谷、玄牝描述女性，說明女性和道一樣，具有虛無、虛空的品質，從而能夠創造生命。與無相聯結，虛無比實有更管用。《老子》第十一章以車軸套、陶器和居室門窗為例，說明製作車軸套、陶器和建築房屋不是目的，利用車軸套、陶器和房屋內的虛無和空間才是目的，「故有之以為利，無之以為用」。虛無還是天下萬事萬物的來源，「天下萬物生於有，有生於無」。與空相聯結，虛空更是玄妙無比。《老子》第四章說：「道沖而用之或不盈，淵兮似萬物之宗。」《說文》注釋「沖」為「盅」，意為「器虛也」。這段話意思是，道體雖然虛空無形，它的作用卻無窮無盡，道深邃而博大，猶如萬物的主宰。《老子》第五章又說：「天地之間，其猶橐籥乎？虛而不屈，動而愈出。」橐籥，猶如現今之風箱，古代為冶鑄所用嘘風熾火之器。意思是，天地之間，不正像一只大風箱嗎？雖然空虛卻沒有窮盡，鼓動愈快風力也就愈大。老子十分尊崇靜的品格，《老子》一書多次言靜，認為

「靜為躁君」、「清靜為天下正」。在中國傳統文化中，靜通常是與女性相聯繫的，《管子．心術上》有「陰者靜」的說法；成語有「靜如處子，動如脱兔」。老子認為，靜具有本體論意義，是萬物的本性。「夫物芸芸，各復歸其根。歸根曰靜，是謂復命。」這裏的「歸根」一詞是靜的定義，「復命」一詞是靜的寫狀。意思是，萬物儘管紛繁眾多，最終都要回歸其本根。回歸本根就稱為清靜，清靜中孕育出新的生命。老子又認為，靜具有辯證法意義。靜與動對立統一，相輔相成而不可分割，但老子強調靜能制動、靜之勝動，「牝常以靜勝牡，以靜為下」。牝為雌性，牡為雄性。意思是，雌性常常憑藉安靜勝於雄性。因為雌性安靜，總是處於卑下的位置。老子還認為，虛靜具有認識論意義。「致虛極，守靜篤，萬物並作，吾以觀復。」意思是，盡力達到心靈空明的極致，堅守清靜的最佳狀態。萬物都在蓬勃生長，我才能從中觀察和認識到它們的循環往復。

老子偉大，尊崇女性睿智。從人文意義分析，男性與女性共同組成人類社會，兩者缺一不可；男性如山，女性如水，山與水緊緊相依，各美其美，沒有高下貴賤之分。平等地對待女性，不僅是理性智慧的顯現，而且是人性光輝的閃爍。世人誰無母親呢？對女性的尊崇，就是對母親的敬意，就是對偉大母愛的祈福！冰心甚至說：「世界上若沒有女人，這世界至少要失去十分之五的真，十分之六的善，十分之七的美。」[1]從思想史認識老子之女性，更有着重要的理論和實踐意義。某種意義上説，由於對女性的不同認識，形成了儒家與道家兩大思想體系，以孔子為代表的儒家是陽剛的男性品格，「天行健，君子以自強不息」；以老子為代表的道家是陰柔的女性氣質，柔弱中不乏堅韌，虛靜中更顯張力。這兩種思想精神孕育着中華民族

1 冰心：《關於女人》，復旦大學出版社二〇〇六年版，第二百三十頁。

的陽剛雄健和陰柔寬厚之氣，使得中華民族的整體氣質更為和諧。但是，客觀地說，在對待女性的態度上，儒家有失偏頗，道家更為公允。在封建社會，儒家思想長期佔據主導地位，其輕視女性的傾向被不斷放大，教育女性要「三從四德」，以致認為女性「餓死事小，失節事大」，左右了千百年來中國女性的命運，成為緊緊束縛女性的枷鎖。道家「重陰陽、等男女」的思想對於保護女性，制衡儒家男尊女卑觀念的無限擴張有着積極意義，即使在今天已經實行男女平等的社會，仍然有着重要的借鑒意義。總之，老子尊重女性，推崇陰柔之美，是以一種特殊的文化樣式豐富了中國人的精神生活和傳統文化的內容，也成為人類文明發展一道亮麗的風景線。

老子之水：宇宙之水

老子是中國哲學第一人，《老子》一書玄妙深奧。好在老子善用比喻，在事與理、言與意之間植入一個中介即意象，來闡述其深邃的思想，從而使世人能夠親近老子、解讀《老子》。孔子對運用意象說理的做法深表讚賞，他認為「書不盡言，言不盡意」，但聖人能夠「立象以盡意」。其中，水是老子哲學最主要的意象。所謂意象，是指作者用來表達思想和情感的景物。老子對水這一景物進行長期觀察，探幽析微、深究其理，發現水具有宇宙萬物運行規律的品質。老子認為，水「幾於道」。《爾雅．釋詁》釋「幾」為「近也」；王弼注云：「道無水有，故曰幾也。」意思是，道是不可感知的，水是能夠感知的，水的品質接近於道的品質。在老子看來，道幽冥無形，不可見，而水有形有體，為可見。用水來比喻道，既形象又生動，能夠直觀地感受道的奧妙和真諦。一定意義上說，道是對包括水在內的宇宙萬物的本體抽象，水是對道的具體喻象，道從理性方面揭示着宇宙的原則和萬物運行的規律，水以感性方式描述着宇宙的原則和萬物運行的規律。

水是地球上最常見的物質，地球表面百分之七十左右被水覆蓋；水既是人類生命的源泉，也是生命的重要組成部分，在成人體內，百分之六十至七十的質量為水。由於水的普遍性和重要性，古代思想家十分敬重水，把水看成萬物之本、生命之源，賦予水以宇宙原則和道德本性的品格。《易經》的八卦將水列為坎卦，和乾、坤、巽、震、離、艮、兑卦一起演繹着宇宙運行和人間萬象。五行思想把水作為一種基本元素，和金、木、火、土等元素一起構成宇宙萬物。因此，管子認為：「水者，何也？萬物之本原也，諸生之宗室也。」[1]《淮南子·原道訓》則說：水「上天則為雨露，下地則為潤澤；萬物弗得不生，百事不得不成；大包群生，而無好憎，澤及蚑蟯，而不求極；富贍天下而不既，德施百姓而不費」。意思是，水蒸發上天成雨水和露珠，降落大地滋潤草木。萬物得不到水就不能生存，百事缺少了水就難以成就。水滋潤萬物而無偏心，恩澤小蟲而不求回報；水富足天下而不枯竭，德澤百姓而不損耗。在人類文明初始階段，不僅中國的思想家敬重水，西方的思想家也敬重水。古希臘哲學家泰勒斯是第一個提出「什麼是萬物本原」這個哲學命題的人，他的格言為「水是最好的」；他向埃及人學習觀察尼羅河的洪水，發現每次洪水過後，不僅留下肥沃的淤泥，淤泥中還留下無數微小的胚芽和幼蟲；他把這一現象與埃及人關於神造宇宙的傳説結合起來，得出萬物由水生成的結論，認為「水生萬物，萬物復歸於水」。在西方社會，泰勒斯首次用一種具體的自然物質本身來解釋世界萬物的起源，標誌着早期希臘哲學已從神話世界觀脱胎而出，具有進步性和開創意義。

哲學是抽象的學問。從抽象的角度分析問題，把水當作萬物的本原，可能是幼稚的。但是，在人類早期，能夠提出這個問題，卻有着重要的思想價值。這種價值在於表述雖然是具體事物，意蘊卻是抽象地提出哲學的基本問題，實質是探索宇宙和人生的終極性目標；在於對思維與存在的關係，能夠從唯物的角度認識宇宙的起源和人生的終極價值；在於試圖用經驗觀察和理性思維的方法來解釋世界，而不是依靠直覺和神祕的天意。這也符合認識發展規律，人的認識總是由特殊到一般，又由一般到特殊的辯證運動過程。水是一種特殊事物，古代思想家從認識水開始，逐步從水的品質中體悟到宇宙和人生的一般道理，這是認識的一次飛

1 《管子·水地篇》。

躍。比較而言，老子更為高明，老子最終從水中提煉出「道」的概念，泰勒斯則是止步於水，沒有作進一步提煉。儘管如此，水畢竟是人類早期把握世界本體和起源的一個重要意象，在人類思想史上，水的哲學佔據重要的一席之地。我國哲學家給予高度評價，認為泰勒斯「是意識形態上的梭倫，他宣佈了古代神話宇宙觀的結束，開始了真正科學的哲學思想的發展階段」。[1]

《老子》一書關於水的論述很多，有人統計約佔四分之一的篇幅，其中既有直接論述水的性質，即「上善若水」、「天下莫柔弱於水」，也有間接論述水的形態，即「驟雨不終日」、「豫兮，若冬涉川」。水啟發着老子的靈感，老子為水注入了生命、情感和思想，從而把自然之水昇華為宇宙之水、政治之水、道德之水，建構起自己的思想大廈。

宇宙之水就是從本體論角度認識水的意義。老子哲學的最高範疇是道，道是萬物之本、生命之源，即「道生一，一生二，二生三，三生萬物」。但是，「道之為物，惟恍惟惚」。所謂「恍惚」，意指無形無象、似有若無，看不到、聽不見、抓不住，捉摸不透，幽深難測。所以，老子經常以水為喻，形象地說明道的本體論內容。《老子》第四章說：「道沖而用之或不盈，淵兮似萬物之宗。挫其銳，解其紛，和其光，同其塵。湛兮似或存。吾不知誰之子，象帝之先。」一般研究認為，「挫其銳」四句，乃是第五十六章的錯簡重複，似可刪除。但是，帛書和有關漢簡本都是如此論述，而《老子》一書多有重複現象，目的是更好地闡明有關思想和觀點。「挫其銳」四句正是為了具體說明「道沖而用之或不盈」，前後意義連貫，形象更為鮮明，保

1 葉秀山：《前蘇格拉底哲學研究》，生活・讀書・新知三聯書店一九八二年版，第四十二頁。

留在此，倒亦無妨。在這段關於道的論述中，好幾個詞與水有關，「盈」是水滿了出來，「淵」是水深的狀態，「湛」是沒入水中。老子就是在用水這一意象具體地闡述道的內容。意思是，道體是虛空的，而它的作用卻不會窮竭。它像水一樣，深厚廣大、無窮無盡，似乎是萬物的始祖。它不露鋒芒，消解紛爭，與日月齊光，與萬物同塵。它是那樣深不可測，彷彿是若存若亡。我不知道它是誰的兒子，好像是天帝的祖先。

物質性是老子宇宙之水的基本取向。老子認為水像道一樣，是構成世界萬物的始基並創生萬事萬物，從而來闡述他的本體論思想。這不僅是在回答世界的本原和統一性問題，而且承認了世界的物質性。關於世界的本原和統一性，人類思想史上有着唯物和唯心兩種理解，唯物論認為，世界的本原是物質，世界的真正統一性在於它的物質性；唯心論認為，世界本原是精神，世界上的萬事萬物都是由精神派生的。老子的道雖然幽冥無形，但水卻是有形的物質，以水喻道無疑具有樸素的唯物主義傾向。古代唯物主義總是把世界本原猜測為幾種具體的物質形態，這在哲學思維上是素樸的，很難從邏輯上自圓其說，但對世界本原的追問卻是真誠的。老子把道看成萬物的本原，「有物混成，先天地生。寂兮寥兮，獨立不改，周行而不殆，可以為天下母。吾不知其名，字之曰道，強為之名曰大。大曰逝，逝曰遠，遠曰反」。意思是，有物渾然一體，先於天地生成。無聲而無形，獨立長存從不改變，循環運行永不停息，可以說是天地之本根。我不知它的本名，給它個名稱叫道，勉強取名叫大。道大到無邊又無所不至，無所不至而運行遙遠，運行遙遠又回歸本原。老子的道非常智慧，他對天地萬物起源的理解，與現代的科學觀察和認識有着十分相似之處。老子認為，天地未形成之前，宇宙處於混沌狀態；現代大爆炸理論認為，早期宇宙也是混沌狀態，是由一大片微觀粒子構成的均勻氣體，稱為氣態物質，而後發生大爆炸，這些氣態物質慢慢凝聚，生成了今天的宇宙恆星和恆星體系。在中國思想史上，老子的道非常醒目。張岱年對老子的哲學思想評價極高，認為是「一次徹底的思想革命」。因為春秋戰國時期，普遍認為天是自然變化、社會運行和人的命運的最高主宰，所以有天命論。天命論是一種具有唯心主義傾向和宗教色彩的思想觀念，反映了古代社會人與自然沒有發生明顯分裂和對抗、處於低水平統一的時代特徵，而「老子以為天並不是最根本的，尚有為天之根本者。老子說：『有物混成，先天地生。』……最根本的乃是道，……道才是最先的」[1]。老子否定有意識的天，這不僅從一個側面證明了道具有物質性特徵，而且把中國古代對世界本原的認識提升到了理性和思辨的高度。同時，老子以水喻道，深入淺出地闡述了道之永恆無限和包容厚德，即「大道氾兮，其可左右。萬物恃之而生而不辭，功成不名有，衣養萬物而不為主」。意思是，道像江河氾濫，洶湧澎湃無邊無際、無窮無盡。萬物依它而生，它從不推脫責任；大功告成，卻不求取美名；護養着萬物，卻不充當它們的主人。在這段話中，水與道交融、景與理合一，形象地描述了道的品質，這就是化生萬物且能居於萬物之中，滋養萬物而又能與萬物並存共生。承認世界的物質性，物質地認識世界的本原和起源，具有重要的理論和實踐意義。這實際是承認在我們主觀之外有一個客體存在、自身之外有一個他者存在。能否承認客體和他者的存在，是我們能否認識和改造世界的前提。對於客體和他者，我們不能否定，不能臆斷，不能猜想，而要實在地進行研究分析，進而把握客體和他者的內在規律，以利於實現主觀與客觀的統一、自身與他者的和諧。

運動是老子宇宙之水的內在規定。對於唯物主義來說，承認世界本原的物質性，只是一個基本要求，還有一個基本要求就是承認物質的運動變化。不承認物質的運動變化，就容易陷入形而上學的困境。所謂形而上學，有着兩種不同意義的理解，一種是與哲學範疇相近似的理解，意指哲學中探究宇宙萬物根本原理的一

1 張岱年：《中國哲學大綱》，中國社會科學出版社一九八二年版，第四頁。

部分，包括物質、思維、存在、虛無、宇宙、靈魂、自由意志等玄而又玄的問題，在中國稱之為「玄學」；另一種是與「辯證法」相對立的理解，意指不承認事物的矛盾，孤立地、靜止地看待事物。這裏所說的形而上學，是指不承認物質的運動變化，與「辯證法」相對立的形而上學。而老子的道是承認事物的運動變化，他認為道創生萬物不是一下子完成的，而是經歷了一個逐步展開、層層遞進的過程。老子善用數字抽象描述道化生萬物從無到有、由簡而繁的過程，呈現出生機勃勃的演變圖景。一是道「先天地生」，這個時候天地混沌彌漫着各種各樣的元氣，即「有物混成」。二是「道生一，一生二」，「一」是數的開始，老子有時用「一」來指稱作為萬物統一根源的道。在這裏，道和一是一個東西；按照現代哲學的說法，道和一是一個序列的概念，因而這幅圖景的實質是「一生二」。什麼是「一生二」呢？老子說：「萬物負陰而抱陽，沖氣以為和。」意思是，萬物包含着陰和陽兩種相反相成的物質，陰陽之氣交相激盪而達成和諧。道產生陰陽二氣，標誌着道之創生由抽象無形的「一」變成了具體有形的物質。三是「二生三」，即陰陽交感、二氣和合，產生了新的具體事物，預示着衍生萬物的無限生機。四是「三生萬物」，也可說是三成萬物，即道演化生成天下萬事萬物。通過對道生萬物過程的解釋，我們可以感受老子的道在不停地運動，生生不息、無始無終，充滿生機、活力迸發。同時，老子善用水的不同形態比喻道的運動變化，指明運動變化的絕對性。「天地相合以降甘露」，說明水是由天地運動而生成的；「譬道之在天下，猶川谷之於江海」，說明水運動的形態是不同的，在山川是細流，在平地是長河，在終點是大海；「窪則盈」，說明水多時是盈滿，水少時是坑窪；「飄風不終朝，驟雨不終日」，說明運動是常態，但劇烈運動卻是非常態。不同形態的水，實質是不同運動方式的表現。東晉王彪在《水賦》中具體描述了水的四種形態和運動方式，即水「委輸而作四海，決導而流百川，承液而生雲雨，湧凝而為甘泉」。其中海、川、雨、泉為水的形態，委輸、決導、承液、湧凝為水的運動方式。老子善用水循環運動規律，說明返本歸初的道理。自然之水循環往復，日夜奔流到江海，無休時、不停止；上升為雲氣，下降為雨露，終歸於大海。道也一樣，「夫物芸芸，各復歸其根」，即萬物儘管紛繁眾多，最終都要回歸其本根。更重要的是，老子善用水謙卑處下的特點，說明水在柔弱之中蘊含着寬廣偉岸的品格，「江海所以能為百谷王者，以其善下之，故能為百谷王」。對於我們認識和改造世界而言，運動的觀點具有積極意義。沒有運動就沒有事物，沒有運動就沒有差別，事物是在運動中形成，並在運動中向不同方向發展，從而形成一個個具體事物。因此，用運動的觀點而不是孤立、靜止的觀點看待事物，我們才能不斷深化對客體和他者的認識，才會更加精準地把握客觀規律，才可以按照客觀規律改造和重塑世界。

矛盾是老子宇宙之水的核心內容。從一定意義上說，老子哲學是矛盾哲學。世界是物質的，物質是運動的，那麼，物質是怎樣運動的呢？老子認為：「反者，道之動。」「反」是老子哲學的一個重要範疇。錢鍾書研究指出，老子之「反有兩義，一者正反之反，違反也；二者往反之反，回反也」；[1]「老子之反融貫兩義，即正反而合」。老子之反，就是事物的矛盾及其運動變化。老子認為，世間一切事物的運動變化，遵循着反的規律，即事物存在着對立面，對立面之間會朝着相反方向運動變化；事物變化總要返回到原來的起始狀態，循環往復以至無窮。老子的矛盾思想充滿着辯證法，辯證法是揭示宇宙萬事萬物運動變化和發展規律的科學。老子仰觀天文、俯察地理，近取諸身、遠取諸物，發現世間萬事萬物都存在着矛盾，都是在對立統一中發生發展的。老子以水為喻，認為矛盾首先表現在相反相成，「有無相生，難易相成，長短相較，高下相傾，音聲相和，前後相隨」。其中「高下相傾」的「傾」也作「盈」，意指位勢，水分高下，充之為盈，過滿則溢，傾覆而轉為低下。在老子看來，相反相成、互相依存，是自然界和人類社會的普遍現象和恆常規

1　錢鍾書：《管錐編》（二），生活·讀書·新知三聯書店二〇〇一年版，第六百九十一頁。

律，因而《老子》一書列舉了大小、多少、高下、遠近等一系列矛盾關係。矛盾還表現在物極必反，即矛盾雙方向對立面轉化。對於矛盾，普通人一般只看到事物的表面，而不能深層次地參透其中隱藏相反的可能性。老子卻認為，一切矛盾都在對立狀態中互相轉化，這種向對立面轉化的過程是無止境的。他有一段很精彩的論述：「禍兮福之所倚，福兮禍之所伏。孰知其極？其無正也？正復為奇，善復為妖。」意思是，禍啊，是福所依憑的東西；福啊，是禍所隱藏的地方。誰知道它們的變化如何？這是沒有定準的嗎？正又變為邪，吉又變為凶。老子以水為例説明物極必反的道理，「孰能濁以靜之徐清」，意指混濁之水，因為不搖動它，讓它靜止，慢慢地變為澄清。矛盾更表現在以柔克剛。人們一般的認識是剛強勝於柔弱，老子卻反過來分析，認為柔弱勝於剛強，「天下莫柔弱於水，而攻堅強者莫之能勝，以其無以易之」。意思是，天下沒有比水更柔弱的，可是攻克堅強的東西卻沒有什麼勝過水的，這個事實是無法改變的。是啊，滴水穿石，點點滴滴的雨水，經過長年累月的沖擊，可以把堅硬的石頭滴穿；驚濤拍岸，排山倒海的洪水、海潮，能吞沒農田房舍，沖毁一切堅固的建築物。柔弱之水，其力量是多麼深厚偉大！老子不禁感歎，人們太不懂得這個道理了，「弱之勝強，柔之勝剛，天下莫不知，莫能行」。意思是，柔弱勝剛強的道理天下沒有不知道的，卻沒有人實行。辯證的觀點，既是世界觀又是方法論。運用辯證思維認識世界，我們就能既見樹木又見森林，從總體上把握客觀實際；既看現象又看本質，透過現象看本質，從規律上把握客觀實際；既觀照現實又着眼未來，從前景上把握客觀實際。概言之，辯證法可以使我們站得更高、看得更遠、想得更深。

古希臘文中，哲學意味着愛智慧，中國傳統文化是「智者樂水」。老子無疑是人類思想史上的智者，他喜歡水、運用水、讚美水，就像他的道一樣，是自然而然的事情。老子之水天際來，奔流古今不停步。在老子那裏，水不僅是世界的本原，而且是活力的象徵，更重要的是智慧的化身。老子的宇宙之水啟示我們要學習哲學，明白事理，獲得智慧啟迪。哲學是一種知識，但不同於一般知識。一般知識有用於日常生活，能夠對實用功利有所幫助，可以在經驗世界裏幫助人們改進生活方式，提供生活便利，提升生活品質。但是，哲學是人作為有限理智者在理性上所提出的關於自然、社會和人生終極目標的知識，它對於我們的物質生活可能沒有什麼幫助，卻在精神領域能夠引領人們明心見性、超越自我、追求永恆。人畢竟是物質與精神的統一體，精神是把人與自然界、動物界區別開來的重要標誌。從這個意義上說，人的物質需求是容易滿足的，而人的精神需求卻是不容易滿足的。尤其像人為什麼活着這樣一類終極的精神需求，更是不容易滿足。能夠滿足人的終極精神需求，唯有哲學，唯有老子的宇宙之水。

老子之水：政治之水

哲學對於價值的認識形成了一對重要範疇，這就是動機與效果。動機是人們進行價值活動的動因，表示人們對某種價值的追求；效果則是人們價值選擇後活動所造成的客觀結果。動機與效果之間有時是一致的，有時是不一致的。人們總是希望動機與效果的統一，但在實踐中往往會發生動機與效果相互矛盾和衝突的情況。這是因為客觀世界是複雜多變的，不以人們的意志為轉移；人們的價值選擇和創造活動不是在設定的理想環境中進行的，而是在不可控的諸多主客觀條件下開展的，因而就會出現印度詩人泰戈爾所描述的那種現象：「我求索我得不到的，我得到了我不求索的。」[1]《老子》一書在歷史上的命運也是如此。現在普遍認為，《老子》是哲理思辨之書，並把老子看成中國哲學之父。其實，老子寫書的動機和《老子》在中國思想史上的影響是不一致的，老子當時著書的初衷並不是為了哲學，而是為了政治。

春秋戰國之際，諸侯混戰、社會動盪，世風日下、民生多難，諸子百家爭鳴，先秦思想家們關心的不是天理而是人事，不是自然界而是人世間。從本質上説，諸子百家沒有一家是在探索浩瀚的宇宙和奇妙的自然界，而是都在探索尋覓治國安邦之道，想拿自己的一套議論主張，游説諸侯、服務政治，維護統治者秩

1 〔印度〕泰戈爾著，吳岩譯：《園丁集》，上海譯文出版社一九八一年版，第十六頁。

序。諸子百家都是「學成文武藝，貨與帝王家」，老子也不能脫離歷史條件和人文環境。當時，諸子百家都提出了自己的政治主張，主要有儒家序君臣父子之禮不可易，陰陽家序四時之大順不可失，墨家言強本節用不可廢，法家正君臣上下之分不可改，名家正名實不可不察。漢初學者認為，儒家等提出的政治主張以取一端為重，都有片面性，唯有道家集諸子百家之長，是最為完美的政治理論。司馬談讚歎道：「道家使人精神專一，動合無形，贍足萬物，其為術也，因陰陽之大順，采儒、墨之善，撮名、法之要，與時遷移，應物變化，立俗施事，無所不宜。」[1] 當然，諸子百家的差別不限於政治主張，還表現在是否直接參與政治的意願取向。有的不僅想影響政治，而且自己還想為官從政，成為統治集團一員；有的則僅僅是想為政治服務，本人並不想為官從政。前者如孔子，他說：「苟有用我者，期月而已可也，三年有成。」[2] 意思是，如果有君王用我從政，一個月內就能見到效果，三年內必能做出成就。後者如老子，著書之後則從函谷關西去，不知所終。

據統計，《老子》一書共有七章議論帝王政治。許多學者卻認為，《老子》一書沒有一章不提及政治和治國之道。從這個意義上分析，《老子》與其說是哲學書籍，不如說是政治書籍，從頭至尾講的都是統治術，是在教導統治者如何治國安邦。《漢書》指出：「道家者流，蓋出於史官，歷記成敗存亡禍福古今之道，然後知秉要執本，清虛以自守，卑弱以自持，此君人南面之術也。」意思是，道家這個流派，大多出於古代的史官。他們連續記載歷史上的成功失敗、生存滅亡、災禍幸福和古今的道理。然後知道治國要秉持要點、把握

---

1 司馬遷：《史記》卷一百三十，中華書局一九五九年版，第三千二百八十九頁。
2 《論語．子路篇》。

根本，即守着清靜無為，保持謙虛柔弱，這是君王治理國家的主要方法。「清虛以自守，卑弱以自持」，是自然與無為思想的另一種表達方式，而自然與無為是老子思想的兩個重要範疇。在老子看來，自然是道的本質規定，無為則是自然之道在政治領域的延伸和運用。所以，老子的道是天道、治道、人道的統一，是中國傳統政治理論的淵源。他說：「道常無為而無不為，侯王若能守之，萬物將自化。」意思是，道經常不作為，卻又無所不為。君王諸侯如能得到它，萬物將自然化育成長。老子擔心人們不能理解他的政治思想，他用水做比喻，認為水是最能體現無為理念的意象，賦予水豐富的政治內涵，「天下之至柔，馳騁天下之至堅，無有入無間，吾是以知無為之有益」。「天下之至柔」指的是水。意思是，水這一天下最柔弱的東西，縱橫出入於天下最堅硬的東西，無形的力量穿透沒有間隙的東西，我因此知道無為是有益的。同時，老子感歎，不言的教化，無為的益處，天下人很少能夠達到，即「不言之教，無為之益，天下希及之」。老子之水由此而演繹為政治之水。

政治之水就是從國家管理和維護政治秩序的角度認識水的意義。但老子的政治之水與其說是管理國家，倒不如說是管理統治者自己。在老子看來，統治者把自己管理好了，才能管理好國家，他從政治的角度要求統治者以水為師、以水鑒事。在老子看來，水的最大特點是不爭，《老子》第八章在說明水的品格與道相近之後，指出：「夫唯不爭，故無尤」；第六十六章說明聖人治天下，如江海之納百川，能自甘於處下居後，從而蓄養萬民，不給老百姓造成負擔，最後指出：「以其不爭，故天下莫能與之爭」，意思是，因為聖人和水一樣，不與人爭，所以天下就沒有人能跟他爭。因此，老子希望統治者亦能像水那樣：謙卑、不爭、自然而為。老子認為，這樣的統治者才稱得上得道之士，精通各種奧妙，深遠通達而又高深莫測，即「古之善為士者，微妙玄通，深不可識」。老子以水為喻，具體描述了「善為士者」形象：「豫兮，若冬涉川；猶兮，若畏四鄰；儼兮，其若客；渙兮，若冰之將釋；敦兮，其若樸；曠兮，其若谷；混兮，其若濁。」川、冰、谷、混濁等都與水有關。意思是，得道統治者的形象是遲疑不決啊，就像寒冬赤着腳蹚過河水；心懷畏懼啊，如同強敵在四鄰；恭敬嚴肅啊，仿佛出外去做客；順應潮流啊，恰似春來冰之融化；敦厚誠實啊，就像木材未經雕琢；襟懷寬闊啊，就像空曠的山谷；渾厚含蓄啊，就像濁流盈江河。老子進而認為，這樣的統治者才能使混濁的水變得清澈，天下安定而又有生機，「孰能濁以靜之徐清？孰能安以久動之徐生？」老子更認為，這樣的統治者是不自滿的，不自滿實質是不爭，正因為統治者從不自滿，所以才能棄舊圖新，即「保此道者不欲盈，夫唯不盈，故能蔽而新成」。

善利萬物是老子政治之水的目的。得民心者得天下，古今中外無論哪一種類型的政治，其基礎都是老百姓，老百姓擁護，政治就穩定，反之就動亂。而老百姓擁護與否，關鍵看統治者如何對待老百姓。老子認為，統治者應重視民意，順應民心，善待民眾。「聖人無常心，以百姓心為心。善者，吾善之；不善者，吾亦善之，德善。信者，吾信之；不信者，吾亦信之，德信。」意思是，聖人治理天下沒有自己的意志，而是以老百姓之心願作為自己的心願。善良的人要加以善待，不善良的人也要加以善待，這樣最終就得到了善。誠實的人要加以信任，不誠實的人也要加以信任，這樣最終就得到了誠信。老子還認為，統治者要為老百姓謀福利，讓老百姓得到實惠和利益。為此，老子提出了「上善若水」的著名觀點，認為統治者應當像水一樣，自然而然地有利於天下萬事萬物，而不是加害於平民百姓。《老子》第八章全面闡述了「上善若水」的觀點。許多研究都是從人生觀的角度解釋第八章的內容，很少把「善利萬物」納入老子政治哲學範疇，王弼則注云：「皆應於治道也。」應該説，王弼的認識是深刻的，更符合老子原意。《老子》第八章內容豐富，首先以水比喻政治品德。政治品德應造福於民，還利於民，「水善利萬物而不爭，處眾人之所惡，故幾於道」。意思是，政治像水一樣，能夠滋養萬物而不爭先，謙卑地安居於人之所厭惡的低處，因而它的行為接近於道。在這段話中，老子明確了政治的目的，即「善利萬物」；指出了實現政治目的的途徑，這就是「不爭」和「居下」。老子之所以強調「不爭」，是因為春秋時期一切戰亂、罪惡、禍害、痛苦的根源都在於人與人之間為了利益而互相爭鬥。老子開出的藥方是「不爭」，唯有不爭，才能消除紛爭、擺脫禍害。所謂「居下」，就似水性處下，甘居下游，意指謙虛、忍讓和包容之美德。老子進一步認為，居下也是不爭，「善用人者為之下。是謂不爭之德」。同時以水比喻統治者的人格。政治品德與統治者人格是相輔相成的，而且是正相關關係，統治者人格越好，實施良好政治就越有保證。良好的人格是實現良好政治的保證。老子指出，統治者應具備的人格是「居善地，心善淵，與善仁，言善信，正善治，事善能，動善時」。所謂居善地，意指統治者所居如水在地，善執謙下，順物自然，行無所事；心善淵，指統治者之心如水之止，善保虛靜，洞鑒幽微，湛然通徹；與善仁，指統治者作為如水之滋，惠及天下，不懷私授；言善信，指統治者之言如水影物，善守誠信，與物一致，自然符契；正善治，指統治者為政如水之平，善治百姓，正容悟物，物自順利；事善能，指統治者用人如水之柔，善能任物，隨器授職，不失其材；動善時，指統治者臨事如水之動，善觀其時，出處應機，能全其道。最後以水比喻不爭的意義，就是沒有擔憂，沒有失敗，「夫唯不爭，故無尤」。

順應自然是老子政治之水的基本要求。老子把道運用於政治領域，特別強調「道法自然」的思想。按照西方思想史，老子可說是一個自然法論者，但是，老子的自然與西方的自然法有着很大差別。西方的自然法是指自然狀態中固有的正義法則的集合，通常被用來批判現實政治，要求政治賦予人們更多的社會權利，而老子的自然是自然而然的自然、「無狀之狀」的自然，實質是要求統治者按照事物的本來面目和內在規律來實施政治行為。「域中有四大，而王居其一焉。人法地，地法天，天法道，道法自然。」這裏的王和人是一個含義，王是作為人的代表出現的，王弼注云：「天地之性，人為貴，而王是人之主也。」意思是，宇宙間有道、天、地、王四種存在，王居其中之一。人取法於地，地取法於天，天取法於道，道本性自然。王弼對「道法自然」做了詮釋，「道不違自然，乃得其性，法自然也。法自然者，在方而法方，在圓而法圓，於自然無所違也」。在老子看來，水是最自然而然的，它從來不強求外在客體，而是「隨物賦形」，誠如《易傳》所言：「萬物皆有常形，惟水不然，因物以為形而已。」《老子》第三十二章以水比喻道之自然本質，說明統治者的治理要順應自然，「譬道之在天下，猶川谷之於江海」。在這一章裏，老子認為，道的原初狀態是自然而然的，「道常無名，樸雖小，天下莫能臣也。侯王若能守之，萬物將自賓」。樸原意為未加工的木材。意思是，道的本質是自然淳樸，正因為道自然淳樸，天下卻沒有誰能支配。侯王如能得道並保有道，萬物自然會來臣服和順從。老子認為，天降雨水也是自然而然的事情，「天地相合以降甘露，民莫之令而自均」。意思是，天地之氣陰陽交合，就會有雨水甘露降下，民眾不曾給雨水指令，卻能自然分佈均勻。老子還認為，要順應萬物之自然，不可過分加以干預，「始制有名，名亦既有，夫亦將知止。知止可以不殆」。王弼對「始制有名」的解釋是：「始制，謂樸散始為官長之時也。始制官長，不可不立名分，以定尊卑，故『始制有名』。」由此可見，道化生萬物後，就和人產生了千絲萬縷的聯繫，人也會影響萬事萬物，如立名分、定尊卑。但人對萬物的聯繫和影響要有限度，不可違背萬物之本性和事物之自然，更不可超越始制規定的範圍，以避免危險的發生。《老子》第三十四章仍以水比喻道之自然本質，說明統治者不居功，也是順應自然的表現，「大道氾兮，其可左右」。意思是，大道像江河一樣氾濫，洶湧澎湃無邊無際。王弼注云：「言道氾濫，無所不適，可左右上下周旋而用，則無所不至也。」在這一章裏，老子認為，儘管道生萬物，但道不居功，「萬物恃之而生而不辭，功成不名有，衣養萬物而不為主」。老子還以小與大的辯證關係說明順應自然的積極意義。「常無欲，可名於小；萬物歸焉而不為主，可名為大。以其終不自為大，故能成其大。」意思是，道沒有任何欲望，可以說是很渺小；萬物都歸附於它，它卻不當萬物的主宰，可以說是真偉大。因為聖人不承認自己偉大，所以才成為真正的偉大。老子強調道法自然、水性自然，最後還是回歸到聖人，回歸到政治，認為聖人要順應自然，治理天下，安邦定國。

無為而治是老子政治之水的核心內容。孔子亦談過無為而治，他說：「無為而治者，其舜也與？夫何為哉？恭己正南面而已矣。」[1]意思是，能夠無所作為而治理天下的人，大概只有舜吧？做了些什麼呢？只是莊嚴端正地坐在朝廷的王位上罷了。但是，孔子沒有對無為而治進行全面建構和闡述，在老子的政治哲學中，無為而治卻是基本概念，形成了完整的思想體系，其理論基礎是「道法自然」。道法自然內聚着無為而治的基因，無為而治是道法自然在政治領域的必然要求，就是主張順應民心、清靜無為、正派無私，反對統治者對社會和老百姓過分的人為干預。老子提出無為而治，既鮮明表現了與儒家尊禮、墨家尚賢、法家重刑等政治主張的差異，又勸誡當時統治者不斷侵民擾民的政治行為，要求他們遵循治國安民的內在規律，減少主觀意志和人為干預。老子以否定性的思維來論證自己的主張，具有深刻的辯證法內容，讓人耳目一新，為之一震。老子從反面的思維方式入手，觀照人們日常持之的許多肯定性判斷，獨具特色地揭露了原似合理之下隱藏着的不合理，貌似公平之下隱藏着的不公平，批判了統治者所謂仁義、智慧、孝慈等道貌岸然背後的人性醜惡，這就是「天之道，其猶張弓與！高者抑之，下者舉之；有餘者損之，不足者補之。天之道，損有餘而補不足。人之道則不然，損不足以奉有餘」。《老子》第五十七章比較完整地論述了無為而治的思想。首先提出了治國的基本原則，即「以正治國，以奇用兵，以無事取天下」。對於這三句話，歷來解讀多有分歧，

---

1 《論語．衛靈公篇》。

但基本內容是強調無為而治，則是沒有疑義的。接着指出了統治者過分有為、干預過多導致的惡果，「天下多忌諱，而民彌貧；民多利器，國家滋昏；人多伎巧，奇物滋起；法令滋彰，盜賊多有」。意思是，天下禁忌越多，人民就越窮；人民先進的器具越多，國家就越混亂；人的巧智越多，歪邪的事情就越興盛；法令越是詳明，盜賊就越來越多。最後告誡統治者要無為而治，「故聖人云，我無為而民自化，我好靜而民自正，我無事而民自富，我無欲而民自樸」。這是老子對無為而治的說明，實質是要求統治者虛懷若谷，不與民爭利；遵循事物自身的法則，避免造成和加劇社會衝突。其中無為、好靜、無事、無欲，歸根到底就是無為，而人民自化、自正、自富、自樸，則是無為而治的結果，也是老子憧憬的政治圖式。這也說明老子的無為不是不為，不是無所事事，而是一種獨到的、有深刻意蘊的積極作為。老子自己亦說：「道常無為而無不為。」在老子看來，無為而治的關鍵是不要瞎折騰，不要政出多門，不要朝令夕改，「治大國若烹小鮮」。這是以烹調比喻治國，古人喜歡做類似的比喻，他們還認為商朝開國宰相伊尹就是廚師出身。同時，這個比喻又和水聯繫了起來，因為魚兒離不開水，沒有水就沒有魚兒。烹調治國是政治之水的有機組成部分，其含義是治大國應以清靜為主，避免刑政煩苛，滋事擾民，如同煎小魚，不能隨便翻動；治大國更應謹慎從事，不可操之過急，如同煎小魚，不可用猛火。

中西文化對國家管理和政府作用的認識有着很大的差異。中國傳統文化認為，政府是「父母官」，應該像大人照顧孩子那樣無微不至，對社會事務無所不包、樣樣都管，這實質是推崇大政府管理。西方社會的主流觀點則認為，政府是必要的邪惡，因而要千方百計限制政府權力，防止政府權力擴張，侵害社會和民眾權利。最典型的是「小政府、大社會」理論，認為政府僅僅發揮「燈塔」和「守夜人」作用就可以了。所謂「燈塔」，即如大海中的燈塔，為來往所有船隻照明進出港通道，避免觸礁和發生碰撞；「守夜人」，即如夜間值更的人，提醒人們防範偷盜和人身安全。這都是指明政府作用範圍僅僅限於公共利益，提供公共產品，為公共大眾服務。小政府也稱為最弱意義的國家。美國政治學家諾齊克指出：「可以得到證明的是，一種最弱意義上的國家，即一種僅限於防止暴力、偷竊、欺騙和強制履行契約等較有限功能的國家；而任何功能更多的國家，都將因其侵犯到個人不能被強制做某些事的權利而得不到證明；最弱意義上的國家是正確的，同樣也是有吸引力和鼓舞人心的。」[1] 老子無疑是中國傳統政治文化之異數，他以水為喻的政治思想更接近於西方的「小政府、大社會」理論。因此，我們不能不佩服老子政治思想深邃；即使在今天，對於權力過分集中的政府體制，老子的政治思想仍然有着重要的借鑑意義。

1 〔美〕羅伯特·諾齊克著，何懷宏等譯：《無政府、國家與烏托邦》，中國社會科學出版社一九九一年版，第一頁。

老子之水：道德之水

中國傳統社會是一個宗法社會，繼承了氏族社會的祖先崇拜和父系家長制的精神內核，以家庭為中心，以血緣為紐帶，在個人、家庭、國家之間編織成一張巨大的社會關係網絡。在這張社會關係之網中，家國同構是顯著特徵，具體表現為「家是小國，國是大家」，家庭是父親地位最高，權力為大；國家是君王地位至尊，權力最大。差序格局是重要特點，整個社會以血緣為依據，像水波紋那樣一圈一圈地延伸拓展，形成了遠近親疏不同的關係，與自己血緣近的，關係就親密；與自己血緣遠的，關係就疏離。群體本位是基本原則，由於個人、家庭、國家之間既不是平行關係也不是雙向平等溝通關係，而是自下而上的從屬關係和自上而下的統屬關係，這種逆向互濟的雙重關係往往強調群體的重要性以及個體對整體的服從性，以利於平衡協調社會內部的各種關係，維護宗法結構的穩定。

春秋戰國是原始宗法社會解體和封建宗法結構形成的關鍵時期，諸子百家獻計獻策，提出了各自的治國安邦思想。宗法社會關係的本質是人倫，即人與人之間的關係，就是倫理道德關係。諸子百家的思想無不關乎個人與個人、個人與社會關係的認識，具有濃厚的倫理道德色彩，以至形成了中國古代高度發達的倫理道德思想。中國古代思想家的學說和理論充滿了倫理道德觀點，倫理道德甚至成了他們全部思想的焦點。儒家建立了以仁義為核心的宗法等級道德規範體系；墨家倡導「兼相愛」，強調貴利尚義的功利主義；道家主張效法自然、少私寡欲，追求超凡脱俗的人生；法家提倡以法治國，強調法律在維護社會人際關係中的主導作用。中國倫理道德思想發端之早、綿延之長、影響之廣，在世界文化史上是罕見的，為中國成為禮義之邦做出了重大貢獻。但是，有利就有弊，對於中國思想史而言，過分發達的倫理道德思想，妨礙了抽象思維的形成、科學理性的發展和宗教意識的覺醒；從長遠看，也妨礙科學技術的發展。以德國哲學家黑格爾為代表的有些西方學者並不看好中國的倫理道德思想，認為中國的倫理道德缺乏主體性因素，沒有自由精神。

令人感興趣的是，古希臘把對水的認識引向了科學思維和理性思辨，印度把對水的認識導入了宗教和神祕，而中國古代則把水的認識匯進了人倫和道德。儘管中國古代思想家的觀點各異，但重視運用水的意象闡述各自的道德觀點，卻是共同的特點。管子是春秋初期對水做出全面論述的思想家和政治家，著有《水地篇》。在管子那裏，我們可以看到老子之道的蹤跡和孔子之仁的影像。管子認為，水是萬物的根源，「故水者何也？萬物之本原，諸生之宗室也」；水是人的來源，「人，水也。男女精氣合，而水流形」；水具有道德品格，「夫水淖弱以清，而好灑人之惡，仁也。視之黑而白，精也；量之不可使概，至滿而止，正也；唯無不流，至平而止，義也；人皆赴高，己獨赴下，卑也。卑也者，道之室，王者之器也，而水以為都居」。意思是，水柔軟而清澈，能洗去人身上的污穢，這是水的仁德。水看起來是黑色的，其實是白色的，這是水的誠實。計量水不必用刮平的器具，流滿了就停止了，這是水的正直。不拘什麼地方都可以流去，流到平衡為止，這是水的道義。人願往高處走，水獨向低處流，這是水的謙卑。謙卑是道寄寓的地方，是王天下的器具，而水就聚集在那裏。最典型的代表是儒家，孔子特別喜歡水，逢水必觀，用水比喻君子。當他的弟子子貢問：「君子之所以見大水必觀焉者，是何？」孔子認為水是道德的化身，詩意一般地讚美水：「夫水，遍與諸生而無為也，似德；所及者生，似仁；其流卑下，句倨皆循其理，似義；淺者流行，深者不測，似智；

其赴百仞之谷不疑，似勇；綿弱而微達，似察；受惡不讓，似包；蒙不清以入，鮮潔以出，似善化；至量必平，似正；盈不求概，似度；其萬折必東，似意。」[1]意思是，水遍佈天下，給予萬物，而順其自然，有如君子的道德；所到之處，萬物生長，有如君子的仁愛；水性向下，隨物賦形，有如君子的高義；淺處流動不息，深處淵然不測，有如君子的智慧；奔赴萬丈深淵，毫不遲疑，有如君子的勇毅；滲入曲細，無微不達，有如君子的明察；蒙受惡名，不責備他人，有如君子包容一切的豁達胸懷；泥沙俱下，最後仍是一泓清水，有如君子的善於教化世人；裝入量器，一定保持水平，有如君子的立身正直；遇滿則止，並不貪多，有如君子的謹慎有度；百折不撓，一定東流入海，有如君子堅定不移的信念和意志。

道德之水就是從個人修身養性的角度認識水的意義。如果說老子的政治之水是以水為喻，將道的內容融入政治領域，站在統治者立場闡述統治者與被統治者的關係，那麼，道德之水則是以水為喻，將道的內容在社會領域展開，站在個體立場闡述人與人的相互關係。在老子那裏，道與德是分開的，道是本體、本原，德是作用、形式，德源於道而通於道，是道的精神在人的品行德性上的展現，「孔德之容，惟道是從」。意思是，有大德之人的行動，只有遵循大道和自然規律。老子十分重視道德修養，「善建者不拔，善抱者不脱，子孫以祭祀不輟。修之於身，其德乃真；修之於家，其德乃餘；修之於鄉，其德乃長；修之於國，其德乃豐；修之於天下，其德乃普」。善建者、善抱者，指的是得道之士，在老子的話語體系中就是聖人。意思是，善於建樹的人，建樹的東西拔不掉。善於抱持的人，抱持的東西脱不掉。侯王若能建立並保持功業，子孫因而就祭祀不絕了。怎樣做到善建和善抱呢？就在於修德。修德於一身，他的德就純真；修德於家，他

1 〔漢〕劉向撰：《說苑校證》，中華書局一九八七年版，第四百三十四頁。

的德就有餘；修德於一鄉，他的德就延長；修德於一國，他的德就廣大；修德於天下，他的德就普遍。這段話的中心論點是修德，具有三層含義，這就是建立和保持事業要修德；立身治家治鄉治國治天下，事業無論大小都要修德；修德要去私立公。老子與孔子的道德觀有着明顯差異，孔子繼承了殷周的人文傳統，希望以仁和禮來規範修德；老子則是道的精神在人生的貫通，希望以自然無為來引導修德。因而老子追求的道德境界，就像水一樣，「上德若谷」、「上善若水」。

清靜是老子道德之水的特徵。現代科學認為，水是由氫和氧兩種元素組成的無機物，在常溫常壓下為無色無味的透明液體。水的最大特點是清澈和靜止，惟其清澈，才能以水為鏡，做到透明如水，照出世間的真善美；惟其靜止，才能以水為例，做到心如止水，塑造個體的高境界。老子特別欣賞水的清靜品格，他說：「清靜為天下正。」意思是，清靜才是天下萬事萬物的準則。與老子齊名的道家代表人物莊子也對水的清靜表示讚賞，認為水的清靜是「天地之鑒也，萬物之鏡也。夫虛靜恬淡寂寞無為者，天地之平而道德之至，故帝王聖人休焉」。[1]在這段話中，慧眼獨具的莊子從水的清靜這一自然現象中體悟到靜水與修身之間的契點，認為由於靜止而形成的水之平靜、清澈和「虛靜、恬淡、寂寞、無為」的人格修養是一致的。「帝王聖人休焉」，就是帝王聖人之心都像絕對靜止的清水一般，不受任何外界因素影響，也沒有任何情緒波動。在老子看來，清靜的關鍵是無欲，「不欲以靜，天下將自定」。但是，「小人殉財、君子殉名」，人生之大欲是名利，人生之大患也是名利。因此，無欲是淡泊名利，「名與身孰親？身與貨孰多？得與亡孰病？甚愛必大費，多藏必厚亡。故知足不辱，知止不殆，可以長久」。意思是，名聲和生命哪一個更重要？生命和財貨哪

1　陳鼓應注譯：《莊子今注今譯》，商務印書館二〇〇七年版，第三百九十三頁。

一個更貴重？得到名利和失去名利哪一個更有害？過分愛惜必有重大的損耗，多藏錢財必有更多的損失。知道滿足，就不受侮辱；知道休止，就不遇危險，就可以保持長久。無欲是功成身退，「持而盈之，不如其已。揣而鋭之，不可長保。金玉滿堂，莫之能守。富貴而驕，自遺其咎。功遂身退，天之道」。意思是，與其裝得過滿而溢出，不如及早停止灌注。器具捶打得過於尖利，不會長久得以保持。縱然金玉堆滿堂室，沒有誰能夠將它守住。身居富貴而不可一世，必然是在自取災禍。功成名就抽身而退，這才符合天道。無欲是知足常樂，「禍莫大於不知足，咎莫大於欲得，故知足之足，常足矣」。在這段話中老子指出貪欲是最大的禍害，只有「知足之足」，才是永遠的滿足和快樂。在老子看來，水的清與靜是互相聯繫的，靜是清的前提。水有動有靜，只有在靜止的時候，才能實現清澈見底。靜也是水運動變化的重要條件，水有清有濁，只有在靜止的時候，混濁之水才能轉變為清澈之水，即「孰能濁以靜之徐清」。在水的動與靜關係上，老子更喜歡靜，「重為輕根，靜為躁君」。意思是，穩重是輕便的根基，安靜是躁動的主宰。這是強調靜對於人格修養的積極意義，要求人們通過靜以修身，實現為人穩重，反對舉止輕浮；做到處事冷靜，反對草率莽動。對於君王而言，靜尤為重要，否則，後果不堪設想，就會失去皇朝和政權，「奈何萬乘之主，而以身輕天下？輕則失本，躁則失君」。王弼注云：「輕不鎮重也。失本，為喪身也。失君，為失君位也。」

處下是老子道德之水的重要特徵。俗話説：人往高處走，水往低處流。在雄渾偉岸的崇山峻嶺面前，水安居低窪，沒有半點的低聲下氣；在生機勃發的萬物成長面前，水流向低處，沒有半點的邀功請寵。正是水往低處流這一看似簡單而平常的自然現象，卻被老子賦予了深刻的人文意蘊，「水善利萬物而不爭，處眾人之所惡，故幾於道」。老子認為，水的善利、不爭、處下特點接近於道的品格。對於人生修身養性而言，老子尤其看重水處下的特點，「江海所以能為百谷王者，以其善下之，故能為百谷王」。在老子看來，水處下的意義首先在於寬容。與其他事物相比，水的最大特點是隨物賦形，而自己沒有固定的形態，也不刻意塑造某種形態。寬容，就是要像水一樣，不拘泥於自身形態，能夠隨遇而安、兼容並蓄，善於與各種不同經歷、不同性格的人和諧相處、交流溝通；甚至能夠不拒污泥濁水，包容有缺點、有錯誤的人，即「善者，吾善之；不善者，吾亦善之，德善。信者，吾信之；不信者，吾亦信之，德信」。意思是，人們以為善良的人，我以善良對待之，人們以為不善良的，我也以善良對待之，於是大家就將同歸於善良；人們以為誠實的人，我以誠實對待之，人們以為不誠實的，我也以誠實對待之，於是大家就將同歸於誠實。在老子看來，水處下的意義在於謙卑。水之所以能夠匯聚成江海，是因為善居萬物之下，甘願身處低窪，沒有半點的驕傲自大。謙卑，就是要像水一樣，不居功自傲，能夠謙虛謹慎、低調做事，善於向他人學習。具體表現在「不自見故明，不自是故彰，不自伐故有功，不自矜故長」。意思是，謙卑的人，不自我表現，所以是非分明；不自以為是，所以聲名昭彰；不自我誇耀，所以能建立功勳；不自高自大，所以能領導眾人。在老子看來，水處下的意義還在於「行不言之教」。個體道德的養成是一個內外兼修的過程，既需要自我修煉，又需要接受教育。在經驗世界裏，我們常常見到這樣一種現象，就是人們總以為自己比別人高明，尤其在道德修養方面，喜歡站在制高點，對別人指手畫腳，教育別人、指導別人。這實際是驕傲、自我炫耀和居高臨下的表現。孟子就反對這種現象，認為「人之患在好為人師」。老子更是反對這種現象，認為施教者「多言數窮，不如守中」；他希望施教者「善言」、「希言」，甚至「不言」，「是以聖人處無為之事，行不言之教」。當然，行不言之教不是不言、不教，而是平等的合乎自然的教育，用誠心、情感和恰到好處的語言，使受教育者輕鬆地受到潛移默化的影響。老子反對的是以強制的方式、剛性的語言對個體施以灌輸式的教育，倡導的教育方式是「以輔萬物之自然而不敢為」。所以，老子用聖人的口吻強調：「我無為而民自化，我好靜而民自正，我無事而民自富，我無欲而民自樸。」

柔弱是老子道德之水的又一特徵。在自然界，水大概是最柔弱無力的一種物質。但是，「抽刀斷水水更流」，任何堅硬、強大的力量在水面前都無可奈何，水能夠穿透頑石，讓高山低頭，叫險峰讓路。老子在水身上會意到一種辯證的力量，即形式的堅硬，未必表明質地也堅硬；形式上的柔弱，未必表明質地也柔弱。水在表面柔弱的同時，卻蘊藏着強大力量，即「天下莫柔弱於水，而攻堅強者莫之能勝」。柔弱是老子重要的人生哲學。老子不僅用水比喻柔弱，而且經常用嬰兒説明柔弱的意義。在老子看來，柔弱是修身的一個重要環節，「載營魄抱一，能無離乎？專氣致柔，能嬰兒乎？滌除玄覽，能無疵乎？」在這段話中，老子認為，個體修身是一個抱一、柔順、靜觀、步步深入的過程，先是魂魄合一的狀態，精神專一，忘掉一切雜念；進而化剛為柔，達到像嬰兒一樣柔軟和無雜念的清純之質；而後進入清除內心的污垢，使之清明如鏡，沒有一點瑕疵。在老子看來，柔弱是有生命力的表現，「人之生也柔弱，其死也堅強。草木之生也柔脆，其死也枯槁。故堅強者死之徒，柔弱者生之徒。是以兵強則滅，木強則折。強大處下，柔弱處上」。意思是，人活着的時候，身體是柔軟的。人死了，身體變得僵硬。草木活着的時候，看似柔弱，風一吹來，就會兩邊搖晃，但草木能夠堅守和堅挺；死了的草木，看似堅挺，實質脆硬，風一吹來，就要倒下。所以堅強的是死亡，是沒有生命力的表現，柔弱的是生存，是生命力旺盛的表現。用兵逞強就會遭受滅亡，樹木強大就會遭受砍伐。所以強大實際處於劣勢，柔弱實際處於優勢。因此，老子反覆強調：「知其雄，守其雌，為天下谿。為天下谿，常德不離，復歸於嬰兒。」這是要求人們雖知雄強的重要，卻要甘居雌柔的地位，願做天下的溪流。願做天下的溪流，美德就會永遠伴隨，回歸到嬰兒的柔弱狀態。在老子看來，柔弱勝剛強。在現實生活中，人們一般看好剛強，輕視柔弱，都喜歡以剛強的形象立身處世。老子卻看到柔弱與剛強是一對矛盾的關係，而矛盾總是在運動變化的，最主要的變化則是向對立面雙方轉化，即「曲則全，枉則直，窪則盈，敝則新，少則得，多則惑」。正是從矛盾運動變化的辯證觀點出發，老子提出了著名的「柔弱勝剛強」論斷。

他說：「勇於敢則殺，勇於不敢則活。此兩者，或利或害。天之所惡，孰知其故？」意思是，人勇於堅強則死，勇於柔弱則活。這兩者，一個是有利，一個是有害。勇於堅強是天道所厭惡的，誰知道它的緣故？在這段話中老子提醒人們，生存抑或死亡，遵循的是同一法則，那就是看你能否像水一樣，柔弱而不強勢，堅韌而不鬆脆，內守而不刻意，自然而不強為。老子還是用水比喻柔弱，「天下之至柔，馳騁天下之至堅，無有入無間，吾是以知無為之有益」。「天下之至柔」與「天下莫柔弱於水」是一個含義；「至柔」與「無有」本質相通；「至堅」與「無間」實質相同，這既是在說明柔弱，又是在讚美水，更是在推崇道。

據說，美國開國元勳之一富蘭克林年輕時，去拜訪一位老前輩。他昂首挺胸走進一間低矮的茅屋，「嘭」的一聲，一進門額頭就撞在門框上，腫起一大塊。老前輩笑着對富蘭克林說：「這是你今天來拜訪我最大的收獲。一個人要想洞明世事、練達人情，就必須時刻記住低頭。」這一故事與老子的道德之水有着異曲同工之妙，形象地詮釋了老子的道德之水，這就是謙卑低調。謙卑低調既是一種境界，也是一種智慧，既可以保護自己，也可以成就他人。境由心生，有什麼樣的心態，就有什麼樣的環境。謙卑低調在心態上要永遠保持謙虛謹慎，經常想到天外有天、山外有山，不要以為自己比別人高明，自己比別人懂得多。即使自己學富五車、滿腹經綸，也不要看不起人，更不要恃才傲物。沉默是金，無論道家還是儒家都主張說話謹慎、做事敏捷，「敏於行而訥於言」。謙卑低調在言辭上要永遠保持藏鋒露拙，經常想到言多必失，有理不在言多聲高，不可逞一時口舌之快，傷害他人自尊。即使有不同意見，也要講道理、擺事實，以理服人、以情感人。知行合一，既要言傳低調，更要身行低調。謙卑低調在行為上要永遠保持內斂克制，經常想到「木秀於林，風必摧之；堆出於岸，流必湍之；行高於人，眾必非之」，順境時不要自命不凡，不要招搖過市，逆境時不要怨天尤人，不要自怨自艾。從而在日常生活中見素抱樸，豁達大度；在人際關係中貴柔尚弱，避免爭強好勝；

在矛盾對立面前以德報怨，化解衝突；在利益考驗面前，淡泊名利，退而不爭；在事功追求上，悄然前行，創造輝煌；在人格完善上，鍾煉良好道德，塑造完美人生。

老子之無為：比較研究

無為是老子的一個重要思想，是老子獨創、道家獨用的重要概念。在老子哲學中，道是最高範疇，自然和無為是道最本質的規定。然而，《老子》一書使用無為的次數遠遠超過使用自然的次數，從這個意義上說，老子似乎更鍾情於無為概念。當然，我們不能以一個概念使用的次數來判斷概念的重要性。老子還是把自然作為其思想的中心價值和根本理想，無為則是實現這一價值、理想的原則和方法。與自然相比，無為是手段而不是目的。

《老子》一書多用否定式的思維和語言，對於許多思想範疇和重要概念，總是強調沒有什麼，不是什麼，很少明確是什麼或什麼樣的。這雖然給後人的理解帶來了許多困惑，卻反映了老子的高明和智慧。在經驗世界裏，肯定的說法、正面的定義更有積極意義，而在理性思辨的王國裏，否定的觀點、反面的描述則更為深刻，更能觸及事物的本質。無為是老子一系列否定式用語的綜合概念和集中代表。與無為相聯繫的否定式用語首先是「無」，即無知、無欲、無私、無身、無事、無行、無臂、無兵，等等；同時是「不」，即不言、不有、不恃、不宰、不仁、不爭、不為、不為大、不敢為、不自見、不自貴、不欲見賢，等等；此外還有「勿」，即勿矜、勿伐、勿驕、勿強以及弗居，等等。老子的否定式用語所否定的既有戰爭、爭奪等常見的社會現象，又有欲望、驕傲等個人的習慣行為。無為之所以成為否定式用語的集中代表，是因為其他否定式用語所否定的都是具體的某一方面的行為，只有無為可以代表老子對世俗傳統以及人類文明進步中出現問題的全面反思和批判。無為與其說是一系列與常識、習慣不同或相反的行為和態度，倒不如說是一系列非世俗、非慣例的方法論和重要原則。

研讀老子之無為，首先要認識老子之無。無為源自於無，認識了無，也就理解了無為的基本內涵。《老子》一書對無的使用達到一百三十多次，其中大多數是作為副詞或形容詞使用的，這就是「無為」、「無名」、「無欲」、「無事」、「無隅」，等等。作為名詞，無僅僅使用了三次，正是這三次名詞的使用，老子把無改造成了重要的哲學概念。理論的形成總是先有名詞，逐步抽象昇華為概念、範疇，然後才有命題、判斷和推理。老子雖然沒有對無進行論證和展開討論，但無這顆具有勃勃生機和活力的思想種子，到王弼那裏，長成了參天大樹。王弼的《老子注》二十多次把無當作名詞使用，圍繞無這一概念，提出了「以無為本」、「以無為用」、「以無為心」的新命題，以至於湯用彤認為，老子主要講宇宙論，王弼才算講了本體論。

在老子哲學中，無既是宇宙的起源，又是人生的基礎，還是統治的要訣。老子認為，無等於道，一方面，無像道一樣創生萬物，「反者，道之動；弱者，道之用。天下萬物生於有，有生於無」。另一方面，無是道的主要表現形式，道是無形、無聲、無體的統一整體，「視之不見名曰夷，聽之不聞名曰希，搏之不得名曰微。此三者不可致詰，故混而為一」。同時，道是「其上不皦，其下不昧，繩繩不可名，復歸於無物。是謂無狀之狀，無物之象。是謂惚恍。迎之不見其首，隨之不見其後。執古之道，以御今之有。能知古始，是謂道紀」。古始，意指道的原初狀態；道紀，意指道的規律。意思是，道的上部不太明亮，下部也不太昏暗，難以名狀，無邊無際，回歸於無物的境地。它是一種沒有形狀的形狀、沒有物體的形象，所以把它叫作惚恍。迎着它卻看不見頭，尾隨它卻又看不清背後。秉承這亙古已有的道，就可以駕馭現存的萬物，能夠知曉宇宙的本始，這可說是道的規律。老子認為，無與有密切相關，一方面，共同構成了道的全部內容，似無非無、似有非有，「道之為物，惟恍惟惚。惚兮恍兮，其中有象；恍兮惚兮，其中有物。窈兮冥兮，其中有精；其精甚真，其中有信」。管子認為：「精也者，氣之精者也。」[1]王弼注云：「信，信驗也。物反窈冥，則真精之極得，萬物之性定。故曰『其精甚真，其中有信』也。」另一方面，互相形成了對立統一的矛盾運動，「天下皆知美之為美，斯惡已；皆知善之為善，斯不善已。故有無相生，難易相成，長短相形，高下相盈，音聲相和，前後相隨」。老子認為，無不是絕對靜止的虛無、空無，而是有無相生，有用之無，「三十輻共一轂，當其無，有車之用。埏埴以為器，當其無，有器之用。鑿戶牖以為室，當其無，有室之用。故有之以為利，無之以為用」。意思是，三十根輻條共同支撐着車轂，那車的空間，是車的功用。揉搓黏土製成器具，那器的空間，是器的功用。開鑿門窗建造居室，那居室的空間，是居室的功用。因此，「有」是物體形成的條件，「無」才是物體功用之所在。無為和無既有着密切聯繫，又有着明顯區別。聯繫在於，無是無為的基礎和前提，蘊含着無為所有的基因，沒有無，無為就缺乏深厚的思想基礎。區別在於，無為是形而上本體之無，落實到自然界和人類社會的生動展現，沒有無為，形而上之無就難以感知和體悟。

研讀老子之無為，要認識老子的無不為。宋代大儒朱熹曾說：「老子所謂無為，便是全不事事。」[2]朱熹的觀點與其說是對老子的誤讀，倒不如說是儒道兩家的門戶之見。老子之無為不是無所事事，什麼也不做，

1 《管子．內業篇》。
2 黎靖德編：《朱子語類》，嶽麓書社一九九七年版，第四百八十四頁。

而是倡導似無實有的統治方式，達到一般統治方式所達不到的更好效果和更高境界，這就是無不為。《老子》第三十七章明確指出：「道常無為而無不為，侯王若能守之，萬物將自化。」由此可知，老子之無為是無不為的，主要目標是教導君王，為政治服務。進而指出：「化而欲作，吾將鎮之以無名之樸。無名之樸，夫亦將無欲。不欲以靜，天下將自定。」樸，指道的原始狀態。意思是，萬物成長後就會產生貪欲，我將用道的真樸來鎮服。這個道的無名真樸，就能根絕這種貪欲。根絕貪欲就能安靜，天下將會自然安定。這段話說明，君王能否堅持無為，關鍵在於能否根絕貪欲。由於《老子》一書沒有對無為和無不為做出正面的定義，後人對無為和無不為解釋很多，歧義較大。《淮南子．原道》的解釋則比較符合老子之無為思想，「是故聖人內修其本，而不外飾其末，保其精神，偃其智故，漠然無為而無不為也，澹然無治而無不民。所謂無為者，不為物先也。所謂無不為者，因物之所為也。所謂無治者，不易自然也。所謂無不治者，因物之相然也」。《淮南子》將無為定義為「不先物為」；將無不為定義為「因物之所為」。

在老子看來，無為與無不為相輔相成，不可分割。無為是手段、方法和路徑，無不為才是無為追求的目的和結果。什麼是無不為呢？老子認為，無不為就是功成事遂。老子把政治統治分為四個等級，「太上，不知有之。其次，親而譽之。其次，畏之。其次，侮之。信不足，焉有不信焉」。在老子看來，最好的統治者是講誠信，有功於百姓而百姓卻不知道。老子進而認為，這才是成功的統治者和符合天道自然的統治者，「悠兮其貴言。功成事遂，百姓皆謂我自然」。王弼注云：「自然，其端兆不可得而見也，其意趣不可得而睹也，無物可易其言，言必有應，故曰：『悠兮其貴言』也。居無為之事，行不言之教，不以形立物，故功成事遂，而百姓不知其所以然也。」老子認為，無不為就是生育、作為和培養。「故道生之，德畜之；長之育之，亭之毒之，養之覆之。生而不有，為而不恃，長而不宰，是謂玄德。」意思是，所以道生成萬物，德蓄養萬物；使萬物成長，使萬物發育，使萬物成熟，使萬物得到培養和保護。道化生萬物卻不據為己有，有所作為卻不自恃有功，長養萬物卻不加以主宰，這是最深奧玄妙的品德。老子認為，無不為就是「為天下正」。老子從辯證的觀點看待道之本質與表現，道具有「大成」、「大盈」、「大直」、「大巧」、「大辯」的品質，盡善盡美，作用無窮；同時道的表現卻是「若缺」、「若沖」、「若屈」、「若拙」、「若訥」，體現了道化生萬物而又深藏不露、淳樸謙虛的特點，即「大成若缺，其用不弊。大盈若沖，其用不窮。大直若屈，大巧若拙，大辯若訥」。進而指出：「躁勝寒，靜勝熱。清靜為天下正。」在老子那裏，清靜與無為密切相關，意謂清靜是天下的典範，是治理天下的根本和正道。老子認為，無不為是謂天下王，「是以聖人云：『受國之垢，是謂社稷主；受國不祥，是為天下王』」。意思是，所以聖人說，能夠承受一國的恥辱，這就是國家的君王；能夠承受一國的災禍，這就是天下的君王。

研讀老子之無為，要認識孔子之有為。有為概念在《老子》一書中僅出現過一次，即「民之難治，以其上之有為，是以難治」，卻反映了老子對於有為的否定態度。在老子看來，無為與有為是兩個對立的概念。什麼是無為與有為?《老子》也沒有給予正面的定義，後來的注釋紛紜、莫衷一是。《淮南子·修務訓》以舉例的方式給予解釋，無為是「水之用舟，沙之用鳩，泥之用輴，山之用蔂，夏瀆而冬陂，因高為田，因下為池，此非吾所謂為之」。意思是，水中乘舟，沙地行走用鳩車，沼澤地行走用輴，山地行走用蔂，夏天疏通溝渠，冬天開挖池塘，順高地造田，在低窪處挖塘，這些做法都是無為。有為是「以火熯井，以淮灌山，此用己而背自然，故謂之有為」。意思是，那種用火去烘烤井水，將淮河水引上山岡澆灌，都是根據自己的意志而違反自然規律，所以稱之為有為。《淮南子》的解釋雖然不是對概念下定義，卻也正確指明了無為是順其自然，而有為則是違忤自然。這和老子哲學的本意是一致的，也反映了中國哲學以答問、格言、比喻、類比、寓言等形式進行論證和說理的傳統。

由於對無為與有為的不同認識，在中國思想史上形成了儒家與道家兩種不同的政治主張。儒家主張有為和積極入世，孔子的人生取向是有為的，時人認為他是「知其不可為而為之」。孔子的政治主張是有為的，就是要推行德政，「道之以政，齊之以刑，民免而無恥；道之以德，齊之以禮，有恥且格」。意思是，用政治強力來引導他們，使用刑罰來整頓他們，人民只是暫時地免於罪過，卻沒有廉恥之心。如果用道德來引導他們，使用禮教來整頓他們，人民不但有廉恥之心，而且會人心歸服。同時，要推行仁、義、禮、智、信，所謂仁，是「志士仁人，無求生以害仁，有殺生以成仁」；義，是「君子之於天下也，無適也，無莫也，義之與比」；禮，是「上好禮，則民莫敢不敬」；智，是「仁者不憂，智者不惑，勇者不懼」；信，是「子以四教：文、行、忠、信」。老子則從無為原則出發，堅決反對仁義、德政和禮制，明確提出：「故失道而後德，失德而後仁，失仁而後義，失義而後禮。夫禮者，忠信之薄而亂之首。」

有趣的是，老子主張無為，明確反對有為，而孔子主張有為，卻不反對無為，甚至還贊同無為，他說：「無為而治者，其舜也與？夫何為哉？恭己正南面而已矣。」意思是，能無為而治的，該是舜了吧！他做些什麼呢？只是自己恭恭敬敬，端正地坐在南面天子之位罷了。孔子還說：「為政以德，譬如北辰，居其所而眾星共之。」這實際上也是無為而治的思想。後人對於孔子之無為做出了不同的詮釋，有的從德治的角度，認為以德化天下，「不恃賞勸刑威而民自正」；有的從用人的角度，認為「任官得其人，故無為而治」；有的從歷史史實的角度，認為「三聖相系，舜據其中，承堯授禹，又何為乎？」意思是，在堯、舜、禹三位聖王中，舜居中，上承堯下啟禹，又何必要有作為呢？實質把舜看作無為而治的典範。學界有人認為，老子和孔子政治理想的最高境界都是無為，差別在於通達最高境界的路徑不同，老子主張統治者無為，老百姓有為；孔子則主張統治者有為，老百姓無為。劉笑敢研究認為，孔子之無為與老子之無為的大意應該是相通的，差別在於：無為在孔子思想中是理想政治的效果或表現，在老子的思想中是實現社會統治的方法和原則；無為在孔子思想中不過是虛懸一格的理想，並不是關鍵性的概念和方法，也不是努力的目標，而在老子思想中，無為是非常重要的原則和最基本的方法，是老子推崇並希望統治者接受的基本理論；孔子之無為而治是通過德化、仁政等原則和方法來實現的，而老子之無為本身就是原則和方法。因此，孔子不講無為，還是孔子；老子不講無為，則不成其為老子。[1]

研讀老子之無為，還要認識歷史上的無為實踐。老子提出無為思想，當時就產生了很大影響。秦漢之際，逐步演化為「黃老之學」，並被漢初統治者所採納，成為治國安邦的指導理論。所謂「黃老之學」，是指尊崇黃帝和老子的思想，以道家為主，採納了儒、法、墨等學派的觀點，根據無為原理，提出了因天循道、守雌用雄、君逸臣勞、清靜無為、休養生息、寬刑簡政等政治主張。南懷瑾指出：「細讀中國幾千年歷史，會發現一個祕密。每一個朝代，在其鼎盛的時候，在政事的治理上，都有着一個共同的祕訣，簡言之，就是『內用黃老，外示儒術』。自漢、唐開始，接下來宋、元、明、清的創建時期，都是如此。內在真正實際的領導思想，是黃老之學，即是中國傳統文化中的道家思想。」[2] 中國歷史有三大盛世，即西漢盛世、大唐盛世和康雍乾盛世，老子的無為思想都發揮了重要指導作用。

---

1 劉笑敢：《老子古今：五種對勘與析評引論》（上卷），中國社會科學出版社二〇〇六年版，第四百零三至四百零五頁。

2 南懷瑾著述：《南懷瑾選集》（第二卷），復旦大學出版社二〇〇三年版，第六至七頁。

西漢是第一個自覺運用老子之無為思想治國的王朝。漢初，整個社會一片衰敗。劉邦君臣總結秦亡原因是過分有為，橫徵暴斂，大興土木，肆意殺戮，因而實施無為而治。謀士陸賈明確提出：「道莫大於無為，行莫大於謹敬。」[1]第一任宰相蕭何是有作為的政治家，他利用民眾對秦王朝的不滿，順應民意進行政治改革，順應民心否定秦法。第二任宰相曹參是「蕭規曹隨」，依然遵行蕭何創設的各種制度，並確定清靜是治國的基本原則。曹參選擇助手和重要官員，專門任用那些不善於言談的「忠厚長者」，而部下有言辭激切、刻意追求個人聲名的，都一律予以斥退。文、景二帝更是有目的地推崇黃老之學，即「漠然無為而無不為，澹然無治而無不治也」，堅持「上無苛令，官無煩治」，推行輕傜薄賦、與民休息政策。漢初實行「什五而稅一」，減輕田賦稅率，漢文帝繼承這一政策，還分別兩次「除田租稅之半」，即田租減為三十稅一，進而全免田租。漢文帝自己還十分節儉，他在位期間，宮室苑囿和車騎服御都無增加，曾經想造一個露台，當預算需要百金，便放棄了這一想法，從而造就了中國統一以來第一個為歷史學者稱羨的「文景之治」。唐初也是實施無為而治。繼隋末大亂建立起來的唐王朝，汲取隋煬帝以苛政而失民、亡國的慘痛教訓，採取安撫百姓、休養生息的治邦安民之策。唐太宗李世民以治病和栽樹為喻，深刻指出：「治國與養病無異也。病人覺癒，彌須將護，若有觸犯，必至殞命。治國亦然，天下稍安，尤須兢慎，若便驕逸，必至喪敗……故夙夜孜孜，惟欲清靜，使天下無事。遂得傜役不興，年穀豐稔，百姓安樂。夫治國猶如栽樹，本根不搖，則枝葉茂榮。君能清靜，百姓何得不安樂乎？」[2]正是無為而治，創造了歷史上又一個輝煌時代即「貞觀之治」，並為唐玄宗「開元盛世」打下了重要根基。康熙則是靈活運用無為思想的榜樣，既開創了清王朝統一的局面，

1 陸賈撰：《新語》，遼寧教育出版社一九九七年版，第五頁。
2 吳兢撰：《貞觀政要》，嶽麓書社二〇〇〇年版，第十八－二十五頁。

又為「康雍乾盛世」奠定了基礎。一個十多歲的少年，處在內有權臣、外有強藩的境地，能夠除鼇拜、平三藩，內開博學鴻詞科以網羅前朝遺老，外略蒙藏而開疆拓土，都是深得老子思想之真諦，自然而然契合於老子的「道沖而用之或不盈」和「挫其鋭，解其紛」的法則。為此，康熙特地頒發《老子》一書，囑咐滿族權貴們加以研讀，自己則奉其為治國之寶典。

學界一般認為，老子的政治思想主要是研究君人南面之術。如果老子哲學中有着明顯的君人南面之術的印記，那主要集中在無為思想之中。張舜徽認為，無為是「勸人君不要親理庶務，要做到垂拱而治。此中關鍵在人君能夠虛靜其心，收斂聰明，儘量利用臣下的才智，而不顯露自己的才智，以達到無為而無不為的境地」。[1]後人研究認為，對於君王而言，無為就是踐行老子所言的「聖人處無為之事，行不言之教」。無為，要求君王捨棄一己的思慮和意志，依照社會規律自然而然地統治國家、管理社會；不言，要求君王不要過多地發號施令，而要潛移默化地引導百姓民眾。無為的關鍵是選人用人，「主道知人，臣道知事」；而且要「任人而不任智」，誠如《呂氏春秋．知度》所言：「有道之主，因而不為，責而不詔，去想去意，靜虛以待。不伐之言，不奪之事。督名審實，官使自司。以不知為道，為奈何為寶。」意思是，有道的君王會依據臣下的能力來任用他們，自己不會去做臣下的工作，只是命令臣下去完成任務而不對他們下詔指點，放棄屬於臣下工作的思慮，放棄自己對臣下的意見，安靜而虛心地等待臣下把工作做完。不用語言對自己進行誇耀，不奪取臣下的事情自己來做。按照職責檢查臣下的工作效果，讓臣下自己做自己應該做的事情。君王以不自認

1　張舜徽：《周秦道論發微　史學三書平議》，華中師範大學出版社二〇〇五年版，第十頁。

聰明為原則，以「奈何」即怎麼辦詢問臣下，要臣下提供辦法，充分發掘臣下的才智為己所用，以收無為而治之成效。這是多麼神奇而又玄祕深奧的領導方法和藝術啊！

老子之無為：治國祕訣

作為思想概念，老子之無為主要在政治和人生領域發揮作用，展示其豐富的思想內涵。陳鼓應認為，無為是老子哲學的核心和基點，「我們可以說，老子著書立說最大的動機和目的就在於發揮『無為』的思想。甚至於他的形而上學也是基因於『無為』思想而創設的。『無為』一觀念，散佈於全書」。同時認為，無為的主要內容是政治，《老子》一書「除了三十七章中以『無為』來描述『道』以外，其他《老子》書上凡是談到『無為』的地方，都是從政治的立場出發的」。[1] 陳鼓應是海內外研究老子的著名專家，他的觀點對於理解和把握老子之無為思想，無疑有着重要幫助。

對於無為思想，不僅要從語言形式上理解，更要從文本內容上理解。從語言形式分析，無為似乎是否定人的作為，但通讀《老子》全書，無為絕不是否定一切行為，而是既有否定又有肯定。否定的是統治者固執己見，不顧客觀規律，不順應事物之自然，而做出的直接控制和干涉性行為。一般而言，人類的錯誤通常由兩種原因造成，一種是努力不夠而沒有把事情辦好，另一種是過分作為而把事情辦壞了。比較而言，努力不夠的結果可能會好於過分作為的結果。因為努力不夠，雖然沒有把事情辦好，但畢竟保存了人力、物力和財

1 陳鼓應注譯：《老子今注今譯》，商務印書館二〇〇三年版，第五十一至五十二頁。

力，今後還有可能補救和恢復，而過分作為，則不僅會把事情辦壞，而且還會損害人力、物力和財力，付出沉重代價，結果是更難以補救和恢復。統治者太想有作為，必然導致過多的直接控制和干涉性行為，從而給社會和他人造成更大傷害。肯定則有兩方面的意義，從積極方面而言，「無為而無不為」，即通過無為實現無不為的目的。這是因為萬物能夠自然而為，無為的意義在於「能輔萬物之自然」；從消極方面而言，「無為故無敗」，即通過無為，防止失敗或走向反面。這是因為統治者順應萬物之自然，沒有過多的干涉性活動，也就不會有失敗的結局，無為的意義在於維護萬物之自然發展。因此，無為之所以比有為更為深刻，就在於它是對經驗世界中普遍認可的社會行為和個人習慣的一種取消、限制和修正，而不是全面否定，更沒有給予鼓勵。無為超越了人們的常識，似乎不可理解，卻蘊含着高超的智慧和無窮的內容。

無為是政治，這是老子對無為的本質規定。老子之道雖然不能直接感知，卻能對自然界和人類社會產生作用。當道作用於天地萬事萬物時，就能顯現出具體的特性，作用於天地運行，其特性顯現為「自然」；作用於人類社會，其特性顯現為「無為」。人類最大的活動是政治；政治從根本上說，是處理統治者與老百姓的關係。在老子看來，無為既是政治的本質內容，也是統治者與老百姓關係的基本準則，「故聖人云，我無為而民自化，我好靜而民自正，我無事而民自富，我無欲而民自樸」。無為、好靜、無事、無欲，歸根結底是無為，而無為的目的是讓老百姓自化、自正、自富、自樸。

老子認為，統治者對待老百姓要一視同仁，沒有偏心和私親。第五章指出：「天地不仁，以萬物為芻狗；聖人不仁，以百姓為芻狗。」芻狗，意指用草紮成的狗，作為祭祀時使用，祭畢則無所用之。王弼注云：「天地任自然，無為無造，萬物自相治理，故不仁也。仁者，必造立施化，有恩有為」；蘇轍《老子解》

亦云：「天地無私，而聽萬物之自然。故萬物自生自死，死非吾虐之，生非吾仁之也。」老子認為，統治者要順應民意而不能強加個人的意志。第四十九章指出，統治者寬容對待善與不善之人，和光同塵，促進百姓同歸於渾樸，「聖人無常心，以百姓心為心。善者，吾善之；不善者，吾亦善之，德善。信者，吾信之；不信者，吾亦信之，德信」。該章進一步指出：「聖人在天下，歙歙焉，為天下渾其心。百姓皆注其耳目，聖人皆孩之。」歙是指收斂主觀的意欲。意思是，統治者收斂自己的主觀成見與意欲，使人心思化歸於渾樸。百姓都關注他們自己的耳目和聰明，統治者卻孩童般的看待他們。老子認為，統治者要給老百姓公平公正，沒有弱肉強食。第七十七章對比天之道與人之道，激烈批評人之道的不公平，要求統治者效法天之道，實現社會公平正義，「天之道，其猶張弓與！高者抑之，下者舉之；有餘者損之，不足者補之。天之道，損有餘而補不足。人之道則不然，損不足以奉有餘。孰能有餘以奉天下？唯有道者」。意思是，天道運行的法則，就像是張弓上弦吧？弦位高了就壓低，弦位低了就提高；過高了就加以減損，不夠高就加以補足。天道運行的法則，是減損有餘來補給不足；人世的規矩卻不是這樣，是減損不足來供奉有餘。誰能拿出有餘的東西來供奉給天下人呢？只有有道的人。老子認為，統治者要使老百姓無知無欲，沒有智巧和狡詐。第三章首先要求統治者不要過分作為，從而把老百姓引向邪路，即「不尚賢，使民不爭；不貴難得之貨，使民不為盜；不見可欲，使民心不亂」。河上公注云：「賢，謂世俗之賢，去質尚文也。不尚者，不貴之以祿，不貴之以官。」接着指明無為的治理方法，「是以聖人之治，虛其心，實其腹；弱其志，強其骨。常使民無知無欲，使夫智者不敢為也」。意思是，所以有道的統治者的治理方法，是使人心靈開闊，生活安飽，意志柔韌，體魄強健。常使民眾沒有奸詐的心智，沒有爭盜的欲念。使一些自作聰明的人不敢妄為。最後指出無為而治的效果，「為無為，則無不治」。

無為是領導，這是老子對無為最重要的規定。現代政治學認為，領導是領導者為實現組織目標而運用權力向其下屬施加影響力的一種行為或行為過程。領導活動是對人的，每時每刻都要處理人與人之間的關係。如果說政治主要是處理統治者與老百姓的關係，那麼，領導則主要是處理統治集團內部的上級對下級的關係。在老子看來，無為在領導領域的延伸，其特性就顯現為柔弱。柔弱是領導活動的主要規範，「人之生也柔弱，其死也堅強。草木之生也柔脆，其死也枯槁。故堅強者死之徒，柔弱者生之徒。是以兵強則滅，木強則折。強大處下，柔弱處上」。這段話以人和草木的生死為例，說明柔弱意味着成長進步、堅強意味着衰老死亡的道理，既體現了老子貴柔的基本思想，也對領導者有着很大啟示。領導者身居高位，掌握和調動着更多資源，本身就處於強勢地位，如果在領導活動中，還是以強勢形象、作風和手段出現，那真會「兵強則滅，木強則折」，自討沒趣、自取滅亡。西楚霸王項羽就是兵強則滅的典型。項羽是中國歷史上少有的悲劇英雄，他的神勇有「千古無二」的讚譽。他和劉邦共同推翻了秦王朝，然後展開了歷時四年的楚漢之爭，期間雖然屢屢大敗劉邦，但最後還是霸王別姬，兵敗自刎於烏江。究其原因，主要在於項羽只知剛強而不知柔弱。

老子以江海為喻，告誡領導者要像江海那樣甘居下流、吸納百川，「江海所以能為百谷王者，以其善下之，故能為百谷王」。江海是由水組成的，老子喜歡水，經常以水為喻說明道理。水是最柔弱的，「天下莫柔弱於水」；而且，水蘊含着柔弱的所有基因，這就是利物、居下、不爭，「上善若水。水善利萬物而不爭，處眾人之所惡，故幾於道」。王弼認為，水的品格接近於道，「道無水有，故曰『幾』也」。老子認為，領導要利物，善於幫助人，為他人服務，而不是一味地頤指氣使。第二十七章首先強調領導活動要順乎自然，合乎本性，「善行無轍跡，善言無瑕讁，善數不用籌策，善閉無關楗而不可開，善結無繩約而不可解」。意思是，善於行走的，不留痕跡；善於言談的，沒有過失；善於計算的，不用籌碼；善於關閉的，不用栓鎖使人不能開；善於捆縛的，不用繩索卻使人不能解。接着指出領導既要幫助善人，也要幫助不善之人，做到人盡其才、物盡其用，「是以聖人常善救人，故無棄人；常善救物，故無棄物，是謂襲明」。釋德清注云：「承其本明，因之以通其蔽，故曰襲明。」最後指出無論善人還是不善之人，都是領導活動的組成部分，有着不同的功用和積極意義，「故善人者，不善人之師；不善人者，善人之資。不貴其師，不愛其資，雖智大迷，是謂要妙」。意思是，所以善可以作為不善人的老師，不善人可以作為善人的鏡鑒。不尊重他的老師，不珍惜他的鏡鑒，雖然自以為聰明，其實是大糊塗。這真是個精深奧妙的道理。老子認為，領導要居下，虛懷若谷，知雄守雌，不要自高自大、自以為是。第六十八章以軍事和用人為例，說明強者要守弱，領導者要謙虛居下，「善為士者不武，善戰者不怒，善勝敵者不與，善用人者為之下。是謂不爭之德，是謂用人之力，是謂配天古之極」。古之極，意指古時極致的境界。第六十一章以大國與小國的關係說明大國要居下，意喻領導者身處高位也要謙卑低下，「故大國以下小國，則取小國；小國以下大國，則取大國。故或下以取，或下而取。大國不過欲兼畜人，小國不過欲入事人，夫兩者各得所欲，大者宜為下」。意思是，所以大國對小國謙下，可以會聚小國；小國對大國謙下，就可以見容於大國。所以有時謙下而會聚，有時謙下而見容。大國不過要聚養小國，小國不過要求容於大國。這樣大國小國都可以達到欲望。大國尤其應該謙下。老子認為，領導要不爭，尤其不要與下屬爭功、爭名、爭利。《老子》一書通常從天之道與人之道的結合上談論不爭的意義，認為不爭是人之道效仿天之道，是學道、悟道、用道的集中表現，這就是聖人。第七十三章指出：「天之道，不爭而善勝，不言而善應，不召而自來，然而善謀。天網恢恢，疏而不失。」第八十一章最後指出：「天之道，利而不害。聖人之道，為而不爭。」由此可知，老子所謂的不爭，不是消極無為，而是不爭之爭，是善勝的不爭、有作為的不爭。什麼是不爭呢？第二章指出：「功成而弗居」；第三十四章指出：「功成不名有」；第九章指出：「功遂身退，天之道。」

無為是人生，這是老子對無為的基礎規定。無論政治還是領導，都是人的行為、主體的作為；政治的無為、領導的無為，都是立足於人生無為的基礎。如果說領導的無為是向外的和對人的，可稱之為「外向無為」，那麼，人生的無為則是對內的和心理的，可稱之為「內向無為」。在老子看來，無為在人生過程的展示，其特性就顯現為虛靜。虛靜是人生的基本要求，主要是處理好人自身的關係，這就是心靈與肉體的關係，始終保持心靈的安寧平和，「致虛極，守靜篤，萬物並作，吾以觀復。夫物芸芸，各復歸其根。歸根曰靜，是謂復命。復命曰常，知常曰明。不知常，妄作，凶」。釋德清釋命為「人之自性」。意思是，致虛和守靜的功夫，做到極致的境界。萬物蓬勃生長，我看出往復循環的道理。萬物紛紛紜紜，各自返回到它的本根。返回本根叫作靜，靜叫作回歸本原。回歸本原是永恆的規律，認識永恆的規律叫作明，不認識永恆的規律，輕舉妄動就會出亂子。

老子認為，人生要保持虛靜，就須捨棄巧智和欲望。第十九章強調要捨棄巧智，認為巧智是文飾之物，不利於修身和治理天下。「絕聖棄智，民利百倍；絕仁棄義，民復孝慈；絕巧棄利，盜賊無有。此三者，以為文不足，故令有所屬，見素抱樸，少私寡欲。絕學無憂。」第十二章則具體指出物欲的危害，「五色令人目盲，五音令人耳聾，五味令人口爽，馳騁畋獵令人心發狂，難得之貨令人行妨。是以聖人為腹不為目，故去彼取此」。意思是，繽紛的色彩使人眼花繚亂，紛繁的韻律使人兩耳失聰，盛美的佳肴使人胃口損傷，縱情於打獵使人心浮意狂，稀世的珍品使人行為不端。所以聖人關注能否溫飽，摒棄耳目的奢望，使生活保持穩定正常。老子認為，人生要保持虛靜，就須謙虛謹慎。第二十二章充滿着辯證法的智慧，通過正反矛盾的轉化，闡明謙虛的道理。先是提出幾個正反轉化的關係，「曲則全，枉則直，窪則盈，敝則新，少則得，多則惑」。進而指出謙虛的積極意義，「是以聖人抱一為天下式。不自見故明，不自是故彰，不自伐故有功，不自矜故長」。意思是，所以有道的人堅守道的原則作為天下事理的範式。不自我表揚，反能顯明；不自以為是，反能彰顯；不自己誇耀，反能見功；不自我矜持，反能長久。最後指明謙虛也是不爭，「夫唯不爭，故天下莫能與之爭。古之所謂曲則全者，豈虛言哉！誠全而歸之」。老子認為，人生要保持虛靜，就須慎小慎微、慎終如始。第六十三章指出，人生要以小積大、從易做起，孜孜不倦地追求無為而無不為，「圖難於其易，為大於其細。天下難事必作於易，天下大事必作於細，是以聖人終不為大，故能成其大。夫輕諾必寡信，多易必多難，是以聖人猶難之。故終無難矣」。第六十四章認為，人生的追求必須從基礎做起，鍥而不捨，善始善終，避免功虧一簣、幾成而敗。「合抱之木，生於毫末；九層之台，起於累土；千里之行，始於足下。為者敗之，執者失之。是以聖人無為，故無敗；無執，故無失。民之從事，常於幾成而敗之。慎終如始，則無敗事。」意思是，合抱的大樹，生於細小的萌芽；九層的高台，起於最初的堆土；千里的遠行，就從腳下開始。有所作為就會失敗，有所把持就會失去，所以聖人無所作為就不會有失敗，無所把持就不會有失去。人們做事，常常在快要成功的時候失敗了。慎重對待事情的終結，就像對待開始一樣，就不會有失敗之事。老子認為，人生要保持虛靜，就須修身養性。修身養性似乎是對人自身的有為，實則是為了祛除心靈上的遮蔽，做到心靈上的無為。第四十八章區分為學與為道的差別，闡明修身養性的意義，「為學日益，為道日損。損之又損，以至於無為，無為而無不為」。修身養性，歸根到底是修德。德是道在人身上的體現，屬於人的本性，是自我立身處世的根基。第五十四章強調從治身到治國不同範圍內修德的重要性，「修之於身，其德乃真；修之於家，其德乃餘；修之於鄉，其德乃長；修之於國，其德乃豐；修之於天下，其德乃普」。意思是，這種得道的品德，修於身就表現出真實的德性，修於家就表現出充滿有餘的德性，修於鄉就表現出長久深遠的德性，修於邦國就表現出豐厚的德性，修於天下就表現出無所不周、澤被萬物的德性。

《東坡志林》講了一個劉凝之與沈麟士的故事，對於理解和把握老子之無為思想很有啟示。「劉凝之為人所著履，即與之，此人後得失履，送還，不肯復取。又沈麟士亦為鄰人認所著履，麟士笑曰：『是卿履耶？』即予之，鄰人得所失履，送還，麟士曰：『非卿履耶？』笑而受之。」故事的大意是，劉凝之被人指認穿錯了鞋，就把自己的鞋子給了那人。那人後來找回了丟失的鞋子，送還劉凝之的鞋子，劉凝之卻不肯接受。沈麟士也發生了類似的事情，與劉凝之不同的是，當鄰居把鞋送回時，沈麟士笑着收下了，沒有指責鄰居的誣陷，也沒有讓鄰居賠禮道歉，更沒有嫌鄰居穿過的鞋不乾淨而拒絕。從無為的角度分析，劉凝之修身還不到家，只退了半步，鄰人要鞋可以，還鞋則不可；沈麟士則修身到家，其行為的突出表現是內心平靜，最大的特點是自然而然。無論鄰人要鞋或是還鞋，沈麟士都做到了得失不計、淡然處之。無為是道法自然的應有之義，這不僅是人如何與自然和社會相處的方式，而且也是人如何與自己的心靈、與他人相處的方式。就人生而言，無為，是尊重生命本身及其內在的力量和美好，不盲目設計、不主動操控、不刻意追求，讓每一個生命都能生機勃勃地存在，讓每一個生命都能自由自在地發展，讓每一個生命都能成為自己的主人。無為，不是消極等待，不是放棄拚搏，不是聽天由命，而是順應事物本性的無不為，該奮鬥還要奮鬥，該拚搏還要拚搏，只不過不那麼任性、好強，得之不驕、失之不餒，勝固可喜、敗亦坦然。無為，就要像沈麟士那樣難得糊塗，退一步海闊天空，既尊重自己又尊重他人，在成全鄰人的同時也完善了自己，做了自己的真正主人。無怪乎，蘇東坡評論道：「此雖小事，然處事當如麟士，不當如凝之也。」

老子之不爭：為而不爭

不爭是老子政治哲學的一個重要概念。在《老子》一書中，不爭一詞共出現了八次，分佈於七章之中，最重要的是，老子把不爭作為全書的結尾和壓軸詞，「天之道，利而不害。聖人之道，為而不爭」。由此可見老子對不爭概念的喜愛和偏好。人類社會充滿着競爭，在人與自然之間，人總是想征服自然，過度地向自然索取；在國與國之間，是爭領土、爭人口、爭市場、爭資源；在人與人之間，是爭名、爭利、爭權力、爭地位；在肉體與心靈之間，人總是為物欲所累，人心不足蛇吞象。因此，老子之不爭不僅是個政治概念，而且有着豐富的內涵。不爭是敬重自然，「人法地，地法天，天法道，道法自然」，就是抱着謙卑的心理，不與自然界爭鬥，以平衡人與自然的關係；不爭是以人為本，「故道大，天大，地大，王亦大。域中有四大，而王居其一焉」，就是抱着謙和的態度，不與人爭執，不僅無功不爭，而且有功也不爭，以協調人與人之間的關係；不爭是對別國領土主權的尊重，大國與小國則「大者宜為下」，就是抱着謙虛的姿勢，不恃強凌弱、以大欺小，以處理好國與國之間的關係；不爭是保持內心的清虛，「見素抱樸，少私寡欲」，就是心靈不被肉體束縛，不以肉體為歸宿，也不受金錢美色財物迷惑，減少貪心貪欲，促進身心的和諧平靜。

老子之不爭思想的形成既有社會現實的依據，更有哲學上的理論依據，這就是道論。老子哲學的最高範疇是道，亦稱天道。老子認為，道是天下萬物的本體和依歸，天下萬事萬物遵道而行、順道而為。天道無為，無為則不爭。「道常無為而無不為，侯王若能守之，萬物將自化。」莊子的解釋是「天無為以之清，地無為以之寧」，即天道無為致使天清地寧。人道效法天道無為，就是不爭，「是以聖人處無為之事，行不言之教，萬物作焉而不辭，生而不有，為而不恃，功成而弗居。夫唯弗居，是以不去」。天道無私，無私則不爭。「天長地久。天地所以能長且久者，以其不自生，故能長生。」王弼注云：「自生則與物爭，不自生則物歸也。」如果人道也像天道那樣無私，就不會發生為私利而爭鬥的事情，「是以聖人後其身而身先，外其身而身存。非以其無私邪？故能成其私」。意思是，聖人把自己的利益置於眾人之後，他的所得反而先於眾人；他總是將自己置之度外，其自身反倒得到保全。這難道不是因為他的無私嗎？他反而成就了偉業。天道公平，公平則不爭。「天之道，其猶張弓與！高者抑之，下者舉之；有餘者損之，不足者補之。天之道，損有餘而補不足。人之道則不然，損不足以奉有餘。」不公平本身就是爭鬥的產物，並且必然會引起進一步爭鬥。人道效法天道，就是堅持公平，以消除爭鬥，「孰能有餘以奉天下？唯有道者。是以聖人為而不恃，功成而不處，其不欲見賢」。意思是，誰能拿出有餘的東西來供奉天下人呢？只有有道之人。所以聖人有所作為卻不自恃己能，有所成就卻不自居有功，他是不願意顯示自己的賢能吧。天道善利，善利則不爭。「天之道，利而不害。」正因為天道只做有利於萬物的事情，而不加害於萬物，世界才得以繁榮，萬物才得以蓬勃生長。人道也應像天道那樣，儘量摒棄主觀意志和個人成見，盡其所能去做有利於他人和社會的事情，「聖人無常心，以百姓心為心。善者，吾善之；不善者，吾亦善之，德善。信者，吾信之；不信者，吾亦信之，德信」。善者善之，不善者亦善之；信者信之，不信者亦信之，這是多麼博大的胸懷！有了這種胸懷，人與人之間還會產生爭鬥嗎？！

人類社會爭鬥的最高形式是戰爭。據不完全統計，在有記載的五千五百多年人類歷史上，共發生過大小戰爭一萬四千五百三十一次，平均每年二點六次。戰爭是一種集體和組織相互使用暴力、虐襲的行為，被視為政治和外交的極端手段。戰爭的代價巨大，無論對哪一方都是災難。第一次世界大戰，有三十多個國家和地區、十五億人口捲入戰亂，各方傷亡人數達三千多萬；第二次世界大戰，有六十一個國家和地區、二十多億人口捲入其中，約九千萬士兵和平民傷亡。老子對戰爭持激烈的反對態度，這是不爭思想的集中體現，也反映了他的人道精神和人文情懷。老子認為，戰爭是政治昏亂的表現和統治者貪欲的氾濫，「天下有道，卻走馬以糞；天下無道，戎馬生於郊。禍莫大於不知足，咎莫大於欲得，故知足之足，常足矣」。意思是，天下有道政治清明，把奔跑的戰馬退回去耕作；天下無道政治昏亂，戰馬興起於郊野。沒有比多欲更大的罪過，沒有比貪心更慘的災難，沒有比不知足更大的禍患。所以知道滿足的滿足，就是永遠的滿足。老子既反對戰爭又反對兵器，認為有道之人是不喜歡使用兵器的，「夫佳兵者，不祥之器。物或惡之，故有道者不處」。老子看到戰爭給老百姓造成的痛苦和災難，指出戰爭的後果是災荒和老百姓遭殃，「以道佐人主者，不以兵強天下，其事好還。師之所處，荊棘生焉。大軍之後，必有凶年」。意思是，以道輔佐國君的人，不靠兵力強行天下，發動戰爭很快就會遭到報應。軍隊駐紮的地方，就會荊棘叢生；打了大仗之後，必定有荒年。

老子善作比喻，他最喜歡的喻體是水。《老子》第八章以水為喻，對不爭思想做了比較集中的論述，並在這一章中兩次用了不爭的概念。「上善若水。水善利萬物而不爭，處眾人之所惡，故幾於道。居善地，心善淵，與善仁，言善信，正善治，事善能，動善時。夫唯不爭，故無尤。」意思是，最高尚的品格就像水，水能夠滋養萬物而不爭先，安居於人所厭惡的低處，因此它的行為最接近於道。居處趨下讓人，心如深淵包含萬物，交往真誠而友善，諾言誠實而有信，為政順道而善治，辦事有條不紊，舉動應時而有節。因為他不與萬物相爭，所以就能避免怨咎。在這段話中，老子沒有把善利萬物看成是「無尤」的保證，而把不爭看成是「無尤」的保證，具有極高的智慧。因為善利萬物後，如果要求得到自己那一份或自己所期望的回饋和報答，那就可能醞釀着衝突和爭鬥，往往會產生同黨相爭、兄弟鬩牆和親朋反目的現象。老子思想的超越之處在於，他把不爭看成水的基本品格，即善利萬物後不要求別人的認可、表揚和回報，強調只有不爭，才能達到「上善」的境界；只有不爭，才能善利萬物；只有不爭，才能「處眾人之所惡」，不懼「人惡卑也」；只有不爭，才能成為「無尤」的人，沒有過失的人。

老子之不爭的前提是知足知止。人類爭鬥的主要原因是貪欲；要避免無謂的爭鬥，就得防止貪欲。貪欲是貪心和欲望的結合，就是過分的要求和無休止的索取。佛經認為，貪欲建立在眼、耳、鼻、舌、身、意等感官和意識之中，換言之，感官和意識是貪欲的基本來源。所以，老子指出貪欲、驕奢淫逸、縱情聲色犬馬，必然傷害人的品性，導致人的爭鬥，「五色令人目盲，五音令人耳聾，五味令人口爽，馳騁畋獵令人心發狂，難得之貨令人行妨。是以聖人為腹不為目，故去彼取此」。對於欲望，老子並不簡單地反對，他只是要求少私寡欲、知足知止。欲望能夠知足知止，就是正常的；不能夠知足知止，就會變成貪欲。貪欲必然引起人與人之間的爭鬥，「名與身孰親？身與貨孰多？得與亡孰病？甚愛必大費，多藏必厚亡。故知足不辱，知止不殆，可以長久」。這段話指出了貪求名利的弊害，告誡世人只有知足知止，方能免受屈辱、避禍全生。《老子》一書多次提到知足知止，這既是不爭的前提，又與不爭的含義相近。貪欲中危害最大的是對權力的欲望，知足知止重點是對統治者提出的要求。第三十三章講的是知足，「知人者智，自知者明。勝人者有力，自勝者強。知足者富，強行者有志，不失其所者久，死而不亡者壽」。王弼注云：「知足者自不失，故富也。」這段話廣泛涉及知識、學習、力量、財富、志向和長壽的內容，句句都是人格修養的至理名言。

尤其是「知足者富」，更有着警示作用。如果自己不知足，心裏就有煩惱，怎麼會感到富呢？由於不知足，如果還去和別人爭鬥，無論輸贏，對身心都是一種傷害，就更不可能感到富了。第三十二章講的是知止，「始制有名，名亦既有，夫亦將知止。知止可以不殆」。王弼注始制為「官長不可不立名分以定尊卑，故始制有名」。意思是，萬物興作就產生了各種名稱，各種名稱已經制定了，就知道有個限度，知道有所限度，就可以避免危險。這段話是說明事物特別是官場有了規則，就應按規則行事，如果違反規則，就會引起矛盾和爭鬥，招致災禍。當然，貪欲是人類共同的現象，統治者有貪欲，一般民眾也會有貪欲。老子認為，應從統治者和民眾兩個方面來努力，返璞歸真，消除人的貪欲，去除爭鬥和動亂的根源。由於社會現實的醜惡和影響，容易使人產生貪欲、紛爭和盜心，老子就強調淨化民眾的心靈，減少貪欲之心，保證他們能夠過上溫飽的生活，使其體魄強健，從而成為健康完善的人，「不尚賢，使民不爭；不貴難得之貨，使民不為盜；不見可欲，使民心不亂。是以聖人之治，虛其心，實其腹；弱其志，強其骨。常使民無知無欲，使夫智者不敢為也。為無為，則無不治」。

老子之不爭的關鍵是貴柔守弱。在經驗世界裏，人們反對弱，追求強，都推崇陽剛之氣，「天行健，君子以自強不息」；老子恰恰相反，主張柔弱，推崇陰柔之氣，讚美水、女性和嬰兒的品質。《呂氏春秋》認為：「老耼貴柔，孔子貴仁」，大抵反映了老子與孔子、道家與儒家不同的思想風格和精神追求。道家和儒家共同哺育了中華文明。老子之柔弱，不僅僅是政治方式和處世模式，更是道的基本作用，「反者，道之動；弱者，道之用」。老子之柔弱與不爭思想有着嚴謹的邏輯結構，因為柔弱，所以不爭，而陽剛過盛、爭強好勝，則必然爭鬥不已，以致兩敗俱傷。「天下莫柔弱於水，而攻堅強者莫之能勝，以其無以易之。弱之勝強，柔之勝剛，天下莫不知，莫能行。」意思是，天下沒有比水更柔弱的，可是攻克堅強的東西卻沒有什麼能勝過水，因為水的本質是無法改變的。柔勝過剛，弱勝過強，這道理天下沒有人不知道，卻沒有人能實行。在老子看來，嬰兒和水一樣都是柔弱的象徵，水至柔而可穿石，嬰兒至弱而諸邪不侵，卻是最有生命力的，「含德之厚，比於赤子。蜂蠆虺蛇不螫，猛獸不據，攫鳥不搏。骨弱筋柔而握固，未知牝牡之合而全作，精之至也。終日號而不嗄，和之至也」。王弼注云：「赤子無求無欲，不犯眾物。故毒螫之物無犯於人也。含德之厚者，不犯於物，故無物以損其全也。」同時，老子認為，堅強和過於逞強是死亡之徒，是衰老的表現，「人之生也柔弱，其死也堅強。草木之生也柔脆，其死也枯槁。故堅強者死之徒，柔弱者生之徒。是以兵強則滅，木強則折。強大處下，柔弱處上」。在老子看來，柔弱雖然是不爭，但不是軟弱、懦弱，而是含有韌性和持續性，柔弱還能勝剛強，「將欲歙之，必固張之；將欲弱之，必固強之；將欲廢之，必固興之；將欲奪之，必固予之，是謂微明。柔弱勝剛強」。范應元注云：「張之、強之、興之、與之之時，已有歙之、弱之、廢之、取之之幾伏在其中。幾雖幽微，而事已顯明也，故曰『微明』。」[1] 由此可知，柔弱勝剛強是有條件的，一方面是事物內部存在弱與強的矛盾因素，另一方面是要採取措施，促進弱的一方轉強、強的一方變弱，從而實現以柔克剛。在老子看來，柔弱的重要表現形式是謙虛處下、以退求進，「故貴以賤為本，高以下為基。是以侯王自謂孤、寡、不穀。此非以賤為本邪？非乎？故致數輿無輿。不欲琭琭如玉、珞珞如石」。意思是，所以貴以賤為根本，高以下為基礎。因此，侯王自稱為孤、寡、不穀。這不是把低賤當根本嗎？豈不是嗎？所以最高的稱譽是無須誇譽的。因此不願像玉那樣華麗，寧可像石塊般的堅實。然而，無論在歷史長河裏，還是在現實生活中，人們總是喜歡自作聰明、驕傲自大、獨斷專行、目空一切，這往往

1 范應元：《老子道德經古本集注》，華東師範大學出版社二〇一〇年版，第六十三頁。

會走向事物的反面，帶來嚴重的後果，「企者不立，跨者不行，自見者不明，自是者不彰，自伐者無功，自矜者不長」。為此，老子指出：「是以聖人抱一為天下式。不自見故明，不自是故彰，不自伐故有功，不自矜故長。夫唯不爭，故天下莫能與之爭。古之所謂曲則全者，豈虛言哉！誠全而歸之。」意思是，聖人守道，作為天下的範式。不自我表現，所以是非分明；不自以為是，所以聲名昭彰；不自我誇耀，所以能建立功勳；不自高自大，所以能領導眾人。正因為他不與人爭，所以天下沒人能和他競爭。古人所說的「委曲反能保全」，難道說的是空話嗎？確實做到周全，就會回歸於道。

老子之不爭的路徑是無為而治。在人類歷史上，有權力的人總想運用權力做更多的事情，給歷史和社會留下自己活動的痕跡，以求青史揚名。按常理說，這一想法無可厚非，儒家甚至肯定、倡導人們積極入世和努力作為。問題在於，權力天生具有自我膨脹和無限擴張的本性，在沒有可靠制度約束的情況下，就容易使統治者任性地使用權力，恣意妄為地使用權力，從而給社會和民眾造成傷害，甚至是災難性後果。老子正是看到權力這一本性，從道法自然的哲學思想出發，提出了無為而治的政治主張。老子認為，無為與不爭是相通的，都是順應自然規律，不刻意去做什麼，也不強加意志給外界事物，以求事物自然而然、自然天成。《老子》一書最後一句話是「聖人之道，為而不爭」，無為是無為而為，不爭是不爭之爭，無為與不爭實現了完美的統一。無為通過不爭自然而為，不爭通過無為自然而爭。在老子那裏，無為是順應事物之自然，排除不必要的作為或妄為，這也就是不與自然爭鬥，不違反自然規律。第五十七章先是提出無為而治的要訣，「以正治國，以奇用兵，以無事取天下。吾何以知其然哉？以此」。接着批判違反自然的治國方式，「天下多忌諱，而民彌貧；民多利器，國家滋昏；人多伎巧，奇物滋起；法令滋彰，盜賊多有」。後是借聖人之言，全面闡述無為而治的豐富內涵，強調無為而治是一種高度自由放任的政治，充分尊重並信任人民的權利和能力，「故聖人云，我無為而民自化，我好靜而民自正，我無事而民自富，我無欲而民自樸」。在老子那裏，真正有本事的人既是無為的也是不爭的，而不爭是一種高貴品德。第六十八章指出：「善為士者不武，善戰者不怒，善勝敵者不與，善用人者為之下。是謂不爭之德，是謂用人之力，是謂配天古之極。」意思是，善於做武士的人不顯示威武，善於作戰的人不發怒，善於取勝的人不與人對抗，善於用人的人居於人之下。這就叫作不爭的品德，這就叫作用人，這就叫作與天相配，是古時極致的境界。在老子那裏，無為而治就是聖人之治，而聖人甘於處下居後，不僅是不爭之德的體現，而且能蓄養萬民，不給老百姓造成負擔和損害。第六十六章先是指出「善下」是統治者的基本品格，「江海所以能為百谷王者，以其善下之，故能為百谷王」。接着指出聖人之治，在於正確處理統治者與老百姓的關係，「是以欲上民，必以言下之；欲先民，必以身後之。是以聖人處上而民不重，處前而民不害，是以天下樂推而不厭。以其不爭，故天下莫能與之爭」。意思是，所以想要處於人民之上，就要以言辭對人民表示謙下；想要處於人民之前，就要把自身放在人民後面。所以聖人處於上位而人民不覺得沉重，處在前面而人民不覺得損害。所以天下人都樂於推戴他而不是厭棄他。因為聖人不與人爭，所以天下沒有人能跟他爭。

社會心理學有一個著名的「卡車競賽試驗」，這個試驗是兩人一組，分別充當甲、乙運輸公司的經理，任務是使自己的車輛以最快的速度從起點通向終點，而且速度越快賺錢越多。每個人都有兩條路線可供選擇，一條是個人專用的遠道；一條是兩人共用的近道，路窄而每次只能通行一輛車。很明顯，為了多賺錢，雙方應該合作，輪流走近道。然而試驗結果卻是雙方都抄近道，狹路相逢，誰也不能通過，誰也不肯讓步。許多研究表明，儘管合作是最好的策略，但人們往往傾向於競爭而不願合作。現代社會是個競爭社會，老子之不爭還有現實意義嗎？答案是充分肯定的。人生雖然充滿着競爭，但不爭仍然有着廣闊空間，在家庭倫理範圍內，父慈子孝、兄友弟恭，不爭就是主旋律；在以道義為主的場合，不爭也是主要選擇。在不爭的空間，老子之不爭無疑具有重要指導意義。即使在競爭的空間，老子之不爭也有着指導意義，這就是順應競爭規律，自然而然去競爭，實現為而不爭。所謂為而不爭，是指競爭中不能違反公認的規則，違反了，就是不公平的競爭；是指競爭中不能無緣無故地侵犯他人利益，侵犯了，就是不正當的競爭；是指競爭中不能做傷天害理的事情，傷害了，就是不道德的競爭。在競爭與不競爭之間，還存在着灰色空間，老子之不爭更有着指導意義，尤其是對於個人名利地位，能夠不爭的就不要去競爭。人們在競爭中可能喪失自我，但在不爭中卻能超越自我、完善自我。

老子之侯王：現實選擇

老子是政治思想大師，老子之政治哲學充滿智慧。漢初學者司馬談讚歎不已，他在《論六家要旨》中指出：「道家使人精神專一，動合無形，贍足萬物。其為術也，因陰陽之大順，采儒墨之善，撮名、法之要，與時遷移，應物變化，立俗施事，無所不宜。指約而易操，事少而功多。」[1]意思是，道家使人精神專一，行動合乎無形之道，使萬物豐足。道家之術是依據陰陽家關於四時運行順序之説，吸收儒、墨兩家之長，撮取名、法兩家之精要，隨着時勢的發展而發展，順應事物變化，樹立良好風俗，應用於人事，無不適宜。主旨簡約扼要而容易掌握，用力少而功效多。當然，思想的作用不能代替實踐的作用；思想的偉力不僅僅在於思想本身，還在於學習運用這些思想的物質力量，任何思想家都期盼能夠找到運用其思想以改造主客觀世界的現實力量。老子就把希望寄託在侯王身上，《老子》一書有八章使用侯王、王公和王的概念，「故道大，天大，地大，王亦大。域中有四大，而王居其一焉。人法地，地法天，天法道，道法自然」。傅奕本「王亦大」為「人亦大」，其餘各本一般為「王亦大」；張松如認為：老子書屢以天、地、侯王與道並言，「蓋以三者皆為道所生，而得其一體故也」。[2]在老子的思想中，侯王作為現實的統治者和政治力量，對於實現其政治

1 司馬遷：《史記》卷一百三十，中華書局一九五九年版，第三千二百八十九頁。
2 張松如：《老子説解》，齊魯書社一九八七年版，第一百六十八頁。

理想，具有不可替代的重要作用。老子實際上形成了侯王之治或侯王之道的觀念。

不過，老子沒有想到的是，因為使用侯王、王公概念，使得後人對《老子》的成書時間產生激烈爭論。最先由梁啟超提出、一些學者附和認為，諸侯是在春秋後若干年才開始稱王的，戰國時期才有侯王、王公的名詞，據此論證《老子》一書晚出於戰國時期，而非春秋時期。事實上，諸侯稱王的歷史很早，王國維曾做過考證，他在《古諸侯稱王說》中指出：「蓋古時天澤之分未嚴，諸侯在其國，自有稱王之俗」；[1]還舉例錄伯簋的「釐王」和乖伯簋的「幾王」，就是諸侯國內的自稱。即使梁啟超在世時，一位叫張煦的年輕人就寫了一篇《梁任公提訴〈老子〉時代問題一案判決書》進行反駁，他說：「考吳子壽夢在《春秋》絕筆前一百零四年已稱王，稍後越亦稱王，楚更在春秋前稱王。老子原籍與楚接壤，或後竟為楚人，豈有不知楚王？在周作官，豈有不知周王（夏、商、周皆稱王）？何以孔子同時的老子，不會用他？《易經・蠱之上九》『不事王侯，高尚其事』，不是早已『王侯』聯用嗎？《易・坎・象》『王公被險以守其國』，《易・離・象》『六五之吉離王公也』，不是『王公』聯用嗎？」[2]據說，張煦以判決書的形式回應梁啟超對《老子》年代問題的公訴，雖然梁啟超未必贊同他的觀點，卻很讚賞這一形式。一九九三年湖北郭店竹簡本的出土，基本可以肯定《老子》的成書年代應為春秋末期。

實際上，老子心目中的統治者既有侯王又有聖人，侯王是現實中的統治者，聖人是理想中的統治者。理想與現實總是存在着差距，在現實社會中找不到聖人，退而求其次，老子先找到侯王，以實現其政治理想。

---

1 王國維：《古諸侯稱王說》，《觀堂集林》（外二種），河北教育出版社二〇〇三年版，第六百二十三頁。

2 羅根澤編：《古史辨》（第四冊），上海書店一九三三年版，第三百一十七頁。

在老子那裏，侯王與聖人沒有不可逾越的鴻溝，侯王是通往聖人的載體，是建立理想社會的直接推動力量，好的侯王就是聖人。聖人是先秦諸子共同使用的概念，也是他們崇拜的理想人格。老子和孔子都使用過聖人概念，首先是指理想的統治者，然後才是理想人格。《老子》一書多次使用聖人概念，比較全面地論述了聖人的內容，明確提出了聖人之治的論斷，「是以聖人之治，虛其心，實其腹；弱其志，強其骨。常使民無知無欲，使夫智者不敢為也。為無為，則無不治」。《論語》一書很少使用聖人概念，也沒有提出聖人之治的觀點，卻指出了聖人之治的具體形象，這就是堯、舜、禹、湯以及周朝的文王、武王和周公，「子貢曰：『如有博施於民而能濟眾，何如？可謂仁乎？』子曰：『何事於仁？必也聖乎！堯、舜其猶病諸！』」意思是，弟子子貢問，如有人廣汜地給予民眾實惠，緊急時又能救濟大眾，這樣如何呢？可以稱他為仁者嗎？孔子回答，豈止是仁呢？一定是聖人了！就是連堯、舜也會感到力量不足呀！無論老子還是孔子，都認為聖人是理想，並不是現實存在。老子是周朝史官，十分熟悉歷史，《老子》一書雖然多有聖人，卻沒有聖人的具體形象，即使有形象，也是對遙遠母系氏族社會的模糊回憶。這可能不是疏忽，而是在老子看來，聖人是高不可攀的。孔子雖然承認古時有聖人，卻明確否認聖人的現實存在，否認自己是聖人，「若聖與仁，則吾豈敢！抑為之不厭，誨人不倦，則可謂云爾已矣！」因此，老子和孔子都把目光投向了侯王，希望現實中的統治者以聖人為榜樣，或自然而為或積極作為，着力治國安邦，推動理想社會的實現。

由於春秋社會是個亂世，統治階級內部不斷上演着臣弒君、子殺父、兄弟鬩牆的鬧劇，現實中的侯王大多昏庸無能、荒淫無恥。面對侯王現狀，老子是既愛又恨，既寄予期望又給予猛烈批判。首先是恨和批判，老子批判了侯王們生活奢靡，斥責他們是盜賊，「朝甚除，田甚蕪，倉甚虛。服文綵，帶利劍，厭飲食，財貨有餘，是謂盜夸。非道也哉！」意思是，朝廷很敗壞，田地很荒蕪，倉廩很空虛，有人卻還穿着繡着文綵的衣服，帶着鋒利的寶劍，饜足了飲食，家裏有着多餘的財貨，這種人就叫大盜。這真是無道啊！老子批判了侯王們橫徵暴斂，老百姓民不聊生，「民之饑，以其上食稅之多，是以饑。民之難治，以其上之有為，是以難治。民之輕死，以其求生之厚，是以輕死」。這段話尖銳地批評了侯王的政治剝削，指出人民的飢餓、社會的混亂，都是由於統治者的貪欲造成的。老子批判了侯王們濫用刑罰，暴政虐民，對他們提出強烈抗議，「民不畏死，奈何以死懼之！若使民常畏死，而為奇者吾得執而殺之，孰敢？常有司殺者殺，夫代司殺者殺，是謂代大匠斫。夫代大匠斫者，希有不傷其手矣」。蔣錫昌注云：「人君不能清靜，專賴刑罰，是代天殺。」[1]意思是，人民不畏懼死亡，為什麼用死亡來恐嚇他？如果使人民真的畏懼死亡，對於為邪作惡的人，我們就可以把他抓來殺掉，誰還敢為非作歹？經常有專管殺人的去執行殺的任務。那代替專管殺人的去執行殺的任務，這就如同代替木匠去砍木頭一樣。那代替木匠砍木頭，很少有不砍傷自己的手的。老子對侯王們的批判，真是愛之愈深、責之愈切，他對侯王們還是抱有真誠的期望。

老子最大的期望，是侯王們能夠得道。道是老子哲學最基本的範疇，也是道家理論體系賴以確立的基礎。老子之所以選擇道為基本範疇，是因為道具有形而上的特性，從而成為自然界、人類社會的本原和運行規律，「有物混成，先天地生。寂兮寥兮，獨立不改，周行而不殆，可以為天下母。吾不知其名，字之曰道，強為之名曰大。大曰逝，逝曰遠，遠曰反」。王弼注云：「混然不可得而知，而萬物由之以成，故曰『混成』也。不知其誰之子，故先天地生。」因此，侯王治理國家則必須得道並遵道而行，不可違反人類社會的本性和法則。《老子》第三十九章從天地、神明、溪谷說起，然後歸結到侯王，不經意間就把人事和天地、

1　蔣錫昌：《老子校詁》，成都古籍書店一九八八年版，第四百三十五頁。

神明、溪谷貫通起來，既體現了老子包括宇宙、混同萬物的博大情懷，又詳細論述了侯王得道的益處和失道的危害。該章先是說明道的作用和得道的益處，它是萬物存在的根據，是天地、神明、溪谷以至於侯王賴以保全的依據，「昔之得一者，天得一以清，地得一以寧，神得一以靈，谷得一以盈，萬物得一以生，侯王得一以為天下貞」。林希逸注云：「『一』者，道也」；[1]王弼注云：「昔，始也。一，數之始而物之極也。各是一物之生，所以為主也。物皆各得此一以成，既成而舍以居成，居成則失其母，故皆裂，廢、歇、竭、滅、蹶也。各以其一，致此清、寧、靈、盈、生、貞。」這一層次着重強調侯王得道，天下就能平定，國家就能穩定，百姓就能安定。次是說明盛極而衰和失道的危害，天地、神明、溪谷以至於侯王如果一意孤行，就會走向毀滅，「其致之，天無以清將恐裂，地無以寧將恐發，神無以靈將恐歇，谷無以盈將恐竭，萬物無以生將恐滅，侯王無以為貞將恐蹶」。高亨注云：「『致』猶推也，推而言之如下文也」；[2]王弼注云：「用一以致清耳，非用清以清也。守一則清不失，用清則恐裂也。故為功之母不可舍也。是以皆無用其功，恐失其本也。清不能為清，盈不能為盈，皆有其母，以存其形。故清不足貴，盈不足多。貴在其母，而母無貴形。」這一層次着重調了侯王失道，高高在上、恣意妄為，國家就會垮台，政權就會傾覆。後是運用辯證思想，說明事物的存在是相反相成的，侯王應當處賤而取下，自立於根本之上，「故貴以賤為本，高以下為基。是以侯王自謂孤、寡、不轂。此非以賤為本邪？非乎？故致數輿無輿。不欲琭琭如玉、珞珞如石」。意思是，所以想要貴就得以賤為根本，想要高就得以下為基礎。所以侯王謙稱自己是孤、寡、不轂。這就是以賤為本吧？不是嗎？所以追求過多的聲譽就會失去聲譽。所以有道之人不願像玉那麼精美，而寧可像石頭一樣樸

1 林希逸：《老子鬳齋口義》，華東師範大學出版社二〇一〇年版，第四十三頁。
2 高亨：《老子正詁》，中國書店一九八八年版，第八十九頁。

實。這一層次着重強調了侯王與百姓雖然有貴賤、高下之別，但兩者是可以轉化的。如果侯王以謙虛處下的態度對待百姓，那麼百姓就會擁護他，他就能穩居王位。反之，百姓就會反對侯王，他也將失去王位和政權。因此，老子期望侯王像聖人那樣甘願居下，甚至忍辱負重，「是以聖人云：『受國之垢，是謂社稷主；受國不祥，是為天下王。』正言若反」。意思是，所以聖人說，承受一國的恥辱，這就是國家的君王；承受一國的災禍，這就是天下的君王。正話聽起來像是反話。

老子重要的期望，是侯王們能夠無為。無為是老子政治哲學的核心概念；老子倡導的政治是尊重民意，順其自然，無為而治，「聖人無常心，以百姓心為心」。漢初學者司馬談極為推崇無為理念，不乏溢美之詞，「道家無為，又曰無不為。其實易行，其辭難知。其術以虛無為本，以因循為用。無成勢，無常形，故能究萬物之情。不為物先，不為物後，故能成萬物主。有法無法，因時為業；有度無度，因物與合。故曰：『聖人不朽，時變是守』」。[1] 意思是，道家講無為，又說無不為。其實際主張容易施行，其思想則幽深微妙，難以明白通曉。其學說以虛無為理論基礎，以順應自然和萬物天性為實用原則。道家認為事物沒有既成不變之勢，沒有常存不變之形，所以能夠探求萬物的情理。不做超越物性的事情，也不做落後物性的事情，所以能夠成為萬物的主宰。有法而不任法以為法，要順時勢以成其業；有度而不恃度以為度，要根據萬物之形各成其度而與之相合。所以說，聖人的思想和業績不可磨滅，就在於能夠順應時勢的變化。《老子》第三十七章進一步闡述道的原理是無為，希望侯王能夠遵守道的原理，用無為的方法治理國家，「道常無為而無不為。侯王若能守之，萬物將自化。化而欲作，吾將鎮之以無名之樸。無名之樸，夫亦將無欲。不欲以靜，天下

1 〔漢〕司馬遷：《史記》卷一百三十，中華書局一九五九年版，第三千二百九十二頁。

將自定」。意思是，道經常不作為，卻又無所不為。侯王如能堅持無為，萬物將自然化育成長。化育成長會產生貪欲，我將用道的真樸即道德來鎮服它。這個道德就能根絕這種貪欲。根絕貪欲就能安靜，天下將會自然安定。河上公注云：「道以無為為常也。言侯王若能守道，萬物將自化效於己也。吾，身也。無名之樸，道德也。萬物已化效於己也，復欲作巧偽者，侯王當身鎮撫以道德也。」這段話中的「化而欲作，吾將鎮之以無名之樸」，引起後人爭議不斷，有的解釋為老子主張用武力來鎮壓民眾，林語堂則正確地指出：「在萬物生長繁衍的過程中，難免有欲心邪念，這時唯有以道的本質『無名之樸』，來克服這種情形的發生。」[1]欲望，尤其貪欲，是一切罪惡、動亂和爭鬥的根源，也是侯王無為而治的最大障礙。欲望，不僅在侯王心中存在，而且在老百姓心中也存在。老子分別提出了克制欲望的要求，對於侯王而言，只有堅守無為原理，天下才會太平，「故聖人云，我無為而民自化，我好靜而民自正，我無事而民自富，我無欲而民自樸」。否則，侯王們過分作為和過度干預，結果必然是社會混亂，「天下多忌諱，而民彌貧；民多利器，國家滋昏；人多伎巧，奇物滋起；法令滋彰，盜賊多有」。對於百姓而言，就是要減少奸巧詐偽，恢復和保持淳樸的本性，「絕聖棄智，民利百倍；絕仁棄義，民復孝慈；絕巧棄利，盜賊無有。此三者，以為文不足，故令有所屬，見素抱樸，少私寡欲。絕學無憂」。意思是，拋棄聰明與巧智，民眾才能獲利百倍；拋棄仁與義的法則，民眾才能回歸孝慈；拋棄機巧與貨利的誘惑，盜賊才能消失。以上三種巧飾之物，不足以治理天下，因此要讓民心有所歸屬：外表單純而內心淳樸，少有私心而降低欲望。拋棄所謂的學問，就能無憂無慮。

老子由衷的期望，是侯王們能夠守樸。樸是老子思想的一個重要概念，首要含義是自然而然、渾厚純

1　林語堂：《老子的智慧》，陝西師範大學出版社二〇〇六年版，第一百四十八頁。

真。《老子》第十五章描述古代得道之士的形象時，其中有「敦兮，其若樸」，意思是，敦厚誠實啊，就像未經雕琢的木材。第十九章提出解決社會動亂的辦法，其中有「見素抱樸，少私寡欲」，意為外表單純而內心淳樸，少有私心而降低欲望。第二十八章闡述了「知雄守雌」的觀點，其中有「知其榮，守其辱，為天下谷。為天下谷，常德乃足，復歸於樸。樸散則為器，聖人用之，則為官長。故大制不割」。意思是，深知榮耀的尊貴，卻安守卑下的位置，願做天下的山谷。願做天下的山谷，美德就永遠充足，復歸於自然的真樸。真樸分散製成器物，聖人利用它們，成為眾人的領袖。所以，完美的體制渾然如一。同時，樸與無欲相聯繫；沒有貪欲，就是自然淳樸，第三十七章有「無名之樸，夫亦將無欲」，第五十七章有「我無欲而民自樸」。老子之樸渾厚純真，就像道那樣恍惚，有着道的神韻；樸和道一樣不可名狀，很難言說，卻是真實存在，「道之為物，惟恍惟惚。惚兮恍兮，其中有象；恍兮惚兮，其中有物。窈兮冥兮，其中有精；其精甚真，其中有信」。自然而然、沒有欲望，這就是老子對樸概念的本質規定。老子認為，侯王們如果能夠守樸，順應民意，自然而為，就能治理好國家。第三十二章全面闡述了侯王守樸的思想，先是「道常無名，樸雖小，天下莫能臣也。侯王若能守之，萬物將自賓」。王弼注云：「道，無形不系，常不可名，以無名為常。故曰『道常無名』也。樸之為物，以無為心也，亦無名。故將得道，莫若守樸。夫智者，可以能臣也；勇者，可以武使也；巧者，可以事役也；力者，可以重任也。樸之為物，憒然不偏，近於無有，故曰『莫能臣』也。抱樸無為，不以物累其真，不以欲害其神，則物自賓而道自得也。」這是強調道是無為無名，侯王守樸就是守住無為無名。次是「天地相合以降甘露，民莫之令而自均」，意思是，天地之氣陰陽交合，就會有甘露降臨，民眾不曾給它指令，卻能自然分佈均勻。這是指出侯王如能像天地那樣，不強行實施政令，不強加自己的意志，自然地對待百姓，百姓就會自由地發展和自在地平衡。再次是「始制有名，名亦既有，夫亦將知止。知止可以不殆」。王弼注云：「『始制』，謂樸散始為官長之時也。始制官長，不可不立名分以定尊卑，故『始制有名』也，過此以往，將爭錐刀之末，故曰『名亦既有，夫亦將知止』也。遂任名以號物，則失治之母，故曰『知止所以不殆』也。」這是要求侯王行事要有限度，不可膨脹個人的欲望，制定法令制度要有限度，不要過多地制定法令；已經有的政令，讓百姓自然遵守，不可苛刻實施；行事能夠適可而止，人民便不會反抗。後是「譬道之在天下，猶川谷之於江海」。這是強調侯王對待百姓要像大海對待江河那樣。江河歸於大海，並不是大海的強制，而是江河自然地歸入；道行於天下，不是道的要求，而是天下自己順道而行；百姓安定富足，不是侯王的有為，而是百姓自然而然地生存。

南宋詩人朱敦儒有一首叫《鷓鴣天．西都作》的詞，下半闋為「詩萬首，酒千觴，幾曾着眼看侯王。玉樓金闕慵歸去，且插梅花醉洛陽」。這首詞既表達了作者不願在朝為官的思想，更表達了傲視權貴、看不起侯王的態度。然而，不管看得起還是看不起，侯王都是客觀存在，且是治國理政的中堅力量。要想國家安定、老百姓安居樂業，還得依靠侯王的統治和管理。用現代語言來說，侯王如同官員。官員是和國家、政府聯繫在一起的。西方社會一直不太看好國家、政府和官員，美國思想家潘恩認為：「社會在各種情況下都是受人歡迎的，可是政府呢，即使在其最好的情況下，也不過是一件免不了的禍害；在其最壞的情況，就成了不可忍受的禍害。」[1] 由此可見，國家、政府和官員都是人類社會無可奈何的選擇。沒有官員，社會就會陷入無政府狀態，將更加動盪和混亂，而官員的存在，則可能濫用權力，對社會和老百姓造成傷害。兩害相權取其輕，既然社會不可能沒有官員，那就應該加強對官員的約束，主要是約束官員的權力。要明確官員的權力來源，這就是權為民所賦，沒有人民賦權，官員就沒有任何權力；即使賦予了，當人民不滿意的時候，也可

1 馬清槐等譯：《潘恩選集》，商務印書館二〇〇九年版，第一頁。

以隨時收回。要分散官員的權力，這就是分權制衡，儘可能把權力分散交由不同部門或不同官員負責，以便在權力之間建立起制衡和約束的關係。要規範官員行使權力，這就是法定原則，對於官員而言，法律沒有授予的權力，都不能行使，以防止官員濫權；對於百姓而言，法律沒有禁止的事情，都可以自主地決定和自由地辦理，以維護人民的權利。用人民的權利約束官員的權力，或許是最好的選擇。在人民權利的陽光照耀之下，百姓才有幸福，官員才有尊嚴。

人生哲學

聖人人格、見素抱樸、卑弱自持

老子之倫理：見素抱樸

老子哲學是一個完整的思想體系，含有本體哲學、政治哲學和人生哲學；老子之道是天道、治道和人道的統一體。老子表面上看是現實人生的冷眼旁觀者，本質上卻是一位熱愛人生的智者。他十分關注人的命運，從形而上的高度審視世相百態，以超越自我的精神探究人生哲理，建構起一套獨特的倫理道德哲學。使用老子之倫理這一概念，有點無奈，如果使用老子之人生，就可能誤解為研究老子的一生；如果使用老子之道德，倒比較符合文章的主題，而這既可能與老子之道混淆起來，又可能與老子之德混淆起來。倫理一詞，是指人與人相處的各種道德標準；倫理學是關於道德的起源和發展以及人的行為準則和人與人之間的義務的學說。因此，老子之倫理既是倫理學又是道德哲學，既是人生觀又是人生哲學。

老子之倫理思想有着深厚的理論基礎。最重要的理論基礎是「道生德成」思想，老子把生命的終極根源歸結為道，「有物混成，先天地生。寂兮寥兮，獨立不改，周行而不殆，可以為天下母。吾不知其名，字之曰道，強為之名曰大。大曰逝，逝曰遠，遠曰反」。老子沒有把生命之源歸結為天或天命，具有革命性意義。張岱年指出：「認天為一切之最高主宰的概念，為老子所打破。老子年代本先於孟子，但孟子仍承受傳統觀念而修正發揮之，老子卻作了一場徹底的思想革命。老子以為天並不是最根本的，尚有為天之根本者。

老子說：『有物混成，先天地生。』最根本的乃是道，道才是最先的。」[1]在老子看來，道作為天地母，蘊藏着無窮的生命力，「道生一，一生二，二生三，三生萬物。萬物負陰而抱陽，沖氣以為和」。而道化生萬物過程中，還需要德的無私蓄養，「故道生之，德畜之；長之育之，亭之毒之，養之覆之。生而不有，為而不恃，長而不宰，是謂玄德」。同時，「道法自然」思想是重要的理論基礎，尤其是生死自然的觀念，「人法地，地法天，天法道，道法自然」。老子把天地萬物的生長消亡看成自然而然的過程，「天地所以能長且久者，以其不自生，故能長生」。《莊子．養生主》記載的秦佚弔唁老子的故事很能說明生死自然的道理。秦佚是老子的好友，老子死時去弔唁，不跪不拜，拱手致意，哭號三聲即止，鄰人不理解，斥責秦佚。秦佚回答：「適來，夫子時也；適去，夫子順也。安時而處順，哀樂不能入也，古者謂是帝之懸解。」意思是，當初老子出生來到這個世界上，是時機到了；現在死亡離開這個世界，也無非是順應老天的安排而已。如果能夠安於天時而順應自然，那麼因生死而來的喜樂和悲哀都不足以擾動我們的內心。古代得道高人把這種領悟看成「上天把我們從倒吊着的痛苦中解放出來」。此外，「重身惜生」思想也是重要的理論基礎。老子極其重視個體的生命價值，認為生命比聲名、貨利更重要，「名與身孰親？身與貨孰多？得與亡孰病？甚愛必大費，多藏必厚亡」。老子不僅重視生命，而且愛惜生命，「蓋聞善攝生者，陸行不遇兕虎，入軍不被甲兵，兕無所投其角，虎無所措其爪，兵無所容其刃。夫何故？以其無死地」。意思是，聽說善於養生的人，在陸地行走不避犀牛、老虎，在戰場上不受兵器傷害，在他身上犀牛沒有地方投刺它的角，老虎沒有地方用上它的爪，兵器沒有地方容納它的鋒刃。為什麼會這樣呢？因為他身上沒有可以致死的地方。道生德成、生死自

1 張岱年著，劉鄂培主編：《張岱年文集》（第二卷），清華大學出版社一九九〇年版，第三十六頁。

然、重身惜生的思想，構築了堅實的理論基礎，從而使老子之倫理出類拔萃，這是先秦其他思想家所難能企及的。

比較而言，老子之倫理還具有鮮明的特徵，這就是批判性和反傳統。哲學是懷疑的學問，從本質上說是批判的。正因為批判性和反傳統，使得老子之倫理更深刻，也更具創新性。老子倡導無知無欲，不但批判貪欲對人性的泯滅，而且批判統治者使用奸詐和巧智，「不尚賢，使民不爭；不貴難得之貨，使民不為盜；不見可欲，使民心不亂。是以聖人之治，虛其心，實其腹；弱其志，強其骨。常使民無知無欲」。老子明確批判物欲橫流，認為人性本是自然的，一旦受到外在誘惑和刺激，就會改變，「五色令人目盲，五音令人耳聾，五味令人口爽，馳騁畋獵令人心發狂，難得之貨令人行妨。是以聖人為腹不為目，故去彼取此」。老子堅持批判以智治國，認為以智治國只會給國家帶來禍害，而不以智治國，則能復歸於自然之道，實現淳樸自然的太平之治，給國家帶來福祉，「民之難治，以其智多。故以智治國，國之賊；不以智治國，國之福」。同時，老子之倫理否定了正統的道德思想，表現出強烈的反傳統色彩。春秋末期，周王朝已經式微，但殷周以來建立的倫理規範、道德信條和禮儀制度仍然有着重要影響，而儒家學派極為推崇周禮，也在大力宣傳仁、義、禮、智、信等倫理道德思想。老子出於對社會政治現實的認識以及對殷周以來政治文化傳統的反思，明確反對、否定殷周以來形成的以仁、義、禮為核心的人文傳統和道德觀念，「故失道而後德，失德而後仁，失仁而後義，失義而後禮。夫禮者，忠信之薄而亂之首」。意思是，所以說，喪失了道然後有了德，喪失了德然後有了仁，喪失了仁然後有了義，喪失了義然後有了禮。這禮真是忠信衰薄的體現和禍亂的根源。當然，老子的反對是一種辯證的否定，而不是簡單的否定，「大道廢，有仁義；慧智出，有大偽；六親不和，有孝慈；國家昏亂，有忠臣」。在辯證的否定過程中，老子創新性地提出自己的道德思想。

素樸是老子之倫理的本質要求。按照進化論的觀點，人是從動物演變而來的。從生物學角度分析，人雖然脫離了動物界，卻仍具有動物的生理和心理特點；物質需求和情感需求的欲望仍是人和動物共同的本能特性。從社會學的角度分析，人具有思想、意識等精神需求，這一方面把人從動物界區別出來，另一方面也使人比動物多了精神欲望。在老子看來，無論物質欲望還是精神欲望，只要是貪欲，都是社會動亂和不道德行為的根源，因而提出「素樸」的道德主張，「絕聖棄智，民利百倍；絕仁棄義，民復孝慈；絕巧棄利，盜賊無有。此三者，以為文不足，故令有所屬，見素抱樸，少私寡欲。絕學無憂」。素樸原意為未經雕琢過的木材，引申為人之天然純真的本性，這是人能夠無知無欲、少私寡欲的根基。如果人失去素樸，就會貪得無厭、索求無度，「朝甚除，田甚蕪，倉甚虛。服文綵，帶利劍，厭飲食，財貨有餘，是謂盜夸。非道也哉！」意思是，朝廷很敗壞，田地很荒蕪，倉廩很空虛。有人卻還穿着華麗的衣服，帶着鋒利的寶劍，饜足了飲食，家裏有多餘的財貨，這種就叫大盜。這真是無道啊！老子經常用嬰兒來比喻素樸，「含德之厚，比於赤子。蜂蠆虺蛇不螫，猛獸不據，攫鳥不搏。骨弱筋柔而握固，未知牝牡之合而全作，精之至也。終日號而不嗄，和之至也」。在這段話中，老子認為嬰兒是最為淳樸和天真無邪的，身心都處在積極正面狀態，以此比喻得道者一靈不昧、可以通神，蟲蛇鳥獸亦不能傷。這雖然是理想化的描述，卻反映了老子對素樸品格的尊崇。老子希望隨着年齡的增長，不管是青年、中年還是老年，都要在精神上返璞歸真，永遠保持嬰兒心態，堅守淳樸天性，摒棄私心雜念，以防止欲望過盛，防止貪欲對心靈的侵害。「知其雄，守其雌，為天下谿。為天下谿，常德不離，復歸於嬰兒。知其白，守其黑，為天下式。為天下式，常德不忒，復歸於無極。知其榮，守其辱，為天下谷。為天下谷，常德乃足，復歸於樸。」意思是，深知雄強重要，卻甘居雌柔的地位，願做天下的河溪。願做天下的河溪，美德永不相離，復歸如純真的嬰兒。深知光明的顯赫，卻甘居幽暗的位置，願做天下的榜樣。願做天下的榜樣，美德永不失去，復歸到無盡的真理。深知榮耀的尊貴，卻安守卑下的位置，願做天下的山谷。願做天下的山谷，美德就永遠充足，復歸到自然的真樸。老子自己就是保持素樸的典範和榜樣，即使在聲色貨利的環境裏也能保持住嬰兒心態，「眾人熙熙，如享太牢，如春登台。我獨泊兮其未兆，如嬰兒之未孩。儽儽兮若無所歸。眾人皆有餘，而我獨若遺。我愚人之心也哉！沌沌兮！」意思是，眾人都興高采烈，好像參加豐盛的筵席，又像春天登台眺望春色。我卻獨個兒淡泊寧靜啊，沒有形跡，好像不知嬉笑的嬰兒。落落不群啊，好像無家可歸。眾人都感到滿足，而我卻一無所有。我真是愚人的心腸啊，終日混混沌沌。

柔弱是老子之倫理的處世要求。人是各種社會關係的總和，在人的一生中，總是通過不斷與各種類型的人打交道而生活和工作。人生在世，堅守什麼原則、採取什麼態度與他人相處，至關重要，結果也會大相徑庭。倫理道德的主要功能在於調整人與人之間的相互關係。從大的方面分析，無非有剛強進取和柔弱自守兩種立身處世原則。老子主張柔弱處世，即以柔弱的原則處理人與人之間的關係。老子從生命現象獲得啟示，柔弱優於剛強，且充滿生命力，柔弱代表着新生和靈活，剛強則代表着死亡和僵硬，「人之生也柔弱，其死也堅強。草木之生也柔脆，其死也枯槁。故堅強者死之徒，柔弱者生之徒。是以兵強則滅，木強則折。強大處下，柔弱處上」。在老子看來，柔弱不僅優於剛強，而且能夠戰勝剛強，「天下莫柔弱於水，而攻堅強者莫之能勝，以其無以易之。弱之勝強，柔之勝剛，天下莫不知，莫能行」。意思是，天下沒有比水更柔弱的，可是攻克堅強的東西卻沒有什麼能勝過水的，因為水的本質是無法改變的。柔勝過剛，弱勝過強，這個道理天下沒有人不知道，卻沒有人能實行。從這段話可知，人們還是願意剛強處世，而不願意柔弱處世，原因大概在於柔弱初看起來可能是軟弱、懦弱的表現，甚至還要遭受屈辱。殊不知，老子之柔弱具有溫和性和靈活性，卻不具有軟弱性。老子貴柔守弱，並不是要人一味示弱和退讓，而是要人立身處世靈活而不僵化、圓融而不固執，用溫和的方式去達到自己的目的。柔弱處世既有利於個人又有利於社會，對於個人而言，柔弱可以減少人生道路上的各種阻力和障礙，以達成個人的願望；對於社會而言，柔弱可以減少人與人之間的摩擦和衝突，維護正常而又和諧的人際關係。在老子看來，柔弱內斂着謙虛的品格，必然要求處世謙虛。謙虛不僅是一種美德，而且是人生重要的價值取向。「謙受益，滿招損」，老子從正反兩個方面進行分析，正的方面是謙虛，「是以聖人抱一為天下式。不自見故明，不自是故彰，不自伐故有功，不自矜故長」。王弼注云：「一，少之極也。式，猶則之也」；「聖人抱一為天下式」，是指聖人守道並作為天下的楷模。反的方面是驕傲，「企者不立，跨者不行，自見者不明，自是者不彰，自伐者無功，自矜者不長」。驕傲是不符合道之本性的，「其在道也，曰餘食贅行，物或惡之，故有道者不處」。意思是，從道的觀點看來，驕傲就像殘羹和贅瘤，人人都深感厭煩惡心，所以有道的人不做這種事情。在老子看來，柔弱包含着不爭的因素，必然要求處世不爭。不爭是一種高尚的德行，「善為士者不武，善戰者不怒，善勝敵者不與，善用人者為之下。是謂不爭之德」。當然，老子之不爭是不爭之爭，蘊含着高超的智慧，「天之道，不爭而善勝，不言而善應，不召而自來，然而善謀。天網恢恢，疏而不失」。不爭是利而不爭，「上善若水。水善利萬物而不爭，處眾人之所惡，故幾於道」。不爭是包容和寬恕，「為無為，事無事，味無味。大小多少，報怨以德」。意思是，從事無為之為，奉行天下之事，品味無味之味。把小看作大，把少看作多，以恩德來報答仇怨。不爭是迂迴之爭，最大限度地減少阻力和障礙，「將欲歙之，必固張之；將欲弱之，必固強之；將欲廢之，必固興之；將欲奪之，必固予之，是謂微明。柔弱勝剛強」。

虛靜是老子之倫理的心靈要求。人的一生不僅要處理身外的人與人之間的關係，而且要處理自身的肉體與心靈的關係。身心的和諧協調是處理好人與人關係的前提條件。怎樣做到身心的和諧協調呢？老子對心靈提出了虛靜的主張，「致虛極，守靜篤」，要求人生立身處世，心靈能夠做到致虛守靜。老子哲學以無為本，虛是一個重要概念，具有虛無和虛空的內容。只有虛無，道才能創生萬物，「道沖而用之或不盈，淵兮似萬物之宗」。意思是，道體雖然空虛無形，它的作用卻無窮無盡。深邃而博大啊，猶如萬物的主宰。只有虛空，道的作用才會永不窮竭，「天地之間，其猶橐籥乎？虛而不屈，動而愈出」。吳澄注云：「橐籥，冶鑄所用，噓風熾火之器也。為函以周罩於外者，『橐』也；為轄以鼓扇於內者，『籥』也。天地間猶橐籥者，橐象太虛，包含周遍之體；籥象元氣，絪流行之用。」[1] 在老子看來，道之虛無與虛空於人而言，就是心靈如山谷，「上德若谷」。以谷比喻，就有虛心的含義，虛空的山谷能包容萬物，所以有虛懷若谷的成語；以谷比喻，還有深藏若虛的意思，「良賈深藏若虛，君子盛德，容貌若愚」。虛心的反面是驕傲自滿、自以為是。老子認為，人生要戒驕、戒盈、戒滿、戒鋒芒畢露，「持而盈之，不如其已。揣而鋭之，不可長保。金玉滿堂，莫之能守。富貴而驕，自遺其咎。功遂身退，天之道」。意思是，與其裝得過滿而溢出，不如及早停止灌注；器具捶打得過於尖利，不會長久得以保持。縱然金玉堆滿堂室，沒有誰能夠將它守住。身居富貴而不可一世，必然是在自取災禍。功成名就抽身而退，這才符合天道。在老子看來，虛與靜緊密相連，靜是萬物存在的根本狀態，「萬物並作，吾以觀復。夫物芸芸，各復歸其根。歸根曰靜，是謂復命。復命曰常，知常曰明。不知常，妄作，凶」。張松如注云：「老子以『歸根』一辭作為『靜』的定義，又以『復命』一辭作為『靜』的寫狀。如果說『並作』包含着『動』的意思，那麼『歸』、『復』便屬於『靜』的境界。正是在這『靜』的境界中再孕育着新的生命，此即所謂『靜曰復命』。」[2] 老子認為，無論天道還是人事，清靜是治

1 〔元〕吳澄撰：《道德真經吳澄注》，華東師範大學出版社二〇一〇年版，第八頁。
2 張松如：《老子說解》，齊魯書社一九八七年版，第一百一十五頁。

理天下的正道，也是人心修煉的基本準則，「大成若缺，其用不弊。大盈若沖，其用不窮。大直若屈，大巧若拙，大辯若訥。躁勝寒，靜勝熱。清靜為天下正」。這段話把道的品格作了盡善盡美的描述，道具有「大成」、「大盈」、「大直」、「大巧」的內容，卻表現為「若缺」、「若沖」、「若屈」、「若拙」的形式，充分展示了大道造化萬物而又深藏不露、謙虛淳樸的品格，這也是道具有靜的本質規定。老子認為，靜與動是相互聯繫的，但靜具有更積極的意義，即以靜制動、動中取靜，好像女性與男性的關係，女性常在安靜中掌握主動，取得成功，「大國者，下流也，天下之牝也。天下之交也，牝恆以靜勝牡，為其靜也，故宜為下也」。王弼注云：「江海居大而處下，則百川流之；大國居大而處下，則天下流之，故曰『大國者，下流也』。」老子認為，靜還和重聯繫在一起，持重者恆靜，「重為輕根，靜為躁君。是以君子終日行，不離輜重，雖有榮觀，燕處超然，奈何萬乘之主，而以身輕天下？輕則失本，躁則失君」。意思是，穩重是輕浮的根基，安靜是躁動的主宰。所以君子終日行進，從不離開糧草輜重。雖有美景奇觀，卻能安居超然。為何萬乘之國的君主，輕率治國而不自重其身？輕舉就會喪失根本，躁動就會喪失主宰。俗話說：「動以養身，靜以養心。」老子之虛靜雖然有哲學、政治方面的廣汎內容，但對於人生而言，虛靜就是對心靈提出的要求。「孰能濁以靜之徐清」，虛靜，能讓一顆已經混濁的心靈轉變為清澈的心靈；唯有一顆清澈和寧靜安詳的心，才能洞悉世事的本來面目，才能更好地化解人生的各種矛盾。

研讀老子之倫理，是為了更好地修身。某種意義上說，修身就是要堅強內心和增加人生定力。宋代大文豪蘇軾有一個「八風不動」的故事，說的是蘇軾在黃州時，某日賦詩一首：「稽首天中天，毫光照大千。八風吹不動，端坐紫金蓮。」蘇軾很滿意，着人過江送給佛印禪師欣賞，不料禪師批道：放屁。蘇大怒，馬上坐船直奔對岸找禪師論理，只見禪師門上寫着一幅字：八風吹不動，一屁過江來。蘇一看即轉身下山，自言自語道：「佛印禪師悟境了得。」八風是指佛家的四順、四逆境遇，即利、衰、毀、譽、稱、譏、苦、樂。

八風不動，意指內心不為任何外物所擾，真正做到心如枯井，這不是哀莫大於心死，而是內心最大程度地強大起來，增加定力，不做外物的奴僕，要做自己的主人。從詩詞分析，蘇軾修煉已經到位，自我認為「八風吹不動」，但實際還有很大差距，禪師一句負面的評價，就坐不住了，直奔過江去論理，哪裏談得上「端坐紫金蓮」。這說明修身和修煉是一個艱難的過程，不可能一蹴而就，必定會遇到種種身心障礙。老子之倫理，與佛教的八風不動，有着異曲同工之妙，都是希望人們通過修身，臻於八風不動的人生境界。面對外界金錢、美色、財物等種種情境的誘惑，以及內在的眼、耳、鼻、舌、身、意等欲望，都能寂靜不動，無所繫縛，自在無礙，始終保持嬰兒狀態，堅守虛靜心靈，以柔弱不爭的立場加以對待。用佛家言語，無論稱讚還是毀謗，當以「念之即覺，覺之即無」應對，皆隨他去，隨他去即無，都一笑了之，好似過眼煙雲。生命的意義在於超越自我，而生命的價值在於經歷大風大浪時把內心錘煉得無比堅強。

老子之嬰兒：返璞歸真

按照現代認知隱喻理論，《老子》一書眾多的比喻亦稱隱喻。認知隱喻理論認為，在日常生活中，隱喻無處不在，人們往往參照熟知的有形的具體的概念，形成一個不同概念之間相互關聯的認知方式。所謂隱喻，是指從一個比較熟悉又易於理解的源域映射到不熟悉又難於理解的目標域，在源域和目標域之間建立一系列本體或認識上的對應關係，從而激活大腦中理解目標域所需要的認知圖式。隱喻可分為結構隱喻、方位隱喻和本體隱喻等不同形式。《老子》應用最多的比喻是本體隱喻，即將抽象的模糊的思想、情感和心理活動等無形的概念看作具體的有形的實體，甚至是人體本身。《老子》隱喻的目標域是「道」，源域則主要集中在水、女性和嬰兒。以水喻道，揭示了老子對萬物本原的形象追索和自然取向的哲學思想；以女性喻道，反映了老子對母系氏族社會的深情追憶和自然無為的處世哲學；以嬰兒喻道，表達了老子對生命原初狀態的確切體驗和返璞歸真的人生哲學。《老子》三個隱喻的源域都來自於最基本的生活經驗和對自然及社會現象的觀察，和目標域之間具有很強的相似性，為我們理解老子之道起到了化無形為有形、化抽象為具體的映射作用。

相對水和女性而言，《老子》較少地運用嬰兒這一意象。這並不表明老子厚此薄彼，比較喜歡水和女性的意象。某種意義上説，老子可能更喜歡嬰兒意象，因為嬰兒是三個意象中最具體可感的生命形式，也是老子唯一體驗過的生命形式。在《老子》一書中，嬰兒一詞出現過三次，即第十章「載營魄抱一，能無離乎？專氣致柔，能嬰兒乎？滌除玄覽，能無疵乎」；第二十章「眾人熙熙，如享太牢，如春登台。我獨泊兮其未兆，如嬰兒之未孩。儽儽兮若無所歸」；第二十八章「知其雄，守其雌，為天下谿。為天下谿，常德不離，復歸於嬰兒」。與此同時，還出現過「孩」和「赤子」各一次，第四十九章「聖人在天下，歙歙焉，為天下渾其心。百姓皆注其耳目，聖人皆孩之」；第五十五章「含德之厚，比於赤子」。在古漢語中，赤子、嬰兒、孩三個詞雖然都有未脱離繈褓之意，卻有着明顯的區別，是指代着不同年齡段的兒童時期。這種區別在於本能與理智誰佔主導，赤子是指剛剛出生的嬰兒，因還未長眉髮，身體呈赤色，故稱赤子，完全依賴本能行事；嬰兒一般指出生到能獨立行走、能言語的階段，已經顯現理智，但主要依賴本能行事；孩是指尚未進入青春期的兒童，他們的行為已相當理性，但本能仍然有着重要作用。《老子》一書無論運用嬰兒一詞，還是運用孩、赤子等詞，其本質都是反映老子的「復歸」意識，呼喚着人們返璞歸真，恢復嬰兒本性，重拾人生旨趣。

人類文明的進步，既是一個人的自我意識覺醒和主體性不斷高揚的過程，又是一個人與自然、主體與客體、精神與物質、自我與非我二律背反不斷加劇的過程。老子意識到了這種對立，他提出了嬰兒主題，希望回歸到生命的原初狀態。有趣的是，老子遙遠的嬰兒主題，不斷得到了歷史的回應。明代思想家李贄著有《童心説》，反對封建禮教對人性的矯飾與扼殺，主張恢復自然人性，「夫童心者，真心也」；「絕假純真，最初一念之本心也」。[1] 李贄把童心貫穿於藝術創作，認為「天下之至文，未有不出於童心焉者也」；落實到

1　李贄：《焚書》，嶽麓書社一九九〇年版，第九十七至九十九頁。

審美情趣，認為「蓋聲色之來，發於情性，由乎自然，是可以牽合矯強而致乎」，「惟矯強乃失之，故以自然為美耳」。[1]即使在西方社會，老子的嬰兒主題也得到了重視，尤其是西方文明進入科學和工業化時代，人變成了世界主體，從而改變了人的本質存在，思維往往只指向外部世界而不返回和觀照自身。人在憑藉科學技術改造世界和實現意志的同時，似乎抽掉了人賴以安身立命的生存和精神根基。人類似乎變成了「無家可歸」的精神浪子。正是在這樣的困境下，十九世紀德國浪漫主義先驅荷爾德林創作了名為《返回家鄉》的詩歌，提出了「返鄉」主題；[2]英國詩人華茲華斯寫下了「嬰兒乃成人之父」的詩句，提出了「復歸童年」主題。[3]他們認為，只有恢復童年的本性和退回到寧靜質樸的自然家園，人類才能走出二律背反的困境，建立與自然的和諧關係，療治心靈的創傷。二十世紀走得更遠，復歸還原成為西方文化思潮的重要特徵，集中表現為現象學和存在主義。法國薩特自傳體的懺悔錄《詞語》，通過追憶童年來剖析自己成年後所思所想、所作所為的根源。德國海德格爾提出了「存在」概念，在哲學上進行了徹底的復歸。他認為只有從「存在」這個本原出發，才能真正把握人的本質。在他看來，歐洲兩千多年形而上學的哲學傳統誤導了科學技術，使科學技術成為人類的異己力量，因而要返本歸源，解構經驗和歷史的形而上學，回到蘇格拉底之前的哲學原始追問，讓人在詩意地棲居的大地上顯現「存在」。順便說一下，海德格爾對老子思想很感興趣，曾經參與翻譯《老子》。海德格爾的「存在」與老子的「嬰兒」或許是心有靈犀一點通。

在老子的理想化生命建構中，「復歸於嬰兒」，不僅僅是個體精神的復歸，而且是群體社會的復歸。春

1 李贄：《焚書》，嶽麓書社一九九〇年版，第一百三十二頁。
2 劉皓明：《荷爾德林後期詩歌評注》（上），華東師範大學出版社二〇〇九年版，第二百零八頁。
3 王佑良：《英國浪漫主義詩歌史》，人民文學出版社一九九一年版，第五十一頁。

秋時期是一個政治大亂之世，王室衰微、王綱不振，貴族沒落、制度崩潰，禮樂征伐不是由天子出，也不是由諸侯出，而大多出自大夫之手，這既使個體精神無比痛苦，也使群體社會水深火熱。因此，老子在構築個體精神家園的同時，沒有忘記構築群體社會的理想之國。他提出了一個重要思想範疇，這就是小國寡民。從小從寡，我們可以看出老子的理想之國帶有明顯的嬰兒特色。他說：「小國寡民，使有什伯之器而不用，使民重死而不遠徙。雖有舟輿，無所乘之；雖有甲兵，無所陳之；使人復結繩而用之。甘其食，美其服，安其居，樂其俗。鄰國相望，雞犬之聲相聞，民至老死不相往來。」《文子》注云，什伯之器為兵器；結繩為上古無文字，結繩以記事。老子心目中的理想之國多麼地美好：國家很小、居民很少，自給自足、無憂無慮，政治上「無為而治」，文化上「復結繩而用之」，人民安居樂業，天下一片清靜。儘管後世有人批評小國寡民是復古守舊，但是，「甘其食，美其服，安其居，樂其俗」，這不正是古今政治家和賢明君王治國安邦追求的理想圖景嗎?!這實質是老子生存經驗之總結昇華，反映老子對氏族社會尤其是母系社會的真誠憧憬。更重要的是，老子政治上的小國寡民與個體生命的「復歸於嬰兒」，在邏輯上是嚴謹的，在內容上是統一的，這就是返璞歸真，回歸人的自然本性和嬰兒狀態。

老子之所以喜歡嬰兒，是因為嬰兒具有旺盛的生命力。誰能不喜歡陽光明媚、萬象更新、生機勃發的春天呢？喜歡嬰兒，就是喜歡春天、喜歡生命。年有春夏秋冬，人有生老病死，生命是有限的，這是無法抗拒的自然規律。然而，嬰兒卻可以聯結生命的有限與無限，有限的個體生命可以通過嬰兒，實現人類生命的無限，因而嬰兒是生命的源泉和生命永恆的象徵。人的生命分為童年、少年、青年、中年、老年等不同階段，無論哪一個階段，嬰兒都是人生的起始，是生命自身之根，有着無限發展的潛力和可能。對於成長壯大的個體生命而言，嬰兒相當於道之於物、母之於子的關係。老子認為，道生萬物，母育子女，因而嬰兒是道的化身和母之象徵，是道和母在生命中的展現。常識告訴我們，嬰兒是生命最為柔弱的時期，壯年是生命最為強盛的時期。但是，常識是表象，屬於形而下範疇，常識不是本質，不等於真理。老子認為，盛極而衰是事物發展的規律，生命強壯的背後是衰老，衰老則是死亡的先兆。「物壯則老，是謂不道，不道早已。」意思是，事物過度強盛就會衰老，這是因為不合於道，不合於道就會快速死亡。壯年攜帶和包含的是衰老而萎縮的生命力，嬰兒蘊含和包藏的是強大而旺盛的生命力。這就是老子為什麼不言復歸於壯年，而言復歸於嬰兒的重要原因。在老子看來，嬰兒的生命力首先表現在不怕惡物的傷害，「蜂蠆虺蛇不螫，猛獸不據，攫鳥不搏」。蠆為蠍類爬蟲；虺為一種毒蛇。意思是，蜂蠍毒蛇不會叮咬嬰兒，猛禽猛獸不會搏擊嬰兒。這段話只能意會，不能坐實，只能從內容上體會，不能從字面上給予理解。僅從字面上理解，會感到不可思議，不符合常識。這段話的真實含義是，嬰兒無知無欲，在毒蛇、鷙鳥、猛虎面前不知道「怕」，他的生命就會憂患不能入，邪氣不能襲，不會被生命之外的不利因素所傷害。嬰兒的生命力表現在柔弱中有剛強，即「骨弱筋柔而握固」。這大概是人生經驗的直接感受，任何一個赤裸裸來到人間的新生兒，雖然筋骨顯得柔弱，但都把拳頭握得很緊。嬰兒的生命力還表現在精氣充沛、和氣純厚，「未知牝牡之合而全作，精之至也。終日號而不嗄，和之至也」。意思是，嬰兒不知道男女之事，男性性徵卻很有力量，這是因為元氣精純之至的緣故。嬰兒整天號哭而嗓子不會嘶啞，這是因為元氣柔和之至的緣故。「精之至」，形容精神充實飽滿的狀態；「和之至」，形容心靈澄明和諧的狀態。因此，老子強調：「知和曰常，知常曰明，益生曰祥，心使氣曰強。」益生是指縱欲貪生；祥是不祥、妖祥。這是告訴人們，應知道嬰兒生命力旺盛的原因是純真素樸和柔弱無爭，否則，貪生縱欲就會有災殃，放任心氣發泄就是逞強的表現，進而會對生命力造成傷害。

老子之所以喜歡嬰兒，是因為嬰兒純真、純淨、淳樸。人是自然人與社會人的統一體。自然人是社會人的物質基礎，社會人是自然人在社會領域逐步成長和展開，讓生命充滿無限豐富的精神色彩。在老子那裏，自然本真是生命的最高境界，即「人法地，地法天，天法道，道法自然」。嬰兒是人的生命中最自然本真的階段，像一塊沒有雕琢的璞玉，渾厚淳樸、平和寧靜。但是，生命不可能停留在嬰兒階段，而是沿着從生到死的軌跡前行，從而使自然人不斷社會化，在與自然、社會和他人相互聯繫交流中不斷豐富人的社會化內容。人在社會化過程中豐富了心理活動，產生了思想和情感。思想有正確謬誤之分，情感有喜怒哀樂之別，這容易使社會人與嬰兒狀態漸行漸遠，失去自然本性，進而導致人與人、人與自然之間的衝突和緊張。從自然人轉變為社會人，正如一張白紙，塗抹上了許多色彩，白紙的色彩倒是豐富了，但底色卻被遮掩了。在老子看來，白紙上最主要的色彩無外乎名和利兩個方面。老子認為，名和利都有可能損害人的天性，玷污人的品格。如果不能控制人的名利欲求，那麼，就會為名為利、爭名奪利，拚得你死我活，以致兩敗俱傷。老子對此深為憂慮，一方面，對統治者發聲，要求他們無為而治，不要讓社會人過分地迷失本性。老子從天道自然無為的原則出發，反對禮義、法令等一切有為的政治和價值。在老子看來，禮義、法令不僅不能救治當時「禮崩樂壞」的社會，而且本身就是造成社會動亂的根源，「法令滋彰，盜賊多有」；「夫禮者，忠信之薄而亂之首」。老子辯證地分析禮義、法令的反面意義，「大道廢，有仁義；慧智出，有大偽；六親不和，有孝慈；國家昏亂，有忠臣」。於是，老子告誡前來問禮的孔子：「子所言者，其人與骨皆已朽矣，獨其言在耳。」意思是，你所鑽研的多數是古人的東西。可是，古人已經死了，連骨頭都爛了，不過剩下那麼幾句關於禮義和禮制的言論，你不要看得太重。老子還告誡統治者：「不尚賢，使民不爭；不貴難得之貨，使民不為盜；不見可欲，使民心不亂。」意思是，不要崇尚賢人，使民眾不起紛爭；不要珍視難得的寶物，使民眾不起偷盜之心；不要顯現能引起私欲的事物，使民眾心緒安寧。老子甚至不惜走極端，告誡統治者：「絕聖棄智，民利百倍；絕仁棄義，民復孝慈；絕巧棄利，盜賊無有。」另一方面，老子對個體生命喊話，要求社會人復歸於嬰兒，保持純真、純淨、淳樸的本性。在老子看來，各種欲望都是人遠離嬰兒本性後產生的，反過來成為統治人的力量，使人沉溺於無限的物欲之中難以自拔，即「五色令人目盲，五音令人耳聾，五味令人口爽，馳騁畋獵令人心發狂，難得之貨令人行妨」。在古代，五色是指青、黃、赤、白、黑；五音是指宮、商、角、徵、羽；五味是指酸、苦、甘、辛、鹹。王弼注云：「夫耳、目、口、心，皆順其性也。不以順性命，反以傷自然，故曰聾、盲、爽、狂也。」老子比較自己與眾人對待欲望的不同態度，要求人們像他一樣，即「如嬰兒之未孩」，無知無欲，保持自然本性。「眾人熙熙，如享太牢，如春登台。我獨泊兮其未兆，如嬰兒之未孩。儽儽兮若無所歸。眾人皆有餘，而我獨若遺」，「眾人皆有以，而我獨頑似鄙。我獨異於人，而貴食母」。意思是，眾人對欲望都興高采烈，就像要參加盛大宴席，又如春日登台心曠神怡。我卻獨自淡泊寧靜，沒有形跡，就像不知嬉笑的嬰兒。落落不群，就像無家可歸。眾人都感到滿足，我卻一無所有。眾人都各有所用，我獨顯得無知無能。我是這樣的與眾不同，是因為我在尋求道的滋養。

老子之所以喜歡嬰兒，是因為嬰兒柔弱、柔和、柔韌。柔弱是老子經常運用的一個形容詞。老子十分看重柔弱這一現象，重視柔弱在自然界和人世間的作用。他說：「見小曰明，守柔曰強。」意思是，能夠洞察深微細小的叫明白，能夠保持柔弱的叫堅強。他又說：「反者，道之動；弱者，道之用。天下萬物生於有，有生於無。」意指柔弱、對立統一是萬物生長運行的動力。老子認為，自然界中最柔弱的物質是水，人的生命中最柔弱就是嬰兒。老子從本體論研究柔弱，認為柔弱是有生命力的表現。嬰兒剛出生時，手臂粉嫩、小腿柔軟，看起來柔弱無比，卻能一天天地茁壯成長。「人之生也柔弱，其死也堅強。草木之生也柔脆，其死也枯槁。故堅強者死之徒，柔弱者生之徒。」所以說堅強的屬於沒有生命力的一類，柔弱的屬於有生命力的一類。老子辯證分析柔弱，認為柔弱勝剛強。這是老子重要的人生哲學，要求人們不要自逞剛強、自遺其咎、自招毀滅。「天下之至柔，馳騁天下之至堅，無有入無間，吾是以知無為之有益。」意思是，天下最柔弱的東西，縱橫出入天下最堅硬的東西。無形的力量穿透沒有間隙的東西，我因此知道無為是有益的。老子還以水為例，闡述柔弱的意義，「天下莫柔弱於水，而攻堅強者莫之能勝，以其無以易之。弱之勝強，柔之勝剛」。柔弱勝剛強不一定符合人們的常識，但就對立面運動轉化而言，柔弱的潛力應大於剛強，則是毫無疑義的。老子從人生哲學看待柔弱，認為柔弱是修身的重要環節。「載營魄抱一，能無離乎？專氣致柔，能嬰兒乎？滌除玄覽，能無疵乎？」意思是，精神與身體合一，能夠不分離嗎？結聚精氣而達至柔弱，能純真像嬰兒那樣嗎？清除內心污垢，使之清澈如鏡，能做到沒有瑕疵嗎？在這裏，老子雖然把柔弱作為修身的一個環節，實質上卻是用嬰兒的意象比喻修身的不同階段，先是魂魄合一的狀態，恰似嬰兒處在混沌狀態，沒有把自己與環境區別開來；次是化剛強為柔弱，就像嬰兒那樣柔弱和沒有雜念；後是內心澄明如鏡，沒有一點污垢，恰似嬰兒的本性自然、天真無瑕。

「花有重開日，人無再少年。」老子希望人們復歸於嬰兒，這在生理上是不可能的。個體生命在時間上的單向性，決定了生命之路只能向前進，不能往回走，這是不可抗拒的自然規律，也是生命的悲劇。但是，人不僅有生理生命，而且有精神生命。人之所以能從自然界脫離出來，是因為人有心靈和情感；之所以能從動物界分離開來，是因為人有精神和文明。生理生命只能有限，精神生命卻能永恆，因而人在精神上是能夠返璞歸真，復歸於嬰兒的。這就要求人們在生命的任何階段都要保持嬰兒的本真。雖然生命的成長是一個遠離嬰兒狀態的過程，但精神上卻可以不脫離嬰兒本性，那就是堅持做到對人真誠，對事業赤誠，以負責任的態度為人處世，回報社會和家庭。保持嬰兒的純淨。雖然在生命過程中會不斷碰到名利的誘惑和欲望的陷阱，但精神上卻能堅守嬰兒的純淨，少私寡欲、清廉自恃、守身如玉，不為名利所累，不為物欲所困，塑造完美的道德品格，強化人格的力量。保持嬰兒的柔弱。雖然生命是從弱到強、從小到大，但精神上卻能追憶留存嬰兒的柔弱品格，做人不張揚，做事不高調，虛心向他人學習，在學習中增強能力，提升品質。為人要謙遜寬厚，不爭權力、不爭地位、不爭功名、不爭利益，始終堅守平常心和平和心態。人如果能在精神上復歸於嬰兒，那就有可能實現生命的超越，即個體生命雖然會消亡，但個體生命建立的事業、提出的思想、創造的作品不會隨之消亡，有的甚至會流芳百世。所以，還是老子智慧，他說：「死而不亡者壽。」

老子之聖人：智慧化身

聖人，是中國傳統文化的一個重要概念，也是傳統社會崇拜的理想人格。依據於《周易》研究，聖人概念應形成於春秋戰國時期。《周易》由《易經》和《易傳》兩部分組成，是中國古代描述宇宙萬事萬物變化的典籍，其基本原理是「易有太極，是生兩儀，兩儀生四象，四象生八卦」。兩儀為陰、陽，四象為少陽、太陽、少陰、太陰，八卦為乾、坤、震、巽、坎、離、艮、兑，由八卦演繹成六十四卦和天下萬象。比較而言，《易經》比《易傳》更為古老，《易傳》比《易經》更重視聖人，《易經》是古代先民占卜之書，《易傳》是對《易經》的哲學解釋。《易經》被譽為「群經之首，大道之源」，是春秋戰國時期諸子百家的源頭活水，相傳由伏羲創立，經周文王演繹，成書於殷末周初。《易經》有君子的概念，出現了二十次，但沒有聖人概念。《易傳》由「孔子讀易，韋編三絕，而為之傳」，是儒家最基本的典籍，成書於春秋戰國之際。《易傳》既有君子概念，出現了九十餘次，又有聖人概念，出現了三十七次。由此可見，聖人概念有一個發展過程，春秋戰國之前並不普及，只是在諸子百家爭鳴過程中被廣泛地使用，逐步形成了傳統文化的「聖人崇拜」現象。

中國哲學一向不是為了知識而求知識，而是為了做人而探尋做人的道理。孔子思想本身就是倫理道德學說，即使像老子哲學那樣玄妙神思，深究起來，其本意仍在於人生，為了求得一個理想人格。孔子和老子都尊崇聖人人格，但表現形式卻大相徑庭。孔子是面熱心冷，他憧憬聖人是毫無疑問的，但很少談及聖人，更沒有直言聖人的具體品格。《論語》一書「聖人」、「聖者」、「聖」的概念僅出現過六次，更多的是使用「君子」一詞，達到一百餘次。因此，與其說聖人是孔子的理想人格，倒不如說君子是孔子的理想人格。在孔子那裏，聖人是一個集中了各種倫理道德標準的理想人物，是社會倫理道德的最高境界，人們可以效仿，但很難做到，「何事於仁！必也聖乎！堯舜其猶病諸！」意思是，即使像堯舜那樣，也沒有達到聖人的要求。於是，孔子提出君子人格，認為君子是既理想又現實的人格。老子是面冷心熱。某種意義上說，老子對聖的含義是反感的，「絕聖棄智，民利百倍；絕仁棄義，民復孝慈；絕巧棄利，盜賊無有。此三者，以為文不足，故令有所屬，見素抱樸，少私寡欲。絕學無憂」。拋棄所謂的學問，就能無憂無慮。但是，老子又是絕對尊崇聖人的，據任繼愈先生《老子新譯》索引條目統計，直接論及「聖人」的章節達二十六章三十一處，佔全書的三分之一強。老子的面冷心熱，實質是對待「聖」字理解的差別。老子冷對的是聰明意義上的「聖」字，熱心的是作為智慧意義的「聖」字。

比較孔子與老子理想人格的差異，是一件很有意義的事情。孔子的理想人格是君子，老子的理想人格是聖人，兩者差異既有形式又有內容。首先，兩者的思想基礎不同。孔子思想體系的核心概念是「仁」，君子不過是仁的人格載體，老子思想體系的核心概念是「道」，聖人不過是道的人格載體。君子這一既理想又現實的人格，反映了孔子積極入世的人生態度；聖人這一形而上的理想人格，反映了老子對終極意義上的人生價值的探索和反思。而且，孔子與老子對待仁的態度相距甚大，以至反之。孔子推崇仁、讚美仁，認為「志士仁人，無求生以害仁，有殺身以成仁」。而老子卻反對仁、貶低仁，「故失道而後德，失德而後仁，失仁而後義，失義而後禮。夫禮者，忠信之薄而亂之首」。當然，老子的否定是辯證的否定，「大道廢，有仁義；

慧智出，有大偽；六親不和，有孝慈；國家昏亂，有忠臣」。老子突出事物的辯證關係，揭示了「仁義」、「慧智」、「孝慈」、「忠臣」的反面意義。同時，兩者的辯證思維不同。孔子的思想體系缺乏辯證法，這是毫無疑問的。但是，孔子的君子人格卻充滿着辯證因素，它有對立面，那就是小人，《論語》一書大多把君子與小人相提並論。老子是辯證法大師，他都是從正反兩個方面提出問題並論證觀點。但是，老子的聖人卻沒有反義詞，更沒有對立的概念和形象。此外，兩者的具體形象不同，《論語》一書多次提到具體的君子或聖人形象，譬如堯、舜、周公等歷史人物，而《老子》一書沒有一處提到過具體的聖人形象。更重要的是，孔子的君子是單一取向的人格，從本質上說只是一個道德人格，而老子的聖人卻是多元的立體的人格，既是智慧的化身，又是政治的偶像，還是道德的人格。

老子之聖人，首先是哲學家，這是有智慧的表現。所謂智慧，是人類基於神經器官的一種高級綜合能力。智慧與知識不是同一序列的概念，也不是正相關關係。有智慧的人未必就是知識多的人，知識多的人未必就是智慧高的人。智慧不在於擁有多少知識，而在於能夠洞察自然界、人類社會和個體生命的規律和終極目標。老子十分睿智地看到知識與智慧的差異，他說：「為學日益，為道日損。」在老子看來，獲取知識與獲取智慧的途徑是不同的，知識可以通過學習逐步積累，不斷增加，日漸豐富；智慧只能通過拋棄成見，祛除心靈魔障，超越於耳聞目見，以直觀內省的方式去體悟。老子認為，成見拋棄得越乾淨，心魔祛除得越徹底，才能獲取更多的智慧，即「損之又損，以至於無為。無為而無不為」。

與道同一，是老子之聖人的基本特徵。老子之聖人形象是以道的標準來設計的，聖人承載着道的全部信息。在老子看來，聖人與道是同一的，《老子》一書多次將聖人與天地並稱。第五章說：「天地不仁，以萬物為芻狗；聖人不仁，以百姓為芻狗。」不仁是指無所偏愛、公正無私的運行法則，強調道的自然屬性，沒有人格化特徵和色彩，因而不是相對於儒家的「仁」而言的。這段話把天地和聖人都看成是道的體現者，大意是，天地對待萬物沒有私愛，同等地聽任萬物由於季節環境等條件變化而生長死亡；聖人對於百姓沒有私愛，任憑百姓由於年齡體質和生活順逆等條件變化而生長死亡。第七十七章指出天之道與人之道的差異，天之道是「損有餘而補不足」，當時社會的人之道是逆天行事，只有利於富者而有損於貧者。「天之道，其猶張弓與！高者抑之，下者舉之；有餘者損之，不足者補之。天之道，損有餘而補不足。人之道則不然，損不足以奉有餘。孰能有餘以奉天下？唯有道者。是以聖人為而不恃，功成而不處，其不欲見賢。」老子認為，只有聖人才能效法並順應天之道。最後一章是「信言不美，美言不信。善者不辯，辯者不善。知者不博，博者不知。聖人不積，既以為人，己愈有；既以與人，己愈多。故天之道，利而不害；聖人之道，為而不爭」。這段話不僅辯證地指出信與美、善與辯、知與博的關係，而且肯定了聖人「不積」和「不爭」的美德。「聖人不積，既以為人，己愈有；既以與人，己愈多。」意思是，聖人不聚積財物，施利於別人，自己卻更富有；給予別人，自己卻更豐富。這是一種多麼偉大高貴的品格。更重要的是，《老子》一書最後一句話直接把天與聖人、天之道與聖人之道等同起來，這說明老子創建聖人這一理想人格，其終極目標是要使人的生命本性順乎道之本性，從而達到與道合一的最高境界。老子哲學的最高範疇是道。老子之道是形而上的抽象，而不是一種具體的物件，人的感官無法直接察覺，即如老子自己所說的恍兮惚兮，「道之為物，惟恍惟惚。惚兮恍兮，其中有象；恍兮惚兮，其中有物。窈兮冥兮，其中有精；其精甚真，其中有信。自古及今，其名不去，以閱眾甫。吾何以知眾甫之狀哉？以此」。老子之聖人作為道的化身，也是恍兮惚兮，「古之善為士者，微妙玄通，深不可識。夫唯不可識，故強為之容：豫兮，若冬涉川；猶兮，若畏四鄰；儼兮，其若客；渙兮，若冰之將釋；敦兮，其若樸；曠兮，其若谷；混兮，其若濁」。善為士者即得道之士，可與聖人同義。意思是，古代之聖人，幽微精妙深奧通達，深邃得難以認識。正因為他難以認識，只能勉強加以描述：遲疑不決啊，就像寒冬赤腳蹚河；心懷畏懼啊，如同強敵在四鄰；恭敬嚴肅啊，仿佛出外去做客；順應潮流啊，恰似春來冰融釋；敦厚誠實啊，就像樸材未經雕琢；襟懷寬闊啊，就像空曠的山谷；渾厚含蓄啊，就像濁流盈江河。這是老子唯一的一次為他心目中的聖人畫像。和老子之道一樣，聖人玄祕莫測，常人難以企及，具有抽象性和理想化、神祕化色彩。

悟道同在，是老子之聖人的重要特徵。雖然某種意義上可以說，聖人與道是同一的，但是，聖人與道畢竟是兩個不同的範疇。人從自然界分離出來後，就產生了主體與客體、精神與物質的區隔。主體和精神可以無限地趨近客體和物質，卻不能做到完全的同一，這是人的局限，也是人不可抗拒的宿命。在老子看來，道是世界本體、萬物之源，具有根本性和原初性，即「道生一，一生二，二生三，三生萬物。萬物負陰而抱陽，沖氣以為和」。老子認為，道看似空虛無形、幽隱難見，卻是天地萬物的本原，天地萬物由道化生，受道支配。人與道的關係，也就是萬物與道的關係。在人與道的關係鏈條中有着很長的距離，間隔着天與地等更重要的環節，「故道大，天大，地大，王亦大。域中有四大，而王居其一焉。人法地，地法天，天法道，道法自然」。王弼注「王」為人，即「天地之性，人為貴，而王是人之主也」，有的版本改「王」為「人」；王弼對「法」注云：「法，謂法則也。人不違地，乃得全安，法地也。地不違天，乃得全載，法天也。天不違道，乃得全覆，法道也。道不違自然，乃得其性，法自然也。」由此可見，人對道之本性的認識和把握不是直接的，而是間接的，需要一系列中介環節。只有中介環節通達順暢，才能真正認識和把握道之本性。當然，人與道的關係並不在於聯繫鏈條的長短，而在於人與人的差別，這種差別的關鍵是能否識道、悟道、用道。那些能夠識道、悟道、用道的人，就是聖人。思想是行動的先導，認識是實踐的前提。在老子看來，聖人之所以能夠成為聖人，是因為他具有高超的認知能力和悟道能力。老子把道規定為認識的最高對象，能夠認識和把握道之本性的，只有聖人。聖人是能夠真正認識和把握道的唯一主體，一般人是不可能認識和把握道之本性。老子把一般人甚至包括有品行、有知識的人，對待道的態度區分為三種情況，即「上士聞道，勤而行之；中士聞道，若存若亡；下士聞道，大笑之」。老子並不否定下士的譏笑，反而認為下士的譏笑襯托着道的高遠深奧，「不笑不足以為道」。意思是，不被人笑話就不足以稱為道了。老子認為，聖人悟道的方式不是一般人的認知方式，而是「不出戶，知天下；不窺牖，見天道。其出彌遠，其知彌少。是以聖人不行而知，不見而名，不為而成」。意思是，聖人不出門就知道天下事；不看窗外就知道宇宙萬物之道。出門走得越遠，所知道的就越少。所以聖人不用去做就能知道，不用去看就能明了，無所作為就有所成就。這段話似乎與常識不符，因為常識告訴我們，人必須走出門去，到生活和實踐中學習知識、認識事物。但是，常識不是真理，這正如知識不等於智慧一樣。具備常識，享有知識，可能在物質世界中有所幫助，但在精神世界裏，並不一定能洞見自然、社會和人生的真諦。老子倡導的是一種統而觀之、融會貫通的認識能力，「致虛極，守靜篤」，就是不受外界任何干擾，保持心靈的空寂和寧靜，才能真正認識道之本性和規律。這是一種內在直觀自省的方式，它追求的不是知識的增長，而是精神的覺悟，不是博學的境界，而是悟道的人生。只有這種認知方式，才能認識道、體悟道、把握道。

用道同行，是老子之聖人的主要特徵。儘管《老子》一書描述的聖人形象是恍兮惚兮、深不可識，但是，聖人寄託着老子全部的哲學思辨和理性抽象。老子之聖人不僅是最深刻的悟道者，而且是最真誠的用道者，「孔德之容，惟道是從」。意思是，聖人的行為，只有遵循道之本性和規律。那麼，聖人怎樣用道呢？人生的需求是多方面的，甚至有更多的欲望，古詩云：「生年不滿百，常懷千歲憂。」無論是人生的需求，還是人生的欲望，無論是長命百歲，還是千年憂慮，歸根結底只有內外兩方面的內容，這就是「內聖外王」。內聖外王是莊子首創，《莊子．天下》曰：「是故內聖外王之道，闇而不明，鬱而不發，天下之人，各為其所欲焉，以自為方。」後世雖然認為這是儒家的主要思想，卻滲透着道家和儒家的共同人生理想。老子的聖人、孔子的君子，都附注老子和孔子的人生思考和政治理想。內聖是人生思考，外王是政治理想。《老子》一書用「一」字概述了聖人內聖外王的用道途徑。「一」是老子思想很重要的一個概念，經常指稱作為萬物統一根源的道。在內聖方面，第二十二章作了全面闡述，強調了「是以聖人抱一為天下式」，意思是，聖人堅守道之本性，作為天下的範式。在這一章裏，老子首先從六個方面闡明事物相互轉化的道理，充滿了辯證法，即「曲則全，枉則直，窪則盈，敝則新，少則得，多則惑」。繼之論述了柔弱、謙虛、退讓的內聖主張，「不自見故明，不自是故彰，不自伐故有功，不自矜故長。夫唯不爭，故天下莫能與之爭」。意思是，聖人不自我表現，所以是非分明；不自以為是，所以聲名昭彰；不自我誇耀，所以能建立功勳；不自高自大，所以能領導人。正因為聖人不與人爭，所以天下沒有人能和他競爭。最後又強調「曲則全」事例，證明聖人守道不爭而「天下莫能與之爭」的道理，「古之所謂曲則全者，豈虛言哉！誠全而歸之」。在外王方面，第三十九章有着全面闡述，強調「侯王得一以為天下貞」，意思是，侯王能夠悟道用道，就可以成為天下的君王和準則。在這一章裏，老子首先說明道的作用，它是萬物存在的依據，是天地、神明、溪谷乃至侯王賴以保全的依據，即「昔之得一者，天得一以清，地得一以寧，神得一以靈，谷得一以盈，萬物得一以生，侯王得一以為天下貞」。繼之提出告誡，論述物極必反、盛極而衰的道理，「其致之，天無以清將恐裂，地無以寧將恐發，神無以靈將恐歇，谷無以盈將恐竭，萬物無以生將恐滅，侯王無以為貞將恐蹶」。意思是，就極端情況而言，天不能保持清明，難免要崩裂；地不能保持寧靜，難免要震潰；神不能保持靈妙，難免要消失；河谷不能保持充盈，難免要涸竭；萬物不能保持生長，難免要絕滅；侯王不能保持清靜，難免要顛覆。

接着指出聖人外王的途徑，還是要謙虛、處下和樸實，「故貴以賤為本，高以下為基。是以侯王自謂孤、寡、不穀。此非以賤為本邪？非乎？」最後說：「故致數輿無輿。不欲琭琭如玉、珞珞如石。」意思是，追求過多的聲譽就會失去聲譽，所以聖人不願像玉那樣精美，寧可像石頭一樣樸實。

古希臘哲學家亞里士多德指出：「智慧以及運用智慧也可以是自我的一個重要的組成要件，自我在應用和發展智慧的過程中得以表達。因此，智慧不僅是實現其他目的的一條重要途徑，而且本身也是一個重要的目的，是人生及自我的一個內在的組成部分。」[1] 用亞里士多德關於智慧的論斷觀照老子之聖人，給我們最大的啟示是人生需要智慧地生活。所謂智慧生活，首先，要學習智慧，也就是學習哲學。哲學是理論化、系統化的世界觀，依靠理論論證和邏輯分析回答關於自然、社會和人生終極性問題。不同的哲學認知、不同的哲學修養，會產生不同的世界圖景。因此，智慧生活的基礎，就是要通過學習哲學和人生體悟，洞察和把握萬物之本質和運行規律，任何時候任何情況下都能「不以物喜，不以己悲」，始終保持平衡心態和寧靜生活。同時，要踐行智慧。一方面是內聖，用智慧指導修身養性，改造主觀世界。要培育無私之心，保有寡欲之態，對待物質，溫飽滿足之後，不再過分追求物質享受和樂趣；對待物質與精神的關係，溫飽滿足之後，着力追求精神的富有和充溢，讓精神成為生活的主要樂趣。另一方面是外王，用智慧來指導工作實踐，改造客觀世界。要把握事物本質，順應自身規律，在客體的發展變化過程中，不是不要作為，而是不要妄為和亂作為；在主體與客體互動中，主體第一位的任務不是改造客體，而是適應客體，然後在客體的發展變化中留下主體的印跡，從而像老子之聖人那樣，「無為而無不為」。

1 〔美〕羅伯特．諾齊克：《經過省察的人生：哲學沉思錄》，商務印書館二〇〇七年版，第二百七十六頁。

老子之聖人：治國楷模

聖，《說文》認為：「通也，從耳呈聲。」意思是，聖即通曉事理，耳朵聽明白了，口頭能夠表達出來。詞典解釋，聖人是「舊時品德最高尚、智慧最高超的人物」。顧頡剛認為，聖的觀念和字義有一個演變過程。從語源學分析，聖最初的意義非常簡單，只是聰明人的意思，聖人也只是對聰明人的一個普遍稱呼，沒有什麼玄妙的深意，也沒有崇高的含義。[1]聖和聖人所具有的各種崇高和神祕的意義，完全是後人一次又一次地根據時代的需要加上去的。春秋戰國是聖人概念發生重大變化的時期。當時，天下大亂，「社稷無常奉，君臣無常位」，「弒君三十六，亡國五十二，諸侯奔走，不得保其社稷者，不可勝數」。面對如此亂局，人們普遍希望出現一個偉大人物來收拾亂局，確保社會安定和寧靜。於是，人們對這一偉大人物的期許和想像，經由諸子百家提煉昇華，逐步內聚於聖人這一概念。聖人由此變得高大而神祕，聖人崇拜成為普遍現象。由此可見，聖人概念的變革，聖人崇拜的產生，首先是政治的需要，為了治國平天下。老子思想玄而又玄，也不可能脫離時代背景，不可能不關心政治。某種意義上說，老子思想的實質是政治而非哲學，老子學說是服務於君王的統治。漢初學者通過比較研究諸子百家學說，認為道家理論是最有價值的政治學說，實質就是

1　胡曉明、傅傑主編：《釋中國》，上海文藝出版社一九八八年版，第七百一十三頁。

「君人南面之術」，即帝王統治術。

所謂南面之術，涉及古代的房屋建築和風水理論。我們祖先建造房屋，無論是統治者的宮殿還是老百姓的住宅，都是坐北朝南，認為風水好，冬天可以避寒，夏天可以迎風。由於房屋的朝向，尊長大半坐在正中，面向南方，卑弱自然面向北方，由此形成了「南面」與「北面」的名稱，逐步演變成人君的南面之術，即指統治者如何駕馭群臣、管理百姓的辦法和權術。研究分析諸子百家的政治學說，雖然思想觀點和學派內容差異很大，但期待出現一個聖人來結束春秋亂局，實現大一統，則是一致的要求；雖然關於聖人的觀念和內涵差異很大，但聖人必須掌握南面之術，具備治國平天下的能力，則是一致的要求。

管子是儒、道兩家都尊崇的歷史人物。《管子．正世》篇指出：「聖人者，明於治亂之道，習於人事之始終者也。其治人民也，期於利民而止。故其位齊也，不慕古，不留今，與時變，與俗化。」意思是，聖人是懂得治亂規律、熟悉人事始終的人。他的治理，只求有利於老百姓。他的政策不迷信古代，也不拘泥於現實，而是因時勢和風俗的變化而變化。

墨子是墨家學派的創始人。《墨子．兼愛上》指出：「聖人以治天下為事者也，必知亂之所自起，焉能治之；不知亂之所自起，則不能治。譬之如醫之攻人之疾者然，必知疾之所自起，焉能攻之；不知疾之所自起，則弗能攻。」這是說聖人的職責是治理好天下，就像醫生治病那樣，必須先知道禍亂從哪裏發生的，才能實行治理；如果不知道禍亂發生的原因，那就治理不好天下。

孟子是儒家學派的亞聖。《孟子．離婁上》指出：「規矩，方員之至也；聖人，人倫之至也。欲為君盡君道，欲為臣盡臣道，二者皆法堯、舜而已矣。」這是說聖人以堯、舜為榜樣，是為君為臣言行的標準。孟子接着指出，聖人的職責是治理百姓，「不以舜之所以事堯事君，不敬其君者也；不以堯之所以治民治民，賊其民者也」。意思是，不用舜侍奉堯的態度來侍奉君主，就是不敬重君主；不用堯治理百姓的方法來治理百姓，就是殘害百姓。

荀子是儒家另一位可以和孟子齊名的代表人物。《荀子．解蔽篇》指出：「聖也者，盡倫者也；王也者，盡制者也；兩盡者，足以為天下極矣。」意思是，聖者通曉萬物的本質和規律，王者徹底推行聖人制定的法則。聖人和君王結合起來，就可以作為天下的師表，達到治理天下的最高境界。荀子還認為：「向是而務，士也；類是而幾，君子也；知之，聖人也。」這是說向着聖者和王者目標努力的，是士人；接近於聖者和王者目標的，是君子；完全懂得怎樣達到聖者和王者目標的，就是聖人。

韓非是法家創始人，他完全從政治的角度描述聖人、議論聖人。《韓非子．奸劫弒臣》篇指出：「聖人者，審於是非之實，察於治亂之情也。故其治國也，正明法，陳嚴刑，將以救群生之亂，去天下之禍，使強不陵弱，眾不暴寡，耆老得遂，幼孤得長，邊境不侵，群臣相親，父子相保，而無死亡係虜之患，此亦功之至厚者也。」這說明韓非心目中的聖人就是一個政治人物，是一位「救群生之亂，去天下之禍」的政治人物。

老子之聖人，目標是政治家，這是統治者的榜樣。老子賦予聖人以哲學、政治和人文內涵，與諸子百家相比，多了一些哲學意蘊和道的色彩，因而既深刻又有韻味。但是，我國古代缺乏純粹的理性思辨學說，無論儒、道，還是墨、法，其學說的旨趣都是以政治為目的，服務於治國平天下的需要，這是先秦思想家們難以擺脱的歷史局限。老子思想以道為肇始和終結，最終還是為了解決社會政治問題；老子之聖人與道同一，最終還是為了治國平天下。從政治角度認識老子之聖人，道仍然是一把可靠的鑰匙。老子之聖人治國的哲學依據是道；道恍惚不定、幽深玄遠，卻是天地萬物運行的準則，更是政治運行的準則。「道法自然」，這使得老子認為建立理想社會秩序，就要順應民心、清靜無為，反對過分干預社會運行和百姓生活。與儒家尊禮、墨家尚賢、法家重刑的政治主張不同，老子提出了「無為而治」的治國理念；與儒家集「仁義禮智信」於一身的聖人不同，老子心目中的聖人是「自然無為」，「道常無為而無不為，侯王若能守之，萬物將自化。化而欲作，吾將鎮之以無名之樸。無名之樸，夫亦將無欲。不欲以靜，天下將自定」。在老子看來，能守道用道的侯王，就是聖人；樸是指自然而沒有人工雕琢的樹木。意思是，道經常不作為，卻又無所不為。侯王如能得到它，萬物將自然化育成長。化育成長會產生貪欲，我將用道的真樸來鎮服。這個道的無名真樸，就能根絕貪欲。根絕貪欲就能安靜，天下將會自然安定。

小國寡民是老子之聖人治國的理想圖景。古今中外，所有思想家都會提出治國的理想圖景，治國圖景的設計和描繪，綜合展示了思想家的見識、素質和能力水平。有趣的是，古希臘思想家柏拉圖的政治學說提出了哲學王和理想國的圖景，這是一個有秩序的國家，一切活動都像機器一樣運轉，而操縱機器的則是哲學王。柏拉圖指出：「我反覆思之，唯有大聲疾呼，推崇真正的哲學，使哲學家獲得政權，成為政治家；或者政治家奇跡般地成為哲學家。否則，人類的災禍總是無法避免的。」[1] 而老子則提出了聖人和小國寡民的政治學說。柏拉圖與老子的政治圖景雖然有着很大差別，但政治的基本要素卻是一致的，這就是統治者和國家。柏拉圖的統治者是哲學王，老子則是指聖人；柏拉圖的國家是理想國，老子則是描述小國寡民。在老子那

1 〔古希臘〕柏拉圖：《理想國》，商務印書館一九八六年版，第二頁。

裏，「小國寡民，使有什伯之器而不用，使民重死而不遠徙。雖有舟輿，無所乘之；雖有甲兵，無所陳之；使人復結繩而用之。甘其食，美其服，安其居，樂其俗。鄰國相望，雞犬之聲相聞，民至老死不相往來」。這幅治國圖景蘊含着豐富內容，在政治上，要建立無數小的國家，人民各得其所，人民的意願就是國家的意願；在經濟上，屬於自給自足的經濟體，沒有商業貿易，人民自耕自種、自養自息，不受任何干涉和影響；在文化上，要求人們平等，廢除文字、結繩記事，大家具有同等的能力，不存在學識上的差別，實質是要求人的本性復歸。對於小國寡民的圖景，歷來爭論不已，許多學者認為這是原始社會的模板，是一種歷史倒退。從形式上分析，小國寡民的圖景確實和原始社會有許多相似之處。從內容上深究，小國寡民絕不是原始社會的簡單複製，這裏有舟車、甲兵、什伯之器，分明已經告別野蠻社會，進入文明社會。老子無非是希望像原始社會那樣，不要使用舟車、甲兵、什伯之器而已。這裏是「甘其食，美其服，安其居，樂其俗」，多麼美好的治國圖景！這裏沒有剝削，沒有壓迫，沒有戰爭。老子反對戰爭、厭惡戰爭，這在先秦思想家中可謂鶴立雞群，「夫佳兵者，不祥之器。物或惡之，故有道者不處」。意思是，兵器是不祥的東西，大家都憎惡它，所以有道之人不會使用它。古今中外，哪一個老百姓不願意在和平安寧的社會中安居樂業呢?! 如果撥開籠罩在小國寡民的迷霧，那麼，我們看到的則是一幅清新、清正、清明的社會畫面。這是老子哲學上返璞歸真、政治上無為而治的必然要求，也是思想更為深刻的治國主張。老子要求的是精神上回歸到原始社會的淳樸自然，而絕不是物質上回歸到原始社會的貧窮匱乏。老子之聖人治國，是要在精神上引領社會保有質樸醇厚的良好風氣。

先民後君是老子之聖人治國的價值取向。政治統治說到底是如何處理統治者與民眾的關係，任何思想家都會提出自己關於統治者與民眾關係的主張。儒家倡導「禮樂征伐自天子出」，墨家主張「天子之所是，亦必是之；天子之所非，亦必非之」，法家提出「君上之於民也，有難則用其死，安平則盡其力」。儒、墨、法重視人的集體性和社會化，往往表現出「屈民而伸君」的傾向，而道家更關注人的個體價值和個體生命的境遇，倡導君王自然無為，鼓勵民眾自正自化。在老子那裏，聖人治國表現出明顯的先民後君的價值取向，「是以欲上民，必以言下之；欲先民，必以身後之」。意思是，想要處在民眾之上，就要以言辭對民眾表示謙下；想要處於民眾之前，就要把自身放在民眾後面。老子還用江海做比喻，闡述先民後君的道理，指出統治者只有先民後君，才能成為統治者，「江海所以能為百谷王者，以其善下之，故能為百谷王」。老子進一步指出：「是以聖人處上而民不重，處前而民不害，是以天下樂推而不厭。以其不爭，故天下莫能與之爭。」意思是，聖人堅守並踐行先民後君的價值，那麼，居於上位而民眾不會覺得沉重，處在前面而民眾不會覺得受損害，所以天下人都樂於擁戴聖人而不厭棄他。因為聖人不與人爭，所以天下沒有人能跟他爭。老子認為，先民後君，首先要求聖人治國，破除自我中心，摒棄主觀意志，順應老百姓的意願。「聖人無常心，以百姓心為心。」百姓心是有差別的，既有地域的差別又有風俗習慣的差別，既有個性的差別又有能力的差別，既有思想觀念的差別又有利害關係的差別，既有善惡的差別又有誠信的差別。如何對待老百姓的差別，老子強調寬容，因循放任，展示出通達、超脫的智慧，即「善者，吾善之；不善者，吾亦善之，德善。信者，吾信之；不信者，吾亦信之，德信」。同時要求聖人治國，棄智就愚，鼓勵民眾淳樸自然，實現太平之治。「是以聖人之治，虛其心，實其腹；弱其志，強其骨。常使民無知無欲，使夫智者不敢為也」；「古之善為道者，非以明民，將以愚之。民之難治，以其智多。故以智治國，國之賊；不以智治國，國之福」。這兩段話容易被理解為老子在推行愚民政策。但是，如果對智與愚有個正確理解，我們就會體悟到老子之聖人治國的高妙深遠。王弼注釋「智」為「任術以求成、運數以求匿者，智也」；「愚」為「無知守真，順自然也」。因而老子之聖人棄智，不是摒棄知識，更不是摒棄智慧，而是摒棄虛偽、陰謀、狡黠、心術、詭詐和機巧；

就愚，不是要老百姓愚蠢、愚昧，而是要老百姓淳樸而不詐偽，自然而不修飾，天真而不陰險。棄智就愚的實質是推崇精神的純潔和社會風氣的淳樸，怎麼能理解為愚民政策呢?! 無怪乎，老子進一步指出：「知此兩者，亦稽式。常知稽式，是謂玄德。玄德深矣，遠矣，與物反矣，然後乃至大順。」意思是，知道智與愚的奧妙是治國的法則。能常常知道這個法則，就可以稱作有玄妙的德性。玄妙的德性深啊遠啊，與萬物復歸於大道，然後就能達到太平之治。

無為而治是老子之聖人治國的主要方法。對於統治者有為而治，不能一概而論，如果統治者的有為而治是勤政，符合人民意願和歷史發展規律，那倒是應該給予肯定的。但是，由於統治者掌握着更多的權力和資源，在君與民的關係中擁有巨大的強勢，這使得他們的有為而治往往會超越權力的邊界，變成亂作為和肆意妄為，從而給社會和民眾造成侵害。老子認為，民饑、民貧都是統治者過分作為的結果，「民之饑，以其上食稅之多，是以饑」；民貧則是「天下多忌諱，而民彌貧；民多利器，國家滋昏；人多伎巧，奇物滋起；法令滋彰，盜賊多有」。意思是，天下多禁忌，民眾就越窮；民間多武器，國家就發生混亂；民眾多技巧智慧，奇異的事情就發生；法令越嚴明，盜賊就越多。老子甚至認為，統治者的過度作為，還會給老百姓帶來戰爭等災難性的侵害，「大軍之後，必有凶年」。老子正是看到了統治者有為而治，更容易對社會和百姓造成傷害的後果，提出了「無為而治」的政治主張，「是以聖人處無為之事，行不言之教，萬物作焉而不辭，生而不有，為而不恃，功成而弗居」。在老子看來，聖人治國不依一己之欲而強行作為，不依一己之願而發號施令，而是順應事物本身的規律去行事，當萬物孕育興起時，則不以己意去造成事端；萬物化育成長時，則不以己恩而佔為私有；萬物成就功業時，則不自居其功而誇耀。老子從肯定和否定的句式對「無為而治」進行了論證。肯定句式是聖人治國如春風化雨、潤物無聲，「善行無轍跡，善言無瑕謫，善數不用籌策，善閉無關楗而不可開，善結無繩約而不可解」。《說文》解釋關楗：「關，以木橫持門戶也；楗，距門也。」關楗即門閂。意思是，善於行走的不留痕跡；善於言談的不留瑕疵；善於計算的不需籌策；善於關閉的，不用門閂也能堅固難啟；善於打結的，不用繩索也使人無法解開。否定句式是要求統治者不要採用尚賢的政策，不要過奢侈的生活，不要有太多的欲望，即「不尚賢，使民不爭；不貴難得之貨，使民不為盜；不見可欲，使民心不亂」。當然，無為而治不是無所作為，「故聖人云，我無為而民自化，我好靜而民自正，我無事而民自富，我無欲而民自樸」。這說明老子之聖人治國，無為不是目的，治才是目的；我無為、好靜、無事、無欲不是目的，而民自化、自正、自富、自樸才是目的。實際上，老子之聖人治國在堅守無為原則的同時，還是有所作為的。這種作為是效仿天之道，促進社會公平正義，「損有餘而補不足」。這種作為是順應政治本性，適可而止的作用、點到為止的行動，不逾越自然而然之邊界，「始制有名，名亦既有，夫亦將知止。知止可以不殆」。這種作為是成為民眾的帶頭人和老百姓的管理者，「樸散則為器，聖人用之，則為官長」。意思是，上古淳樸之道分散之後，製成器物，聖人利用它們，成為眾人的領袖。

現代政治學研究認為，政治權力天然地具有擴張的本性，容易超越權力邊界，侵犯市場、社會和民眾的權利，因而需要約束和監督權力。兩千多年前，老子顯然意識到了政治權力擴張的本性，這不能不使人感佩老子的清醒和深謀遠慮。但是，老子開出的藥方是自然無為，即依靠聖人的智慧清醒，通過聖人的不作為或少作為來防止權力的擴張，卻不是一個高明的藥方。運用政治學原理分析老子之聖人，最大的局限是以人治權，最重要的啟示是依靠制度來約束權力，而不是依靠政治家和統治者自身來約束權力；依靠外部力量來對權力進行監督，而不能依靠統治者內部來進行自我監督。現代社會已經對約束和監督權力形成了比較正確的理念和比較完善的制度，這就是尊重權利，用公民的權利約束政治權力，凡是法律賦予公民的權利，政治權力只能保護而不能侵犯；同時用市場和社會來約束政治權力，凡是市場能夠配置資源的領域和社會能夠自我管理的範圍，政治權力就不要進行干預，保障市場和社會的正常運行。這就是發揚民主，使人民群眾享有更多的政治權力，讓公民和社會大眾更多地參與國家的政治、經濟、文化和社會管理。這就是完善法制，用制度來規範和約束政治權力，切實做到對於政治權力而言，法無規定不可行使；對於公民權利而言，法無禁止即可行使。比較無為而治，權利、民主和法治更能有效地約束和監督政治權力。

老子之聖人：人格理想

公元前八〇〇年至前二〇〇年是人類文明取得重大突破的時期。這一時期尤其是公元前六〇〇年至前三〇〇年被稱為軸心時代，世界各大文明都出現了自己的偉大導師，古希臘有蘇格拉底、柏拉圖、亞里士多德，以色列有猶太教的先知們，古印度有釋迦牟尼，中國有孔子、老子。這些導師提出的思想原則塑造了不同的文化傳統，深刻而久遠地影響着人類生活。更重要的是，各大文明之間雖然相距千山萬水，卻有着驚人的相似之處，其中最大的相似就是發生了「終極關懷的覺醒」，即人類開始意識到自身的有限性，開始關心自身存在的意義及其價值問題，開始期望突破自身的有限去追求精神的無限，因而認識自我成了軸心時代哲學探究的最高目標。迄今為止，認識自我仍是人類探究的最高目標。對於先秦思想家而言，人的覺醒、終極關懷的探究，轉變為對理想人格的塑造和追求，聖人就是這一探究的結晶和成果。

歷史上比較公認的聖人，大概只有孔子。雖然孔子不太符合內聖外王、政治與道德同一的聖人標準，但是，孔子創立的儒家思想實質是道德倫理學說；孔子一生都在踐行自己創立的學說，努力做一個至善至仁的人。而且，孔子及其學說在先秦時期就有了巨大影響，即使孔子沒有機會從政為王，也稱得上「玄聖素王」。孔子在世時，弟子就將其視作聖人。《論語．子罕》說：「太宰問於子貢曰：『夫子聖者與？何其多能也！』子貢曰：『固天縱之將聖，又多能也。』」在這段話中，子貢既肯定孔子是聖人，又為孔子籠罩了神祕色彩，認為是上天要孔子成為聖人。孟子比較了儒家提出的歷史上的聖人，認為孔子是集大成的聖人，「伯夷，聖之清者也；伊尹，聖之任者也；柳下惠，聖之和者也；孔子，聖之時也。孔子之謂集大成」。道家代表人物莊子似乎亦認同孔子是聖人，他在《齊物論》中指出：「六合之外，聖人存而不論；六合之內，聖人論而不議，春秋經世先王之志，聖人議而不辯。」真正使孔子成為唯一的、高不可攀的聖人，始作俑者應是漢武帝。自他推行「罷黜百家，表彰六經」後，兩千多年的封建社會，先後十七次為孔子封聖。最早是東漢，封為「褒成宣尼公」；唐朝五次封號，認為孔子是「先聖」；宋朝先後封孔子為「玄聖文宣王」和「至聖文宣王」；明朝封為「至聖先師」；清朝封為「大成至聖文宣先師」。魯迅就孔子封聖評論說：「孔夫子之在中國，是權勢者們捧起來的，是那些權勢者或想做權勢者們的聖人，和一般的民眾並無什麼關係。」[1] 這一評論雖有偏頗，卻不無深刻的思想內涵。

作為儒家和道家聖人標準的設計者，孔子對待自己很有意思，不肯承認自己是聖人，「若聖與仁，則吾豈敢！抑為之不厭，誨人不倦，則可謂云爾已矣！」老子對待孔子的態度更值得玩味。《史記》記載，兩千五百年前，孔子到老子那裏問禮。老子回答：「子所言者，其人與骨皆已朽矣，獨其言在耳。且君子得其時則駕，不得其時則蓬累而行。吾聞之，良賈深藏若虛，君子盛德，容貌若愚。去子之驕氣與多欲，態色與淫志，是皆無益於子之身。吾所以告子，若是而已。」意思是，你所鑽研的，多半是古人的東西。可是古人已經死了，連骨頭都爛了，不過剩下那麼幾句話而已，你不必看得太認真。德行高的人，順利的時候，像出門駕車，自己能夠掌控方向；不順利的時候，如飛蓬飄轉流徙，無法掌控，但只要過得去，也就可以了。我

1 魯迅：《魯迅全集》（第六卷）《且介亭雜文二集》，人民文學出版社二〇〇五年版，第三百二十七至三百二十八頁。

聽說有句老話，會做買賣的都不把東西擺在外面，有極高道德的人都是很樸實的。你應該去掉驕傲、去掉貪戀，去掉一些架子、去掉一些妄想，這些東西對你是沒有好處的。我要告誡你的，就是這些。據說，孔子見過老子之後，一改過去張揚的做法，變得深沉內斂，遇事能夠客觀冷靜，思想開始走向成熟。從這一史實可知，當時的孔子還有許多缺點，與老子的聖人理想還有很大差距。那麼，老子之聖人，是一幅怎樣的人格圖景呢？

老子之聖人，本質是道德化身，這是內聖外王的必然要求。一般認為，內聖外王是儒家的重要觀點，是儒家積極入世精神的理論觀照。實際上，首先提出內聖外王的是道家莊子。莊子的內聖外王應源於老子的思想。道理很簡單，老子之聖人的目標既然是當政治家，治國平天下，那就要有政治家的修為和素質。內聖才能外王，外王是內聖的外化。從這個角度分析，政治家的修為和素質比治國平天下更具基礎意義。在老子那裏，政治家的修為和素質就是聖人的人格理想。儒家的聖人或君子主張「有為」，推崇仁、義、禮、智、信。老子之聖人與儒家不同，其基本品格是「無為」，就是順其自然，「生而不有，為而不恃，長而不宰」；就是柔、愚、嗇、樸、慈、儉、靜、弱，由這些基本概念構築起理想人格的範疇體系。

無私是老子之聖人為人處世的本質規定。作為社會關係的集合體，人經常遇到的困惑是如何處理個人與他人、個人與集體、個人與社會的關係，歸根結底就是如何處理公與私的關係。那些凡事首先想到自己，把個人利益置於眾人之上，不對社會負責任，就是有私心。老子認為，聖人是無私的。《老子》從天道與人道相統一的角度加以論證，第七章開篇就提出天地是無私的，「天長地久。天地所以能長且久者，以其不自生，故能長生」。意思是，天地的存在既長且久。天地之所以能夠長久存在，是因為它並不為自己而存在，所以能夠長生。這一觀點與當時通行的認識是一致的，在先秦時期，「天無私覆，地無私載」是公認的道理，《老子》一書也提到「天道無親，常與善人」。接下來，論證聖人也是無私的，「是以聖人後其身而身先，外其身而身存。非以其無私邪？故能成其私」。王弼注：「無私者，無為於身也。」由此可見，無為不僅是治國的準則，而且是修身的準則，意指聖人主觀上不存在私欲，因而不自私、不營私；河上公云：身先、身存為「先人而後己者也，天下敬其先以為長。薄己而厚人也，百姓愛之如父母，神明祐之若赤子，故身常存」。王弼、河上公的注釋，可以幫助我們更好地理解聖人無私而能成其私的深刻道理。在老子看來，無論從政還是修身，無私都具有決定性的作用。無私可以使人清醒和自知，認識到自身的不足和局限，「知不知，上；不知知，病。夫唯病病，是以不病。聖人不病，以其病病，是以不病」。意思是，知道自己有所不知，那是最好的；不知道自以為知道，那就是毛病。聖人之所以沒有毛病，那是因為他把「不知知」這種毛病當作毛病，所以就沒有毛病。老子認為，自知比知人更重要，「知人者智，自知者明」。王弼注云：「知人者，智而已矣，未若自知者，超智之上也。」韓非子認為：「知之難，不在見人，而在自見。」[1] 無私能夠讓人寡欲和知足，「不貴難得之貨」，不會有過多的欲望。老子認為：「禍莫大於不知足，咎莫大於欲得，故知足之足，常足矣。」「是以聖人去甚，去奢，去泰。」河上公注云：「甚，謂貪淫聲色；奢，謂服飾飲食；泰，謂宮室台榭。去此三者，處中和，行無為，則天下自化。」無私必然要知止和急流勇退，不留戀權力，不貪佔職位。老子認為：「持而盈之，不如其已。揣而鋭之，不可長保。金玉滿堂，莫之能守。富貴而驕，自遺其咎。功遂身退，天之道。」意思是，與其裝得過滿而溢出，

1 王先慎撰：《韓非子集解》，中華書局一九九八年版，第一百六十九頁。

住。身居富貴而不可一世，必然在自取災禍。功成名就抽身而退，這才符合天道。

柔弱是老子之聖人對外立身的法寶。人的一生在與他人的相處和互動中，常常會在強與弱的矛盾旋渦中掙扎和焦慮。好勝心和虛榮心決定了人總是喜歡出人頭地、鶴立雞群；總是感覺自己強他人弱，自己比他人能幹，自己做的事比他人做得出色；總是渴望社會褒揚自己、肯定自己、抬高自己。在老子看來，人生的柔弱比剛強更有價值，「人之生也柔弱，其死也堅強。草木之生也柔脆，其死也枯槁。故堅強者死之徒，柔弱者生之徒」。從這段話可知，看似柔弱的東西，因其內斂含蓄而充滿生機，富有韌性，看似剛強的東西，因其張揚外露而易遭迫害，不能長久，正如民諺所言：「槍打出頭鳥」，「出頭椽子先爛」。老子還用水做比喻，說明柔弱與剛強的辯證關係，「天下莫柔弱於水，而攻堅強者莫之能勝，以其無以易之。弱之勝強，柔之勝剛，天下莫不知，莫能行」。河上公注云：「水是圓中則圓，方中則方，壅之則止，決之則行。而攻堅強者莫之能勝，水能懷山襄陵，磨鐵消銅，莫能勝水而成功也，無以易於水。」水的品性正是老子追求的理想人格，柔弱是老子倡導的為人處世的法寶。「我有三寶，持而保之：一曰慈，二曰儉，三曰不敢為天下先。慈，故能勇；儉，故能廣；不敢為天下先，故能成器長。」所謂「三寶」，都含有柔弱的內容，慈愛近於柔弱；儉約不限於節約之義，更有收斂、節制和自我約束的處事原則；不敢為天下先，則有「謙讓」、「不爭」的思想。柔弱能夠讓人忍辱負重。人生既有順境也有逆境，不可能一帆風順。在逆境的時候，面對委屈和不公正待遇，是以柔弱應對還是以剛強應對，反映了一個人的修身水平。老子認為，相比剛強應對，以柔弱姿態應對的人更有前途，更能擔負重任。「是以聖人云：『受國之垢，是謂社稷主；受國不祥，是為天下王。』正言若反。」意思是，所以聖人說，能夠承受一國的恥辱，這就是國家的君主；承受一國的災禍，這就是天下的君王。正話聽起來像是反話。柔弱能夠讓人處事低調。人與人之間在能力和素質上是有差別的。能力弱的人一般不會爭強好勝、高調張揚，能力強的人則容易自命不凡、炫耀自己。老子認為，能力強的人應具備深藏若虛、含蓄自制的品德，這種品德無疑包含着以反求正、以弱勝強的智慧。「是以聖人方而不割，廉而不劌，直而不肆，光而不耀。」意思是，聖人方正而不割傷人，鋒利而不刺傷人，平直而不放肆，光明而不耀眼。柔弱能夠讓人謙卑內斂。人的外表與內心既可能同一，又可能有差異。同一好理解，差異則內涵豐富，有的人外表光亮，內心卻空虛；有的人外表粗陋，內心卻充盈而富有。老子認為，那些內心充盈而富有的人不要追求外表的光鮮，更不要故意向外界和他人顯示自己的才華素質，「知我者希，則我者貴。是以聖人被褐懷玉」。意思是，知道我的人少，那我就更高貴了。所以聖人常常是穿着粗布衣服而懷揣着寶玉。

純真是老子之聖人對內修身的要訣。對於每個人而言，實現理想人格是一生一世的事情，而不是某一個年齡段的事情，更不可能一蹴而就。在人的一生中，需要不斷修身，克服自身的缺點，防範外界的誘惑，逐步趨近於理想人格。無論儒家還是道家的理想人格，都是盡善盡美、全知全能，這表明無論如何修身，都只能與理想人格越來越接近，而不可能完全同一。個體的修身養性，有一個目標和路徑依賴問題。儒家提出了仁、義、禮、智、信的目標和「吾日三省吾身」的路徑，老子則提出自然純真的目標和「復歸於嬰兒」的路徑。如果說柔弱是人生對外的生活指導和應對各種社會關係的方法，那麼，純真則是人生對內的心靈指導和主體內在的道德修養的途徑，共同搭建起老子實現其聖人理想人格的雙向路徑依賴。在老子看來，有道德的人可以分為上德和下德兩種情況，「上德不德，是以有德；下德不失德，是以無德。上德無為而無以為」。意思是，上德之人不自居有德，所以有德；下德之人刻意求德，所以沒有達到德的境界。上德的人順任自然而無心作為。老子用嬰兒做比喻，認為具有高尚品德的人，內心就如嬰兒般純潔天真，「含德之厚，比於赤子」。純真，就是要復歸於嬰兒的自然狀態。嬰兒天真無邪，在柔弱中充滿生機和活力，整個身心都處於積極正面的狀態。「蜂蠆虺蛇不螫，猛獸不據，攫鳥不搏。骨弱筋柔而握固，未知牝牡之合而全作，精之至也。終日號而不嗄，和之至也。」意思是，蜂蠍毒蛇不會螫刺嬰兒，鷙鳥猛獸不會搏擊嬰兒。嬰兒筋骨柔弱而拳頭握得緊緊的，還不知男女之事，男性性徵卻能生機勃勃，這是因為元氣精純之至的緣故。整日號哭卻不會嘶啞，這是因為元氣柔和之至的緣故。純真，就是要摒棄世俗之虛偽的道德，追求道德的純粹性、絕對性和超越性。老子堅守天道自然無為的原則，反對仁、義、禮等「有為」的政治和道德，「故失道而後德，失德而後仁，失仁而後義，失義而後禮。夫禮者，忠信之薄而亂之首」。老子主張「是以大丈夫處其厚，不居其薄；處其實，不居其華。故去彼取此」。意思是，大丈夫立身處世，應當自處於厚實的道和德的境界，而遠離淺薄與虛華。所以要捨棄淺薄與虛華而選擇敦厚與樸實。純真，就是要遠離塵囂、淡泊名利，耐得住寂寞、守得住清貧，「眾人熙熙，如享太牢，如春登台。我獨泊兮其未兆，如嬰兒之未孩。儽儽兮若無所歸。眾人皆有餘，而我獨若遺」。意思是，眾人都興高采烈，好像參加豐盛的筵席，又像春天登台瞭望景色。而我卻獨自淡泊寧靜，沒有形跡，好像不知嬉笑的嬰兒。落落不群啊，好像無家可歸。眾人都感到滿足，唯獨我一無所有。純真，就是要小事糊塗，保持愚人之心；大事清醒，努力與道同行。「我愚人之心也哉！沌沌兮！俗人昭昭，我獨昏昏；俗人察察，我獨悶悶。澹兮其若海，飂兮若無止。眾人皆有以，而我獨頑似鄙。我獨異於人，而貴食母。」河上公注云：「食，用也。母，道也。」意思是，我真是愚人的心腸啊，終日混混沌沌！世人都自我炫耀，我卻暗暗昧昧；世人都工於算計，我卻茫然無知。心是那樣遼闊，就像大海無邊無際，思緒就像疾風勁吹，飄揚萬里沒有盡頭。眾人都有所作為，唯獨我愚頑而拙訥。我與眾不同，着重尋求道的滋養。或許，人們很難在行為上做到老子的昏昏、悶悶、頑鄙、混沌以及愚人之心，但作為修身的一種心境和狀態，卻是玄妙深奧，值得體悟和認知。

近讀林清玄《生命的化妝》，作者請教一位資深化妝師什麼是化妝的最高境界，化妝師回答：「自然。最高明的化妝術，是經過非常考究的化妝，讓人家看起來好像沒有化過妝一樣，並且這化出來的妝與主人的身份匹配，能自然表現那個人的個性和氣質。」化妝師的回答富含哲理，是對老子之聖人修身的生動詮釋，修身的最高境界也是自然。人猿相揖後，總還殘存着動物界的印跡，不可能完美至善；人的一生會遇到曲折和面臨誘惑，不可能不在心裏引起漣漪，從而產生生理與心理、肉體與心靈、物質與精神的矛盾。能夠化解和平衡人生靈與肉的矛盾，唯有修身。老子之聖人啟示我們：修身是自然的修身，是尊重生命本身和內在品性的自然而然的修身。自然的修身不需要外界的壓力，而是生命內在的需求。自然修身是返璞歸真，就像嬰兒一樣無知無欲、無牽無掛。即使長大了，有了知識、有了欲望，也始終保持童心，在內心深處保持着嬰兒般的純真，不讓它受到玷污。我們有了童心和嬰兒般的純真，就有了駕馭知識、欲望向上向善的方向和力量。自然修身是積極而不是消極，是奮鬥進取而不是聽天由命。當然，這種積極和奮鬥進取沒有過多的任性，更沒有爭強好勝，而是閑看門前，花開花落寵辱不驚；遙望藍天，雲捲雲舒去留無意。自然修身是伴隨人的一生、逐步趨近於聖人的過程。化妝師認為：化妝有着不同品級，一流的化妝是生命的化妝，二流的化妝是精神的化妝，三流的化妝是臉上的化妝。修身也有着不同品級，一流的修身是生命的修身，二流的修身是精神的修身，三流的修身是外表的修身。人生自幼而老，就是不斷地從三流修身向一流修身邁進的過程。誰實現了生命修身，誰的內心就達到了老子之聖人的高尚境界。

老子之聖人：以無為本

中華文明源遠流長，中華民族英雄輩出。但是，先秦思想家建構的聖人，是知行完備、至善之人，即「才德全盡謂之聖人」。這一規定過於完美，至高至大、至仁至善，以至歷史上能夠稱為聖人並得到各方公認的人物寥若晨星。儒家推出了伏羲、黃帝、炎帝、顓頊、帝嚳、堯、皋陶、舜、禹、伊尹、傅說、商湯、伯夷、周文王、周武王、周公、柳下惠、孔子等聖人，除孔子外，大多是上古時期被改造過的，甚至是虛構的人物，可謂「煙濤微茫信難求」。清人段玉裁在《說文解字注》中指出：「凡一事精通亦得謂之聖。」退而求其次，歷史把某一領域有着傑出貢獻的人物稱為聖人，較為著名的有夏朝酒聖杜康，漢朝史聖司馬遷、醫聖張仲景，唐朝詩聖杜甫、畫聖吳道子、藥聖孫思邈、茶聖陸羽，宋朝詞聖蘇軾。這些人物在文學、藝術、醫學、科技等方面為中華民族發展做出了重大貢獻，他們的成就是華夏文明的瑰寶。客觀地說，他們並不是先秦思想家所設想和塑造的聖人。

在先秦思想家那裏，無論政治主張和哲學底蘊有着多大差異，他們都賦予聖人以政治和道德的意義。尤其是賦予道德內涵，而且是最高道德，使得聖人概念發生了重大變化，從一般意義上聰明人的稱呼變成了高大神祕的稱呼，聖人的範圍也大為縮減。孔子就說：「聖人，吾不得見之矣，得見君子斯可矣」；老子甚至沒有提出過具體的聖人形象或歷史上可以稱為聖人的人物。孔子和老子都強調聖人的完美，是道德化身和人格理想，差別在於孔子更多地強調「有」，老子更多地強調「無」。孔子之「有」是有為，被賦予更多的倫理道德要求。孔子的聖人最後定格為君子，是一個既理想又現實的人格，反映了孔子積極入世的人生態度。具體表現為能夠臨危受命，「可以託六尺之孤，可以寄百里之命，臨大節而不可奪也，君子人與？君子人也」。能夠肩負重任，「士不可以不弘毅，任重而道遠。仁以為己任，不亦重乎？死而後已，不亦遠乎？」能夠堅守志節，「三軍可奪帥也，匹夫不可奪志也」。能夠捨生求仁，「志士仁人，無求生以害仁，有殺身以成仁」。老子之「無」是以無為本，被賦予更多的哲學內容。老子的聖人是一個形而上的理想人格，具有超常的智慧和能力，似乎很難在現實世界中尋覓，反映了老子對人生終極價值的探索和反思。老子之聖人雖然沒有孔子之君子那麼具體可感、平易近人，那麼豪氣干雲、驚天地泣鬼神，卻有着厚重的思想內容，玄妙而幽深。

在研讀老子之聖人的哲學品格、政治品格和道德品格，寫下智慧化身、政治楷模和理想人格三篇文章之後，意猶未盡，思緒紛擾，總還想再讀讀老子之聖人形象，繼續寫寫關於老子之聖人的心緒餘韻。於是，一個字自遠而近、從模糊到清晰，漸漸向我走來，這就是「無」。在漢語詞典中，「無」可以作名詞、動詞、副詞和連詞使用。但是，「無」不僅是一個字，而且是一個概念，更是一個哲學範疇。作為哲學範疇，是同「有」相對立的，與「有」形成一對矛盾，這從一個側面說明老子之聖人與孔子之聖人在內容和要求上存在着明顯差異。在老子那裏，「無」的哲學內涵首先指無名無形或指事物不存在狀態，「天下萬物生於有，有生於無」；同時指虛無空寂，「天地之間，其猶橐籥乎？虛而不屈，動而愈出」。橐籥猶今風箱。意思是，天地之間，不正像一隻大風箱嗎？雖然空虛卻沒有窮盡，鼓動愈快風力也愈大。《老子》論及聖人，多處提到「無」。所以，研讀老子之聖人，不能不研讀「無」這一範疇，不能不梳理《老子》一書中「無」的概念。在老子之聖人那裏，「無」幾乎沒有單獨作為一個名詞使用，通常以詞組的形式出現；單獨使用時，一般作為動詞對待，加上賓格。但是，老子之聖人都以無為本，組成了無為、無私、無常心、無不治等不同的概念和範疇。

無為，這既是老子思想的重要範疇，又是老子政治的核心理念，也是聖人行為的基本準則。《辭海》關於無為的解釋是，老子認為宇宙萬物的根源是道，而道是無為而自然的，人要效法道，就要堅守無為，順應自然的變化。老子在《道德經．上篇．道經》最後一章就說：「道常無為而無不為。」《老子》一書有三章直接用無為來解讀聖人，角度不盡相同，內容亦有差異。第二章主要闡述聖人無為的內涵，「是以聖人處無為之事，行不言之教，萬物作焉而不辭，生而不有，為而不恃，功成而弗居。夫唯弗居，是以不去」。在這一章裏，老子強調，聖人無為就是要聽憑萬物興起而不加以干預，滋養萬物而不據為己有，助其成長而不自恃其能，大功告成而不邀功自傲。第七十七章亦表達了類似的意思，「孰能有餘以奉天下？唯有道者。是以聖人為而不恃，功成而不處，其不欲見賢」。第五十七章以聖人口吻闡述無為的功能和作用，「故聖人云，我無為而民自化，我好靜而民自正，我無事而民自富，我無欲而民自樸」。在這一章裏，老子之聖人增加了兩個與「無」相關聯的詞組，即無事和無欲。無為雖然與好靜、無事、無欲並用，但實際上好靜、無事、無欲都是無為的展開和延伸，無為不是目的，讓民眾自我化育、自走正途、自己致富，自然樸實才是目的。第四十七章也有類似表達，但沒有用無為，而是用不為，含義相同，「是以聖人不行而知，不見而名，不為而成」。意思是，所以聖人不用去做就能知道，不用去看就能明白，無所作為就有所成就。第六十四章指出無為是聖人立於不敗之地的原則和方法，「為者敗之，執者失之。是以聖人無為，故無敗；無執，故無失」。無為、無執是原則方法，無敗、無失是無為、無執的結局。在這一章裏，老子之聖人增加三個與「無」相關聯的詞組，即無敗、無執和無失。

無知、無欲、無不治，這是第三章提出的與「無」相關聯的三個詞組。春秋戰國時期，諸侯混戰，社會動亂，百姓生活在水深火熱之中。老子認為，動亂的根源在於貪欲盛行和物欲橫流，尤其是統治者貪圖權力的欲望。第三章一開始就提出治國的基本主張，明確反對貪欲和物欲，「不尚賢，使民不爭；不貴難得之貨，使民不為盜；不見可欲，使民心不亂」。接着闡述聖人治國的具體做法，「是以聖人之治，虛其心，實其腹；弱其志，強其骨。常使民無知無欲，使夫智者不敢為也。為無為，則無不治」。意思是，所以聖人治理天下，要淨化民眾的心靈，滿足民眾溫飽；減少他們的欲望，強健他們的體魄，使民眾沒有偽詐的心智，沒有爭盜的欲念，讓自作聰明的人不敢妄為。聖人以無為的態度進行治理，沒有治理不好的事情。在這段話中，比較有爭議的是無知無欲，尤其是無知。有些研究認為，無知無欲是老子在推行愚民政策，但這一觀點是值得商榷的。知，既可以是知識論的知識，也可以是修身論的心智。如果從知識論的角度闡述無知，當然會有愚民的嫌疑。而老子是從修身論的角度闡述無知無欲的，無知不是不要知識，而是不要投機取巧、爾虞我詐。無欲不僅是對民眾提出的要求，而且也是對統治者提出的要求，第五十七章聖人說「我無欲而民自樸」。因此，王弼注解無知無欲為「守其真也」，即保持心靈的純真樸質。陳鼓應認為，「所謂『無知』，並不是行愚民政策，乃是消解巧偽的心智。所謂『無欲』，並不是要消除自然的本能，而是消解貪欲的擴張」。[1]

無私，這在先秦時期是公認的道理。當時的思想家們認為，天地是無私的。《禮記》記載，孔子的弟子子夏問什麼是「三無私」，孔子回答：「天無私覆，地無私載，日月無私照。」意思是，天空無私地覆罩着萬物，大地無私地承載着萬物，太陽月亮無私地照耀着萬物。同時認為上天也是無私的，《尚書》提出：「皇

1 陳鼓應注譯：《老子今注今譯》，商務印書館二〇〇三年版，第八十九頁。

天無親，唯德是輔。」意指上天公正無私，總是幫助品德高尚的人。《老子》第七章運用辯證法提出了無私的概念，論證了無私的重要意義。老子通過觀察自然界的天地和社會中的聖人，認為事物總是向矛盾的對立面發展變化的，天地以其不自生，故能長生；聖人以其無私，故能成其私。第七章先是闡述天地的無私品格，「天長地久。天地所以能長且久者，以其不自生，故能長生」。王弼注云：「自生則與物爭，不自生則物歸也。」然後闡述了聖人無私的道理，「是以聖人後其身而身先，外其身而身存。非以其無私邪？故能成其私」。河上公注解身先身存，「先人而後己者也，天下敬之先以為長。薄己而厚人也，百姓愛之如父母，神明祐之若赤子，故身常存」。正是辯證的觀點，使得老子的無私觀念與其他思想家區別開來，具有更深刻的內容，更值得玩味。

無棄人、無棄物，這是第二十七章提出的與「無」相關聯的兩個詞組。很明顯，無棄人、無棄物之「無」，是作為動詞使用的，意指沒有。有的學者研究認為，該章集中闡述美德的主要內涵「善」之特徵及其價值，從「道」的高層次揭示「善」的本質屬性。老子認為真正的「善」不是人為的，而是自然本色，不留任何刀刻斧鑿的痕跡，它完全可以應用於社會政治生活領域，這就是自然無為以治天下。從這個意義上說，該章使用的「無」並沒有什麼特別意義，也不是聖人品格的組成部分。實際上，該章主要闡述了老子的人生哲學。首先提出了「五善」的要求，指明聖人治國不用有形的行為，而貴順乎自然的天性。「善行無轍跡，善言無瑕讁，善數不用籌策，善閉無關楗而不可開，善結無繩約而不可解。」關楗指關門時用的門閂，繩約指繩索。王弼注云：「因物自然，不設不施，故不用『關楗』、『繩約』而不可開解也。此五者，皆言不造不施，因物之性，不以形制物也。」次是指出聖人善於用智慧去觀照人與物，常常救人救物，做到人盡其才和物盡其用，「是以聖人常善救人，故無棄人；常善救物，故無棄物，是謂襲明」。襲明指內斂而不外露的智慧。最後指出善人與不善人的辯證關係，「故善人者，不善人之師；不善人者，善人之資。不貴其師，不愛其資，雖智大迷，是謂要妙」。意思是，善人可以作為不善人的老師，不善人可以作為善人的借鑒。不尊重他的老師，不珍惜他的借鑒，雖然自以為聰明，其實是大糊塗。這真是個精妙深奧的道理。

無常心，這是老子政治哲學的一個重要概念，也是聖人治國的一個重要原則。第四十九章一開始就提出：「聖人無常心，以百姓心為心。」這句話的字面含義好理解，但對「無常心」一詞爭議較大，漢河上本、魏王弼本、唐傅奕本及唐宋以後諸本，大都為「聖人無常心」；帛書乙本則為「恆無心」；景龍碑及多數敦煌本作「聖人無心」。河上公注云：「聖人重改更，貴因循，若自無心。」河上公較早注釋《老子》，河上本也是流傳最廣的一種版本，因而「聖人無常心」可能比較正確。從「無」在老子哲學中的地位分析，無常心的組合也應符合老子的本意。那麼，聖人如何「以百姓心為心」呢？聖人渾厚真樸，以善心去對待一切人，以誠心去對待任何人，即「善者，吾善之；不善者，吾亦善之，德善。信者，吾信之；不信者，吾亦信之，德信」。這和第二十七章「無棄人」、「無棄物」的精神是貫通的。第四十九章進一步指出：「聖人之在天下也，歙歙焉，為天下渾心。百姓皆注其耳目焉，聖人皆孩之。」意思是，聖人治理天下，收斂自己的主觀成見與意欲，讓天下人的心歸於渾樸。百姓都運用自己的聰明，耳目亦各有所關注，聖人卻把他們看作淳樸天真的嬰兒。

無難，這是第六十三章提出的與「無」相關聯的一個詞組，「無」作動詞使用，並不表示特別的含義。但是，對於聖人而言，能夠達到無難的境界，卻非易事。第六十三章充滿了辯證法的意蘊，着重提出了防患於未然的主張，先是重申無為的宗旨，「為無為，事無事，味無味」。這是用悖論的方式表達了無為的真實含義是有作為，而這是「無為之為」、「無事之事」、「無味之味」，因而是更高形式的作為，是對通常意義作為的超越。次是闡述怨與德的關係，「大小多少，報怨以德」。關於「大小多少」，各家解讀不一，司馬光解釋為「就小若大，視少若多」，很有辯證韻味。老子的「報怨以德」與孔子「以直報怨」形成了鮮明的對比。在現實生活中，「以直報怨」更具有積極意義，有利於維繫社會正義和道德價值，而「報怨以德」則是一種超越的智慧和寬容精神，可以消弭「冤冤相報何時了」的困境。後是闡述事物發展難與易、大與小的關係，「圖難於其易，為大於其細。天下難事，必作於易；天下大事，必作於細」。聖人要以審慎的態度對待難與易、大與小的關係，「是以聖人終不為大，故能成其大。夫輕諾必寡信，多易必多難，是以聖人猶難之。故終無難矣」。意思是，所以聖人始終不自以為大，因此能成就大的事業。輕易允諾的一定會失信，把事情看得太容易一定會遭遇更多的困難，所以聖人總是把事情看得很難，因而最終就沒有什麼困難。

無敗、無執、無失，這是第六十四章提出的與「無」相關聯的詞組，其中無執是指聖人行為的方法和態度，無敗、無失則指聖人行為的結果。郭店竹簡本將第六十四章分為兩章，自開始到「始於足下」為一章；「為者敗之」為另一章，兩章之間不相連接。總體上看，第六十四章全文的內容還是比較連貫的，可以分為三個層次。第一層次是從正反兩方面論證事物都是由小而大向前發展的，強調起始階段的重要性。反的論證是「其安易持，其未兆易謀，其脆易泮，其微易散。為之於未有，治之於未亂」。意思是，局面安穩時容易掌握，事變沒有跡象時容易圖謀。事物脆弱時容易破裂，事物細微時容易散失。要在事情沒有發生以前就早做準備，要在禍亂沒有產生以前就處理妥當。正的論證是「合抱之木，生於毫末；九層之台，起於累土；千里之行，始於足下」。第二層次是強調聖人要堅守無為的宗旨，順應事物本性自然而為，「為者敗之，執者失之。是以聖人無為，故無敗；無執，故無失」。意思是，強行作為就會失敗，過分把持就會失去。所以聖人不妄為而不會失敗，不把持而就不會喪失。同時，第六十四章最後一段進一步強調：「是以聖人欲不欲，不貴難得之貨。學不學，復眾人之所過。以輔萬物之自然而不敢為。」意思是，所以聖人求人所不欲求的，不珍貴難得的貨品；學人所不學的，補救眾人的過錯，以輔助萬物的自然變化而不加以干預。第三層次是闡述任何事情不僅要善始，而且要慎終，以免功虧一簣，「民之從事，常於幾成而敗之。慎終如始，則無敗事」。意思是，一般人做事，常在快要成功時招致失敗。審慎地面對事情的終結，就如事情開始時那樣慎重，就不會有失敗。

梳理老子之聖人的「無」之後，不禁想到了王國維的《人間詞話》。品讀《人間詞話》，能夠幫助我們更好理解老子之聖人的「無」。《人間詞話》開篇就指出：「詞以境界為最上」，認為境界「有有我之境，有無我之境」。在王國維看來，無我之境是自然，「無我之境，以物觀物，故不知何者為我，何者為物」；無我之境是清靜，「無我之境，人唯於靜中得之」。王國維從詞學和美學的角度生動而形象地詮釋了老子自然無為的思想。老子之「無」有着多重規定，但和聖人聯繫在一起，就是和人生聯繫在一起。人生也存在着有我和無我兩種境界，有我就會囿於自我，容易為名利和物欲所累；無我則會超越自我，慣看秋月春風，都付笑談中。詞的創作可以有我，也可以無我，從而形成不同的風格和境界，但是，為人處世應追求的只能是無我境界。從精神與物質的關係分析，無我可以淡化物欲。人生一世，物質的需求是有限的，精神的需求是無限的。衣食住行滿足之後，過分的物質享受，不僅會妨礙精神享受，而且會影響身體健康。無我之人會重視精神需求，輕視物質享受。從內外關係分析，無我可以看輕名利。人生一世，說到底只有對內追求和對外追求兩個方面，對內追求是人格的完善和精神世界的豐盈，對外追求是事業的成就，往往會和名利相聯繫。無我就是要求人們把重心放在對內追求方面；在對外追求時，重心是事業而不是名利，不要爭名於朝、爭利於市。從動靜關係分析，無我可以拒絕誘惑。人生一世，內心經常會遇到清靜與躁動的矛盾。「清靜為天下正」，不以感情用事，能夠在權力、美色、金錢、財物面前保持內心清靜的人，就是無我之人。無我之人是那麼的寧靜淡泊，「采菊東籬下，悠然見南山」；無我之人是那麼的閑適清遠，「寒波澹澹起，白鳥悠悠下」。

老子之柔弱：含義豐富

柔弱是老子思想中具有深刻寓意的一個形容詞，也是老子認識和把握世界的一個重要思想範疇。有關研究表明，《老子》一書，柔字出現了十一次，弱字出現了十次，柔弱合用出現了五次，主要是「天下之至柔，馳騁天下之至堅」；「反者，道之動；弱者，道之用」；「堅強者死之徒，柔弱者生之徒」。據史料記載，老子柔弱思想的形成，得益於老師的啟發和教誨。一則是漢劉向《説苑》的記載，另一則是晉皇甫謐《高士傳》的記載，二則記載既有同一又有差異，但同一是基本的，具體表現在都是老子的老師「有疾」而老子去請教，都是用了舌存齒亡的比喻；差異則表現在老師的姓名不同，《説苑》叫常樅，《高士傳》叫商容。《説苑》有一段非常生動的記載：老子的老師常樅生病了，老子前往問候請教，説老師你的病很重，有沒有什麼重要的話要留給我們這些學生。常樅説，你即使不問，我也要告訴你們。「常樅張其口而示老子曰：『吾舌存乎？』老子曰：『然！』『吾齒存乎？』老子曰：『亡！』常樅曰：『子知之乎？』老子曰：『夫舌之存乎，豈非以其柔耶？齒之亡乎，豈非以其剛耶？』常樅曰：『嘻！是已。天下之事已盡矣，無以復語子哉！』」在常樅看來，貴柔守弱、柔優於剛是其思想的核心，也是理解自然界和人類社會的一把鑰匙。所以，當老子悟出這一道理後，常樅認為天下的事情都已包容盡了，他就沒有什麼可以再給老子傳授的。《説苑》的記載對於我們理解老子之柔弱有着積極作用，這使我們看到了老子柔弱思想的源頭和師承關係，也看到了老子尊敬師長的高尚品德。

青出於藍而勝於藍。雖然老子繼承老師的柔弱觀點，但比老師思慮更深刻。所謂深刻，是指老子之柔弱具有形而上的特點，有着哲學支撐。眾所周知，老子思想的核心範疇是道，這是一種超形象、超感覺的存在，不能用語言界定，即如莊子所言「道不可聞，聞而非也；道不可見，見而非也；道不可言，言而非也」。但是，人們卻能在生活世界中感受體會到道的存在及其創造力和運行規律，這就是「道生一，一生二，二生三，三生萬物」。老子認為，道在創生宇宙萬事萬物過程中，主要依靠了兩種力量，一種力量是「反」，另一種力量是「弱」。「反者，道之動」，在老子看來，反是物極必反，事物是在對立統一中發展變化的，從而形成了豐富多彩的世界，「天下皆知美之為美，斯惡已；皆知善之為善，斯不善已。故有無相生，難易相成，長短相較，高下相傾，音聲相和，前後相隨」。意思是，天下都知道美的事物稱為美，那是因為有醜陋的存在；都知道善的事物稱為善，那是因為有邪惡的存在。因此有無相依而生，難易相輔而成，長短相比而顯，高下相互依存，音聲相互應和，前後相互追隨。反還有循環往復的意思，事物的發展變化無窮無盡，而且是在「否定之否定」中螺旋式前行的。「吾不知其名，字之曰道，強為之名曰大。大曰逝，逝曰遠，遠曰反。」王弼注云：「逝，行也」，這是強調道大到無邊而又無所不至，無所不至即運行遙遠，運行遙遠而又回歸本原。「弱者，道之用」，在老子看來，柔弱是道的重要品質。道創生萬物是一個自然而然的過程，不勉強、不造作、不作秀，不以人的意志為轉移，即「人法地，地法天，天法道，道法自然」。自然就是柔弱，而不是剛愎自用，不是強制規範和強力而為。柔弱還有生命力的含義，「柔弱者生之徒」，因而柔弱是世間萬事萬物存在的基礎。老子把弱與反並列，既看成是道的內在規定，又看成是道的外在形式，賦予了形而上的意義，這使得柔弱具有了崇高而神祕的色彩。

老子對於柔弱可謂偏愛之至，不僅給予理論的説明，而且賦予形象的比喻。老子哲學善用比喻來闡述其深奧的思想，最重要的喻體和意象是水、女性和嬰兒。這三個喻體都和柔弱有着千絲萬縷、密不可分的聯繫。我們在閱讀《老子》時，經常會感到恍惚，這是在説柔弱呢，還是在説水、女性和嬰兒呢？仿佛柔弱就是水、女性和嬰兒，反之亦然。「天下莫柔弱於水。」水是柔弱最好的形象，柔弱是水的本質規定。水之柔弱表現在經常變化自身的形態，升為雲霞，降為雨露；在山間是溪流，在平地是長河，在窪處是大海。無論哪一種形態，水都在澤被萬物、施而不爭。水又表現在喜歡往低處走，常常居於下游，卻在滋潤養育萬物。任何生命無論是燦爛輝煌，還是高大巍峨，都離不開水的滋養。水還表現在因物就形、能圓能方，隨物易形、無所不成，絕不會要求外物與自己保持一致，而是自己主動適應外物，在塑造自身形態的同時，也在改造着外物。這是水最明顯的柔弱表現形式，也是柔弱對於自然界和人類社會最大的作用。女性是柔弱的重要形象，而且是生命的形象。《老子》一書多處使用母、雌、谷、陰、牝、玄牝等表現女性性別的詞語，這些詞語都有柔弱的意義，以至人們認為老子哲學是陰柔之學。「我有三寶，持而保之：一曰慈，二曰儉，三曰不敢為天下先。」這段話既沒有柔字，也沒有弱字，但通篇都是柔弱的思想。「慈」、「儉」、「不敢為天下先」都是柔弱的具體表現形式，生動描述了女性溫柔忍讓、寬容謙和的風格。有的學者研究認為，這「集中體現了母系氏族社會女性首領的美德」。嬰兒是柔弱的另一個生命形象。「專氣致柔，能嬰兒乎？」王弼注云：「言任自然之氣，致至柔之和，能若嬰兒之無所欲乎？則物全而性得矣。」這段話雖然是從政治和修身角度闡述柔弱的意義，但也説明嬰兒是柔弱的重要形象，柔弱是嬰兒的最大特點。在人的一生中，嬰兒時期是最為柔弱的，卻蘊含着人成長為少年、青年、中年、壯年的所有因子。所以，柔弱中有生機、有活力，這正是老子推崇柔弱的重要原因。

老子之柔弱內容極為豐富，既有本體論意義，又有實踐論意義，但更多的是內聚着政治運作和為人處世的含義，這就是「以正治國，以奇用兵，以無事取天下」。柔弱在政治上的運用是無為而治，即「我無為而民自化，我好靜而民自正，我無事而民自富，我無欲而民自樸」。這裏「無為」、「好靜」、「無事」、「無欲」都是柔弱的表現形式。老子的弟子文子作了進一步闡述。文子指出，柔弱是政治上有所成就的基礎和起點，「能成霸王者，必得勝者也；能勝敵者，必強者也；能強者，必用人力者也；能用人者，必得人心者也；能得人心者，必自得者也。自得者，必柔弱者也」。[1]由此可見，老子的柔弱不是無力，無為不是放任自流、無所事事，而是「無為而無不為」，即民自化、自正、自富、自樸才是柔弱無為的目的。柔弱在軍事上的運用是克敵制勝。《老子》一書不是兵書，但有着豐富的軍事思想。老子強調用兵之道要戒驕戒躁、不可輕敵，這是對柔弱的闡述和發揮。「用兵有言，吾不敢為主而為客，不敢進寸而退尺。是謂行無行，攘無臂，扔無敵，執無兵。禍莫大於輕敵，輕敵幾喪吾寶。故抗兵相加，哀者勝矣。」意思是，以前用兵的人曾經說過，我不敢做主導者，而寧可做客從者；我不敢進一寸，而寧可退一尺。這就叫佈無陣之陣，舉無臂之臂，執無兵之兵，那就所向無敵了。沒有比輕敵更大的災禍，輕敵幾乎喪失了我的法寶。所以，兩軍對壘，不驕枉，懷有悲憫之心的一方就能獲勝。柔弱在人生上的運用是謙虛低調，就是要像道那樣，「大成若缺，其用不弊。大盈若沖，其用不窮。大直若屈，大巧若拙，大辯若訥」。老子認為，道具有大成、大盈、大直、大巧、大辯的高貴品格，而表現出來的卻是若缺、若沖、若屈、若拙、若訥的柔弱特徵。老子認為，柔弱低調不是無智無能的表現，「不自見故明，不自是故彰，不自伐故有功，不自矜故長」。意思是，不堅持己見，

1 文子：《文子校釋》，上海古籍出版社二〇〇四年版，第一百八十三頁。

大家都認為你明智；不自以為是，大家更能看清你的貢獻；不自我誇耀，大家更知道你的功勞；不自高自大，大家才擁護你當領導。

謙卑是老子之柔弱的本質規定。《老子》從矛盾的對立統一中賦予柔弱的內容。在老子看來，大與小、貴與賤、上與下都是相對而言的，二者之間既互相依存又互相轉化，老子給予柔弱的規定是謙卑。安小是謙卑的首要規定。任何事物都是從微小開始，由小到大，微小意味着新生和希望。這在水和嬰兒上表現得更為明顯。水之多來源於微小。當水剛形成時，是很微小的，晨露是微小的，雨水是微小的，泉眼是微小的，而江河湖海都是由這些微小的水源匯聚而成的。人之壯來源於微小。當嬰兒剛來到人間，是很微小的，而人的成長壯大卻是從嬰兒開始的。嬰兒是生命之始基，即使在赤裸裸新生時，也有着健壯的表現，即「骨弱筋柔而握固」，因而「蜂蠆虺蛇不螫，猛獸不據，攫鳥不搏」。意思是，蜂蠍毒蛇不會叮咬嬰兒，鷙鳥猛獸不能搏擊嬰兒。處下是謙卑的重要規定。一般認為，高貴為榮、卑賤為恥，位高為榮、位低為恥。老子卻認為，貴以賤為根本，高以下為基礎，「故貴以賤為本，高以下為基。是以侯王自謂孤、寡、不穀。此非以賤為本邪?非乎?故致數輿無輿。不欲琭琭如玉、珞珞如石。」孤為孤兒，寡為無夫或無妻之人，不穀為父母亡故而不能終養，皆為古代君主自謙之詞。意思是，所以想要富貴，就得以卑賤為根本，想要高就，就得以低位為基礎。侯王自謙為孤、寡、不穀，這就是以卑賤為根本吧。追求過多的聲譽就會失去聲譽，所以有道之士不願像美玉那麼精美，寧願像石頭一樣質樸。處下還表現在能大就小、能高就低，保持謙卑態度。「常無欲，可名於小；萬物歸焉而不為主，可名為大。以其終不自為大，故能成其大。」這段話闡述了大與小的辯證關係。意思是，它沒有任何欲望，可以說是很渺小；萬物都歸附於它，它卻不當萬物的主宰，可以說真是偉大。所以聖人能成就偉業，是因為他不承認自己偉大，才成為真正的偉大。居後是謙卑的又一規定。人往高處走，水往低處流。對於居後而言，水是榜樣，江河湖海是典範。「江海所以能為百谷王者，以其善下之，故能為百谷王。是以欲上民，必以言下之；欲先民，必以身後之。」這段話說明江海能容納百川，在於其能自甘處下居後，聖人欲養育萬民、治理天下，也應像江海那樣處下居後，而不給老百姓造成負擔和損害。居後就是謙卑，管子認為「卑也者，道之室，王者之器也」。

無為不爭是老子之柔弱的具體運用。作為一個思想家，不僅要認識世界，而且要改造世界，老子也不例外。老子之柔弱在政治和人生實踐中的推論就是無為不爭，相對而言，無為更多地用於政治領域，不爭更多地用於人生領域。無為不爭理論基點是「道法自然」。老子倡導無為，並不是無所作為，而是根據自然之道，順應事物變化之規律，促進其自然發展，以達到無不為之的目的。「道常無為而無不為，侯王若能守之，萬物將自化。化而欲作，吾將鎮之以無名之樸。無名之樸，夫亦將無欲。不欲以靜，天下將自定。」意思是，道經常不作為，卻又無所不為。侯王如能得到它，萬物將自然化育成長。化育生長過程中會產生貪欲，我將用道的真樸來鎮服。這個道的無名真樸，就能根絕貪欲。根絕貪欲就能安靜，天下將會自然安定。在這段話中，老子希望統治者能採納無為而治的思想，達到「天下將自定」的效果。老子把古往今來的統治狀態分為四類，即「太上，不知有之。其次，親而譽之。其次，畏之。其次，侮之」。在老子看來，理想的政治境界是「太上，不知有之」。意思是，最好的統治者，是把國家治理好了，老百姓卻不知他的存在。老子認為，最好的統治者是不以私情臨物，不以私意處事，不以私欲統政，而是循理舉事，因勢利導，任民自為。「是以聖人處無為之事，行不言之教，萬物作焉而不辭，生而不有，為而不恃，功成而弗居。夫唯弗居，是以不去。」意思是，聖人之治是順應自然而不胡作非為，注重身教而不以言教，聽憑萬物興起而不加干預，滋養萬物而不據為己有，助其成長而不自恃其能，大功告成而不邀功自傲。正因為聖人不居功自傲，所以他的功業永存。老子高度重視不爭：《老子》最後一章最後一句話就是「天之道，利而不害。聖人之道，為而不爭」。老子倡導不爭，既是為人處世的策略藝術，也是避免過錯、消解矛盾的重要手段，「夫唯不爭，故天下莫能與之爭」。老子的不爭不是無所作為，也不是無原則的遷就忍讓，而是以退為進的處事謀略，「天之道，不爭而善勝，不言而善應，不召而自來，然而善謀。天網恢恢，疏而不失」。意思是，天之道，不爭而善於取勝，不説話而善於回應，不召喚而使萬物自來歸附，坦蕩無私而善於謀劃。天網廣大無邊，稀疏卻無所漏失。老子認為，不爭的關鍵是無私無欲、知足常樂。「故知足不辱，知止不殆，可以長久。」反之，就是「禍莫大於不知足，咎莫大於欲得」。咎為災禍。意思是，沒有比不知足更大的禍患，沒有比貪心更慘的災殃。

柔弱勝剛強是老子之柔弱的價值取向。柔弱與剛強是一對矛盾，在經驗世界裏，人們偏愛剛強，認為剛強是雄健、有力量的象徵；輕視柔弱，認為柔弱是懦弱無能的表現。老子卻認為：「強大處下，柔弱處上」；老子進而認為：「弱之勝強，柔之勝剛。」一定意義上説，柔弱勝剛強是老子之柔弱最深刻的思想，包含着老子辯證法的全部因素。在老子看來，柔弱比剛強更具有本體論色彩。老子認為，道是有與無的統一，「天下萬物生於有，有生於無」。對於創生萬物來説，無比有更重要；剛強與柔弱類似於有與無的關係，柔弱比剛強更重要。這是因為柔弱充滿生機和活力，是生命力的象徵，「人之生也柔弱，其死也堅強。草木之生也柔脆，其死也枯槁。故堅強者死之徒，柔弱者生之徒」。柔弱不是軟弱、虛弱，而是柔中有剛、弱中有強，從而使柔弱有了戰勝剛強的內因和基礎。否則，柔弱勝剛強，就是鏡花水月、空中樓閣。在老子看來，柔弱勝剛強是自然界和人類社會各種矛盾對立統一關係的縮影。老子認為，矛盾是普遍存在的，「曲則全，枉則直，窪則盈，敝則新，少則得，多則惑」。柔弱與剛強是其中的一對矛盾，之所以引起老子特別重視，是因為這對矛盾具有本體論、認識論和實踐論的意義。老子還認為，矛盾是在運動的，都在向它的對立面轉化，「故物，或損之而益，或益之而損」。意思是，對於事物而言，有時減損它卻反而使它得到增益，有時增益它卻反而使它受到減損。柔弱勝剛強也是如此，看似弱者，卻能戰勝強者，正像水一樣，「天下莫柔弱於水，而攻堅強者莫之能勝，以其無以易之」。老子更認為，矛盾轉化是有條件的，這就需要人的因素和人的努力，創造或改變一些條件，促進事物從剛強向着柔弱的方向轉化，實現柔弱勝剛強。《老子》第三十六章以排比方式提出了歙與張、強與弱、廢與興、奪與予的矛盾，並指明了互相轉化的原因和條件，「將欲歙之，必固張之；將欲弱之，必固強之；將欲廢之，必固興之；將欲奪之，必固予之，是謂微明」。意思是，要想讓它收縮，必先使它擴張；要想讓它削弱，必先使它加強；要想讓它廢棄，必先使它興舉；要想將它奪取，必先設法給予。這種先予後取、柔弱勝剛強的做法，是由於事物在轉化過程中都有細微的先兆可尋。老子把柔弱勝剛強看成是治國之利器，在第三十六章最後強調：「魚不可脱於淵，國之利器不可以示人。」

走筆至此，不能不對老子表示由衷的敬佩。在漢語言中，柔弱是一個很平常的詞語；在人類社會中，柔弱是一種很容易被輕視的現象，但在老子眼裏，柔弱卻是如此亮麗奪目、壯觀偉岸，有着豐富深刻的思想內容，讀之令人擊節讚歎，思之使人憧憬向往。老子之柔弱可以給予世人多方面的啟示。對於為人處世、修身養性而言，最重要的啟示是謙卑。「謙受益，滿招損。」這種謙卑是虛心，在人生的任何時候、任何情況下，都要感到自己不懂的比懂的多，感到自己不如他人，感到自己人品、知識和才能的不足，虛心向書本、實踐、他人和社會學習，永不自滿、不斷進步。這種謙卑是低調，即使認為自己滿腹經綸，認為自己的能力比他人強，也要學會保留、學會克制、學會內斂，不要自視清高，不要恃才傲物，不要鋒芒畢露，在與他人和諧相處中悄然前行，在不顯山不露水中成就事業。這種謙卑是忍讓，尤其是身居廟堂時，要對江湖忍讓；職就高位時，要對下屬忍讓；手握真理時，要對不同意見忍讓。逞強好勝，不肯示弱，只會遭到別人的忌恨和報復，既不利於修身又不利於事功，還是「忍一時風平浪靜，退一步海闊天空」。這種謙卑是無我，即超越自我，把個人從利害關係、功名利祿、親疏恩怨、愛恨情仇中解脫出來，使自身融入到普遍大眾之中，先天下之憂而憂，後天下之樂而樂，真正做到通達圓融，像老子要求的那樣：「善者，吾善之；不善者，吾亦善之，德善。信者，吾信之；不信者，吾亦信之，德信。」

老子之德：尊道貴德

德是老子思想中的一個重要概念，僅次於道的思想範疇。《老子》一書歷來被分為兩個部分，一部分為「道經」，一部分為「德經」；德字出現了四十三次，是使用頻率比較高的詞。無怪乎司馬遷記載：「老子乃著書上下篇，言道德之意五千餘言。」有意思的是，老子還把德與道、聖人聯繫起來考量，甚至做出了同一的本質規定。第十章對德的描述是「生之畜之。生而不有，為而不恃，長而不宰，是謂玄德」。第三十四章對道的描述是「大道氾兮，其可左右。萬物恃之而生而不辭，功成不名有，衣養萬物而不為主」。第二章對聖人的描述是「是以聖人處無為之事，行不言之教，萬物作焉而不辭，生而不有，為而不恃，功成而弗居」。老子對德與道、聖人的概念，幾乎使用了相同的言辭，表達了相同的語義；道是老子思想的最高範疇，聖人是老子極力推崇的理想人格，由此可見德在老子思想中的重要地位。在老子那裏，德有兩方面的含義，一方面具有本體論意義，當道作為萬物的本體時，德是指萬物各自的本性；德與道一起生養萬物。另一方面具有倫理學意義，當道作為人類活動的最高準則時，德是指人類的本性或品質，「天之道，利而不害。聖人之道，為而不爭」。陳鼓應認為：「形而上的『道』落實到人生的層面上，其所顯現的特性而為人類所體驗、所取法者，都可以說是『德』的活動範圍了。」[1] 對於德的內涵，王弼注云：「德者，得也。常得而無

1 陳鼓應：《老子今注今譯》，商務印書館二〇〇三年版，第三十四頁。

喪，利而無害，故以德為名焉。何以得德？由乎道也。」這不僅指出德即得的含義，而且指明了德與道的關係。韓非子則對德與得作了細緻區分，「德者內也，得者外也。『上德不德』，言其神不淫於外也。神不淫於外則身全。身全之謂德。德者，得身也。凡德者，以無為集，以無欲成，以不思安，以不用固。為之欲之，則德無舍；德無舍則不全。用之思之，則不固；不固則無功；無功則生於德。德則無德，不德則在有德。故曰：『上德不德，是以有德』」。

作為一個文化觀念，德有一個發生和演變的過程。據現有文獻分析，德的概念甚至早於道的概念，產生於原始社會，大約經歷了四個階段的發展。一是原始圖騰階段。《國語．晉語》記載：「黃帝以姬水成，炎帝以姜水成，成而異德，故黃帝為姬，炎帝為姜，二帝用師以相濟也，異德之故也。異姓則異德，異德則異類。異類雖近，男女相及以生民也。同姓則同德，同德則同心，同心則同志。同志雖遠，男女不相及，畏黷敬也。」同德同類，異德異類，德的觀念主要指生活習慣、習俗和共同的圖騰。二是王德化階段。隨着氏族社會發展，權力逐步集中，德作為氏族成員共有的圖騰逐步轉化為部落首領個人獨有。與圖騰有關的各種禁忌集中到首領一個人身上，而一般人則不再實行這些禁忌，表示圖騰為首領一個人或一家所有，不屬於部落所有成員。這一時期的德大概與殷商王朝有關，殷商時期的德已轉化為祖先崇拜或上帝崇拜，是以商王為首的貴族組織的一整套敬天尊祖的行為。這種行為仍具有濃厚的圖騰色彩，卻被賦予了政治意義。三是政治化階段。周朝取代商朝，是以小邦取代大邦，原先的王德化難以解釋取代的合法性。為了解決這一矛盾，周朝對德的觀念進行了改造，認為王朝雖然是天命授予，但天命授予是有條件的，這就是以德配天、敬德保民，意指天命只授予有德的人建立王朝。如果統治者無德，上天就要收回天命，重新賦予有德之人建立新的王朝，所以《尚書》指出：「皇天無親，惟德是輔。」四是人性化階段。隨着周王朝的式微，德的觀念出現了下移趨勢，作為周王朝貴族行為的德，逐步轉變為春秋戰國時期一般民眾的行為規範。《論語》就說：「君子之德風，小人之德草」，這意味着不僅君子有德，小人也有德，君子之德與小人之德是可以互相銜接和交流溝通的。老子之德正是在春秋戰國時期產生的，與先秦思想家一樣，蘊含着豐富的倫理道德內容。

客觀地說，《老子》一書對德的闡述並不系統，給人有雲遮霧罩的感覺，但提出了多個不同的德的概念。梳理這些概念，對於理解認識德的內涵，有着重要意義。「玄德」概念，意指德的品質是無私無為，在第十章和第五十一章使用了同樣的語言進行表述，「生而不有，為而不恃，長而不宰，是謂玄德」。王弼注云：「不塞其原，則物自生，何功之有？不禁其性，則物自濟，何為之恃？物自長足，不吾宰成，有德無生，非玄如何？凡言玄德，皆有德而不知其主，出乎幽冥。」「常德」概念，相當於嬰兒、無極和樸的含義，意指人的自然而然本性，「知其雄，守其雌，為天下谿。為天下谿，常德不離，復歸於嬰兒。知其白，守其黑，為天下式。為天下式，常德不忒，復歸於無極。知其榮，守其辱，為天下谷。為天下谷，常德乃足，復歸於樸」。「上德」、「下德」概念，上德，意指有德；下德，意指無德。「上德不德，是以有德；下德不失德，是以無德。上德無為而無以為，下德為之而有以為。」這段話的大意是，上德在外在形式上不以道德為名，卻能夠以道為根據和以道為依歸，所以是真正有德；下德在形式上不離道德的名號，即「不失德」，由於它是有意為之，在本質上卻是無德。換言之，上德是高層次的德，不自知有德，不自居有德，卻能成就德的最高境界；下德是指低層次的德，總想表現自己，以德自居，最終可能會歸於無德。「廣德」、「建德」概念，「上德若谷，大白若辱，廣德若不足，建德若偷，質真若渝」。這段話的大意是，最好的道德是上德，外形上虛懷若谷，並不顯示出自己內在的德性品質，具有博大的包容性；廣德是一種富足寬廣的德，卻在外形上表現出不足的樣子；建德倡導建立道德，卻由於遵循道的自然無為本性，在外形仿佛無心從事一樣。

「不爭之德」概念，「善為士者不武，善戰者不怒，善勝敵者不與，善用人者為之下。是謂不爭之德，是謂用人之力，是謂配天古之極」。意思是，善於做武士的人不顯示威武，善於作戰的人不發怒，善於取勝的人不與人對抗，善於用人的人居於人之下。這就叫作不爭的品德，這就叫作用人，這就叫作與天相配，是古時極致的境界。這段話中的不武、不怒、不與、為之下，都是不爭之德的具體表現，因而不爭之德本質上是指天道無為的精神。通過梳理，可以發現玄德是道的形象，上德是聖人的形象，常德、廣德、建德和不爭之德則從不同方面反映觀照道和聖人的本質規定。

道與德是老子之德最基本的關係。從詞源分析，道從首從行，與行相通，表示人人涉足、四通八達的街道或道路，引申開來則指普遍的原則。德在詞源上與得字相通，後人研究也都認同德與得相近相似的關係。在中國傳統哲學中，道德既是一個概念，又是兩個概念，在一個概念中，道德是人們共同生活及其行為的準則和規範；在兩個概念中，道是萬物之源和萬法之宗，是人一切行為應當遵循的基本準則，德是品行、德性，是順應自然、社會和人生客觀規律去做事的行為。在老子看來，德與道在本質上是同一的，都具有深藏不露的特徵。德與道之所以能深藏不露，是因為它們原本就深不可測，具有化育萬物、含藏天地的偉大器量，「故建言有之：明道若昧，進道若退，夷道若纇。上德若谷，大白若辱，廣德若不足，建德若偷，質真若渝。大方無隅，大器晚成，大音希聲，大象無形。道隱無名」。這段話把明道、進道、夷道與上德、廣德、建德緊緊聯繫在一起，都是若隱若現，正言若反。意思是，從前有人說過：光明的道像是昏暗的，前進的道像是後退的，平坦的道像是曲折不平的。高尚的德性像是溪谷，極度的白像是受了玷污，廣大的德性像是有所不足，剛健的德性像是鬆弛懈怠，本質純真像是受了污染變質。最大的方形沒有邊角，最大的器具無所合成，最大的樂音沒有聲響，最大的形象卻不見蹤跡。大道深廣而沒有名稱。老子認為，德和道一樣，都是創生化育萬物的基本依據，道不僅創生萬物，而且內附於萬物之中，成為萬物各自的屬性，這就是德，「道生之，德畜之，物形之，勢成之。是以萬物莫不尊道而貴德」。從道和德與萬物的關係分析，馮友蘭認為，「首先，萬物都由『道』所構成，依靠『道』才能生出來（「道生之」），其次，生出來以後，萬物各得自己的本性，依靠自己的本性來維持自己的存在（「德畜之」）」；「在這些階段中，『道』和『德』是最基本的。沒有『道』，萬物無所從生；沒有『德』，萬物就沒有自己的本性」。[1] 因此，萬物的產生並不僅僅是道作用下的產物，其中還有德的養蓄之功。正因為德的存在，才使萬物具備了各自的本性，保證了萬物化生是一個自然而然的過程，沒有任何外來的干涉，誠如蔣錫昌所言：「道之所以尊，德之所以貴，即在於不命令或干涉萬物，而任其自化自成也。」[2] 同時，在老子看來，德與道存在着明顯差異。對於天地萬物而言，道具有根本性，道與德在很多情況下表現為整體與個體的差異，「孔德之容，惟道是從。道之為物，惟恍惟惚。惚兮恍兮，其中有象；恍兮惚兮，其中有物。窈兮冥兮，其中有精；其精甚真，其中有信」。河上公注云：「孔，大也。有大德之大，無所不容，能受垢濁處謙卑也。唯，獨也。大德之人，不隨世俗所行，獨從於道也。」因而老子接着指出，他是依靠道而不是德來認識世界的，「自古及今，其名不去，以閱眾甫。吾何以知眾甫之狀哉？以此」。意思是，從古到今，道的功用不變，依靠道來認識萬物的本始。我怎麼能夠知曉萬物本始的狀態呢？就是依據於道。綜觀《老子》一書，德與道的差異在於：道是本體，德是本體的作用，體現着道，遵循着道；道是天地萬物存在的總根據和運行的總原理，德為一事一物的根據和運行的原理；道內在，是德的內容，德外顯，是道的形式；道是全方位的，既是自然界的依據又是人類社會的依據，德以道為

1 馮友蘭：《三松堂全集》（第七卷），河南人民出版社二〇〇〇年版，第二百五十四頁。

2 蔣錫昌：《老子校詁》，成都古籍書店一九八八年版，第三百一十六頁。

準繩，集中體現在人的活動和社會領域。當然，無論道與德有多大差別，天地萬物的存在既不能離開道，也不能離開德，依道順德，萬物將自然而然，長生久視；離道失德，萬物將遺失本性，自取滅亡。

自然是老子之德最重要的規範。形而上之道逐步化生宇宙、自然界和人類社會，從而產生了萬物各自本性的德。「道法自然」，德也是法自然嗎？老子給出了明確回答：「道之尊，德之貴，夫莫之命而常自然。」這就是說道尊德貴的實質在於道與德的自然本性，道生長萬物，是自然而然如此的；德蓄養萬物，也是自然而然如此的。在老子看來，德之自然不是一個空洞的概念和判斷，而是有着具體而實在的內容，這就是德之無為。「道常無為而無不為」，德也是無為而無不為，「故道生之，德畜之；長之育之，亭之毒之，養之覆之。生而不有，為而不恃，長而不宰，是謂玄德」。意思是，道化生萬物，德蓄養萬物，使它們成長，使它們發育，使它們成熟，使它們得到培養和保護。道化生萬物卻不加佔有，有所作為卻不自恃有功，長養萬物卻不加主宰，這就叫作深奧的德。從這段話可知，在無為方面，道是德，德是道，兩者是一致的。德之無為還表現在治國理政領域，「古之善為道者，非以明民，將以愚之。民之難治，以其智多。故以智治國，國之賊；不以智治國，國之福。知此兩者，亦稽式」。王弼注云：「稽，同也。古今之所同則，不可廢。」老子進而指出：「常知稽式，是謂玄德。玄德深矣，遠矣，與物反矣，然後乃至大順。」意思是，能夠常常知道什麼是治國法則，就可以稱作深奧的德。深奧的德深啊遠啊，與萬物復歸於大道，然後就能達到太平之治。德之自然在嬰兒。老子非常喜歡嬰兒的喻象，自稱為嬰兒，「我獨泊兮其未兆，如嬰兒之未孩」，王弼注云：「言我廓然，無形之可名，無兆之可舉，如嬰兒之未能孩也」；言聖人把百姓看作嬰兒，「聖人在天下，歙歙焉，為天下渾其心。百姓皆注其耳目，聖人皆孩之」。意思是，聖人治理天下，顯得安詳和合，讓天下人的心歸於渾樸。百姓都運用自己的聰明，耳目各有所關注。聖人都把他們看作淳樸無知的嬰兒。更重要的是，老子把聖人比作嬰兒，「含德之厚，比於赤子」。嬰兒天真無邪，充滿着生機和活力，「蜂蠆虺蛇不螫，猛獸不據，攫鳥不搏。骨弱筋柔而握固，未知牝牡之合而全作，精之至也。終日號而不嗄，和之至也」。德之自然在不爭。老子明確提出了不爭之德概念，不爭是天之道，又是聖人之道，「聖人不積，既以為人，己愈有；既以與人，己愈多。天之道，利而不害。聖人之道，為而不爭」。意思是，聖人無所積藏，施利於人，自己卻更富有；給予別人，自己卻更豐富。因此天之道，有利於物而無所損害。聖人之道，有所作為而無所爭奪。不爭是聖人治國之道，「聖人無常心，以百姓心為心。善者，吾善之；不善者，吾亦善之，德善。信者，吾信之；不信者，吾亦信之，德信」。這段話指明聖人治理天下，能摒棄主觀意志和成見，能寬容待人，和光同塵，不斤斤計較於是非善惡之區別，而以百姓心為心，使人民自由自在而歸於渾樸。不爭是為人處世之道，「是以聖人抱一為天下式。不自見故明，不自是故彰，不自伐故有功，不自矜故長。夫唯不爭，故天下莫能與之爭」。意思是，因此聖人守道，以作為天下的範式。不自我表現，所以是非分明；不自以為是，所以聲名昭彰；不自我誇耀，所以能建立功勳；不自高自大，所以能領導眾人。正因為不與人爭，所以天下沒有人能與之競爭的。

修身是老子之德最自然的要求。德既然是道在政治範圍和人生領域的顯現，那麼，保持德的本性，修煉德的本性，而不要離道失道，就是自然而然的要求。在老子看來，人是有區別的，尤其在認識和踐行道方面，更有着很大差異，「上士聞道，勤而行之；中士聞道，若存若亡；下士聞道，大笑之，不笑不足以為道」。意思是，上士聽了道，努力去實行；中士聽了道，將信將疑；下士聽了道，哈哈大笑。不被嘲笑，那就不足以成為道。老子之德，首先要求人們修德，無論什麼人，都應該修德。第五十四章全面闡述了修德的理念。先是提出了修德有助於立功立德立言和子孫後代，「善建者不拔，善抱者不脱，子孫以祭祀不輟」。

善建者、善抱者，為得道之士。這段話的大意是，修德之人、得道之士真正能有所建樹、有所保持，而自立於不敗之地，甚至澤及子孫後世。接着強調了由治身到治國的大小範圍內，修德具有重要性，「修之於身，其德乃真；修之於家，其德乃餘；修之於鄉，其德乃長；修之於國，其德乃豐；修之於天下，其德乃普」。這段話的內容，與儒家的修齊治平有着明顯差異。儒家由修身直接推向齊家、治國、平天下，既忽略了修齊治平的中間環節，又過於強調個人的責任與價值；而老子之修德，在不同範圍有着不同要求，於身是真，於家是餘，於鄉是長，於國是豐，於天下是普。比較而言，老子之修德更客觀理性和符合實際。後是提出修德的基本原則，這就是「以身觀身，以家觀家，以鄉觀鄉，以國觀國，以天下觀天下。吾何以知天下然哉？以此」。同時要求人們積德。修身是一個相伴人生的長久過程，不可能一蹴而就，所以要在修德的基礎上重視德行的積累。莊子以水、風為喻，從反面揭示了積德的重要意義，「水之積也不厚，則負大舟也無力；風之積也不厚，則其負大翼也無力」。積德不僅是為國積德，而且是為個人積德。第五十九章闡述了為國積德理念。先是提出治理國家、侍奉天道的要義，「治人事天莫若嗇」。《說文》解釋：「愛濇也。从來从㐭。來者，㐭而藏之。故田夫謂之嗇夫。」意指愛惜和節儉。接着指明了積德的內容和意義，「夫唯嗇，是謂早服。早服謂之重積德，重積德則無不克，無不克則莫知其極，莫知其極，可以有國。有國之母，可以長久。是謂深根固柢，長生久視之道」。意思是，只有愛惜和節儉，能早早從事於道。早早從事於道，就叫作增加積德，增加積德就能攻無不克，攻無不克就深不可測，沒有人能知道它的終極，就可以保有國家。保有國家的根本，就可以長治久安。這也就是根深蒂固、長生不老之道。第六十七章闡述了個人積德的原則，「我有三寶，持而保之：一曰慈，二曰儉，三曰不敢為天下先。慈，故能勇；儉，故能廣；不敢為天下先，故能成器長」。三寶既是聖人之品德，又是老子人生哲學的重要觀念。三寶之中，慈愛為上，慈愛近於柔弱，卻能涵養勇敢的品德，這樣的勇敢不是匹夫之勇，而是道德力量的體現，是大愛產生出的大勇；儉約就是嗇，卻能產生廣博的作用，這樣的儉約是指收斂、克制和自我約束的處事原則，方能保存實力、儲存能量，以發揮更大作用；不敢爭先，是自甘於後退，卻能成就先進，成為造就萬物的首長和率領眾人的領袖。

孔子對日常飲食提出了許多要求，有些要求還很高，「不時，不食。割不正，不食。不得其醬，不食」。意思是，不是該季節的食物，不吃；刀切割不正的肉，不吃；沒有合適調料的肉，不吃。然而，孔子對喝酒比較寬容，「惟酒無量，不及亂」，即只有酒不限量，但不要喝過量，以不亂性失態為限。這對踐行老子之德有着借鑒意義，就是不要亂性失態。踐行老子之德，要保持人的本性而不要喪失本性。所謂本性，亦即人性，是指人類天然具備的、自然而然的精神屬性。由於人是肉體與精神的統一體，人性主要集中在精神領域，在精神領域既有真善美又有假醜惡，從而使人有自由選擇的權力。保持本性就是選擇真善美，喪失本性就是選擇假醜惡。踐行老子之德，要保持人的個性而不要喪失個性。所謂個性，是指與生俱來的人格特徵。國外醫學研究表明，在嬰兒出生的三個月後，可以辨認出九種不同的人格特徵。這些人格特徵是天生的，後天努力難以改變。每一個人在人格特徵上是絕對平等的，不需要因為外部環境或他人看法而改變。同時，無論窮人還是富人，無論天才還是白癡，無論殘疾人還是健全人，無論統治者還是普通民眾，都不能因為自身擁有的財富、權勢及知識去歧視、嘲笑另一個人的人格特徵。踐行老子之德，要保持人的理性而不要喪失理性。所謂理性，是指客觀的認識和冷靜的態度，其意義在於對自身存在及超出自身卻與生俱來的社會使命負責。人在精神領域可區分為感性認識和理性思辨。保持理性就是以理性駕馭感性，在正常思維範圍內做人做事，排除不理性和非理性行為。一個人如能保持本性的純真、個性的鮮明和理性的冷靜，那他就是有道之士，或許能夠成為聖人。

老子之善：上善若水

「善」字在《老子》一書中可與「道」、「德」兩字比肩，出現了五十二次，散佈於十八章之中，少於道的七十四次和三十五章，多於德的四十四次和十六章。令人不解的是，古往今來的學者幾乎很少研究老子之善，「善」字一直在老學研究者的視野之外。按照一般學術規範，一個字或詞能否成為思想概念和範疇，關鍵要看這個字或詞是否具有名詞屬性，並被用作判斷的主語和賓語。從學術規範的角度分析，老子之善確實很難成為一個思想概念和範疇，這大概是沒有受到學界重視的主要原因。在老子思想體系中，善有時作為名詞使用，最經典的是「上善若水」，但多數情況下，善字是作為形容詞、副詞和動詞使用的。形容詞修飾名詞，意指優秀和善良，如「善建者不拔，善抱者不脫，子孫以祭祀不輟。修之於身，其德乃真；修之於家，其德乃餘；修之於鄉，其德乃長；修之於國，其德乃豐；修之於天下，其德乃普」。建和抱就是建德和抱道。這段話的大意是，一個人能夠建德抱道，不僅能澤及子孫後代，而且能修其德於身、於家、於鄉、於國和於天下。副詞修飾動詞，意指善於、擅長，使用的情況有「江海所以能為百谷王者，以其善下之，故能為百谷王」。這個善字是修飾後面的下，即居下、處下。動詞意指善待，使用的情況有「善者，吾善之；不善者，吾亦善之，德善」。意思是，善良的人要加以善待，不善良的人也要加以善待，這樣最終得到了善。

《說文解字》認為：「善，吉也。從誩從羊。此與義美同意。篆文善從言」；段玉裁注云：「吉也。口部曰，吉，善也。我部曰，義與善同意。羊部曰，美與善同意。按羊，祥也。故此三字從羊。」由此可見，善字原意為吉祥，引申為善良，具有明顯的主觀性。中國傳統文化是一種倫理型文化，儒家長期佔據意識形態的主導地位，因而善就成了先秦思想家尤其是儒家學派的一個重要概念，具有鮮明的倫理道德價值。儒家經典《大學》開篇就說：「大學之道，在明明德，在親民，在止於至善。」意思是，大學的宗旨在於弘揚光明正大的品德，在於使人棄舊圖新，在於使人達到最完善的境界。明明德、親民和止於至善，構成了《大學》的基本思想和綱領，成了中國倫理道德文化的主流意識。《論語》中善字出現了三十六次，在一次討論評價《韶》和《武》的音樂時，「子謂《韶》：『盡美矣，又盡善也。』謂《武》：『盡美矣，未盡善也』」。孔子論及了人性，只是說「性相近，習相遠」，還沒有從人性角度探討善的問題，因而《論語》之善不屬於倫理範疇的善，卻是其重要來源。人性論是先秦哲學爭論的一個重要領域，善隨着人性爭論而逐步演變固化為倫理範疇。孔子傳人孟子與荀子則集中討論了人性問題，由於對人性善惡的不同看法，形成了不同思想路線。孟子主張人性善，他認為人性之所以不同於禽獸的地方，就在於人有自覺的道德觀念，禽獸卻沒有，「人之所以異於禽獸者幾希，庶民去之，君子存之」。具體表現為四種善端，「惻隱之心，仁之端也；羞惡之心，義之端也；辭讓之心，禮之端也；是非之心，智之端也」。荀子不同意孟子的觀點，提出人性惡的主張，「人之性惡，其善者偽也。今人之性，生而有好利焉，順是，故爭奪生而辭讓亡焉；生而有疾惡焉，順是，故殘賊生而忠信亡也焉；生而有耳目之欲，有好聲色焉，順是，故淫亂生而禮義文理亡焉」。儘管中國古代有着豐富的人性理論，老子和孔子卻沒有探討人性問題；相對而言，老子有過之而無不及，沒有使用過人性的「性」字。這是不是說老子沒有人性觀，回答是否定的。從人無棄人、報怨以德等思想分析，老子思想背後有着一種堅定的相信有普遍意義和價值的人性觀。張岱年指出：「道家的性論，在一意謂上，可以說是無善無惡論；在另一意謂上，也可以說是性至善論。然道家是唾棄所謂善的，是不贊成作善惡的分別的，所以如將道家之說名為性善論，實不切當。究竟言之，當說是性超善惡論。」[1]

老子沒有自覺和系統地探討人性問題，卻具有潛在的或可能的人性觀念，應是沒有疑問的。惟其如此，老子才能從容地探究論述政治和人生領域的問題。那麼，在老子那裏，似隱似現的人性觀念有些什麼特徵呢？從本體論分析，老子人性觀的基本特徵是混沌。老子哲學的最高範疇是道，道是天地萬物的本質，也是天地萬物的起源，「道生一，一生二，二生三，三生萬物」；道不僅創生天地萬物，而且內附於萬物之中蓄養培育它們，「道生之，德畜之，物形之，勢成之。是以萬物莫不尊道而貴德。故道生之，德畜之；長之育之，亭之毒之，養之覆之」。而道最大特點是混沌，「道之為物，惟恍惟惚。惚兮恍兮，其中有象；恍兮惚兮，其中有物。窈兮冥兮，其中有精；其精甚真，其中有信」。意思是，道的存在，模糊不清。雖然迷離恍惚，其中卻有形象；儘管縹緲迷離，其中卻有實物；那樣的幽深昏暗，其中卻有精氣。這精氣清晰可知，真實而又可信。老子之道落實到人類社會，便成了人的本性和人類生活的處世準則。在人世間，道的混沌必然導致人性的混沌，既無所謂善也無所謂不善，即「善者，吾善之；不善者，吾亦善之」。從道法自然分析，人類最自然的形態是嬰兒，老子從觀察嬰兒中得到啟示，認為人性的主要特徵是淳樸，「含德之厚，比於赤子」。由於嬰兒的淳樸，就充滿着生機和活力；正因為淳樸，蟲蛇鳥獸也不能傷害，老子不吝筆墨給予讚譽：「蜂蠆虺蛇不螫，猛獸不據，攫鳥不搏。骨弱筋柔而握固，未知牝牡之合而全作，精之至也。終日號而不嗄，和之至也。」人不可能停留在嬰兒階段，總會長大成人。老子則希望成年人在人性方面能夠返璞歸真，始終保持嬰兒狀態；多次呼籲「復歸於嬰兒」、「復歸於樸」。從事物運動規律分析，老子人性觀的重要

1 張岱年：《中國哲學大綱》，中國社會科學出版社一九八二年版，第一百九十六頁。

特徵是虛靜，「致虛極，守靜篤，萬物並作，吾以觀復。夫物芸芸，各復歸其根。歸根曰靜，是謂復命。復命曰常，知常曰明。不知常，妄作，凶」。老子通過觀察事物的運行變化，發現了往復循環規律，其理論概括就是「復」和「周行」，最後返回到各自本根，本根就是一種虛靜狀態。人性的本質要求也是虛靜，否則，就會「五色令人目盲，五音令人耳聾，五味令人口爽，馳騁畋獵令人心發狂，難得之貨令人行妨。是以聖人為腹不為目」。混沌、淳樸和虛靜的特徵，說明老子人性觀既是潛在的也是中性的，這是研讀老子之善的重要思想基礎。換言之，老子之善不是倫理範疇，卻具有倫理意義。

善人是老子之善的價值取向。老子之善一般與不善相對而言，而不與惡相反相存，「天下皆知美之為美，斯惡已；皆知善之為善，斯不善已」。老子思想中似乎沒有明確的惡人概念，卻有善人概念。《老子》一書多次論及善人，其中兩次直接與道聯繫起來，第六十二章指出：「道者萬物之奧，善人之寶，不善人之所保。」王弼注云：「奧，猶曖也。可得庇蔭之辭。」意思是，道是萬物的庇護所，是善人的珍寶，是不善之人所賴以自保的東西。第七十九章指出：「天道無親，常與善人。」這說明善人在老子心目中有着重要地位，也是老子之善的內在要求。善人，實質就是得道之士。「古之善為士者，微妙玄通，深不可識。夫唯不可識，故強為之容：豫兮，若冬涉川；猶兮，若畏四鄰；儼兮，其若客；渙兮，若冰之將釋；敦兮，其若樸；曠兮，其若谷；混兮，其若濁。」這是老子心目中的善人，七個「若」字的概括，既謹慎又警惕，既嚴肅又親切，既淳樸又通達，心胸開闊能包含萬物。善人，具有優秀的品格，在第八章老子用「善」字描述了水的品格，實際也是善人的品格。這就是「居善地」，意指善人行己不爭，避高處下，低調地生活，就像江海一樣，正因為處於低下的位置，反而成就了浩瀚與博大；「心善淵」，意指善人藏心微妙、深不可測，心如止水卻能包納萬物；「與善仁」，意指善人與人交往時心胸寬闊而善於忍讓，其行動舉措愛而無私；「言善信」，意指善人守信，言有徵而不爽；「正善治」，正通「政」，意指善人治國則清靜自正；「事善能」，意指善人為事有條不紊，具有堅忍不拔、以柔克剛的毅力；「動善時」，意指善人與時遷徙，應物變化。善人，遵道而行，順物自然。第二十七章全面闡述善人自然而為的本性，一共用了十一個「善」字，也是用「善」字最多的一章。先是以日常事情譬喻，意謂善人自然無為，就能把事情辦好，既不費力又不留痕跡，「善行無轍跡，善言無瑕謫，善數不用籌策，善閉無關楗而不可開，善結無繩約而不可解」。意思是，善於行走的不留痕跡；善於言談的不留瑕疵；善於計算的不需要籌策；善於關閉的，不用門鎖卻堅固難啟；善於打結的，不用繩索而無法鬆解。接着指出善人能夠運用高明智慧觀照人與物，了解人各有才、物各有用，做到人盡其才、物盡其用，「是以聖人常善救人，故無棄人；常善救物，故無棄物，是謂襲明」。釋德清注云：「承其本明，因之以通其蔽，故曰襲明。襲，承也，猶因也。」後是運用辯證思想分析善人與不善人的關係，「故善人者，不善人之師；不善人者，善人之資。不貴其師，不愛其資，雖智大迷，是謂要妙」。意思是，善人可以作為不善人的老師，不善人可以作為善人的借鑒。不尊重他的老師，不珍惜他的借鑒，雖然自以為聰明，其實是大糊塗。這真是個深奧的道理。

善德是老子之善的主要內容。老子之善雖然不是一個倫理範疇，卻具有價值判斷意義；不是對現實人性的解説，卻是對道的屬性的解説判定，集中表現在對水屬性的解說。老子最喜歡的喻象是水，經常以水喻道，闡述道的基本原理；老子也用水來解説善的內容，這時的善既是水也是道。「上善若水。水善利萬物而不爭，處眾人之所惡，故幾於道。」從這段話可知，水具有利物、不爭和居下的屬性，這就是善德。唐玄宗疏解《老子》時提出「水之三能」的觀點，比較正確地解讀了水的屬性，「水性甘涼，散灑一切，被其潤澤，蒙利則長，故云善利，此一能也。天下柔弱莫過於水，平可取法，清能鑒人，乘流值坎，與之委順，在人所引，嘗不競爭，此二能也。惡居下流，眾人恆趣，水則就卑受濁，處惡不辭，此三能也」。因此，老子之善是利物，在政治和人生領域則是聖人之治。老子反對有為而治，認為有為而治，禍害甚多，「天下多忌諱，而民彌貧；民多利器，國家滋昏；人多伎巧，奇物滋起；法令滋彰，盜賊多有」。強調聖人之治是無為而治，「故聖人云，我無為而民自化，我好靜而民自正，我無事而民自富，我無欲而民自樸」。這段話指明了無為而治的要點和效果，無為、好靜、無事、無欲，歸根到底就是無為，而無為的效果是人民自化、自正、自富、自樸。老子之善是不爭，不爭是天之道。第七十三章比較全面地闡述不爭的意義，先是辯證地看待爭與不爭，「勇於敢則殺，勇於不敢則活。此兩者，或利或害。天之所惡，孰知其故？」意思是，勇於堅強就會死，勇於柔弱就可活。這兩種勇的結果，有的得利，有的遇害。天道所厭惡的，誰知道是什麼原因呢？接着強調無為不爭的天道，「天之道，不爭而善勝，不言而善應，不召而自來，然而善謀。天網恢恢，疏而不失」。老子之善是居下，居下也是不爭。人往高處走，水往低處流，對於人性而言，能夠居下不容易；尤其是優秀人物，能夠居下更不容易。而能夠居下是一種品德，且是一種高尚的品德，「善為士者不武，善戰者不怒，善勝敵者不與，善用人者為之下。是謂不爭之德，是謂用人之力，是謂配天古之極」。在老子看來，居下也是處理大國與小國關係的重要原則，「故大國以下小國，則取小國；小國以下大國，則取大國。故或下以取，或下而取。大國不過欲兼畜人，小國不過欲入事人，夫兩者各得其所欲，大者宜為下」。意思是，所以大國對小國謙下，就能取得小國擁護；小國對大國謙下，就可以見容於大國。所以有時謙下以擁護，有時謙下而見容。大國不過要求聯結小國，小國不過要求容於大國，這樣大國小國都可以達到願望。大國尤其應該謙下。

善行是老子之善的重要特徵。如果說善人和善德，是將老子之善作為名詞使用，那麼，善行則主要作為形容詞、副詞和動詞使用。作為名詞，老子之善具有倫理價值，甚至可以證明老子之善具有人性善的潛在含義；作為形容詞、副詞和動詞，則與倫理和人性毫無關係。儘管如此，形容詞、副詞和動詞仍然是老子之善的有機組成部分。在形容詞方面，老子反對戰爭時使用了善字，第三十章先是表明反對戰爭的態度，顯示了人道主義精神，「以道佐人主者，不以兵強天下，其事好還。師之所處，荊棘生焉。大軍之後，必有凶年」。接着指出善於用兵者的正確態度，「善有果而已，不敢以取強。果而勿矜，果而勿伐，果而勿驕，果而不得已，果而勿強」。意思是，善用兵者達到目的就行，不敢用兵力來逞強。戰勝了不要自滿，戰勝了不要自誇，戰勝了不要驕傲，戰勝了也是出於不得已，戰勝了千萬不能逞強。最後指出窮兵黷武違反了道的精神，必然滅亡，「物壯則老，是謂不道，不道早已」。意思是，過於強大就會走向衰亡，因為它不合於道。不合於道，就會加速死亡。老子強調無為而治時使用了善字。第六十五章先是指明治國的基本原則是自然而為，不要以智治國，「古之善為道者，非以明民，將以愚之。民之難治，以其智多。故以智治國，國之賊；不以智治國，國之福」。接着指出認識和把握治國的基本準則，是一種高深智慧，「知此兩者，亦稽式。常知稽式，是謂玄德。玄德深矣，遠矣，與物反矣，然後乃至大順」。意思是，知道以智治國和不以智治國，也是治國的法則，並能常常知道，就可以稱為深奧的德。深奧的德深啊遠啊，與萬物復歸於大道，然後就能達到太平之治。在副詞方面，老子談論養生修德時使用了善字，「蓋聞善攝生者，陸行不遇兕虎，入軍不被甲兵，兕無所投其角，虎無所措其爪，兵無所容其刃。夫何故？以其無死地」。意思是，聽説善於養生的人，在陸地上行走不避犀牛、老虎，在戰場上不受兵器傷害。在他身上犀牛沒有地方投刺它的角，老虎沒有地方用上它的爪，兵器沒有地方容納它的鋒刃。為什麼會這樣呢？因為他身上沒有致死的地方。這真是神祕神奇的境界，《韓非子．解老》做出了理性解釋：「聖人之遊世也，無害人之心；無害人之心，則必無人害，無人害，則不備人。故曰：『陸行不遇兕虎』；入山不特備以救害，故曰：『入軍不備甲兵。』遠諸害，故曰『兕無所投其角，虎無所措其爪，兵無所容其刃。』不設備必無害，天地之道理也。」在動詞方面，老子論及聖人之治時使用了善字，第四十九章先是指出聖人之治不分疏萬物民眾之德，順應民意而治，「聖人無常心，以百姓心為心。善者，吾善之；不善者，吾亦善之，德善。信者，吾信之；不信者，吾亦信之，德信」。接着指出聖人之治應符合赤子之心，自然而為、淳樸而治，「聖人在天下，歙歙焉，為天下渾其心。百姓皆注其耳目，聖人皆孩之」。意思是，聖人治理天下，顯得安詳和合，讓天下人的心歸於渾樸。百姓都運用自己的聰明，耳目各有所關注，聖人卻把他們看作淳樸無知的嬰兒。

「青山遮不住，畢竟東流去。」老子沒有給善一個正式名分，卻留下了深邃思考和思想火花，使後人甘之如飴、回味不已。無論中國還是西方，無論倫理學還是哲學，善都得到了充分發展，並成為一個重要思想範疇，善與惡也是許多哲學和宗教理論探究的話題。哲學認為，善是具體事物運動組成的完好狀態；倫理學解釋，善為共同滿足，即在被動個體自我意識出於自願或不拒絕的情況下，主動方對被動個體實施精神、語言、行為的任何一項介入，都屬於善的範圍。古希臘哲學家柏拉圖指出：「善的理念是最大的知識問題，關於正義等等知識只有從它演繹出來的才是有用和有益的。」那就讓我們向着善的方向前進，沿着善的軌跡運行。善的基礎是認識你自己，首先要改善自己的靈魂，實現自我的超越。蘇格拉底認為，善來自於智慧和理性。這就要求我們不斷地學習知識和獲取智慧，從自知無知到逐步認識人生的本質，做一個有智慧的人。只有有智慧的人，才會得到善召喚，總是做善事好事。善的表現是樂於助人，富有同情心。人的一生總在被人幫助與幫助別人的循環往復之中，被人幫助要心存感恩，永遠銘記；幫助別人要樂在其中，儘快忘記。尤其是遇到弱者和需要幫助之人，要充滿同情之心，及時伸出援助之手，多做雪中送炭的善事。善的最高境界是寬恕，原諒那些犯過錯誤而又悔罪的人們。過而能改，善莫大焉；寬容寬恕，更是善之又善。讓我們在善良中追求完美人生，讓社會在善良中灑下陽光和溫情，讓人與人之間在善良中充滿愛和幸福。

附錄

《老子》全文*

上篇

一章

道可道，非常道；名可名，非常名。無，名天地之始；有，名萬物之母。故常無，欲以觀其妙；常有，欲以觀其徼。此兩者同出而異名，同謂之玄。玄之又玄，眾妙之門。

二章

天下皆知美之為美，斯惡已；皆知善之為善，斯不善已。故有無相生，難易相成，長短相較，高下相傾，音聲相和，前後相隨。是以聖人處無為之事，行不言之教，萬物作焉而不辭，生而不有，為而不恃，功成而弗居。夫唯弗居，是以不去。

---

* 根據〔魏〕王弼注、樓宇烈校釋《老子道德經注》，陳鼓應注譯《老子今注今譯》，高亨著、華鍾彥校《老子注譯》，形成《老子》全文。

三章

不尚賢，使民不爭；不貴難得之貨，使民不為盜；不見可欲，使民心不亂。是以聖人之治，虛其心，實其腹；弱其志，強其骨。常使民無知無欲，使夫智者不敢為也。為無為，則無不治。

四章

道沖而用之或不盈，淵兮似萬物之宗。挫其銳，解其紛，和其光，同其塵。湛兮似或存。吾不知誰之子，象帝之先。

五章

天地不仁，以萬物為芻狗；聖人不仁，以百姓為芻狗。天地之間，其猶橐籥乎？虛而不屈，動而愈出。多言數窮，不如守中。

六章

谷神不死，是謂玄牝，玄牝之門，是謂天地根。綿綿若存，用之不勤。

七章

天長地久。天地所以能長且久者，以其不自生，故能長生。是以聖人後其身而身先，外其身而身存。非以其無私邪？故能成其私。

八章

上善若水。水善利萬物而不爭，處眾人之所惡，故幾於道。居善地，心善淵，與善仁，言善信，正善治，事善能，動善時。夫唯不爭，故無尤。

九章

持而盈之，不如其已。揣而銳之，不可長保。金玉滿堂，莫之能守。富貴而驕，自遺其咎。功遂身退，天之道。

十章

載營魄抱一，能無離乎？專氣致柔，能嬰兒乎？滌除玄覽，能無疵乎？愛民治國，能無知乎？天門開闔，能無雌乎？明白四達，能無為乎？生之畜之。生而不有，為而不恃，長而不宰，是謂玄德。

十一章

三十輻共一轂，當其無，有車之用。埏埴以為器，當其無，有器之用。鑿戶牖以為室，當其無，有室之用。故有之以為利，無之以為用。

十二章

五色令人目盲，五音令人耳聾，五味令人口爽，馳騁畋獵令人心發狂，難得之貨令人行妨。是以聖人為腹不為目，故去彼取此。

十三章

寵辱若驚，貴大患若身。何謂寵辱若驚？寵，為下得之若驚，失之若驚，是謂寵辱若驚。何謂貴大患若身？吾所以有大患者，為吾有身，及吾無身，吾有何患！故貴以身為天下，若可寄天下；愛以身為天下，若可託天下。

十四章

視之不見名曰夷，聽之不聞名曰希，搏之不得名曰微。此三者不可致詰，故混而為一。其上不皦，其下不昧，繩繩不可名，歸復於無物。是謂無狀之狀、無物之象。是謂惚恍。迎之不見其首，隨之不見其後。執古之道，以御今之有。能知古始，是謂道紀。

十五章

古之善為士者，微妙玄通，深不可識。夫唯不可識，故強為之容：豫兮，若冬涉川；猶兮，若畏四鄰；儼兮，其若客；渙兮，若冰之將釋；敦兮，其若樸；曠兮，其若谷；混兮，其若濁。孰能濁以靜之徐清？孰能安以久動之徐生？保此道者不欲盈，夫唯不盈，故能蔽不新成。

十六章

致虛極，守靜篤，萬物並作，吾以觀復。夫物芸芸，各復歸其根。歸根曰靜，是謂復命。復命曰常，知常曰明。不知常，妄作，凶。知常容，容乃公，公乃王，王乃天，天乃道，道乃久。沒身不殆。

十七章

太上，不知有之。其次，親而譽之。其次，畏之。其次，侮之。信不足，焉有不信焉。悠兮其貴言。功成事遂，百姓皆謂我自然。

十八章

大道廢，有仁義；慧智出，有大偽；六親不和，有孝慈；國家昏亂，有忠臣。

十九章

絕聖棄智，民利百倍；絕仁棄義，民復孝慈；絕巧棄利，盜賊無有。此三者，以為文不足，故令有所屬，見素抱樸，少私寡欲。絕學無憂。

二十章

唯之與阿，相去幾何？善之與惡，相去若何？人之所畏，不可不畏。荒兮其未央哉！眾人熙熙，如享太牢，如春登台。我獨泊兮其未兆，如嬰兒之未孩。儽儽兮若無所歸。眾人皆有餘，而我獨若遺。我愚人之心也哉！沌沌兮！俗人昭昭，我獨昏昏；俗人察察，我獨悶悶。澹兮其若海，飂兮若無止。眾人皆有以，而我獨頑似鄙。我獨異於人，而貴食母。

二十一章

孔德之容，惟道是從。道之為物，惟恍惟惚。惚兮恍兮，其中有象；恍兮惚兮，其中有物。窈兮冥兮，其中有精；其精甚真，其中有信。自古及今，其名不去，以閱眾甫。吾何以知眾甫之狀哉？以此。

二十二章

曲則全，枉則直，窪則盈，敝則新，少則得，多則惑。是以聖人抱一為天下式。不自見故明，不自是故彰，不自伐故有功，不自矜故長。夫唯不爭，故天下莫能與之爭。古之所謂曲則全者，豈虛言哉！誠全而歸之。

二十三章

希言自然。故飄風不終朝，驟雨不終日。孰為此者？天地。天地尚不能久，而況於人乎？故從事於道者，道者同於道，德者同於德，失者同於失。同於道者，道亦樂得之；同於德者，德亦樂得之；同於失者，失亦樂得之。信不足，焉有不信焉。

二十四章

企者不立，跨者不行，自見者不明，自是者不彰，自伐者無功，自矜者不長。其在道也，曰餘食贅行。物或惡之，故有道者不處。

二十五章

有物混成，先天地生。寂兮寥兮，獨立不改，周行而不殆，可以為天下母。吾不知其名，字之曰道，強為之名曰大。大曰逝，逝曰遠，遠曰反。故道大，天大，地大，王亦大。域中有四大，而王居其一焉。人法地，地法天，天法道，道法自然。

二十六章

重為輕根，靜為躁君。是以聖人終日行不離輜重。雖有榮觀，燕處超然，奈何萬乘之主，而以身輕天下？輕則失本，躁則失君。

二十七章

善行無轍跡，善言無瑕讁，善數不用籌策，善閉無關楗而不可開，善結無繩約而不可解。是以聖人常善救人，故無棄人；常善救物，故無棄物，是謂襲明。故善人者，不善人之師；不善人者，善人之資。不貴其師，不愛其資，雖智大迷，是謂要妙。

二十八章

知其雄，守其雌，為天下谿。為天下谿，常德不離，復歸於嬰兒。知其白，守其黑，為天下式。為天下式，常德不忒，復歸於無極。知其榮，守其辱，為天下谷。為天下谷，常德乃足，復歸於樸。樸散則為器，聖人用之，則為官長。故大制不割。

二十九章

將欲取天下而為之，吾見其不得已。天下神器，不可為也。為者敗之，執者失之。故物或行或隨，或歔或吹，或強或羸，或挫或隳。是以聖人去甚，去奢，去泰。

三十章

以道佐人主者，不以兵強天下，其事好還。師之所處，荊棘生焉。大軍之後，必有凶年。善有果而已，不敢以取強。果而勿矜，果而勿伐，果而勿驕，果而不得已，果而勿強。物壯則老，是謂不道，不道早已。

三十一章

夫佳兵者，不祥之器。物或惡之，故有道者不處。君子居則貴左，用兵則貴右。兵者，不祥之器，非君子之器。不得已而用之，恬淡為上，勝而不美。而美之者，是樂殺人。夫樂殺人者，則不可以得志於天下矣。吉事尚左，凶事尚右。偏將軍居左，上將軍居右，言以喪禮處之。殺人之眾，以哀悲泣之。戰勝，以喪禮處之。

三十二章

道常無名，樸雖小，天下莫能臣也。侯王若能守之，萬物將自賓。天地相合以降甘露，民莫之令而自均。始制有名，名亦既有，夫亦將知止。知止可以不殆。譬道之在天下，猶川谷之於江海。

三十三章

知人者智，自知者明。勝人者有力，自勝者強。知足者富，強行者有志，不失其所者久，死而不亡者壽。

三十四章

大道氾兮，其可左右。萬物恃之而生而不辭，功成不名有，衣養萬物而不為主。常無欲，可名於小；萬物歸焉而不為主，可名為大。以其終不自為大，故能成其大。

三十五章

執大象，天下往；往而不害，安平太。樂與餌，過客止。道之出口，淡乎其無味，視之不足見，聽之不足聞，用之不足既。

三十六章

將欲歙之，必固張之；將欲弱之，必固強之；將欲廢之，必固興之；將欲奪之，必固予之，是謂微明。柔弱勝剛強。魚不可脫於淵，國之利器不可以示人。

三十七章

道常無為而無不為，侯王若能守之，萬物將自化。化而欲作，吾將鎮之以無名之樸。無名之樸，夫亦將無欲。不欲以靜，天下將自定。

下篇

三十八章

上德不德，是以有德；下德不失德，是以無德。上德無為而無以為，下德為之而有以為。上仁為之而無以為，上義為之而有以為，上禮為之而莫之應，則攘臂而扔之。故失道而後德，失德而後仁，失仁而後義，失義而後禮。夫禮者，忠信之薄而亂之首。前識者，道之華而愚之始。是以大丈夫處其厚，不居其薄；處其實，不居其華。故去彼取此。

三十九章

昔之得一者，天得一以清，地得一以寧，神得一以靈，谷得一以盈，萬物得一以生，侯王得一以為天下貞。其致之，天無以清將恐裂，地無以寧將恐發，神無以靈將恐歇，谷無以盈將恐竭，萬物無以生將恐滅，侯王無以為貞將恐蹶。故貴以賤為本，高以下為基。是以侯王自謂孤、寡、不穀。此非以賤為本邪？非乎？故致數輿無輿。不欲琭琭如玉、珞珞如石。

四十章

反者，道之動；弱者，道之用。天下萬物生於有，有生於無。

四十一章

上士聞道，勤而行之；中士聞道，若存若亡；下士聞道，大笑之，不笑不足以為道。故建言有之：明道若昧，進道若退，夷道若纇。上德若谷，大白若辱，廣德若不足，建德若偷，質真若渝。大方無隅，大器晚成，大音希聲，大象無形。道隱無名，夫唯道善貸且成。

四十二章

道生一，一生二，二生三，三生萬物。萬物負陰而抱陽，沖氣以為和。人之所惡，唯孤、寡、不穀，而王公以為稱。故物，或損之而益，或益之而損。人之所教，我亦教之。強梁者不得其死，吾將以為教父。

四十三章

天下之至柔，馳騁天下之至堅，無有入無間，吾是以知無為之有益。不言之教，無為之益，天下希及之。

四十四章

名與身孰親？身與貨孰多？得與亡孰病？甚愛必大費，多藏必厚亡。故知足不辱，知止不殆，可以長久。

四十五章

大成若缺，其用不弊。大盈若沖，其用不窮。大直若屈，大巧若拙，大辯若訥。躁勝寒，靜勝熱。清靜為天下正。

四十六章

天下有道，卻走馬以糞；天下無道，戎馬生於郊。禍莫大於不知足，咎莫大於欲得，故知足之足，常足矣。

四十七章

不出戶，知天下；不窺牖，見天道。其出彌遠，其知彌少。是以聖人不行而知，不見而名，不為而成。

四十八章

為學日益，為道日損。損之又損，以至於無為，無為而無不為。取天下常以無事，及其有事，不足以取天下。

四十九章

聖人無常心，以百姓心為心。善者，吾善之；不善者，吾亦善之，德善。信者，吾信之；不信者，吾亦信之，德信。聖人在天下，歙歙焉，為天下渾其心。百姓皆注其耳目，聖人皆孩之。

五十章

出生入死。生之徒十有三，死之徒十有三。人之生動之死地，亦十有三。夫何故？以其生生之厚。蓋聞善攝生者，陸行不遇兕虎，入軍不被甲兵，兕無所投其角，虎無所措其爪，兵無所容其刃。夫何故？以其無死地。

五十一章

道生之，德畜之，物形之，勢成之。是以萬物莫不尊道而貴德。道之尊，德之貴，夫莫之命而常自然。故道生之，德畜之；長之育之，亭之毒之，養之覆之。生而不有，為而不恃，長而不宰，是謂玄德。

五十二章

天下有始，以為天下母。既得其母，以知其子；既知其子，復守其母，沒身不殆。塞其兑，閉其門，終身不勤。開其兑，濟其事，終身不救。見小曰明，守柔曰強。用其光，復歸其明，無遺身殃，是為習常。

五十三章

使我介然有知，行於大道，唯施是畏。大道甚夷，而民好徑。朝甚除，田甚蕪，倉甚虛。服文綵，帶利劍，厭飲食，財貨有餘，是謂盜夸。非道也哉！

五十四章

善建者不拔，善抱者不脫，子孫以祭祀不輟。修之於身，其德乃真；修之於家，其德乃餘；修之於鄉，其德乃長；修之於國，其德乃豐；修之於天下，其德乃普。故以身觀身，以家觀家，以鄉觀鄉，以國觀國，以天下觀天下。吾何以知天下然哉？以此。

五十五章

含德之厚，比於赤子。蜂蠆虺蛇不螫，猛獸不據，攫鳥不搏。骨弱筋柔而握固，未知牝牡之合而全作，精之至也。終日號而不嗄，和之至也。知和曰常，知常曰明，益生曰祥，心使氣曰強。物壯則老，謂之不道，不道早已。

五十六章

知者不言，言者不知。塞其兑，閉其門，挫其銳；解其分，和其光，同其塵，是謂玄同。故不可得而親，不可得而疏；不可得而利，不可得而害；不可得而貴，不可得而賤，故為天下貴。

五十七章

以正治國，以奇用兵，以無事取天下。吾何以知其然哉？以此，天下多忌諱，而民彌貧；民多利器，國家滋昏；人多伎巧，奇物滋起；法令滋彰，盜賊多有。故聖人云，我無為而民自化，我好靜而民自正，我無事而民自富，我無欲而民自樸。

五十八章

其政悶悶，其民淳淳；其政察察，其民缺缺。禍兮福之所倚，福兮禍之所伏。孰知其極？其無正也？正復為奇，善復為妖，人之迷，其日固久。是以聖人方而不割，廉而不劌，直而不肆，光而不耀。

五十九章

治人事天莫若嗇。夫唯嗇，是謂早服。早服謂之重積德，重積德則無不克，無不克則莫知其極，莫知其極，可以有國。有國之母，可以長久。是謂深根固柢，長生久視之道。

六十章

治大國若烹小鮮。以道蒞天下，其鬼不神。非其鬼不神，其神不傷人；非其神不傷人，聖人亦不傷人。夫兩不相傷，故德交歸焉。

六十一章

大國者下流。天下之交，天下之牝。牝常以靜勝牡，以靜為下。故大國以下小國，則取小國；小國以下大國，則取大國。故或下以取，或下而取。大國不過欲兼畜人，小國不過欲入事人，夫兩者各得其所欲，大者宜為下。

六十二章

道者萬物之奧，善人之寶，不善人之所保。美言可以市，尊行可以加人。人之不善，何棄之有！故立天子，置三公，雖有拱璧以先駟馬，不如坐進此道。古之所以貴此道者何？不曰以求得，有罪以免邪？故為天下貴。

六十三章

為無為，事無事，味無味。大小多少，報怨以德。圖難於其易，為大於其細。天下難事必作於易，天下大事必作於細，是以聖人終不為大，故能成其大。夫輕諾必寡信，多易必多難，是以聖人猶難之。故終無難矣。

六十四章

其安易持，其未兆易謀，其脆易泮，其微易散。為之於未有，治之於未亂。合抱之木，生於毫末；九層之台，起於累土；千里之行，始於足下。為者敗之，執者失之。是以聖人無為，故無敗；無執，故無失。民之從事，常於幾成而敗之。慎終如始，則無敗事。是以聖人欲不欲，不貴難得之貨。學不學，復眾人之所過。以輔萬物之自然而不敢為。

六十五章

古之善為道者，非以明民，將以愚之。民之難治，以其智多。故以智治國，國之賊；不以智治國，國之福。知此兩者，亦稽式。常知稽式，是謂玄德。玄德深矣，遠矣，與物反矣，然後乃至大順。

六十六章

江海所以能為百谷王者，以其善下之，故能為百谷王。是以欲上民，必以言下之；欲先民，必以身後之。是以聖人處上而民不重，處前而民不害，是以天下樂推而不厭。以其不爭，故天下莫能與之爭。

六十七章

天下皆謂我道大，似不肖。夫唯大，故似不肖。若肖，久矣其細也夫。我有三寶，持而保之：一曰慈，二曰儉，三曰不敢為天下先。慈，故能勇；儉，故能廣；不敢為天下先，故能成器長。今舍慈且勇，舍儉且廣，舍後且先，死矣！夫慈，以戰則勝，以守則固，天將救之，以慈衛之。

六十八章

善為士者不武，善戰者不怒，善勝敵者不與，善用人者為之下。是謂不爭之德，是謂用人之力，是謂配天古之極。

六十九章

用兵有言，吾不敢為主而為客，不敢進寸而退尺。是謂行無行，攘無臂，扔無敵，執無兵。禍莫大於輕敵，輕敵幾喪吾寶。故抗兵相加，哀者勝矣。

七十章

吾言甚易知，甚易行，天下莫能知，莫能行。言有宗，事有君。夫唯無知，是以不我知。知我者希，則我者貴。是以聖人被褐懷玉。

七十一章

知不知，上；不知知，病。夫唯病病，是以不病。聖人不病，以其病病，是以不病。

七十二章

民不畏威，則大威至。無狎其所居，無厭其所生。夫唯不厭，是以不厭。是以聖人自知，不自見；自愛，不自貴。故去彼取此。

七十三章

勇於敢則殺，勇於不敢則活。此兩者，或利或害。天之所惡，孰知其故？是以聖人猶難之。天之道，不爭而善勝，不言而善應，不召而自來，然而善謀。天網恢恢，疏而不失。

七十四章

民不畏死，奈何以死懼之！若使民常畏死，而為奇者吾得執而殺之，孰敢？常有司殺者殺，夫代司殺者殺，是謂代大匠斫。夫代大匠斫者，希有不傷其手矣。

七十五章

民之饑，以其上食稅之多，是以饑。民之難治，以其上之有為，是以難治。民之輕死，以其求生之厚，是以輕死。夫唯無以生為者，是賢於貴生。

七十六章

人之生也柔弱，其死也堅強。草木之生也柔脆，其死也枯槁。故堅強者死之徒，柔弱者生之徒。是以兵強則滅，木強則折。強大處下，柔弱處上。

七十七章

天之道，其猶張弓與！高者抑之，下者舉之；有餘者損之，不足者補之。天之道，損有餘而補不足。人之道則不然，損不足以奉有餘。孰能有餘以奉天下？唯有道者。是以聖人為而不恃，功成而不處，其不欲見賢。

七十八章

天下莫柔弱於水，而攻堅強者莫之能勝，以其無以易之。弱之勝強，柔之勝剛，天下莫不知，莫能行。是以聖人云：「受國之垢，是謂社稷主；受國不祥，是為天下王。」正言若反。

七十九章

和大怨，必有餘怨，安可以為善？是以聖人執左契，而不責於人。有德司契，無德司徹。天道無親，常與善人。

八十章

小國寡民，使有什伯之器而不用，使民重死而不遠徙。雖有舟輿，無所乘之；雖有甲兵，無所陳之；使人復結繩而用之。甘其食，美其服，安其居，樂其俗。鄰國相望，雞犬之聲相聞，民至老死不相往來。

八十一章

信言不美，美言不信；善者不辯，辯者不善；知者不博，博者不知。聖人不積，既以為人，已愈有；既以與人，已愈多。天之道，利而不害。聖人之道，為而不爭。

主要參考文獻

1.〔魏〕王弼注、樓宇烈校釋：《老子道德經注》，中華書局二〇一一年版。

2.〔漢〕河上公注、〔三國〕王弼注，〔漢〕嚴遵指歸，劉思禾校點：《老子》，上海古籍出版社二〇一三年版。

3.湯漳平、王朝華譯注：《老子》，中華書局二〇一四年版。

4.高亨著：《老子正詁》，中國書店一九八八年版。

5.陳鼓應注譯：《老子今注今譯》，商務印書館二〇〇三年版。

6.張松如著：《老子說解》，齊魯書社一九八七年版。

7.薛蕙著：《老子集解》，中華書局一九八五年版。

8.蔣錫昌著：《老子校詁》，成都古籍書店一九八八年版。

9.林希逸著：《老子齋口義》，華東師範大學出版社二〇一〇年版。

10.南懷瑾著：《老子他說》，國際文化出版公司一九九一年版。

11.林語堂著：《老子的智慧》，陝西師範大學出版社二〇〇六年版。

12.楊義著：《老子還原》，中華書局二〇一一年版。

13. 劉笑敢著：《老子古今》（上、下冊），中國社會科學出版社二〇〇六年版。
14. 詹劍峰著：《老子其人其書及其道論》，華中師範大學出版社二〇〇六年版。
15. 李世東等編：《老子文化與現代文明》，中國社會出版社二〇〇八年版。
16. 《哲學研究》編輯部編：《老子哲學討論集》，中華書局一九五九年版。
17. 〔漢〕司馬遷撰：《史記》，中華書局一九五九年版。
18. 北京大學哲學系中國哲學教研室編：《中國哲學史》（第二版），北京大學出版社二〇〇三年版。
19. 胡適著：《中國哲學史大綱》，北京大學出版社二〇一三年版。
20. 任繼愈主編：《中國哲學史》，人民出版社一九九六年版。
21. 馮友蘭著：《中國哲學簡史》，生活·讀書·新知三聯書店二〇一三年版。
22. 張岱年著：《中國哲學大綱》，中國社會科學出版社一九八二年版。
23. 梁啟超著：《先秦政治思想史》，天津古籍出版社二〇〇三年版。
24. 呂思勉著：《先秦學術概論》，嶽麓書社二〇一〇年版。
25. 章太炎著：《章太炎談諸子》，華中師範大學出版社二〇一〇年版。
26. 錢穆著：《莊老通辨》，生活·讀書·新知三聯書店二〇〇二年版。
27. 張舜徽著：《周秦道論發微　史學三書平議》，華中師範大學出版社二〇〇五年版。
28. 夏海著：《論語與人生》，北京大學出版社二〇〇七年版。
29. 夏海著：《品讀國學經典》，生活·讀書·新知三聯書店二〇一四年版。
30. 楊朝明主編：《論語詮解》，山東友誼出版社二〇一三年版。
31. 葉秀山、王樹人著：《西方哲學史（總論）》，鳳凰出版社、江蘇人民出版社二〇〇四年版。

32. 徐遠和、李甦平、周貴華、孫晶主編：《東方哲學史（上古卷）》，人民出版社二〇一〇年版。
33. 〔德〕夏瑞春編：《德國思想家論中國》，陳愛政等譯，江蘇人民出版社一九九五年版。
34. 〔古希臘〕亞里士多德著：《形而上學》，吳壽彭譯，商務印書館一九五九年版。
35. 〔德〕黑格爾著：《哲學史講演錄》（第一卷），賀麟、王太慶譯，商務印書館二〇一一年版。
36. 〔德〕卡爾．雅斯貝爾斯著：《歷史的起源與目標》，魏楚雄、俞新天譯，華夏出版社一九八九年版。
37. 〔英〕羅素著：《西方哲學史》，商務印書館一九七六年版。
38. 〔法〕帕斯卡爾著：《思想錄》（上），吉林大學出版社二〇〇五年版。
39. 〔德〕卡爾．雅斯貝爾斯著：《大哲學家》，李雪濤等譯，社會科學文獻出版社二〇一〇年版。
40. 〔德〕馬丁．海德格爾著：《存在與時間》，陳嘉映、王慶節合譯，生活．讀書．新知三聯書店二〇一二年版。
41. 〔德〕亨利希．海涅著：《論德國宗教和哲學的歷史》，商務印書館一九七四年版。
42. 〔法〕柏格森著，劉放桐譯：《形而上學導言》，商務印書館一九六三年版。
43. 〔美〕羅伯特．諾齊克著：《經過省察的人生：哲學沉思錄》，商務印書館二〇〇七年版。

後記

《老子與哲學》付梓之際，由衷地寫上幾句感謝的話，以為後記。

感謝《金融世界》雜誌及其主編胡梅娟女士。自二〇一三年二月開始，《金融世界》開闢「文史苑」欄目，一直在刊發作者品讀國學的文章。幾年來，無論文章質量高低，雜誌始終不離不棄，展示了既尊重作者又尊重讀者的品格，這需要信任、善意和守望。特別是胡梅娟女士，在作者想放棄寫作計劃時，給予鼓勵、耐心等待，幫助作者恢復信心、重啟寫作。某種意義上可以說，沒有《金融世界》和胡梅娟女士的幫助，就不可能有《老子與哲學》的面世。在此，致以深深的謝意。

感謝《人民政協報》和《深圳特區報》，他們曾不吝版面的慷慨，不揣作者愚陋的大度，刊載過作者品讀國學方面的多篇文章。對於《老子與哲學》，他們一如既往地給予幫助和支持。二〇一五年十一月三十日和十二月十四日，《人民政協報》以兩個整版刊發「老子與孔子」比較研究文章；二〇一五年十二月十日，《深圳特區報》刊發「老子之無：天籟之音」，作者深受感動，一併致以謝意。

感謝杭州師範大學何俊教授和中央黨校喬清舉教授，他們都是研究國學和中國哲學的著名專家學者，卻能尊重作者的業餘身份；他們自身教學研究任務繁重，卻能撥冗審讀《老子與哲學》全書，並提出許多寶貴修改意見。這些意見既有思想的又有文采的，既有學術的又有寫作的，從而保證了書稿理解的正確無誤、書稿觀點的公允持平和書稿研究的學術品位。作者對兩位專家學者深表謝意。

感謝生活．讀書．新知三聯書店（北京）有限公司和中華書局（香港）有限公司，他們分別出版了《老子與哲學》的中文簡體字版和繁體字版，這是對作者的鞭策和鼓勵。在出版過程中，有關的編輯協調各方，從封面設計、書頁裝幀到文章校核，都傾注了大量心血，謹致謝意。

說到出版和編校，還要特別感謝黨建讀物出版社王英利先生，他是出版方面的行家，不僅鼓勵支持作者寫作《老子與哲學》，而且鼓勵支持作者寫作《品讀國學經典》；不僅推動作者寫作，而且幫助聯繫出版社，使《老子與哲學》得以順利出版。感謝郝英明先生，他做了最初的編輯工作；感謝賀新建先生，他幫助打印了文稿，他們兩人都是所有文章的第一讀者，我每寫完一篇文章，都要請他們校核和提出修改建議，幫助糾正了不少偏差和誤讀。

感謝我的家人，尤其是我的夫人。她為我的寫作創造了良好的家庭環境，使我能在公務之餘安心靜心地寫作。由於她是大學教授，本身具有良好的學術素養，對我的寫作更是指點多多，見解獨到，幫助甚大。更重要的是，我的每次寫作都是隨意而為，開始並沒有成書出版的念頭，由於她的及時提醒和善意催促，才使我不斷有新的作品問世。

「士不可以不弘毅，任重而道遠。」近代以來，中華傳統文化經受了太多磨難，弘揚中華傳統文化任務艱巨。從寫作《論語與人生》開始，作者就自覺地把傳承中華文明作為人生的使命，《品讀國學經典》、《老子與哲學》都是這一使命的具體實踐。作者願意繼續為弘揚中華傳統文化貢獻綿薄之力。

二〇一六年元月修改定稿